扁舟载得秋多少，荡过闲云又荡风。
曾记荻花枫叶外，斜阳输我醉颜红。

叶叶浓愁寸寸阴，碧云天末澹疏吟。
年时忆听同峰雨，人与芭蕉一样心。

为得风骚趣，柴门迥不开。　人从尘外见，诗向静中来。
消息须微悟，推敲别有才。　吟成谁解爱，幽径长莓苔。

一重空翠一重烟，楼阁三层小洞天。
才子最宜花眷属，仙人兮结月婵娟。

攫云一径澹风漪，翠筱萧萧冷砚池。
便仿宋书金片瓦，官私不许怒蛙知。

雨过空亭听乱流，无人渔钓鉴湖秋。
晚风夕照闲如洗，明月依稀上白头。

涼散碧梧影，橫琴每夕昏。
靜涵千澗水，坐送隔溪云。

枣花帘额暝烟低，清绝疏寮见旧题。
满径苔□人迹少，仙禽□过竹枝西。

图片均选自柳如是《题山水人物图册》，现藏于美国国立亚洲艺术博物馆。

寒柳

柳如是传

石楠 著

江苏凤凰文艺出版社
JIANGSU PHOENIX LITERATURE AND
ART PUBLISHING

图书在版编目（CIP）数据

寒柳：柳如是传 / 石楠著. —南京：江苏凤凰文
艺出版社，2024.1
ISBN 978 - 7 - 5594 - 8062 - 0

Ⅰ.①寒… Ⅱ.①石… Ⅲ.①柳如是(1618—1664)
—传记 Ⅳ.①K828.5

中国国家版本馆 CIP 数据核字(2023)第 198990 号

寒柳： 柳如是传

石楠 著

出 版 人	张在健
责任编辑	万馥蕾
装帧设计	马海云
责任印制	杨 丹
出版发行	江苏凤凰文艺出版社
	南京市中央路 165 号，邮编：210009
网 址	http://www.jswenyi.com
印 刷	苏州市越洋印刷有限公司
开 本	880 毫米×1230 毫米 1/32
印 张	15.5
字 数	370 千字
版 次	2024 年 1 月第 1 版
印 次	2024 年 1 月第 1 次印刷
书 号	ISBN 978 - 7 - 5594 - 8062 - 0
定 价	69.00 元

目次

引子

序幕从哪里开始？

人生本来没有尽头，就像莺脰湖的水，一浪拍打一浪，一个波纹追逐一个波纹，谁也没有办法分清，谁也没有力量斩断这波影浪纹。然而，我却舀起了一勺陈年积水，放到现代的放大镜下，妄图为一个被历史的枯枝败叶掩埋了近四个世纪的女人，一个才艳盖世的绝代名姬、诗人，一个爱国志士，一个被当时道学家们诋毁，又遭后世轻薄者诬诽的女人做点什么。中国在明代中期以后，就有了资本主义的萌芽，她生活在明末清初的乱世，特定的历史时代造就了她，她从一个名妓的婢女、故相的小妾，堕入风尘，征歌侑酒，追求爱情的幸福到人格的独立，嫁给江左文坛泰斗，成为绛云楼文艺沙龙的女主人，直到殉难！她像一艘饰着传奇色彩的小舟，穿行在江河湖渠神秘水网中，搏击、漂流、停靠、追求……

我在江南水乡采访，听到过许多关于她的动人故事和传说。有褒有贬，拖着历史的尾巴，披着神秘而又荒唐的色彩。

虞山有位同行，绘声绘色地给我说了个故事：

她殉难的荣木楼，突然成了狐仙出没的地方。狐仙无所不至，扰得官府夜无宁时，人们闻狐丧胆，县太爷也惶惶不可终日，只得召集乡贤计议，一致赞同在荣木楼设立大仙牌位，常年供奉香火，书有"大仙楼"三字的金字大匾，高悬楼上。香火盛延了两个世纪。每任知县到任，第一件大事就是去朝拜大仙楼，祈求保佑，不然，大仙就要降灾祸于他。有位县令，不听下属进谏，拒不拜谒，扬言说："一印镇百妖，狐鬼敢近乎？堂堂县令，朝廷命官，只能跪拜圣贤君主，岂可去跪拜狐妖！荒唐！"当晚，他的大印就失落了。县太爷失了大印，可是要掉乌纱的大事哟！他这才意识到是怠慢了大仙，立即吩咐备上三牲、香火，着朝服冠带，去向大仙请罪。县令一个响头磕下去，大印突然从梁上坠落下来，不偏不倚地落在县太爷的面前。县太爷又连连磕了三个响头，感谢大仙宽恕之恩。

这是一则故事，在流传中又掺进了善良人们的愿望和对她的同情与怜爱。据史载：荣木楼后来确改称大仙楼了。

我想揭开她坟茔的帘幕，让她朴素地走出来，请公正的读者来审视她。也许，宽容的读者们能从这个婉娈倚门的悲剧角色身上，发现她那三户亡秦之志，九章哀郢之思，看到我们伟大民族追求独立自由的个性和精神，感泣她为国家民族危亡孤怀的遗恨。

人生本来没有序幕，写小说则必得有个开头，我请她从哪儿出场呢？我在苦苦思索。她生在江南水乡，半生浪迹湖上，还是让她从水上来吧！

一 | 姓氏变迁史

淀山湖像一只无边无沿的摇篮，摇着，晃着。灰蒙蒙的水一抖一颤。西天有几抹云彩，灰暗里渗浸着殷红，镶着金黄的亮边，一轮失去光芒的橘红色太阳，很圆很圆，有如一只镏金的铜盘。就在那晚霞飞升的水天相接的地方，隐约出现了个不甚明晰的黑点。黑点愈近愈显，愈近愈大，慢慢遮挡住了太阳、晚霞。霞光在它的背后拱衬出了它的轮廓，可以看清是条船。

这是条大船。有前舱、中舱、后舱和尾舱。前舱是客厅，尾舱和后舱兼作厨房和婢女、船夫的卧室。用来做主人书房兼卧室的中舱，布置得简洁、雅致。一张画桌占了中舱四分之一的地方，舱壁的一方挂有琴、笛、箫，另一方舱壁挂着张还未裱装的当今书坛名家李待问的墨宝，是他书赠给主人的曹植那首"仆夫早严驾……闲居非吾志，甘心赴国忧"的杂诗。一个身着儒服方巾，乔装成少午的美貌女子坐在画桌前，正在读一本《陈思王集》。她就是船主——不久前才从被称作江南小秦淮河的吴江盛泽归家院赎身出来的名妓杨爱。她生于万历四十五年，刚刚二八芳龄。

风越来越大，浪越涌越高。他们的船一会儿被推上浪尖，一会儿被抛下波谷,太湖的水仿佛要把他们吞没。她紧紧抓住船帮,"大伯!这风浪……"一个浪头把她打个趔趄。

船伯大声地说:"就近躲躲吧?"

"附近有什么地方?"

"同里。"

他们寄舟同里的东河湾。她早就从一本风物志上了解到一点这个水乡古镇的风情,说这儿勤学苦读蔚然成风,是个孕育才华的温馨摇篮,诞生过诗人叶茵、画家王宠、文学家朱鹤龄……还寓居过像倪云林、姚广孝、董其昌那样的古今名流。她向往久矣!

可是,刚从魔穴出来,初着男装,担心被人识破,心里游离着忐忑不安情绪,只好待在舱中,关紧舱门船窗,练习着男子步态,等待着夜色。

风息了,浪平了,月亮勇敢地迎着越来越浓重的夜色,在天空开拓出一片蓝色地方,像一只银梭,置在透明的海水中,晶亮晶亮。她和背了文房四宝、俨然一个称职书童的阿娟上了驳岸,往镇里走去。月色再明,也不会有人注意到她俩的小脚。

果然名不虚传,古镇港汊交错,川字形的市河把它割成七个小岛,石板小桥又把它们结成一体,犹似一条水上不沉的大船。她俩逛过夜市,从鞋铺买了最小的男鞋,装模作样地往回走。过了街拐一条小石桥,面前却神奇地出现了个开阔地方。

小溪像一条闪光的玉带,连接着两边的村寨。黑黢黢的大门楼,接衔着起伏的雉堞,一看便知是阀阅之家。明晃晃的月亮沉在溪底,满溪闪烁着碎银似的光辉,世界好像已经睡去。她俩伫立在溪桥上,在这寂阒统治着的镇郊,突然听到一阵接一阵类似合唱那样整齐而又抑扬的声音。循声倾听,原来是从最近的一座宅院内传出的夜读声,这声音好像给这寂寥的一隅注入了生命。她的视野里仿佛又出现了黄昏时分景象,渔舟归晚的画面,高亢的渔歌和这琅琅的读书声……她被这梦幻似的意境激动了,忘记了自己的身份、处境,脱口吟出了一联:

一泓月色含规影。

两岸书声接榜歌。

吟罢,她仍不能自已,从阿娟手里索过笔,放在墨盒里顿了顿,朝着石板,如锥划沙,如钻入石,两行诗就像刻就在桥板上似的。

她刚把笔一扔,背后就有人击掌称赞:"好书法!"

适才还未发现有人,此刻哪来的叫好声?她尽力控制着内心的慌乱,慢慢地转过身,把脚挪到桥栏投下的暗影里,掠了喝彩人一眼。

这人好像见过。那脸型,那眉毛,那闪射着光泽的微黑肤色,略厚的双唇,都似曾见过。她心里像有面小鼓在咚咚地敲,不敢继续去追索记忆,现在至关重要的是保护自己,不能让别人认出她来!首先她得在气势上压倒对方。她故意带着一种傲慢不逊的口吻对他说:"过奖了吧!请教仁兄它好在哪里?"

好在哪里?他还真的一下说不清呢!这个"好",只不过是凭着一种感触脱口而发的,他不是书家,又没有仔细研究,然而对方问话也太不客气了,而且有些咄咄逼人的气势,莫非面前是个狂徒不成?他抬起头,也不客气地打量着对方。

月光下的她,面颊上好似笼罩了一层淡淡晨雾,犹似一朵初绽在雾雨中的春花,身材娇巧,玲珑可人!啊,原来是一美少年!他立即喜欢上了她。少年气盛嘛!一见她那傲慢不羁的神态,他想逗逗她,装出一副书坛里手的模样,借着月光,指指点点品评着:"嗷!它好在如春蚕吐丝,像蝶戏花间……"

他刚刚说到这里，美少年就阴沉着脸说："哼哼！没想到一篱外汉也谈植艺之术。我看是否先去临三年帖，写完三担纸再谈书艺吧！"说完，拂袖转身下桥，头也不回。她所追求的是瘦劲、清奇，力透纸背的气势，最忌柔媚。他的评语辱没了她的书艺，她不能忍受；再者，此评语是否有暗示她是女性之意呢？为了不被他窥破，她要在气势上更进一步战胜他，继之，走为上策。

他却没有一点气恼，还憨笑着追上她说："请等等！仁兄所言极是，弟实乃书坛外汉，评书实属班门弄斧，多有冒犯。"向她深施一礼，又说："仁兄年少，书气确实清奇，将来前途无量。我友李存我系当今书坛名家，他亦在此间，千古难遇之机，仁兄何不一见，求得指导！"

她喜出望外，即刻转身还礼："小弟出言不恭，多有得罪，请仁兄见谅。若得仁兄引荐，面聆存我大师教诲，乃小弟三生之幸耳！请问仁兄尊姓大名？"

"在下陈子龙，草字卧子，号大樽。"

她吃了一惊。世间哪有这种巧遇？怪道初照面即有似曾相识之感。这也许要怪那多情的月光，是它在他脸上抚了一层变幻莫测的光华，使她没能一眼就认出他！他为何也在这儿？难道他认出了她——垂虹亭上奏曲子的杨爱吗？不会，她现在是一个风流少年。她慢慢地镇定下来，回答说："久仰名士大名，渴思一见，不想在此巧遇，幸甚幸甚！"

陈子龙朝她抱抱拳，友善地问道："仁兄尊姓大名？"

她没有准备，一时无以答对。阿娟抢着说："我家公子没得姓名！"

"世间万物皆有名属，岂有堂堂男儿无姓名之理！"她转对子龙说："小童无礼，先生恕罪！"人们常说急中生智，这个成语言简意赅地概括了人在危急时候智慧突生这一思维现象。只见杨爱从容不迫地回答说："学生姓柳名隐，小字如是，别号河东君！"杨柳同属，隐去爱字，如

　　　　　　　　　　　　　　　　　　　寒柳：柳如是传

是而已，今舟寄河东，不就是河东的主人吗？

她还叫过另一个名字。那是崇祯二年的事。

初夏的午后，她习完了字，佛娘说："到后院花畦中摘两枝石竹花来，我教你画画。"不料阿奶正跟邻家的阿奶坐在花架下拉呱。

"……一匹光耗草料不肯拉车的马，还不如把她卖掉的好！"那声音很低。

她顿然紧张起来，把谁卖掉？她躲到水阁花窗下，竖起耳朵听着。

"难啦！她六岁到我家，为我挣下了这份家业，我又没儿没女，卖掉嘛，总有点于心不忍。唉！谁知她突然鬼迷心窍，决心要从那个人！"

"我们这种人家，讲不得忍不忍的。两年没给你拉套了，白吃饭，还怕对不起她？"

阿奶迟迟没有回答。

"怎么不吱声？嗐，我可是为了你好啊！听不听还得由你。"那声音有点怏怏不快。

"现在还有她徐佛这块金字牌牌挂着，卖掉了，徐家的门庭不就冷落了！"

"哎呀，看你这个木头脑瓜！那个小的不是快出落了？下半年就可以物色个有名气的相公来当你的'孙女婿'。那时就由不得她了。你这门上不又火红起来了！"

"下半年？就怕早了点，那孩子还没到破瓜之年呢！"

"你呀，真是木讷！刚打苞的花朵儿，相公们才肯花本钱。宜早不宜迟，我家那个不是十二岁就接客吗！请的是吴江周相公，听说后来还做过宰相呢！"

花架那边沉默了，杨爱咬牙切齿，恨不能跳出去把那个出馊主意的老鸨撕碎！她刚伸手攀上花窗，就看见阿奶重重地点了下头说："老姐姐说的也是！"

杨爱吓得魂飞魄散，身子不由得往下一滑，僵立在墙根。

让她也做烟花女！她仿佛突然间坠入了冰的深渊，浑身冷得抖个不停。假若她不代佛娘去见客，她们就不会生出这个念头吧？当时，她一心只想为佛娘解围，成全她和公子的心愿。她已学会了佛娘的技艺，唯有她才能把佛娘从困境里解脱出来，这是她义不容辞的事。不曾想到……她宁可终身为仆，宁愿去死，也不愿干这个行当！她是公子买给佛娘的丫头，她是婢女，不是妓女！怎么办？只有马上将这个阴谋告知佛娘，让佛娘想个主意。她悄悄离开水阁的花窗，飞也似的奔进佛娘房里。突然间，她又惶惑了。

此举不仅仅关系到她，更关系到佛娘。她抬头看了佛娘一眼，佛娘双颊清瘦，眼睑灰暗，公子久无音讯，痛苦像影子一样纠缠着她。她那纤弱的身体，再也承受不了新的苦难。杨爱暗暗发狠：决不能让她们卖掉佛娘！佛娘深爱着公子，他们有盟誓为约，得帮助她，成全她的幸福。倏然间，她眼前出现了一纸文告。

终慕桥头老柳树上，贴着吴江周相府选购婢女的告示。

> ……十至十三岁，未曾婚配。聪明、活泼、貌美，善招老太太欢心……凡挑中者，身价从惠。……

这纸文告，突然给她心中带来了一束微弱的光亮。倘若她能被周府挑中，她就可以在一个正派人家当侍婢，不致沦落为烟花。她走了，阿奶也就会打消卖掉佛娘的念头。这也算报答了佛娘为她葬母之恩和收留她之德了。她克制着心的慌乱，把嘴凑到佛娘耳边，悄声说："阿奶在，不敢摘花。"就离开佛娘，跑走了。

她果然被周府挑中了。

她们排成一行站在周老夫人的面前。

周老夫人对炳嫂抬了下眼皮，不无威严地说："炳嫂，祖宗传下的家规礼节都教给她们了吗？"

"回老夫人，奴婢已将祖宗立下的家训家规，和不守家法的利害都向她们一一做了交代。"

老夫人没有说话，只轻轻点了下头，就逐个审视起这些新来的小丫头。

老夫人的目光挪到了她的身上。

杨爱穿的是相府发给她的第一套新衣。藕色的上衣更衬托出她肤色的白净娇嫩，有如一枝含苞待放的带露红杏；娇小的身材，使她浑身都溢透出活泼机灵和敏捷。在这一溜的女孩子中，给人一种鹤立鸡群之感。

美丽动人的女孩子不仅老爷、公子喜欢，老妇人同样喜爱。一直板着面孔的老夫人脸上出现了一丝不易觉察的笑容，就好像冲不出云层的阳光，能感觉出它的亮度，却看不见它的耀目的光针。

老夫人向杨爱抬了下手，示意她走到近前。她立刻机灵地走到老太太面前跪了下去："给老夫人请安！"

老夫人向她抬了下手说："起来！"她款款站起身，微笑着立在老夫人跟前。

老夫人再次审视了她一会儿，说："你留下吧！"又转身向炳嫂，"炳嫂辛苦了，教得不错。传话给夫人，让她赏赐你。"

"是！"炳嫂应着。

阿爱牢记着炳嫂的教导，再次跪下说："谢老夫人。"

"几岁啦？"

"十三。"

"起来吧,你叫什么名字?"

"杨爱。"

老夫人那白皙得近乎半透明的面孔,没有一丝表情。几颗褐色的大小不等的寿斑,散落在她那松弛的失去了弹性的腮颊间。她沉吟了一会说:"杨爱?这名字不好,改叫杨朝,小名阿云!"她那语气有着不可辩驳的威力:"早晨的云,红彤彤,图个吉祥!"

杨爱突然想起了父母亲,她的名字是他们留给她的唯一纪念,要改掉它,她不由得一阵酸楚。可是,她是人家花钱买来的婢子,不敢违背老夫人的旨意,她惧怕老夫人看出她的迟疑,只得赶快跪下去,再次向老夫人谢恩。

在周府,她深得老夫人的怜爱。后来又被主人看中,成了下野尚书周道登的宠姬。她的得宠,被群妾妒恨,她们串通一气,设计陷阱,诬告她与仆人阿根私通。这激怒了的主人,不由分说,要处死她。亏得老夫人念她服侍一场,救下性命,卖到民间。命运残酷地捉弄着她,让她在人生道路上兜了个可怕的圈子,两年前又回到了原地——盛泽归家院,恢复了杨爱的名字。

人们习称盛泽是江南的小秦淮河。这儿盛产丝绸,水上交通方便,商业发达,是江南贸易的又一繁华港口;也是江南又一浮华绮靡、酒色征逐的销金窟。

莺脰湖和它那些交错纵横的水巷相通。水巷两岸,筑有精致的水阁、河房,雅洁的酒楼,独具吴江特色的戏班,舒适的住宅。中外商贾、文人雅士、地主政客、退归林下的官僚,往来这里洽谈生意、会友、论诗作文、纵酒、豪赌、狎妓。寻找快乐,纸醉金迷地消磨日月,这儿成了名不虚传的小秦淮河。

但它又有别于六朝金粉之地的最浮靡奢华的秦淮河,有它水乡独特的色彩和神韵。装点着它的是驳岸、拱桥、水巷、粉墙、蠡窗、水阁。坐在扁舟、画舫里,抬手可得粉墙内伸出的花枝,弯腰就能买到渔夫船上的香脆可口的菱藕、活蹦乱跳的鱼虾、嫩得滴汁的莼菜。这儿开门见水,出门乘船。每当夜幕降临,夜雾会给它披上蝉翼似的晚妆,桃红色的纱灯在水阁上晃悠着,把它那玫瑰色的光影映到水上,随着水波的涌动,古镇仿佛也飘逸起来,那别具一格的神韵,把那些诗的、画的、丑的、脏的都淹没了,一切都显得飘忽朦胧了。

大明朝经过天启一代的阉党之灾,国家早已丧失了元气,崇祯帝虽然急于振兴,怎奈痼疾难治,加之用人不当,"索虏"继续侵扰东部疆土,四方灾民,揭竿而起,"流寇"已成为威胁国家安全的大患,国力日益衰败。更多的人对朝政不满,对前途感到渺茫,愈来愈多的人沉醉于声色犬马,只想在那些没有人身自由的弱女子身上寻找安慰和寄托。

秋娘以重金买下了杨爱,又花了她所有的积蓄装饰门庭、书斋、客厅和卧室,揭下了"秋娘寓"的粉红小牌,换上了"爱娘寓"的镏金竖匾。秋娘宅邸,顿时火红起来。爱娘开始周旋在官僚、地主、名士、阔少……之间,和他们唱酬游乐,为他们侍酒、弹琴、度曲。好事者为她们归家院十间楼编了支歌:

柳荫深处十间楼,
玉管金樽春复秋。
只有可人杨爱爱,
家家团扇写风流。

随着这支可诅咒的歌的传扬,商贾、纨绔、土财主、轻薄儿,像苍蝇似的嗡上门来。虽说秋娘还算爱护她的,可是,这种生活却叫她难以忍受。她感到自己就像一棵生长在棘丛中的小树，要活活被藤蔓缠死了。她希冀改变自己的命运，曾有过在风尘中寻夫婿为归宿的一闪念，倒也有不少人愿以重金聘她出去。可是，她又觉得他们不会理解她，也不会真正爱她，只不过他们有钱，想把她当作一件物品占为己有，一旦玩腻了，她的下场就会像浔阳江头的商人妇，或者干脆被弃敝屣样丢弃路旁。周府的屈辱，像刀刻般镂在她心上，她再也不愿重蹈小妾的旧路。垂虹之行，在她迷蒙彷徨的心中掀起了狂澜，使她的思求有了转折。这得感谢被称为黄衫豪客的徽商汪汝谦先生。

那天，他专程来看她。他们一边品茶，一边闲聊。他喜欢广交天下名士，向她谈起了他的许多友人，还向她推荐了被士子称之为当今李杜的钱谦益，说他如何如何有才，如何如何仕途不济，后来他像突然想起了什么似的问她："爱娘，想见见当今大名士张天如吗？"

她立刻联想起她读过的、至今仍如刻如镂在心里的张先生编纂刊刻的《汉魏六朝百三名家集》，她曾经抄摘过集中那些丹心照日月、气可吞山河的壮丽诗篇，她曾经试着把抄录的诗汇成一册华夏正气歌。她久就崇拜他，向往结识他，她不由得激动起来，说了她的愿望。

他又说张溥先生力主改革，思求振兴国家，正在串联全国文社，准备复合成一个全国性的大文社——复社，动员全体文士来关心国家兴亡。他就要到垂虹亭来会见诸文社领袖，磋商文社联合事宜。最后他说："天如先生托话于汝谦，欲请爱娘去一见。届时，你可千万别错失良机呀！"

她在焦虑和急切中等来了那次会见。

她在垂虹亭畔上了岸。那日她着意地打扮了一番。

杏红色的薄绸女衣，紫花绒衬里，下着八幅紫绒绣花湘裙，湘裙里面是半指大小的桃红绣鞋。乌亮的秀发轻轻往上一挽，流荡着春光，梳成了一个流行的雅式堕马髻，款款地垂在脑后，没饰过多的珠翠，只在鬓边斜插着一枝金嵌红宝石的杏花簪，淡雅端丽。细长的柳叶眉儿微微颤动，长长的凤眼，有似两泓甘洌的清泉，流溢着波光，俊俏的面庞，荡漾着青春的异彩，仿佛有一缕淡淡的雨雾，袅绕着她的面庞。

"……'建虏'猖獗，民不聊生，无处不见鬻儿卖女，导致'流寇'蜂起，我大明江山形同沙丘上之楼阁，朝政势在变革！我辈国士丈夫，为国分忧，义不容辞。天如兄忧国虑民，倡导文社联合，几社社友聚议多次，全力拥护。只要广大士子勠力同心，大明中兴有望，国民乐业平安有望也！"

她静静地伫立在细竹帘外。她除了在诗文中读到过如此热烈的文句，这还是第一次亲耳听到的慷慨激昂之言，她那年轻人的青春血液荡起了波澜，搅动了她潭水般的心脏，感到有股新鲜的血液注进她心中。她希望再听一会，多听一点。书童欲上前去掀帘子给她通报，她却轻轻地拽住了他。

透过细如薄纱的竹帘，她偷看了一眼刚才说话的人。一个英俊青年，二十五六岁年纪。海蓝色方巾，湖蓝提花茧绸直裰，斜倚着湖窗，面对着众人。他浓眉方脸，微黑的肤色，略厚的双唇，洋溢着一股青春神采，又兼之有淡淡郁悒流荡在脸上。只要看上一眼，就能给人留下笃厚和可信赖的印象。

"华亭才子陈子龙！"书童悄声地对她说。

"卧子兄所见极是，文社联合势在必行，联则合，合则势，质社赞同合诸文社为复社。"

"庄社全力赞同！"

"……"

"既然诸位文社领袖一致赞同张溥陋见，复社成立大会定于明年今日如何？"

"我家相公。"书童又悄悄对她说。

有人带头击起掌来。

"承蒙诸位鼎力支持。明年三月二十八日在虎丘召开复社成立大会。请诸位转告社友,届时出席。"

"明年的大会,该给钱虞山发个请柬吧? 他乃东林仅存的领袖,在士子中颇有召唤力。"有谁提议。

"当然!"张溥答道。

大家又七嘴八舌地议论起来。不少人同情这位钱公的屡遭失败,希望他再度出山,辅佐朝廷。

杨爱会神地听着,他们说的那个钱虞山就是钱谦益,因他世居常熟虞山,人们惯常这样敬称他。她听汪汝谦说过,他们是朋友。

她意识到他们的正事已经议完,此刻进去不会打扰他们了。她示意书童去通报。

"爱娘请进!"

书童打起帘子,张溥站在门里,朝她抱了下拳。

"杨爱拜见张大人!"

她向张溥施了一礼。就像那刚刚绽蕾的春花,充溢着青春的魅力。她的脸俊美得令人惊叹,瓜子形,白净细嫩,新月似的蛾眉下,一双顾盼流情的眼睛,高雅的前额,小巧含笑的双唇。厅内仿佛突然为之一亮,所有的目光都被吸引了,他们被美镇住了,厅内出现了个突然的宁静,仅仅片刻,随之就热烈雀跃起来。大凡男子都有一种本能,喜欢在标致的女人面前表现自己吧。

张溥击了下掌,说:"爱娘不辞辛劳,远道赶来给诸君助兴,诸位看看如何乐法?"

厅内又热烈争论起来,有如暮鸦噪林。唯有子龙低头不语,不时向杨爱偷瞥一眼。在她进门的一瞬,他只觉得心里突然一阵悸动,不敢正眼去看她,他自己也闹不清,这是为什么。

"卧子兄!"张溥走到陈子龙身边,拍了下他的肩膀:"你出题呀!"

"呵……好好。"子龙微微一震,他的脸泛起了微红,以为张溥窥见了他的慌乱,尴尬地笑了笑,"垂虹名胜天下闻,我等有幸欢聚于此,且宜开怀畅饮。依子龙陋见,今朝所言所议,所歌所笑,一应题目,皆与垂虹有因。言之有脱,歌之有舛,罚酒三杯,兄意如何?"

张溥告诉书童,传话酒保,摆席上菜。

酒菜立即上了桌面,书童将七弦古琴安放在琴几上,杨爱轻拨琴弦,低声伴唱着:

旧时月色,算几番照我,梅边吹笛?……

江国,正寂寂。叹寄与路遥,夜雪初积。……

乐声有如雪中笙鹤,飘飘仙逸。公子相公们未饮先醉,擎起的酒樽,不觉放了下来。他们在这清婉的旋律和淡淡忧悒中,不觉产生了一种时空倒置的错觉,忘情地弓起食指在餐桌上击着节拍,仿佛座中的歌者就是四百年前吹奏《暗香》《疏影》的小红。

音符消散在梁柱间,空气里,水面上,花丛中……

好久好久,他们仿佛才从四百年前那个雪夜醒来,睁开蒙眬的眼睛,望着阿爱,怎么也难以相信,妙乐仙音是从面前这个娇小女孩子的指尖和声带中震颤而出的! 刚才他们惊叹于她的艳,现在又惊服于她的才艺了。

"请!"子龙离开了座位,过来邀她入席。她竟一点不怯场,落落大方地坐到他让给她的座位上。

家童给她筛了满满的一杯酒。她端起酒杯,依次给他们敬着酒。

几杯酒下肚,他们又耐不住寂寞了。有位相公说:"我有一联,求配下联。"

"以何为题？"另一个问道，"有悖章程，可要受罚的哟！"

"不会不会！我以这有来酒馆为题。上联是：'有酒有酒'，"他得意地捋着八字短须，问："如何？"随即将目光移向杨爱说："爱娘，你对好吗？"

杨爱抿嘴笑了笑，似乎是不假思索随口对道："来尝来尝。"

"妙哉！妙哉！"公子相公一齐欢呼起来。

漪窗外，是金黄的菜花，柔嫩的柳丝，淡蓝的湖水，垂虹桥像它的名字那样，有如一条彩虹，临架在吴江上。

她仿佛看到了一种冀望！漫漫长夜后的曙光，她混沌的思绪明晰了，她应该到广阔的天地间去求索、闯荡、寻觅，寻觅一个理解她、真正爱她的知己，忧国忧君、思求报效国家的当今志士。

回来后，她清点了卖笑积攒的财物和汪汝谦的慷慨馈赠。她估计了一下，除了付清身价，还有些多余。她决定自赎自身。有了自由之身，或许能掌握自己的命运。她趁秋娘高兴，提了出来。

秋娘心里一咯噔，阿爱正走红，哪有在桂子飘香季节砍掉桂树的道理？她沉思了会回答说："阿娘是愿意成全你的心愿的，这也是我的愿望么，记得你来我家的那天，我就许诺过。"她把自己坐着的椅子往杨爱身边靠了靠，牵起她的手说："不知你的心上人是哪位？"

杨爱调皮地一笑，指着自己的鼻子说："她！"

秋娘伸出手指，划了下她的粉腮，笑骂着："也不害羞，哪有自己嫁给自己的！"

杨爱就势靠到秋娘肩头，撒娇似的说："阿爱不要嫁给哪个人，只要属于我自己！"

"什么疯话！"秋娘轻轻地推了下依在怀中的杨爱，嗔怪地说："莫忘了，我答应将来让你出去，是有先决条件的。"说着又搂紧了杨爱，说："傻囡囡，你想得太天真了，没有一个我秋娘信得过的人来赎你，我怎么也不能放你出去!"她放开杨爱,拍拍胸脯:"你想,我能放得下这颗心吗?"

不放心? 这恐怕是个借口吧。杨爱抿嘴一笑,又大胆地向她直抒胸臆:"阿娘的心意我是知道的,也是永远不会忘记的,我也不是不知情理的人,放我走吧! 阿娘,只要我能闯出一个好归宿,我会记得来孝敬你的。"

秋娘抚摸着杨爱的双肩,有点儿动情地说:"不是我不放你出去,也不是我贪得无厌,我曾有个打算,等再过几年,给你找个可意的女婿,就关门跟随你们一道去过点清静生活!"她叹了口气又说,"没有一个可靠的人接你出去,你一个弱女子,怎么生活? 你不会误解我吧? 我是真的放心不下。等等吧! 我们来物色。"

杨爱经她这么一说,反倒不好意思执意坚持了,她回答说:"我再也不愿见那些可恶的人!"

秋娘一见她松了口,便高兴地满口应承下来:"这个依你!"

阿爱赎身的事也就暂时搁了下来。

崇祯六年(1633)的春天,午暖还寒。

一位在外省就职回盛泽祭祖的尤总兵,遣人给杨爱送来份请帖,邀她在三月初三陪他去石湖看桃花。杨爱不乐意去,但经不住秋娘劝导和要求,答应了。可是,却在初一这天,发生了一件震惊了归家院的事。尤总兵肆意羞辱她们的手帕姐妹月娘,致使月娘投湖自尽了。

这件事,激怒了归家院的姊妹们,她们相约发誓,宁愿一死,也不去侍候这个姓尤的畜生。杨爱愤怒地撕毁了那张请帖,她们虽身陷平康,但也是人哪! 她再次乞求秋娘:"你就成全我的心愿吧! 不瞒你说,我已积攒了一点私蓄,按你过去的许诺,以原身价赎身。放我走吧! 阿娘!"说着向秋娘跪下了。

杨爱的要求，秋娘也曾有过，她们有共同的命运，可现在秋娘已熬到老鸨的地位了，金钱的诱惑，使她总有点舍不得放掉杨爱这棵摇钱树。

她伸手去扶她，杨爱任凭她怎么拉，也不起来，而是重复着自己的要求："阿娘，你不答应，我就不起来！"

秋娘说："你起来说话，这不是一件小事，要好好商量一下。"

杨爱刚刚站起来，阿娟就从门外捧进一个礼盒递给秋娘说："那个该死的总兵，派人送来了定金呢！"她蔑视地撇了撇嘴，望着杨爱："爱娘，可别去呀！"

这定金虽说是预料之中的事，她们仍然非常恐慌。杨爱早就铁了心，有誓言在先，宁死不屈！可不去的后果呢？秋娘急得不知所措。她们谁也没有作声，只是怔怔地站在原地。

阿娟见她们都不搭理她，便说："送礼的人问是他们来轿接，还是自己坐轿过去？"

杨爱的话回得硬邦邦："你去对来人讲，我不去！"

"慢！"秋娘连忙向已转身出去的阿娟招呼道，"就说谢谢总兵大人，不用来轿接。"

阿娟讷讷地点了下头出去了。

杨爱走到秋娘身边，坚决地说："阿娘，我早就说过了，宁可立地就死，也不去的！"

"让我想想吧，你先去歇着！"

秋娘回到自己房里，掩上门，和衣伏在枕上。不觉间，泪水从眼里奔了出来。她想起了自己的不幸身世，这世间，唯有阿爱可算是她唯一的亲人了。突然间，她心里产生了一种比任何时候都宠怜她的情感，她应该助她以偿夙愿。可是，迫在眉睫的是如何躲过那个凶残恶魔纠缠的一关！

她苦苦思索着。俄顷,她心里出现了道微光,她坐起来,揩揩泪,就找杨爱去了。

杨爱闷闷不乐地坐在椅上。

秋娘走进门就对她说:"阿爱,我答应你的要求。"

杨爱以为是自己忧思过度产生的幻听。她惊异地看着秋娘。

秋娘的严肃表情使她相信她确实这么说了,她一步步向秋娘走去,投进了她的怀抱。她激动得半句话都说不出,热辣辣的泪水,滴洒在秋娘的肩上。她们久久地搂抱着。

她慢慢地放开了秋娘,走到自己的衣箱边,打开箱子,从箱底拿出一只描金漆盒,双手把它捧到秋娘面前说:"我的身价钱。阿娘,你收下吧!"

秋娘接过小盒,端详了会,就把它放到桌子上说:"等我找出了那张契约再来拿吧!"说着,就起身走出去了。

杨爱感到室内突然亮了,从明瓦上投下了一柱金黄阳光,她的心因突然而至的喜悦在咚咚地跳着,她仿佛是个失足跌进深渊的樵夫,在绝望之后,又在绝壁处发现了一根伸下来的葛藤,这是救命的绳索啊!若能攀上去,就是生;反之,只有坐以待毙!她不顾一切地扑上去,紧紧抓住不放。她忘了世间的忧患,也忘了那纸撕毁的请帖和礼金,只想着那张卖身契,恨不能立即拿到手。

她不停地抚摸着那只描金漆盒,这是花朝那日,汪汝谦先生托人避过秋娘送给她的,至今她仍不明白汪先生为何送这样的重礼给她。后来,她几次问他,他也只是笑而不答。有次他隐约地说了句,"你将来会用得着的!"难道他已预料到这一天吗?她心驰神往起来,仿佛有一双绚丽的羽翼,把她带到了广阔的天地里,像国士那样去追求自己的所爱所想。她简直是想入非非了!

她一边收拾散落在枕边、桌上、几上的书籍,一边慨叹在阴霾的日子里，在屈辱的生活中，就是它们，给了她生活下来的力量。因为在这个世界上，她还有所爱所依。现在，她终于就要得到自由了，她就要带着它们——患难中的知己、阴霾岁月中的伴侣，去闯荡人生了！自由，多么可爱的东西！她就要不属于任何人了，只属于生她育她的自然、天地。她深信，只要自己孜孜以求，她自信不会逊于男子。在某些地方，或许还要叫男人们汗颜的。

她想着想着，那块阳光已变成了玫瑰色，爬上了西墙。可是，秋娘没有回来。她焦虑了，那纸契约还未到手，心里还是不踏实。她像那抓着葛藤，缘壁而上的樵夫，还未到达山巅，假若藤条突然间断了呢？她的一切不都要成为泡影？她捧起首饰盒子，去寻找秋娘。

她寻遍了卧房、客厅，到处都不见她的踪影，也没见到阿娟，莫非刚才的许诺，真是一团虚影？她的心又悬吊起来。她焦躁不安地从这间房子找到那间屋，到厨房里才见到一个烧火的丫头，丫头告诉她："阿娟到药房配药去了！"

"谁病了？"她莫名其妙了。

烧火丫头向她翻翻白眼，困惑地说："不是说爱娘你不适意吗？"

"我病了！我病了？"她轻声地自问着，在重复的自语中，她仿佛明白这"病"的内容。她不再继续寻找秋娘了，抱着那只漆盒，又回到了自己房间。既然是"病"了，她就得在房内待着。她又寻找那块阳光，它已经从墙壁上消失了，黄昏的脚步已经迈进门槛，室内也渐渐看不清物体了。

她无心点灯，在昏蒙的夜色浸染的卧室中，无聊地数着伴随她生活的物件，如刻如镂地感受着等待的难熬和沉重。不安、焦虑、空寂、无聊之感像夜色一样裹缚着她，她几乎要被它们掩埋了。不知过了多久，忽然，一个亮光向卧室移近。啊，一盏灯！她跳起来迎上去。

阿娟放下灯，秋娘无力地往太师椅上一坐。她紧张地观察着她们的表情。

秋娘像一个长途跋涉的旅游者，到达了目的地后舒了口气。她的手伸进了口袋。

杨爱的心又被提拎起来。

秋娘掏出了一个纸包，摊到桌面上，慢慢地展开了，她从中取出一纸契约，紧紧地握在手中，抬起头，用她那无限深情的目光望着杨爱，杨爱的心也随之急剧地跳了起来。一张原色的贡川纸写的卖身契出现在杨爱面前。就是它，把她这个活生生的人变成了一件物品，任人买来卖去。就是这张纸，使她像一个被判了终身监禁的囚犯那样无望地活在人世间。也就是它，宰割了她的灵魂，主宰着她的命运！它是枷锁、绳索，把她像牲口似的拴缚！杨爱恨不能立即将它抓到手，把它撕成粉末，烧作灰烬！可是，她不敢造次，而是双手捧起漆盒，再次送到秋娘面前。

秋娘却没有伸手去接，只是无语地望着她。她发觉秋娘在这不到半天的时间里似乎老了许多。她忐忑不安起来，担心秋娘改变了主意。她打开漆盒轻声地说："阿娘，这盒子里除了赎身钱外，还有多余的。原想出去后买条船雇个人的……我愿意把它都留给你。"

秋娘从杨爱脸上收回目光，难过地低下头，将漆盒重新盖上，冷冷地问："那你出去如何生活？"

"到那时再说那时的话吧！"

"看来你到底还是个孩子。你以为一个像我们这样的女人活在世上是那么容易吗？"她边说边拿起那纸卖身契放到灯上点着烧焚，又像自语地："我能理解你急于赎身的心，我懂，我有过。可你一点也不知道我的心，一点也不知道我在想什么！"

杨爱怀着一种特殊的感情，注视着这纸卖身契在火头上反抗了一下，卷起了下角。卷缩着又卷缩，瞬间，便化作了灰烬。

她舒出了一口气，好像是在岩石挤压下吐出来的那样又长又深。她的眸子充溢着光泽，激动地望着秋娘。

秋娘接过漆盒，抚摸着它说："阿爱，你的身子现在是属于你自己的了。我应该恭贺你！"说到这里，她眨了两下眼睛，睫毛湿了。望着杨爱兴奋的神色，又说："你想过没有，我们这些人，要想改变自己的地位，比登天还难啦！"

杨爱的心此时就像渗进了苦涩海水的破船，不停地往下沉落。她怎能不知道呢！即使她有了自由之身，不再倚门卖笑，也改变不了她歌妓的身份。这个身份会像影子那样永远跟随着她，社会不让她像普通人那样生活，除非她嫁了人，不然就落不了籍。她会像那无根的浮萍，任凭风吹浪打。但是，她从平时所酷爱的书中，得知历代不少有才华的女子出自苦海之中。她之所以如痴如醉地读书，因她想做个国士。只要有了自由，别人能做到的她也能够做到。她可以去访寻名士、求师拜友，通过同他们切磋学问、唱酬诗文，就能增进学问，陶冶她的性灵，让世人承认，出身风尘的女子也并不都是卑下的人。那时，再在那些能够尊重她的人品，而不在乎她出身的名士中，选择自己心爱的人为婿。

杨爱想到这里，低下头喃喃地说："我想过，我常常在想。我知道摆在我前面的不是平坦的路，是深浅不测的泥泞沼泽，说不定还有陷阱。但是，阿娘，人总不能等死。我想试着闯闯看。如果我能找到个安身立命之所，我是不会忘记你的。"

秋娘的眼睛渐渐睁大了，真看不出，这小小的人儿，居然有偌大的勇气，也懂得这么多道理。她很高兴，但又严肃地问道："你出去后怎么生活，可有打算？"

"也考虑过。如果没有地方接受我落籍，就买一条船，再雇一位船老大。我还想改装为儒服方巾，扁舟载书，去与高才名士相游。在名士中如能寻到知己，就选择个为婿。”

也许她的理想会实现。秋娘听到这里，便揭开描金漆盒，打量着里面的首饰和金银，从中拣出那支金嵌红宝石杏花簪说："这根簪子，是你花朝那天插过的，见物思人，我就留它作个纪念。"她复将漆盒盖上，推到杨爱跟前，"你留着吧！权当我送给你的妆奁。"

杨爱瞪大了眼睛，秋娘的慷慨是她所没料及的。能让她赎身，就是给她天大的恩典了，怎么……她又喜又惊，又悔恨自己怎么没有想到秋娘有这么好的心呢？她动情地拉住秋娘的手，嘴唇抖动着，竟说不出一句感激的话。

秋娘强制着把手慢慢地从她的手中抽出来，冷静地说："你现在就收拾，今晚就得离开这里。"

"今晚就离开？"又是杨爱所没料及的，"船还没买呢，叫我如何走？"

"我已给你安排好了。就划你平日用的那条船走。我也同船老大和他儿子阿贵说妥，他们会帮你的。阿娟她愿意随你去，也好，有个照应。"秋娘说得诚挚恳切。

"阿娘，这、这不行，我不能白要你的船和你的人！"说着，又将首饰盒推给秋娘。

秋娘又推回漆盒。"收起来吧！孩子！我希望你能挣出这个泥坑，更希望你能有比我的归宿好。只要你有个出头的日子，我愿意尽我的微薄之力来帮你一把，那要比我自己多用两个钱，心里要好过得多啊！"秋娘掏出丝帕抹着泉涌的泪水，"你以为我愿意放你走吗？不！不管怎么说，我也是不愿的。但这不只是为了钱。也不只是为自己打算。就在买你那天，也不都是为自己赚钱想的。我用那么高的代价把你抢到手，是怕你落进别人的手中。佛娘生前常常在我面前念叨你，临死之时，还……"她说不下去了，任泪水流了一通后，才继续说："佛娘和我们都是同命运的人,只有我们才能互相怜惜。不知多少个姐妹死在这个泥坑里,佛娘她死在这里;昨天,月娘也惨死在这里! 我不想再看到我们的姐妹再遭惨死了。两年来,我们情同骨肉,我舍不得你走哇! 真的舍不得呀! 可现在灾难临头,不放你走又有什么办法呢?能不让你走吗? 不能,不能啦!"秋娘从地上拣起一块撕碎的请帖碎片抖了抖说:"为了对付尤兵,下午,我让阿娟在去药房的沿途散布你得的急病的消息。明天,我还要让人去买只棺木,就说你已经死去了,我也借此关门。还不知这一招能不能骗过那个恶魔啊! 万一不行,我再尽我的所能去对付他们。"

杨爱这时突然联想到了一种狗。见到盗贼就腿脚发软,战战兢兢夹着尾巴逃到一边。可它见到了小鸡,又变得凶猛异常,扑上去就撕咬。堂堂的大明总兵,在边疆吃紧、异族虎视着国土的时候,不敢去保卫疆土,却把威风发泄到风尘弱女身上,岂不羞哉! 她又想起教她吟诗画画、对她爱护备至的佛娘,不禁怀着一种复杂的感情扑进秋娘怀里,泪泉喷涌而出,她忍住一阵啜泣,赶紧揩掉眼泪,坚定地说:"秋娘,我不走了。我不能让你为我受连累! 我不走! 我不走!"

秋娘抱紧杨爱劝说着:"别瞎说了! 你以为我是轻易下此决心的吗?"

杨爱仍然抱着秋娘的颈脖说:"我知道,我不能光顾自己逃跑,丢下你……"

"看来我的话又让你误会了,今天我说了这么多,并不是求你留下……"

"你别说了,我没误会,我决定不走了,说什么我也不走了,我到哪儿能找到像你这样关心我的人。我不走,是死是活也要和你在一起呀! ……"

秋娘听到此,气得推开了紧抱着她的杨爱,顺手扫了她一耳光,骂道:"真是个没有出息的东西!"然后,转身双手捂脸痛哭起来。

　　杨爱被深深地感动了,她猛地跪倒在秋娘身后,双手抱住秋娘的腿,抽泣着说:"秋娘,你再打我几下吧! 也许多打几下,我这心里还好过些!"

　　秋娘转过身,抱住了杨爱,痛哭起来。她如泣如诉地说:"我们相处这么长时日,从未动手打过你,连骂也未曾有过,没想到在临分别时,失手打了你。原谅我吧,阿爱!"

二 水天迷茫风浪处

河东君伸手摸了摸脸颊，那儿好像还热辣辣的。"秋娘，秋娘!"她用心呼唤着，"我永远不忘这一记，挣出泥沼，去闯荡一片新天地!"她的眼角痒酥酥的，仿佛有小虫子在那儿蠕动，她把细长的手指移到那儿揩了揩。舱内已相当暗了，她撩起帘子的一角，窥望着湖天。暮色开始变厚变浓，水面越来越暗，越来越迷蒙了，空蒙中仿佛包藏着一种神秘和可怖。掀帘的手滑落下来，她的心也同时滑进了那种去路茫茫、未来莫测的惶然之中了。这种有如动荡不定湖水样的情绪，早在她出逃那晚就产生了。

云低月淡。

她脱下了红妆，穿上领毛蓝雪花绒直裰，头戴海蓝色方巾，活脱脱个斯文相公。阿娟扮作书童，她们在水阁下与秋娘挥泪而别。小船悄没声响地滑出了水巷，偷偷驶入了莺脰湖。盛泽像一艘浮在碧波上的花舫，飘远了，只留给她一个粗黑的轮廓线。柳堤也变成了一叠凝固的波浪。自由了! 她在心底高呼了一声，那份兴奋，那份愉悦，无以言表，就像咬破了丝罗缚线、飞出了茧壳的蚕蛾，在初见阳光和天宇的瞬间那样，心里漾满了得到自由的欢乐。她真想跳舞，真想唱曲，想对着天地大笑，把屈辱把压抑统统抖落掉。她向盛泽扬了下手，永别了！可是这种快乐只持续了一会，很快就被怅惘取代了。船伯问她："爱娘，打算去哪里呀？"她茫然了，她还没有来得及细想。前面是浩瀚的湖水，此行何去？水天迷茫风浪处。往哪儿去？四顾茫茫。

橹声惊扰起鸥鹭，振拍着翅膀飞进了苇丛。

一群夜鸟鸣叫着从头顶上飞过，怪叫着停歇在岸边一棵古槐的枝桠上，那里有几只鸟巢。

她突然产生了一种无家可归的飘零之感，羡慕起它们。它们有个家，尽管简陋，毕竟是栖息所在。而她，将像无根的浮萍、无定的水波浪纹，只有任凭风浪把她命运的船儿颠簸，何处是归宿？何处能栖身？

"爱娘，要起风了。"船伯望着躁动的湖水，询问她的主意。

猛然间，她眼前浮起了垂虹群子热烈讨论的情景。月底，复社要在虎丘集会，这不是引领她出逃的力量吗？她不是想去寻访高才名士吗？

"去苏州。"

风浪把她推到了同里，巧遇了华亭名士陈子龙、李待问，墙上这张书条就是李待问在同里舟中书赠给她的。这大概就是一种缘分吧！给她迷蒙的追求罩上了一个金色的光环，坚定了她要去结交他们的热望，她追踪他们到了苏州，可她没有再见到他们，她带着惶惑而美好的希冀，决定追踪到松江。

漫长的旅途生活，航航泊泊，吃尽了苦头。一近黄昏，飞虫就往船舱内涌。想点灯夜读，蚊虫就会毫不客气地在你手上、脸上伸出吸管，饱餐一顿。被叮咬过的地方，红肿一片，奇痒难忍，叫你彻夜难眠。湖上的风暴就像一个狂躁型的精神病人，怒吼着要撕碎他们。这些还并不算可怕，最可怕的是黑夜，以及和黑夜联系在一起的水贼。

那也是个黄昏。

他们的船，在抖动不安的湖水中凫游着。它与小田鸡似的渔舟相比，倒像一只庞然的大鹅，在湖上，很有点惹人注目。船伯找到一个理想的泊岸。这里停泊着众多的船只，首先就给了他们一种安全之感。

不知何时，河东君的船被人解了缆索，漂离了湖湾，远离了船群。

酣梦中，船伯突然发觉了他们的船在走动，他还以为做梦呢！他睁开干涩的眼睛，没有星月，难辨方位；听不到鸡鸣，不知辰更。他困倦地从铺上坐起来，想到船头上去看一个究竟。

他刚刚走出舱，还没有来得及看周围一眼，两手就被人反扭到背后。

他惊恐地睁大了眼睛，张开了嘴巴，想要叫唤。

黑暗中，有条闪着银光的东西对准了他。同时，压得很低却凶狠的声音对他说："不许叫！若不识相，剖了你喂鱼！"

船伯想，不好了，遇上了水盗。这怎地是好？她们俩还在做梦呢！可怜的孩子们，怎能让她们招致祸灾呢！就是挨刀子，也要搭救她们。他得让她们知道发生了不测的事，让她们穿上外衣，有个应付的准备。他抬起右脚，重重一顿说："强盗！你们要做什么！"

闪着寒光的鱼刀，一下触上了他的鼻尖，那般瘆人的寒气由鼻尖顷刻就走遍了全身，他不觉一抖。那个声音又沉甸甸地响起了："少废话！把船摇到那边，要不老子宰了你！"

船伯被扭着，押到了船头。"摇！摇到那边！"他们松开了扭船伯的手，勒令他摇船。

船伯慢吞吞地摸索着拿起了橹。突然，他将橹往船帮上咚咚地敲起来。

"你个老水鬼！想死了！"随之，船伯"哎哟"了一声。

随着船伯的一声呻吟，河东君的舱门砰的一声开了，她穿着原色纺绸直裰，像一束月光样出现在门口。"我是船主，有事请跟我说，不要难为老大！"她声音不高，却很有杀力，俨然是一个风度飘逸的男子汉。"阿娟掌灯！"她的镇定傲岸的气度，在刹那间，仿佛压倒了邪恶。

这仅仅那么一瞬，很快，强人们就回过了神，一个白面书生，有何畏惧！一伙强人顿时放下船伯就向河东君逼过来。就像那湖底的鱼群，河东君只见一溜黑影向她潜过来。

阿娟的灯怎么也点不着。一个强人逼近了河东君低声说："船主，实话跟你说了吧，我们是强盗、水贼！抢掠糊口，识相点！"

船伯捂着淌血的鼻子，扑到那群强人面前，扑通一声跪下说："好人，好人！求求你们不要伤害她！"

一个凶悍的强人把船伯一搡，揶揄着说："嗬！看不出，你倒很讲义气！老东西，若是真心疼你的主人，免他皮肉受苦，就快去把他的钱袋拿来，也免得大爷我动手！"

"哈哈……"河东君暴发性地笑起来，笑得强人们摸不着头脑，在黑暗中面面相觑。"钱袋？哈哈……银子？哈哈……我都有，快把灯点亮，我要在明里数钱给他们！"

河东君在听到了船伯的叫唤声后，又听到一个声音，特别是那个尾音是那么熟稔，可以确认，这是一个熟人的声音。天哪，熟人！是谁呢？她把记忆里的所有男人的声音飞快地检查了一遍，也找不出一个会去做水盗的人！后来，他那直言不讳的"我们是强盗、水贼！"的介绍，使她震惊，终于使她想起一个人。

那是一个冬日的黄昏，夜幕像一张黛黑的网，早早就把女院罩上了。她因擅自上相爷的书楼受到众姐妹的妒恨，受到老夫人严斥，她的文房四宝也被大夫人抄走了。她一腔怨愤地坐在桌边，没点灯，黑暗里漫不经意地用指头蘸着茶水在桌上练字消磨时光。突然，房门被推开了，身后响起一个男子的声音："相爷要的书给送来了。"

她吓得起身站立,惊问道:"阿根,谁让你走进我的房间,你母亲没教过你相府的家规吗?"她指着门口,轻声地说:"相爷不在,快快出去!"

阿根捧着一摞书,不无委屈地说:"夫人吩咐我送来的,说相爷在这儿等着用!"一边说一边返身往门口走去。

门外突然闯进一个人,挡住了阿根的去路。

阿根惊恐万状,他往后退着。

她立刻敏感地意识到,这是一次精心策划陷害她的阴谋,可怜的阿根中计了。她不甘阴谋者得逞,向挡着门的黑影扑过去。突然,她从窗口的那抹微光中看清了那双既温和又深不可测的眼睛。她怒不可遏地盯住曾经让她感到信赖和亲切的眼睛,质问道:"夫人! 你要做什么?"

夫人返身把门关上,插好栓。她用平静的语调说:"你不用急,也别害怕,把灯点亮,我要同你们俩商量件事。"

阿根这时才确信挡路者是夫人,他急切地申辩说:"夫人,是你吩咐我把书送到这儿来的呀!"

"不错,是我让你送来的。"

主人没有否认她的指令,阿根紧张的心情稍稍缓解了一点,立刻要求着:"夫人,书已送来,相爷不在,我可以走了吧?"

夫人笑着说:"别急呀,我不是说要商量件事吗!"

她不知哪来的勇气,竟然怒声地对夫人说:"你要同他说话,请你把他带出去说! 你若再不让他出去,我就要声张了!"

"要声张? 那好呀!"夫人一反往昔的温柔敦厚,冷笑了一声说:"捉贼拿赃,捉奸拿双,我现在是双双拿在手了,你声张去吧! 哼,你们就是遍身长了嘴,也难辩清。相爷会把你们碎尸万段!"

"夫人! 你……"怒火烧得她浑身哆嗦,她哆嗦着嘴唇望着她说,

"你要处死我,你要杀死我,哪种方法不行,为何要把你陪房的儿子也带上,让他也无辜地丧命呢?"

阿根面无人色,咚的一声跪倒在夫人面前求着:"夫人,饶了我吧!看在我母亲的面上!"

夫人冷冷地笑了,说:"要我饶了你们很容易,只要你们依我一件事。"

"请说吧,"阿根低着头呜呜地说,"只要我做得到的!"

"云姨娘,你呢?"夫人盯视她问。

"只要不伤害阿根,只要我能做的都愿效力。哪怕叫我马上去死也行!"

"那很好,既不伤害阿根,更不会让你去死。不妨直说了吧!"她看看跪在面前的阿根,又看看歪坐在椅子上有气无力的她说,"你们知道,相爷没有子嗣,是我们周家的憾事。我让你们今晚……"

"什么?!"他们俩几乎是同时瞪大了眼睛,惊恐地抬起头望着夫人的脸。

"别紧张,相爷去了苏州,今晚不会回来,这是个机会。以后,还会给你们找机会的。只要你们小心一点,悄悄行事,给我们周家生下个一男半女,到时,我会报答你们的,给你们一份田产,放你们出去过小家生活。"她伸手去拉阿根,"就看你可像个男子汉!我已得到了你母亲的同意。"

阿根目瞪口呆了。阿云大声斥责着她:"夫人,你好狠毒啊!"

她哼了一声说:"你该知道,叫嚷给你的是何种下场?!"

她只得跪下来乞求:"夫人,我怎能有负相爷?此事奴婢死也不能相从!"

她鼻孔里冷笑一声说:"相爷喜欢你,可他更喜欢有个儿子。今晚不妨把话说到底吧,你愿从得从,不愿从也得从!"说着拉开门一转身就出去了，随手带上门，只听得咔嚓一声，门被锁上了。

"这叫什么世道！"她一阵晕眩，昏厥在地。

但她很快醒了，一睁眼，见阿根像木桩样站在面前，惶惶悚悚。她急了，急切地对他说："你还不快走！"

阿根显得更加慌乱，结结巴巴地说："门……门……门锁上了，我走不了呀！"

她已经完全恢复了神志，她指了指后窗，气急心慌地说："阿根哥，你快逃吧！ 快从那里逃出去，逃得远远的……"

"不，不，"阿根嗫嚅着，"我跑了，你怎么办？ 夫人哪能饶过你？"

她完全清醒过来。

是的，就是阿根能逃出夫人的掌心，夫人决不会轻饶她的！ 她会更加憎恨她，她会找个借口，置她于死地，堵截住她那丑恶的阴谋不让它泄露出去。

若是他们屈从于她，接受了她的借坛酿酒的安排，让她如愿以偿地得到一个接替香火的子嗣，她也决不会留下他们这个后患的。

如果他们屈服了，但又没能为她生下一男半女，她更不会放过他们的。

摆在他们面前的三条路，没有一条能给他们希望之光，不管他们走那条，都是绝路、死胡同。死，她才十四岁，她不甘，不甘！ 她希望同阿根一道逃出去，但又怕他没这份勇气。她试探地求着他："阿根哥，你别管我，你逃吧！ 我……大不了一死……"她是呜咽着说的。

"云姨娘，阿云！"他深深受了感动，泪水夺眶而出。他蹲下身，握住她冰凉的小手，"我不走，我们……"

她没等他说下去，就支撑着身子，慢慢地坐起来，冷静地说："阿根哥，你不嫌弃我吗？"

"阿云！"阿根的心突然狂跳起来，他更紧地握住了她的手，"你瞎说些什么呀！就怕我配不上你！"

"你若真不嫌弃，就带着我一道逃走吧！"她用力摇撼着他，"阿根哥，带我逃走吧！逃到天边去，逃到他们找不到的地方，我们两人永远在一起！"

刚刚十七岁的阿根，正值热血沸腾的青春年华，他哪里经受得住一个美丽的女孩子的摇撼？他一下动了感情，抱住了她，"阿云，你真愿意跟我，做我的妻子？"

阿云在他怀里点着头。

"我们逃，逃到天涯海角，我不会亏待你的！"阿根更紧地搂住了她。

夜色迷离，游离着不安和躁动，神秘和危险。阿云突然意识到，此时不是儿女情长的时候，她镇静地说："阿根哥，别这样，我们快逃呀！"她从他的怀里挣脱出来。"最要紧的是快逃出去，逃出这个地狱！我们的好日子在后头呢！"她摸索着下了床，找到了几件首饰，用一个帕子包着，放到阿根手里："你收着，路上用得着的。"又摸到一条布巾，包上了自己的几件洗换衣服。她把阿根拉到后窗边，放低声音说："你先跳下去，我把包袱丢给你，你再接我下去。"她挪过一把木椅，轻轻推开了后窗。

阿根爬上去，抓着窗框，往下一跳。也许是用力过猛，阿根落地时，震出了个沉闷的响声。

"啊！谁？"一个女声突然惊慌地叫了起来，同时隔壁窗口探出来好几个女人的头，向墙根张望着。

"不好了！"她心里在绝望地呼唤着，"阿根哥，快逃呀，你被人发现了！我不能再往下跳了，请宽恕我不能跟你一道走了！不是我阿云贪生怕死，我是为了你呀！我若跟着跳下去，会弄出更大的响声，连你也逃不了呀！那就会立刻被双双拿住，双双处死！我宁愿一人去死，我不能连累你！快逃呀,阿根哥！我求求你……"

她举着包袱的双手,僵在半空了！她没有勇气向窗下望去,她的身子连同包袱,无力地滑落到地板上。

难道是他？可她又不敢断定就是他,也许那是另一个男人？她又一次催促阿娟点灯,希望辨认清楚。可是,没出息的孩子吓昏了,双手颤抖,灯怎么也点不着。她夺过纸煤,噘起嘴唇一喷,点亮了灯。

就着灯光一看,站在她面前的是一群满脸抹了锅底灰的黑面人！除了看到一双双骨碌转的眼睛和还能看出他们都还年轻外,她不但认不出面前的人,连再看他们一眼的勇气都没有了。看来难以解脱今天的厄运。但她不想让他们看出她已被吓坏了,她还要做最后的努力,她要用话语来试探出他是否就是那个人。她强作镇静,对那个发出熟悉声音的水盗说:"这位兄弟跟我进去拿！"

顿时,众多双贼亮的眼睛扫来扫去,你觑觑我,我看看你。先头把船伯搡得老远的那个人说:"要进去拿都一道进去！"说着就往前边挤过来。

"做什么！站住！信不过我？如果信不过我老大,那就早点散伙好了！"站在河东君面前的强人厉声地说。

河东君的心像铁砣似的往下沉,难受和失望,使她感到了空荡。她记忆里的那个人是个温顺的小伙子,腼腆得不敢正眼看人,哪来这样的杀气？

"老大,你去拿！大伙信得过你,不信任你的,可以另谋生路去！"一个黑面人这样说。

"你！"那个叫嚷着要一齐进舱的强人冲到说话人面前,上去就给他一拳,"让你拍个屁！"说着就咚的一声跳进了水里。

"小黑子！回来！"

被叫作小黑子的年轻人,头也不回,向远处游去。

"随他去!少一个捣蛋的,还省点心。"

老大嗔怪而又忧虑地说:"他一个人去瞎闯,还不知要闯出些什么祸来呢!"说着就跟着河东君走进舱房。

"请坐,老大哥!"河东君指着一条短几示意说。

"少来这一套,快快把银子拿出来,我们好走路!"

"老大哥,有话好说,别急呀!我想向你打听个人。"河东君收起假嗓,又露出了少女时代的娇羞声音。

老大仿佛被蜂子蜇了下似的,那被锅底灰堆得厚厚的脸上,仍然能觉察到肌肉在抽搐。他也想起了一个人,那不是他的情人,也不是他的仇敌,而他却是为她逃走以致流浪江湖的。可是,面前却是个白面书生。

他直视着河东君的脸,虽然船舱内光线昏暗,那灯光又不停地摇晃,但他已寻到了那人过去的影子。她要向他打听谁呢?莫不是她已认出了他?千万不能让她认出。他压住内心的慌乱,用尽力气大吼一声:"少啰唆!快把银子拿出来!"他想以凶暴来掩饰内心的慌乱。他甚至想紧握拳头,上去给她一拳,让她无从相信他就是从前那个他。可是,他的拳头怎么也攥不紧,他那强壮的手臂怎么也无力抬起来,他打不下去。

他的表现,更加印证了河东君记忆的准确性。她心里有底了,笑微微地说:"我是为一个母亲在寻找她的独生子。"她的语气变得严肃了,"可怜的母亲,为了找到自己的亲骨肉,没日没夜,漂流在水上,几乎被风暴吞没生命。为了儿子,她活着,吃尽了千辛万苦,九死一生。可是,她那不孝的孽子,远逃他乡,逍遥自在,忘了他可怜的母亲。"她说到这里,双目直视着面前低下了头的人问:"老大哥,你在江湖上混,可曾听说过这个人?"

老大开始淌冷汗了，多少个睡梦里，他叫着母亲这个亲切的称谓哭醒过来。他是母亲的生命，母亲的依持。他明白，母亲没有了他，是不能活下去的。可是，他是打伤了工头逃出来的呀！有家不能归，出于无奈，只得在江湖上闯荡糊口。他活着也是为着有一天能见到母亲。母亲啊母亲，你在哪里呀？他想申辩说，他并非忘了母亲，多少次，他曾悄悄回到阳澄湖，去探望母亲，可是，他不敢走近母亲的茅屋，害怕被人发现。虽然没见到母亲，但只要茅屋在，心里就有一种安慰。

他还想对阿云说，他最后一次去探望小茅屋时，见茅屋正在燃烧，黑红的火焰，似毒蛇喷吐的火舌。"阿妈！"他高叫着，扑进了水里，向茅屋爬过去。

他爬到了火堆边，除了化作灰烬的茅草和还在冒烟的檩条残骸外，什么也没看到。

他在灰烬边坐了一夜，直到东方发亮，他才又滚进了湖里，上了兄弟们来接他的船。阿云提起了他日思暮想的母亲，他真想立即扑过去，跪倒在她的面前，求她指引，告诉他，他的母亲在哪里。

可是，他惶惑了。坎坷的遭遇，给了他教训，不能轻易相信一个人。即使她就是放他逃出周相府的阿云，时隔数载，现在她又为何女扮男装，来到这淀山湖上？或许她接受了官府的收买，专门来侦察他们行踪的？也许，他母亲已经落入了官府之手，他们不过是想利用他的母亲来做钓饵，引他上钩。

想到这儿，他面前的这个白面书生也变成了狰狞面目的恶煞了。突然，他感到五脏俱裂地疼痛，他像鹰鹫抓拿小鸡那样抓住阿云的前胸，一下就拎了起来，用压低了的怒吼问道："快说！母亲，那个人的母亲，她在哪里?!"

阿云怒火中烧，抡起巴掌，朝他的面颊就是一记，骂道："哪有用这种粗野态度来对待救过你母亲命的人的！阿根，你不要再演戏了！快放开手!"

阿根无力地松开了手,往矮几上一坐,两手插进发林,懊恼万状。

"你认出了我,我也早从你说话声音中认出了你。"河东君轻轻地说,"你还不知道吧,那年你母子星夜逃走后,我险些被处死。这些一时也说不完。你母亲和你散失后,找你找得好苦。前不久,在万千湖,你母亲的渔船被风浪打碎,她漂在水面,被风浪推进了河汊,就是我们这位大伯救起了她,让她……"河东君未说完,阿根就奔到舱外,咚的一声跪倒在船伯面前,低着头痛哭起来。

河东君追到舱外,语气平缓地说:"阿根,你起来,大伯和我们并不要你感恩,我有句话想跟你说,不知你愿意听否?"

阿根直点头,但他仍跪着不起来,呜呜咽咽地说:"你说吧,我愿听。"

"冤有头,债有主,是谁逼得你远逃在外,是谁逼得你无家可归,你就去惩罚谁。这江湖上有不少人也都像我们一样是无家可归的行客,他们与你无冤无仇,你怎能为了糊口,不分青红皂白地去伤害他们。你想过没有,万一你截住的渔船是你母亲的,在漆黑的夜里,分辨不清是谁,你手起刀落,杀死了生你养你的亲人,你将如何痛悔终身?"河东君说到这里,嗓子眼哽咽了,她压下了辛酸,又继续说:"你不能这样下去,我相信贪官、坏人也不会永远坐在官位上。现在有一批清流,正在提倡改革,吏治总会清明起来的。作为一个大明朝的子民,是与国家的命运连在一起的,总应该做点对百姓有好处的事呀!阿根,你阿妈在陈墓镇,她时刻都在想念你,去找找她吧!你不能让她失望啊!"

悲愤和愧疚,像两根竹鞭,在这个变得粗犷了的男子汉心里轮番抽打着,他的心要爆裂了!他霍地站起来,大叫一声:"别说了,阿云!"一纵身,跳进了黑咕隆咚的湖水里。

舱内射出的一抹微弱的光亮,刚好射照在他落水的地方,湖水旋起一团浪花后，就再也未看到他伸出头来。他的同伙们一直目睹这场变化，也莫名其妙地跟着跳下湖去。河东君、阿娟几乎是同时对船伯说："快！快把船划过去。"

船伯向她们摆了下手说："干这营生的淹不死的。他心里不好受，凉水会让他好过一点。"

他们一齐望着湖面，湖水显示出一种平静。不远处，好像出现了几丛浪花，推推涌涌，向黑暗的岸边奔过去。

他们屏息朝那里注视了一会，就各自回舱去了。

唯有船伯，却徘徊在河东君的舱房外，沉重的步履，一下一下重重地落在船板上，发出沉闷的响声。河东君明白，大伯心里有事，便拉开门，对他说："大伯，你不舒服？"

他欲言又止，迟疑有顷："孩子！"他第一次用这样的称呼叫河东君。叫过后，仿佛又后悔了，没有继续说下去。

河东君倚在门口，望着他，当听到船伯称呼她孩子时，她的心脏仿佛突然停止了一个节拍的跳动。多少年过去了，没有人用过这种慈父般的口吻叫她。这个称呼对她来说多么遥远，又多么陌生啊！她只感到有种失之久远的情感在她心中涌动，好像站在她面前的就是她思念已久的父亲，她情不自禁地抓住了船伯那结满老茧、青筋暴跳的手说："大伯，你有话要对我说？"

船伯点点头，被湖风吹得开裂了的厚嘴唇抽搐了半天，还是没有说出什么。好像他在权衡能不能说，也许他想斟酌下词句，也许他怕说出来自己要失去什么。

"大伯，你想说什么就说什么吧。我听着呢。"

船伯嗫嚅了会说："孩子，这过的是什么日子呀！日夜提心吊胆，要避风浪，又要避歹人！你的一点积蓄，我想也维持不了多长日子了，我想了多日，你应该出嫁呀！不能再这样漂泊下去了。"他说着从河东君手里把手抽出来,慈祥地看着她说:"我不忍心看你受罪呀! 随便跟个人,过个安稳日子也比这流浪强啊!"

出嫁,嫁个男人吃饭,过安稳的生活,这是自古至今女子逃脱不了的归宿,她希望嫁给一个尊重她、爱护她的男人为妻子,可是,世俗的偏见和不公平的命运啊,却把每一个女人容易得到的"妻子"称号像月亮样挂在空中,让她每天望得到,却摸不着。可是,她却不灰心丧气,对未来还是充满了希望,她相信她能做命运的主人。所以在任何时候,她都不愿轻生,她要活,要活着到达她理想的目的地。她信心百倍地认为,只要自己坚定不移地向着自己向往的目标去拼搏,就能达到她想达到的目的。她别无他求,只希望在流浪中能结识一位摈弃世俗偏见,不嫌怨她出身卑微,却注重她自身的价值;爱才,惜才,重大义,识大礼,愿将才华和身家性命贡献社稷和民族兴盛的知音,她愿意牺牲一切辅佐这样的君子去建立事业。她的向往,肯定要遭受世俗的讪笑:"也不拿镜子照照自己是何等货色!"也许会有人挪揄她狂妄,笑她是"癞蛤蟆想吃天鹅肉",可这些,她都不在乎,她相信世界上只要有才华存在,就会有爱才的君子,正如有贪官污吏就有抬轿吹喇叭的人那样。她会找到知音的,她决不会放弃自己的择婿标准去做一个满身铜臭的商人妇。她故作轻松地笑着说:"大伯,请别为我操这个心了,我自有打算。"

大伯心情却轻松不起来,他复又轻声地说:"孩子,不是我多管闲事,这世道乱糟糟的,怎能不急呀! 就怕你是心比天高,命比纸薄哟!"

"心比天高,命比纸薄。心比天高,命比纸薄……"河东君轻声地重复着,往卧舱内退去,她心里蹿起的火苗,仿佛遭到了暴风雨的猛烈吹打,熄了又燃,燃了又灭,那一息的火星,最后完全被风吹散了,被雨淋灭了。她扑倒在铺上,耳畔那个声音还在顽强地响着:"心比天高,命比纸薄。"

她不甘愿地反抗着："不！"

可是，每近黄昏，那晚的余悸就会回到心中。

船伯把船停在一个静阒无人的湖湾，拴在一棵柳树桩上。没有月亮，水天几乎融为一体，寥落数点渔火，也隐灭了。

她放下帘子，插紧了船窗，只要今晚不出事，明天就能到达松江。她不相信什么"心比天高，命比纸薄"。她没有点灯，摸黑躺到铺上，听着骚动的湖水，一次一次地固执地扑向湖岸，被撞得粉碎后不甘失败的叫唤声和湖水拍击船帮的嘭唪嘭唪的声响，在寥廓的湖天中，显得是那么顽强、坚韧不拔。

她突然联想到刚刚读过的《陈思王集》中的《洛神赋》。这是一篇精美绝伦的赋，传说是曹植为他热恋中的甄氏作的，他借在洛水之滨遇到洛神——宓妃，以铺张的手法、优美的辞藻，塑造了一个极其美丽动人的洛神形象，寄托了他对甄氏的爱慕和思恋。早在周府，她就熟读过这篇优美的赋，还见过顾恺之绘的《洛神赋图》，此时，那些如诗似画的意境，仿佛又再现在她眼前。

漪漪洛水，如帛似练，宓妃凌波出现，犹似烟雨中的春花，柳梢皎月，若隐若现，缥缈飘逸，屹立于洛水之滨的曹植，凝神远眺，慕思翩翩，欲邀而不敢，欲近而不前……

痛苦的思恋，诚挚的追求，深深感动了多情的洛神。但人神不能结合，她不得不忍痛离别情人，驾起六龙挽就的六车，依依离去。远去的是他心上的一轮皎月，远去的是他的生命，他哪能抛舍！乘楼船、浮长川，尾随而追。

这和她现在的情形多么相似啊！人才辈出的松江，萍水相逢的华亭才子陈子龙、李存我，不就是她心目中的洛神吗？为了结识他们，她驾画舫，漂江湖，苦苦追踪到松江。她虽然不敢以建安之杰曹植自比，可她对未来向往的勇气，却不逊色于他。

大地睡了,湖水却仍在嘭嗵嘭嗵不停地击搏。她想,一个人也应当像这湖水样顽强才好,哪怕千百次地粉碎,仍然固执地去迎接再一次的粉碎,直到把堤岸撞开一道豁口。哪怕夜色如漆样黑暗,仍在不停息地搏动,有种不达目的誓不罢休的气概!

　　"爱娘,"阿娟点着一盏纱灯推开她的舱门,把灯挂在灯钩上,摇曳的灯光闪照在她那流淌着忧悒的眸子上,"大伯说,明天一早就能到达松江谷阳门外的白龙潭。"

　　"太好了!"她从铺上坐了起来,"明天我们就能会到陈、李两位相公了。"

　　"哪有那么轻巧的事!大伯正为这事忧心呢!他刚才还在说,就凭一面之交,人家就认你了吗?"阿娟低垂着头,又小声地说,"我也这样想。这乱糟糟的世道,也许人家早把我们忘了。我们又不知道他们住在哪里,名帖往哪儿递?松江那么大,上哪儿去找?"

　　她默默地垂下了眼帘,斜靠到铺上。

三 以假乱真，卖书寻友

河东君坐在窗前，等待着天明。

湖上的黎明是在突然中来到的。

她只感到眼前突然一亮，东边天空与地平线的相接处，好像均匀地涂了一层淡淡的品蓝色，亮度从里面渗透出来，淀山湖也在瞬息间苏醒了，睁开了惺忪的睡眼，烟雾开始还是迷茫的虚影，后来才渐渐在视野出现。可爱的品蓝色只在天空停留了短暂的一刻，就被浓淡不均的玫瑰色所取代了。继之，整个东方天际出现了一片金红色，一轮红日像烧着了的火球，颤抖着从湖水中升起，瞬间整个湖面光耀起来，在太阳升起的地方，好像有一摊熔金在抖抖灿灿，壮观得无与伦比！昨晚湖中的黑暗和包藏着的恐怖，已没有了一点痕迹。淀山湖活了，渔船、舢板、官船、楼船、画舫、浪船向着各自不同的方位驶去。

她心里仿佛也拥满了阳光，金色的早晨，给了她金色的预兆、成功的希望。她唤来阿娟，对她说："我有办法告诉他们，我河东君到了松江。"

阿娟惊喜地问："什么办法？"

她神秘地一笑，没有作答，坐到画案前，拿出一卷宣纸，镇镇平，说:"你来磨墨。"又从墙上揭下李待问的赠书,放在画案的左边。这是她以狸猫换太子的方法,蒙骗了松江知府钱横的管家才得以保存下来的。她坐下来,摹仿待问的书体,写下了一张张她沿途所得的即兴诗,下款署上:"柳河东君诗,云间李待问书"。

阿娟不无困惑地看着她。她仍然书写不辍。

中午时分,她们的船就到了白龙潭,大伯选了一处僻静的驳岸系了缆。河东君又继续作书。第二天一早,她将那些酷似李待问书体的书条选出来,一张张卷好,要阿娟和阿贵拿到集市上出售。阿娟迟疑着,问:"有人买吗?"

她不无兴奋地回答说:"当然有人买,说不定还会一抢而空呢!"

阿娟仍然似信非信,反问着她:"没去卖,怎么就知道会卖得掉?"

"当然知道,昨晚洛神娘娘托梦给我的。"她像哄逗小妹妹样哄着阿娟,舒开一张书条,指着落款处说,"你没看到这儿署的是李先生的大名吗?"

阿娟面有难色地连连摇着头说:"冒名顶替,这不好吧?"

"说你聪敏,你却是个傻瓜。"河东君将阿娟拉到跟前,把嘴凑到她的耳边,悄悄地把她的筹谋告诉了她。

阿娟高兴得孩子似的跳了起来,"好,我去卖!"

阿娟扮作书童,阿贵背着书画篓,河东君叮咛说:"记住我的话,别忘了。我现在是柳公子。"阿娟连声应着"是"。

他们去到城里最热闹的街市区,找了块干净的地方,拿出几卷书,摊在地上,两人就盘腿盘脚坐在书摊后面。

松江和江南的大多水乡古镇一样,文风兴盛,不论农家、渔家子弟,还是官宦富家子弟,都有勤学的风气,他们中很少有人不习书法、镌刻。这个传统一直延续了好多个世纪。

过客见到阿娟他们摆字摊,就围了上来,观看,品评。　见是书坛圣手李待问的墨宝,标价又极其便宜,立刻争相购买,没一会儿工夫,他们俩带去的书条,果然为河东君所料,一抢而空。虽然没有达到他们此行目的,但也没招祸,还得了笔可观的收入。阿娟当然兴趣盎然,老远就微笑着向河东君摆手示意。

河东君会意,报以一个苦涩的笑,说:"听说后天是普救寺的庙会,朝香许愿的人很多,我再写些,你们拿到那里去卖,价钱提得高高的。"

阿娟点头称是。

庙会日的普救寺,一大早,就集聚了三乡四里的香客们。院里院外,到处是人,善男信女都背着黄土布制作的香袋,拎着装满素油的陶壶。商贾们在院场和路边设点摆摊,卖小吃的,出售鞭炮、香纸、纸锡锭的,还有卖小儿玩具的,热闹非凡。

阿娟和阿贵来得很早,占了一个好地段。像前天那样,他们的书摊前,围了个水泄不通。人们都想得到一张李待问的墨宝,挂在客堂中增添风光。

阿娟和阿贵被四面山墙似的人围着,应接不暇。售价涨到前天的五倍,可那些想得到李待问墨迹的人,还是争先恐后。阿娟接过钱直往阿贵的褡裢内装。他们忙得不亦乐乎,可也累得气喘吁吁。

突然,人群骚动,一个童仆模样的人,吆喝着拨开人围,挤到里边,两手叉腰,一脚踩住摊上的书卷,气势汹汹地质问:"你们是什么人?敢在这儿冒充名家书法,狗胆包天了!"他伸手去拽阿娟,阿贵往前一站:"你要打吗?"他把衣袖一捋,露出黑鼓鼓的肌肉。

阿娟从未经历过这样的场面,不免有些惊慌。她拿不准来人是个什么人,也许是个地痞,见他们操着外乡口音想来讹诈呢?爱娘早就关照过她,碰到这种情况应如何对付。她把阿贵往后一拉,道:"你这位小哥,有话好说。你凭什么说我们是假冒名家?"

"哈哈,"童仆模样的人冷笑了一声,神气活现地说,"凭什么? 凭我这双眼睛。这不是李书,是假冒的!"

人群哗然。

"啊!"有人高声嚷着,"不是李书?"

"假冒的? 这还了得!"

……

"你胡说八道!"阿娟已完全镇静下来了。她要在气势上压倒对方,"这是千真万确的李书! 你才是假冒里手的骗子呢!"

"哈哈哈……还倒打一耙! 小兄弟,别嘴硬了,真人面前别说瞎话!"

"你这是无理取闹,混淆视听。"阿娟指着他的鼻子,"请你把脚挪开去。"

"你这是招摇撞骗,欺世盗名。"童仆把踩在书摊上的脚,用力崴了崴。

"不与你这种人争。让开,我们要收摊了。"阿娟一边卷书条,一边说。

"想溜吗? 那么容易?"童仆蛮横地夺下阿娟手里的书条。

"你要明抢啊!"阿娟反抗地叫了一声。

阿贵立刻上前,一把抓住童仆的手。

阿娟想不能闹得太僵,若被送进官府,那将无法收拾。她又缓和语气说:"你这位小哥,这可开不得玩笑哇! 你说我们的书不是李书,可又说不出道道、拿不出凭证,这不是有意跟我们过不去吗?"

"装得倒挺像呢!"童仆胆壮气粗地揶揄着她说,"凭证? 就怕我说出来,会吓死你。李待问就是我家相公!"

一直关注着事态发展的围观者,又喧哗起来,一些人拼命往人圈里挤。

阿贵这时才听出了点原委，知道闯了大祸，耷拉下头，拽了拽阿娟的衣袖。

　　阿娟一听是他们所要寻找的李先生的家童，满怀高兴，真是得来全不费功夫。可她仍有些疑惑，笑了笑，进一步试探说："那好啊！既然你是李存我先生的家童，你敢带我们去同他当面对质吗？"

　　童仆的脸涨得通红，大声说："我不敢？我正要把你们这些无法无天的骗子交给我家相公惩治！"他拨开人群，怒气冲冲地说："走，去见我家相公！"

　　人群突然像开了锅的沸水，吵吵嚷嚷跟了上去，一齐拥到李宅门首。童仆回身拦住他们，喝道："你们要干什么？与你们何干？回去，这是李府！"

　　"他们骗了我们！"有人回答着。

　　"一个愿买，一个愿卖，谁让你们光看名姓，不长眼睛？活该！"童仆向围上来的人群一挥手，"去去去，不要围在大门口！"

　　人们谁也没有离开的意思。

　　阿娟、阿贵被从侧门带了进去，经过一个长长的回廊，来到一个带天井的院落，四面是雕花落地长窗。阿娟心里仿佛有面小鼓在敲，真的是李相公家吗？李相公还会认得她吗？冒了他的名，他会怎样想，会不会气恼，翻脸不认人？盛怒之下，会不会把他们送进府衙治罪？他们毕竟只见过一面啊！或许，他早把他们忘了！

　　"听着，"童仆盛气凌人地对他们说，"不准乱走动，在这好好待着！"他一抬腿，轻轻推开了正中那间房的门。

　　房内传出一个女人的声音："你这个小奴才！冒冒失失的，吓了我一跳！"那声音虽带着怪嗔，却很甜润。

　　"小的有急事要寻相公，不知夫人在这儿读书，惊扰了夫人，乞夫人恕罪！"他乖觉地立在李夫人面前，垂首待训。

"何事这样急急慌慌?"

"夫人有所不知,小的捉来了两个假冒相公大名卖书条的人!"仆童请功似的把他抓获他们的经过绘声绘色地说了一遍。

"哦! 有这等事?"夫人疑惑地看着童仆,"小家伙,我警告你,可不准你在外面仗势欺人啊!"

"小的不敢,夫人请看。"他舒开一张书条,"这落款明明白白写着我家相公的大名呢!"边说边递到夫人手里。

"李夫人!"阿娟的心不禁凉了半截,爱娘怎么就没想到这一层呢?假若……突然,她的心仿佛凝冻住了。厢房内传来了李夫人略带惊奇的赞叹声:"好书,好书! 这气韵,这笔力,非平凡之辈所能为!"

夫人吩咐家童,"相公在后面小书斋里,快去传他来。"

一位爱才如渴的夫人。幸运! 阿娟高悬的心回到了原来的位置。

"相公!"李夫人见一脸愠色的丈夫走进来,就迎了上去,"这可是奇……"

"这简直是无法无天,竟敢拿我的姓名去卖银子!"他恼怒地打断了夫人的话,"岂有此理!"

"相公,"夫人跟在他身边,轻言慢语地劝解着,"那两个卖书的小童怕是已吓坏了。相公,你看这摹书的人,不但摹出了你书的形,还摹下了你书的魂,连我一时都分不出真赝呢! 也许他这样做是生活所迫,不得已而为之。相公惜才、爱才,胸怀大度,求相公别过于难为他们,问问清楚,叫他们下不为例就是了!"

李待问往太师椅上一靠,没好气地回答说:"知道了。夫人,你可以回避了。"

李夫人并不生气,反向丈夫温存地一笑,把那张书条放到书桌上对家童说:"还给人家。"就转身走进了隔扇。

"把他们带进来。"待问吩咐着家童。

阿娟的心一会儿被拎了起来，一会儿落回了原处，这会儿又被李先生那严厉的声调悬了起来。只见他满面怒容地坐在上面，就跪了下去，大声地说："李相公，可找到你啦！"

待问不由得一惊，什么？ 找我？ 这就怪了！ 他掠了一眼跪着的阿娟和站着纹丝不动的阿贵，冷冷地说："你们是什么人？ 竟敢冒我之名！"

他真的忘记了他们！阿娟抬起头，大胆地望着他说："李相公，在同里，你和陈相公一道来过我们船，你忘了吗？ 我家公子姓柳……"

"哦——"

同里东河湾，风平浪静，他跟着子龙，逐船询问柳河东君。

一位少年立在一艘大船上拱手向子龙致意："哎呀呀，不是说好学生去拜候先生吗？ 不知大驾光临，有失远迎了！"向他们深施一礼，把目光转向子龙问："这位——"

"书坛大家！"子龙未说出名姓，那少年已向他一揖，"存我先生！久仰久仰！ 请！"

"柳兄从何认出我即李待问？"

少年略带羞涩地说："学生推测而出。"

"哈哈！ 柳兄年少，却是慧眼金睛！"他笑着与子龙对看了一眼，两人又会意地哈哈笑起来，"也许是一种缘分吧！"

少年羞赧得满脸飞红，艳若桃花。

自古名士爱风流，他立刻喜欢上了这个美少年，说："柳兄貌若潘安、宋玉，倜傥风流，幸会幸会！"

少年窘得转过了脸，对后舱喊道："快沏茶来！"

他们一面饮茶，一边闲聊，从即将在虎丘召开的复社大会到他们俩如何来到同里，又谈到当今书坛，海阔天空，书生意气，激扬挥斥。

柳河东君乘机向他索书："学生久仰存我先生书艺,今日幸会,欲求先生赐一墨宝。卧子先生,此求过分吗?"

"情理使然!"子龙附和着。

他慨然允诺。

柳河东君立即吩咐书童磨墨,自己牵纸,子龙立在一旁观看。他一挥即就"……闲居非吾志,甘心赴国忧。"

待问高兴地敲了下太阳穴,说:"我想起来了,你是柳河东君的书童。"他向阿娟欠了欠身:"快起来,何时来的? 怎么不先来找我们? 我们还常谈起你家公子呢!"

阿娟站起来,不无委屈地说:"我们不知道两位相公的住址,松江这么大,到哪去找呀? 不得已,我家公子才想出卖书条这个办法来寻找二位相公。"

存我哭笑不得,他不能不承认,柳河东君这种与众不同的寻友方法奇妙绝伦,他摇摇头,慨叹着:"这个柳河东君!"

门外传进了喊声。

"骗子出来!"

"骗子快把银子退还给我们!"

嚷叫声越来越高,阿娟对阿贵说:"快去把钱退给他们吧!"

阿贵凸起了眼睛,犹疑不定。

待问不解地问仆童:"怎么回事?"

仆童附在他耳边,把刚才发生的事,又重复了一遍。

待问略微沉吟了下,突然想起刚才夫人对柳书的赞许,他还未来得及观看,吩咐仆童把桌上的书条展开。果然如斯! 他惊喜得禁不住击起掌来,连声称道:"柳子奇才,奇才! 与待问之书如出一辙也!"他向阿贵摆了下手,就走出大门,向人群抱了抱拳说:"李待问叩见列位乡邻,不知诸位有何见教?"

"他就是大名鼎鼎的书家李存我。"有人为能认出他而感到无上荣幸,向身边的人炫耀着。

人群更为活跃起来。

有人举起了适才买到手的字幅对他说:"李相公,有人冒了你的大名,欺骗了我们,你该重重地惩罚他们!"

有人挤到存我面前,舒展开字卷,用手指戳着连声说:"欺世盗名!欺世盗名啦!"

"这还了得!"

"叫他们把银子快快退还我们!"

"我是出于对李相公的崇拜才上当的!"

"哈哈哈……"李待问豁达大度地笑起来,"诸位乡邻,你们误会了。书摊所售之书,均系本人所书。"他说到这里停了下又说:"怎奈友人家书童无知,错喊了价钱,诸位乡邻占便宜了。请回吧。"说完,一拱手,转身进门去了。

大家面面相觑,大眼瞪小眼,鸦雀无声。片刻,人群又骚动了,买到条幅的喜滋滋的;没有买到的后悔不已,只得带着些惆怅离去。

阿娟向李相公打听了陈相公住址。待问也询问了他们船停泊的地方,约好晚间同子龙一道去看望他们。

太阳下山、月亮还未上来,大自然出现了那么一会儿朦胧,千般色调,万般神韵,仿佛都寓于这一瞬之中。

河东君正坐在这黄昏的光影里等待着他们。她脱去了直裰,盘起了一个堆云髻,只插了一枚嵌珠的簪子,略施了点脂粉。她喜欢淡雅的色彩,穿了一身象牙色薄绸滚花白边的女衣,月蓝色衬里,下着米黄色绣花湘妃裙,脚上换了同一色洒花绣鞋。她像一朵刚刚绽蕊的南国白兰花,淡而雅,香不郁。

阿娟进来禀告:"两位相公来了。"

她迎到前客舱。在摇曳的烛光里,她像一片饱吸了晨曦的云,飘了进来。这是怎么回事,怎么柳公子变成了妙龄女郎?他们被她的美震惊了!莫非遇上的是个稀世尤物?他们不知所措地向那朵云施了礼。

子龙的思绪倏地飞落到垂虹有来酒馆。莫非她就是弹奏姜白石的《暗香》《疏影》的杨爱?他的心突然怦怦乱跳起来,眼前闪起那日的情景:

她轻挪莲步,出现在湘妃细竹帘边,有如洛神凌波而现,整个餐馆忽然为之一亮,顷刻吸引了群子的目光,他脸热心慌。

一双纤巧的手,轻抚在古琴上。蓦然、清婉、幽远的乐曲,仿佛是溪泉那样流淌在她指尖。

流情的目光……

清丽的语言……

优雅的姿影……

子龙神颠了,意醉了。啊,杨易柳,隐去爱,如是而已……绝妙之极!是她,是她!怎么在同里没有认出呢?他怔怔地看着她。

河东君请他们坐下,便双膝跪在李待问面前说:"存我先生,学生不才,有污先生大名,柳隐这里向你请罪了!"

李待问还存惶惑,慌忙起身,想去扶她起来。他的目光不觉落在她的云鬓上,突然像被什么蜇了似的缩回了手,说:"哎呀,不知如何称呼你了。快请起来,快请起来!"

河东君仍然低着头说:"叫我柳隐,或唤柳生吧。小弟向往生为男子,也常以须眉自诩呢!"

原来如此,待问仿佛明白了点什么,连忙说:"柳兄,请起,请起!"

河东君仍然跪着，"弟为寻找先生，方出此下策，有污先生书誉。"

"柳兄蔑视流俗，敢于戏弄人间，为待问所赏慕。况且兄之书艺亦不逊于我，不必过谦。请起，请起来呀！"

子龙说："既然存我兄已表谅解，这就算不了什么了。说来应怪我疏忽，未告柳兄我们俩住址，让柳兄找得好苦，子龙应请柳兄多多包涵才是。请起吧，这样反叫李兄不安了！"

河东君款款站起身："存我兄，听阿娟说，嫂夫人非常贤德，请代柳隐向夫人致谢。"

待问笑着摇了下头："先别忙着道谢，贱内若知道柳兄是个女扮男装的假男儿，怕是也要打破醋缸呢！"

河东君两腮顿时飞起红云，她连忙转身从阿娟手里接过茶，放到他们的面前。刚才的尴尬，在瞬间也就过去了。他们又重新坐定，叙谈起来。

他们谈话从时势的变迁慢慢转向了虎丘集会。

这个话题，使子龙兴奋，他对文社联合将产生的影响，非常乐观。他认为这是国家将由颓衰走向强盛的转折，只要广大社友勠力同心，"建虏"可退，"流寇"能除！国家振兴有望。他有他的依据，合并的中州端社、莱阳邑社、浙东超社、浙西庄社、黄州质社、江西应社和他们几社等十多个文社，无不拥护会议的宗旨，东林元老钱谦益、吴梅村也到会祝贺，受到社友的欢迎。文社声气遍天下，使那些下野，或者还握有权柄的奸党、禄蠹，闻之胆惊！子龙也看到文社组织的局限和复杂。这些合并的文社，它们各具历史和宗旨，社事又有相对的独立性，成员亦极其复杂。虽然都系儒生，但入社的目的不尽相同。他们中有与阉党不共戴天的东林后裔；有一心想施展才华、报效国家的志士。可是，在文社风行，参加文社如恐不及的潮流中，也不乏攀龙附凤之徒为着一己之利钻营入社，用以博个"清流""君子"雅称；有的则想借以依附

　　　　　　　　　　　　　　　　　寒柳：柳如是传

一方势力,显赫自己的身份。

河东君暗暗钦服子龙的独到见解,也拨开了游离在她心头的疑云。看来他已知道了她的真实身份,但他不避弃她,把她当作一个关心国事的盟友相看。这种信赖和尊重,使河东君深受感动。她忍俊不禁地把她如何追寻他们到了苏州,如何独自寻到虎丘以及路上的见闻一一叙说,感叹着:"盛况空前,衣冠盈野!"

原来她也去了虎丘,还倾注了如此的热情。她绝非为赶热闹。这真是个不能叫人理解的怪人!

待问不觉茫然:面前这个忽男忽女、胆大包天、行踪诡秘的美貌女人,像谜一样叫他不解,她是何等人物? 她非大家闺秀,亦非小家碧玉,可她言谈举止高雅,莫非……

子龙也有迷惑之处:她为何不在盛泽,为何女扮男装出游? 而今,又为何在他们面前显出女儿本色? 他从未见到一个女人如此关心政治,她为何对文社的活动如此感兴趣呢? 他们萍水相逢,她竟敢假冒存我的大名卖书找寻他们,哪来如许勇气? 这可是惊世骇俗的举动啊! 她是来闯码头抑或是……男人啊男人! 他们绝不容忍自己的妻室越出女规一步,却喜欢欣赏别的女子的风流! 子龙试探地问:"请问柳兄,打算在敝地久住还是暂住?"

河东君不敢贸然道出她心中最隐秘的那角。过了好一会,她才故作镇静地说:"还没定呢。"说完,凄然一笑。室内的空气突然变得沉重起来。

子龙懊悔不该提出这个问题,也许正中了她的隐处,引起她的悲哀。他有些不知所措,如坐针毡。

"我来给你们解谜释惑吧!"河东君站起身。她早就看出他们的惊疑,自我嘲弄地笑了笑,说:"二位兄长可得小心,我可不是个三从四德的女人啦!"她嫣然一笑,是那么坦然。接着,她毫无保留地把她的遭遇、不幸和反抗都倾吐了出来，"跟我这样一个女人称兄道弟，岂不有污二位的清名！"

"柳兄！"子龙、待问几乎是同时叫了一声。他们被河东君坎坷不幸的身世打动了，为这样一位奇女子误落平康、漂泊江湖而惋惜，他们同情地看着她说："快别这样说！"

河东君又是一笑："多谢二位。我不甘称奴称妾，不甘于那种生活……"她跟他们叙说她向往的一种全新的生活，爱她所爱，想她所想，为爱而生，为爱而死的自由幸福生活。她又似自语地说："一个遥远的梦。可我要为这个梦去竭尽全力。"

这是一个多么幼稚的幻想啊！他们目瞪口呆，可他们不能刺穿她的梦幻，只有安慰她。

子龙说："只要柳兄不弃，就在敝邑驻足吧！子龙尽力相助。"

待问也说："有何困难和不便之处，尽管告知一声。"他像突然想起了什么似的，"如不嫌弃，我的名字，你还可以……"

河东君立即打断说："多谢二位兄长。小弟虽然运途多舛，并不沮丧。流水不竭，小舟就不会搁浅。"

初秋的松江之夜，颇具寒意。一弯新月，宛如一片白玉兰花瓣，又如一叶扁舟，静静地卧在白龙潭青绿的水底，似要沿着她的道路航行。

子龙看看窗外，说："柳子，你无须客气，更不要有所顾虑，有困难尽管坦率地说出来，出外靠朋友嘛！"说着就站起身，"我们准备在适当时候，邀集社友在龙潭精舍为你接风洗尘，你可以会到云间更多的人物，待筹备就绪，就来请你！"

待问也跟着站起来说："实现我们作竟日游之约！"

河东君高兴地回答说："多谢兄长厚爱。柳隐改日再登门拜谢！"

子龙忙说："这就免了吧！"

河东君执意地说："不可，不可，来而不往，非礼也！"

子龙、待问相对看了一眼,笑了。

河东君穿一领薄绸直裰,戴一顶薄纱方巾,潇洒地上了岸。路上,她又轻声地再次叮嘱阿娟:"别叫漏了嘴,我是柳公子,号河东君。"阿娟点点头。

她们按照李待问告诉的地址,去了普救寺。普救寺的小和尚热情地把她们指向寺院的西邻。她们向小和尚道了谢,找到了陈府,递上拜帖。

河东君此行名义上纯属礼节性回访,可她心里却藏着另一个目的。来到松江,为的是追寻一种全新的生活,她憧憬在人才辈出的云间,在"清流"中遇到一个志趣相投的知音知己,作为她的终生归宿。和陈、李两先生短暂的接触,她确信他们都是些可以信赖的友人。她知道李先生已有了家室,陈先生的家庭,她还一无所知,她想通过回访,看看他的家。

一个童仆出来迎她们:"请柳公子前厅小候。"

河东君让阿娟在门房等她,自己就跟着小童走进了前厅。童仆奉过茶,就转身入内去了。

她一面饮茶,一边打量着陈先生的客厅。一抬眼,正墙上的中堂就是李先生所书的韩愈的《进学解》中的前几句,两边是曹子建的诗联:"闲居非吾志,甘心赴国忧"。不过,送给她的那轴书是全诗。与之相对的另一面墙上是一幅六尺横条,书的是子建的《白马篇》。整个厅堂给人一种激奋气氛,又弥漫着那种壮志未酬的压抑感。河东君置身此间,她的情绪也被感染了。她希望早点见到陈先生。更想知道他在他的家中见到她会是何种表情。

可是一碗茶快喝净了,陈先生还没有出来,她有点坐不住了。童仆并没有讲他不在家呀,为何不快快出来相见?是被她自称小弟上门拜访的行动吓慌了吗？她不安地站起身，在屋内踱起步了。她来到虎皮门后的漪窗边，隐约瞥见一个女人的面孔。她约莫二十岁，清秀的面孔上，有一对深邃的眼睛，颧骨微凸，朱唇薄薄。这一切，都显示出她是个精明干练的女人。

她是谁？陈夫人？她怎么可以站在窗后窥视客人呢？这不有损一个大家闺秀的风范吗？她们四目相遇了，河东君出于礼貌，向她微微一笑，算是打了招呼。

那女人笑着连忙转出虎皮门，向河东君施礼说："让公子久等了，请坐！"未等河东君还礼，她又说："听口音，柳公子不像本地人氏。"

河东君还过礼，如实回答了。又礼貌地问："怎地不见卧子先生？"

"真是不巧呀，柳公子，拙夫刚刚出门会友去了。"

果然是陈夫人！河东君的心脏仿佛被什么钝器击了一记，隐隐作痛。出于礼貌，她站起来说："原来是嫂夫人，失敬了！请受愚弟一礼。"

陈夫人张氏立即拦住说："不敢当，不敢当！我想柳公子找拙夫许是有什么不便之处？相公虽不在家，尽可对我说。"

"小弟初来贵邑，卧子兄多方予以照应，小弟感激之至，专诚上府拜谢。"

"知道了。既然公子与拙夫是朋友，就请别客气。"张氏说着就从袖笼内掏出一包碎银，递到河东君面前："出外靠朋友呀！"

河东君的脸色唰地阴沉下来。她没有想到，陈兄的夫人竟把她视作上门乞讨的叫花子。她推开了递到面前的红纸包，向张氏拱拱手说："多谢了。在下冒昧造访，多有得罪。不过，我绝非为乞讨而来！告辞！"说着，快步走出了客厅，唤上阿娟，头也不回地走了。

事出有因。原来子龙、待问那日从白龙潭访她回去后，曾在这客厅里与文友谈及为河东君洗尘一事。儒生们大感兴趣，希望能早日见

寒柳：柳如是传

到这个才华横溢的怪美人。谈话被张氏听到了，顿生妒意。早就跟门上打过招呼，若有个姓柳的来访，得先通报于她。

张氏在花窗外注视有顷，越看越觉得来客是个女子，越看心里越不是滋味。她立刻决定要想法不让她见子龙。正好子龙在后堂午睡。她灵机一动，就走进了客厅。她想要会会她，看看她到底是何种怪物！她还要亲自把她赶走，让她永远也不敢再踏进陈府这个门槛。当她一走进客厅，又找到了来客确系女子的新证据。她的耳垂上有洞眼，说明她不仅穿过耳，也坠过耳环；她的脸比桃花还要鲜艳，世间哪有这样的美男子呢？分明是个乔装的假男人。这种目无礼法、伤风败俗的女人，她可从未见过。这样的狐媚子，哪个男人见了能不动心呢？她气恨她的胆量，妒忌她的容颜，用羞辱的办法气走了她。

望着河东君怒不可遏远去的背影，张氏乐不可支。可是，在仆人面前，却装出一副贤惠好客的面孔。难怪有人说，女人的仇敌多是女人啊！

河东君装着一肚子的气，一路也没有一句言语。阿娟不解地望着她问："怎么回事？"她也不吱声。也不知从哪儿来的力量，一口气就走回了白龙潭，竟然没有感到脚痛。她往铺上一坐，两脚一搓，就褪下了鞋子；方巾往下一掀，扔到一边；身子往床上一仰，两手往脑后一枕，只感到心里被什么塞得满满的，胀得难受。

到底是怎么回事呢？无从推断！但她怎么也不相信，陈兄中午会不在家。陈夫人为何认定她是个身无分文的寒士？竟敢像打发乞讨者样来打发她，这分明是侮辱她嘛！

她想到这儿，又气愤起来。看了一眼自身的装束，也还算体面，怎么给人一个寒酸的印象？这到底是为了什么？

她一骨碌坐起来，对还在怔怔望着她的阿娟说："陈夫人看出我们的破绽了！"

"真的?"阿娟有些不大相信地问,"她说了些什么?"

"算了。"河东君朝阿娟摆了下手说,"别让陈相公知道我们去过他府上。"

存我陪着河东君来到龙潭精舍。他站在餐厅的门内,就带点玩笑地大声地说:"客人驾到!"

河东君来到松江白龙潭上的消息,早就在文士中播扬开了,而且越传越奇,越吊人魂儿。一听今天集会上的主宾,就是这位从外埠来的神秘的美人,一些儒士们就有些坐不安席了,那种说不清的兴奋,有如孩子期待年节,爱听杂剧的人就要走进剧场一样,他们早早地赶来了。

随着存我这声宣布,举座雀跃,束束目光几乎是同时投向餐厅的进口。

河东君今天格外光艳照人,上下一色雪青丝绒衣裙,连绣鞋也是同一色泽。乌亮的秀发像男子那样梳到顶上,用一根雪青丝带束住,在上面系成一朵紫茉莉似的花结,一个长髻洒脱地悬在脑后,没有簪珠翠,没有插花红。远远看去,仍像男子。白嫩细润的肌肤,高雅的前额,流波溢光的眉眼,有如清波里冉冉而升的芙蕖,蹀躞而来。那风韵,那气质,使文士们惊呆了,有那么一瞬,哄闹的餐厅,陡然万籁俱寂。

子龙迎上前去,把河东君介绍给他们的朋友。餐厅又蓦地热闹起来。一阵寒暄之后,子龙把河东君引进了席间。

她的邻座站了起来,自我介绍说:"学生宋徵舆,草字辕文,欢迎河东君光降云间。"

子龙忙从旁介绍说:"辕文兄乃我云间少年才子,堪称潘安、宋玉。"

河东君向宋徵舆施了一礼，微微抬起头朝他看了一眼，她像被什么烫了下似的，慌忙掩上眼帘。进门时，她就感觉到有道灼灼炙人的光追逐着她，她忙于向众人致意回礼，无暇寻觅。原来这光是从这里发出的！

他的年龄与她不相上下，顶多不过长她岁许。颀长的身材，传神而聪慧的眉目，白皙的肤色。他举止高雅，倜傥风流，"美哉，少年！"她在心里赞叹着，男子中居然也有这样的尤物。她突然滋生了一种羞怯，不敢正眼看他。不敢正眼去看一个男人，这在她来说还是少有的。即使有过，那也是为增加几分少女风姿装出来的羞涩。她见过很多男人，还很少有人在她心里产生这种特别的反应。一时间仿佛失魂落魄。她不敢朝这位邻座看，害怕接触到那束烫人的目光。好久，好久，她才制驭了心里的惶然不安。

子龙倡议今天每人都得赋诗一首。不少人的诗里，都赞美了她。为了答谢几社社友的盛情，每成一首新诗，她便上前去敬酒一杯，她一连喝了十几杯，还不见有醉态。女人有如此海量，真是罕见。这又惊倒了与席者。最后轮到河东君赋诗，她信步走到落地花窗前，凭窗凝神远眺。龙潭精舍，倚白龙潭水而筑，上通横云山的白龙洞，下连淀山湖。湖光水色，烟雾迷空，景色动人，精舍凌波而立，有如站立在玉镜中的美人。一缕凄凉之感，蓦然漫上心头，她转身吩咐阿娟，递上古琴，她一边吟哦她的和诗，一边弹奏，借景抒情，感叹一番自己的身世。吟罢，她真想痛哭一场。可是，她的面前出现了酒杯的林海，除了子龙、待问、徵舆外，所有的文士都争先恐后擎着一杯酒向她致意。她也不谦让，依次一杯杯接过，一口一杯。约莫喝到第十杯，子龙上前劝阻："柳兄！不能再喝了！"

河东君却笑着说："诸君的盛情，柳隐怎能不领！"

"诸位，免了吧，她不能再喝了。"子龙知道河东君的遭遇，理解她的悲哀,她的诗也只有他能理解,他明白她是借酒解愁。他不能让她这样折磨自己,便主动为她解围。"她是我请来的客人,子龙今天有保护她的责任。"

友人们都是子龙几社的盟友,他们一向尊重子龙,见他这么说,虽然兴犹未尽,也就罢了。

不料,河东君却端着一杯酒,走到子龙面前:"卧子兄,承蒙关照,请你饮这一杯!"说着,泪流满面。

子龙接过她手中的酒,一饮而尽,他摆摆头,又无声地叹息了一声,说:"诸君,河东君醉了,改日再为诸君度曲,今天就到此散席吧。"

宋徵舆走到子龙面前说:"卧子兄,让我送河东君回去!"

子龙回首掠了徵舆一眼,他不安起来。他发现那眼里有一种异样的光,他立刻意识到那意味着什么,心里好像被蛇咬了一口。可他还是回答说:"那就劳驾你了。"

河东君却推辞说:"多谢宋兄厚情,不劳远送。"说着,就走出门,坐进青呢小轿,吩咐轿夫沿着湖堤回去。

子龙几个立在精舍门口,怀着不同的心情,目送着渐渐远去的轿子。徵舆目光直直地说:"怪人!"又近似自言自语,"听说这湖堤不很安宁,常有歹徒出没,她会不会出意外?"

存我"啊"了一声,转身看着他:"怎么不早说?"

徵舆委屈地低下了头。

子龙没有搭腔,这冷僻的堤岸,也确实叫他放心不下,他原本有亲自送她回去的打算,只因见到辕文的要求受到拒绝,他才不好去送她。但他又不愿让辕文看出他对她的特别关心,就说:"好久未走这条路了,我等何不也从此路回去?"

两人齐声说:"是!"

四 侠解罗衫义贾书

"滚开！滚开！要行抢呀！"

轿子颤悠悠，河东君晕眩眩，早就昏沉沉地睡去了。一阵吆喝之声，把她惊醒过来。烟波江上遇强人的情景倏然掠过心头。睡意立然烟散了，她惊恐地撩开帘子的一角，向外窥望，悬起的心，又落了下来。原来是一群灾民拦轿乞讨。童年随母夹在北上饥民队伍里的情景，猛然涌上心头，她连忙吩咐轿伕说："停下，停下！"

她掀开了轿帘，就立刻被乞求的声浪淹没了："好心的娘娘，行行好，救救我！""好心的娘娘，给点呀！""……"无数双被尘垢改变了肤色的肮脏的手，争先恐后地伸到她面前，一股难闻的怪味直扑她的鼻翼。"有谁要我，有谁买我——"她好像听到了自己的绝望呼喊，泪水陡然涌了上来。她未加思索，就从阿娟手里索过钱袋，倒拎过来，把所有碎银和小钞全部倾倒地上，招呼着："别抢，别抢！都分点吧！"

远远跟在后面的三位相公，一见轿子被围得停住不动了，担心河东君的安危，不觉加快了步子，待问竟跑了起来。子龙赶上去拽住了他："李兄，且慢！是些乞丐灾民，不会伤害河东君的。"他更了解河东君是个轻财重义的铁骨琴心女子，绝不愿难为灾民。他们如果冒冒失失追上去干预，反会惹她不快。不如看看再说。

徽舆以为是歹人行劫，早就心发慌，脸发白，腿发软，跟在他们后面哆嗦着说："这……这……如何……是……是好……"

子龙回头看了他一眼，摆了下手。"别慌！"就招呼他们俩在路边一棵树下休息，他指着前面说，"是灾民求乞，不会出事的。"

一听是灾民，徽舆的胆突然壮起来了，抬步就要赶上去："我去赶走他们。"

子龙却拦住了他："宋兄不必多此一举，他们不会对柳子无礼的。"

灾民拿着拣到的钱，兴高采烈地散了开去，河东君这才发现柳丛边潮湿的地上，还蜷缩着一些衣衫褴褛的老人和怀抱着婴孩的妇女，几个奄奄一息的中年人已慢慢蹭到她的轿前，伸出双手，无语地望着她。她一下想起母亲悲饥交集地扑倒父亲坟头绝望恸哭的情景，心如刀绞。仿佛面前的人都变成了无助的母亲，她多么想救助他们啊！可随身带的钱，都散完了，身无分文。她下意识地摸摸发鬓，一件能换钱的首饰也没戴，怎么办？能忍心让他们的手绝望地缩回去吗，能叫他们眼里微弱的闪光顷刻间熄灭吗？

她放下轿帘，飞快地脱下那身她最喜爱的衣裙和腰间唯一的一块佩玉，麻利地从窗口扔了出去，大声地对他们说："拿去兑几两银子吧！别忘了给树荫下的老人、母亲也买几碗粥喝！"说完就吩咐轿夫："起轿！"

那几个中年灾民被瞬间发生的事惊蒙了，怔怔地不知所措，谁也没去抢地上的衣服，待轿子从他们面前走过去了，他们才醒悟过来，一齐朝着轿子走去的方向跪了下去，涕泗滂沱地说："多谢娘娘的大恩大德！"

子龙的喉头滚动了一下，咽下了一腔激动的潮水，待问的眼睛湿

寒柳：柳如是传

了,徽舆涌出了泪花,他们被这场景深深地感动了。待问慨叹着:"巾帼豪杰也!"子龙喃喃地说:"我辈生为国士丈夫,却不能救民于水火,唉——怎不叫我等汗颜!"他沉吟一会,又说,"眼看饥荒越来越重,四乡灾民越集越多,我辈应即刻上书知府钱大人,请求放赈救灾!"

"兄言极是。"待问、徽舆同声响应。

没多久,河东君得知知府驳回了子龙他们请求放赈济饥民的书子,几人还挨了顿训斥。

这样的结果好像早在她的意料之中,未来松江前,对知府钱大人的人品,她就略知一二。她的目光不由得又落到了墙上那轴李待问在同里舟中的赠书。

淀山湖,一望无际,白浪滔滔。

一条船像幽灵那样紧紧尾随着她的船,有似猎狗,紧紧追踪着猎物,企图伺机扑上来,进行一番撕扯。

她不安地搓着双手,久久徘徊舱内。突然,她停住说:"阿娟,我有主意了,来,给我磨墨,我来照样摹写一张糊弄糊弄他。"

她很快摹好一张换下了墙上那张横幅。

她拉开窗户,对着后面的船大声地说:"喂,听着,请船主人讲话。"

那船见有人向它发话,一个管家样的人走到了船头,示意船夫把船靠上前船。

她大声质问着说:"请问先生尊姓大名,怎么光天化日之下,咬住我的船只不放,是何道理?"

那人连忙拱手回答:"公子见谅,鄙人姓钱名万恭,草字孝山。只因我家大人酷爱李待问之书艺,令我等四处找寻,愿出高价……"

她故作矜持地问:"要是藏家不愿割舍呢? 你该懂得君子不夺他

人之爱的古训吧?"

"是是是,"钱万恭赔着笑脸说,"话虽这么说,可我们是出钱
买呀!"

河东君正色地说:"若是人家不卖呢?"

"不卖?哈哈哈,一旦公子知道我家大人是谁,就会割爱的。现在
不妨在此奉告贵公子,我家大人乃松江府知府,钱横钱大人。"

她不觉暗自笑了笑,无声地骂了句:"这个俗吏。"想起了那晚她作
弄他的情景。那只刻有他名讳的戒指,还在她的漆匣内呢!她装出一
副肃然起敬的神情说:"贵府台爱民如子,爱才若渴,对其辖下人才如
此器重,令人敬仰。学生有一点不解,贵大人为何不请李先生到府上
写它个十天半月呢?"

钱万恭那晶亮的小眼睛连连眨了几眨,笑容可掬地说:"哎呀!公
子有所不知,我家大人爱才表现在重才惜才上。李、董的书艺,一字千
金,大人从不开口索求,而只悄悄到民间去搜集。"

她已懂了他那话后的意思,爽朗一笑。钱万恭的脸一会儿红,一
会儿灰。她又一本正经地说:"敬佩至极,也感佩至极!就凭知府大人
如此的惜才、爱才,我亦甘愿割爱。"她对站在身边的阿娟大声地说:
"把墙上李待问先生的书条取下,送过船去。"

钱万恭喜不自禁地从阿娟手里接过书条,连声道谢。他展开一
看,突然惊叫起来:"呀,此乃赝品!"

河东君的心也随之咯噔了一下,没想到这个家伙还是个里手!她
先发制人,瞪起眼睛,横睨着对方,说:"何以见得?那好,既是赝品,快
快还我!"

钱万恭指着横条上的题款说:"这柳河东系唐朝之人,李待问乃当
今的书家,他怎会在几百年前就作书赠人呢?"

阿娟笑得泪水都流出来了,抢着说:"那柳河东君是我家公子的号

呀,你看漏了一个字吧!"

河东君笑而不语。

"哦——原来——对对对。"钱万恭向她一拱手,赔着笑说"得罪,得罪!"转身就要走回舱内。

"银子,你还没给银子呢!"阿娟对着他的背影叫了起来。

钱万恭转过身,又是一个笑脸:"你们不也是往松江去吗? 正好我现在手头上不便,请公子到松江府衙内直接找钱大人取银子如何?"说着又一拱手:"多有得罪,多有得罪!"他钻进了船舱,船掉头向西,径直走了。

那日,从龙潭精舍回到舟上,她大哭了一场。想到那些饥民,她的心就绞碎了似的难受。母亲菜叶似的青黄面孔就忽隐忽现地出现在她面前。她无心去理会越来越厚的那摞请柬拜帖,郁闷地和衣而卧。

第二天,她听说子龙他们几社已联名上书知府。她虽然不信钱知府这种人有爱民之心,但也许鉴于群子出面呼吁救灾,为了名声,也可能要做做样子。饥荒到了如此地步,官府竟抛却子民不顾,她为此异常愤慨。她想要帮那些无助待死的人,可她哪有助人的力量! 突然,她想到了书艺,存我兄称赞她的书艺不逊于他,那不过是溢美之词,即使真的与他不相上下,她一个妇人的书有人要吗?

她的目光久久停落在那叠请柬上。突然,心里闪过一道灿然的光亮。

这是个充满了悲观、腐朽,同时又孕育着新生和反抗的动荡不安的特殊时代,不论在六朝金粉之地的南京,还是才子云集的松江,名士和名妓交往、唱酬,都被看作是件雅事。她为何不利用这条件呢!

请柬拜帖仍然像雪片样涌来,她吩咐大伯统统收下,回复他们说她身体欠安,改日再谢。宋徵舆多次求见,也只得怏怏而去。

她紧闭舱门,让阿娟研墨牵纸,数日没下书案,写了百十张书。阿娟问她这是为何,她也缄口不说。一日,她叫阿贵去请来了子龙、待问。

李待问一进门就说:"听说柳弟闭门谢客,待问以为这世再也见不上柳弟呢!"

河东君笑着回答说:"小弟不见别人,还能不见李兄吗?"

待问哈哈大笑地对子龙说:"原来谢客不谢你我!"他的目光在舱内环视一周,问:"这些日子,柳弟闭门做何消遣?"

河东君诡谲地一笑,吩咐阿娟把她写的字幅都抱出来,放到他们俩面前,说:"弟想义卖赈灾!"说着就取来那摞拜帖请柬,拍抚着说:"云间诸子热情好客,弟不胜感激,也甚感为难。若不予理会,有失礼之嫌;若应酬周全,实乃无能为力。弟思之再三,便想出了个一次作答的主意。我想给他们每位送一帖请柬,请他们在同一个时间来会见,请柬上写明卖书赈灾。愿来者是不会吝惜一轴书钱的。不愿来者,弟也就不失不见之礼。"她着意察看着他们俩的表情:"还望两位兄长助弟一臂之力。"

待问立即伸出大拇指赞道:"妙哉!妙哉!柳弟侠肝义肠,待问全力相助!"

子龙有些抑不住心情的激动,两颊微微发红,他说:"柳弟那日脱衣济饥民,已使子龙羞愧得无地自容,今又……"

河东君不无惊讶地打断了他的话:"那日之事,兄长从何得知?"

待问笑了笑说:"若想人不知,除非己莫为!"

聪敏的河东君立即明白了事情原委,不无感动地问:"莫非兄长一直跟在后面护送柳隐吗?"

子龙笑而不答。待问却说:"卧子兄放心不下呀!"

河东君两颊飞起了红云。

子龙不想让他们沿着这个话题谈下去，忙说："柳弟虽为巾帼，却有丈夫心怀；子龙身为国士，却不能救民于水火……"

"卧子兄，快别如此说，弟虽有济民之想，卖赈也不过杯水车薪，尽尽心力而已。你是知我的，就是水灾让我失去了父母，沦落平康……"泪水从河东君的眼里流了出来。

子龙长叹一声，愤慨地说："我等满腔热望上书，没想到……"他一拳砸在膝上："这个钱横！"

河东君冷笑一声，掏出绢帕，揩了揩眼睛，不无讥讽地说："名宦，这就是当今的名宦！"

待问学着钱横的腔调说："要潜心学问，在秋季会试中，一显云间才人的光华，为府邑争辉！"

河东君笑了起来："这句话倒有些道理，当今之世，要想解民于水火，没有功名和官衔，就是一句空话！"

子龙接口说："柳弟所见极是！"

他们的谈话又转到卖书赈灾事上。对一应事项都做了详尽安排，地点就设在河东君舟上，子龙和待问都表示来捧场。

他们告别河东君出来，刚刚走下驳岸，还没转进柳林，从柳林内就走出一个人，拦住了他们，他们吓了一跳，一见是宋徵舆，他们又欢快地笑了，问他为何待在这里。

徵舆快快不乐地低下了头，一脸的忧悒。

他们面面相觑，不知发生了何事。

突然，徵舆一把拽住子龙问："卧子兄，你说，她为何不肯见弟？"

有如一阵凛冽的河风倏然涌进了子龙心里，他不由得打了个寒战，莫非他也爱上了她？却明知故问："宋兄是说河东君？"

"嗯。"徵舆讷讷地应承了。

这一个"嗯"像一把桨棹，把子龙本来就忐忑不宁的心湖搅得波翻浪涌了。

自从和她邂逅在同里东溪桥上，她那姣好的身影面容，不时隐现在他的心中。最初吸引着他的是她的才气、聪颖，这次重逢，又被她的美貌所动，并对她的身世倾注了无限的爱怜。他这个二十七岁男子的心里，第一次经受着一种特殊感情的冲动。也许，这就是人们讳莫如深的情爱。虽然，她出身卑微，而在他的眼里，却有如一轮皎月，他怎敢变作一片云彩去追逐她，怎忍去遮盖她的光华呢！他虽说是个举人，但功名未就，事业未成，倒是早就有了妻室。而她已说过，她不愿为奴为妾。他为此惶惑、痛苦，怅惘难言。他狠狠地盯了徵舆侧影一眼，那失神的情态，已告诉了他，他也陷入惶惑与痛苦中。他的心不由得抖索了下，一股莫名的怨气蹿起，他想大声喊叫说："你问我，我问谁去？"可是徵舆的样子感动了他，他悄悄收回了目光，爱的产生是那么奇妙，有时像火山那样，缄默了很久才爆发；有时就产生在一瞬间。在爱着的时候，它的力量又是那么大，而且什么也看不见，眼前只有一圈炫目的光环。追呀追，只想追上它，得到它。这种感情正在折磨着他和徵舆，也许还包括存我。然而，徵舆正值青春年少，血气方刚，又没有婚约。他钟情于她，假若他们能结合，那倒是桩美满的姻缘。可是，他是膏粱世族，能明媒正娶河东君这样的女子？就怕他骨质软弱，抵抗不了世俗的风雨。

徵舆又求助地望着他。他想，先得让他了解河东君的处境和身世。于是对他说："边走边谈吧！"

待问也跟了上来。他们怀着不同的心绪，沿着湖堤徜徉着。

秋风推涌着湖水，一下一下拍打着湖岸。撞碎后的湖浪，还不甘失败地嘭嗵嘭嗵叫唤，在寂寥的湖天，听来是那么顽强、坚韧无惧，子龙几乎无力分清那是湖的脉搏还是自己的心跳。终于，他以极大的抑制，突然站住，看着徵舆问："一见钟情？"

徵舆的脸猛地涨得通红,轻声地说:"她太可爱了!"

子龙问他可了解她的身世。

徵舆像一个庄严的殉道者那样点了下头,意思是他已看出了她的身份,可这有什么关系。他激昂地表白着,他爱的是河东君这个人。

子龙心里一阵黯然,难言的痛苦在暗暗折磨着他。辕文能有如此的看法,他佩服他的勇气。若是他真爱她,能给她带来幸福,他是愿意悄悄掐掉刚刚萌生在心里的爱苗的。他拍了下徵舆的肩膀,说道:"宋兄有如此气魄,真丈夫也!"接着,他把河东君的坎坷身世都告诉了他。最后还说:"河东君犹似一块无价之玉,误落泥尘。宋兄若能帮她擦尽泥垢,他日定会放出异彩。能得到河东君的人,是幸运者!"他说这些话时,心里像刀绞似的疼痛。

待问感慨地长叹一声:"天公地公,就这人间不公!河东君完全可以成为一代书家,可惜误落尘网之中!宋兄,你若敢向我们起誓,不管来自何方阻挡,你也决不离开她、委屈她,我们甘愿当你们的月老,助你一臂之力!"

徵舆竟在光天化日之下,跪倒在陈、李两位面前:"求两兄助我!我敢起誓:皇天在上,徵舆若有二意,天地不容!"

子龙和待问都被感动了,他们扶起了他,子龙对他说:"义卖赈灾那日可以见到她。"

徵舆不解地反问道:"义卖赈灾?"

他们就把河东君决定卖书募捐救饥民一事及一应安排都告诉了他。待问还为他出了个主意,说,自古美人慕英雄,叫他要把江东才人的英雄气概表现出来,就能引起河东君的特别注意。

河东君期待的义卖,终于来了。这天,微风习习,湖水漪漪,白龙潭出现了前所未有的壮观景象。各种船只像随暖流迁徙而来的鱼群,争先恐后地往河东君船边游集,泊满了河东君画舫周围水面。桅樯组成了一道林带,帆影结成了道道白色屏障,辽阔壮观,像陡然升起的一座水上城池。

河东君将自己的船装饰一新,布置得别致新颖,船头四周挂满了裱装精美的书轴,甲板上支着古琴。阿娟提着花篮立在一旁,阿贵守候在书轴边。

河东君像一片橘黄色的云从内舱飘了出来。立在各自船头交头接耳、高声寒暄的公子、相公、风流缙绅,顿时被河东君的风度和魅力震惊了,倏然安静下来。河东君环视大家,莞尔一笑,敛衽施礼,微启朱唇,首先她向光临捧场的诸君致以谢意,接着就直陈义卖赈灾的心曲,最后她说:"柳隐书艺稚嫩,不敢标价,诸君可以随便选取,为救饥民于死亡,请仁人君子、豪客,慷慨解囊。"说完,款款坐在琴后,轻拨起琴曲。

待问和子龙第一个把船撑到河东君面前,随便指了一轴书,各捧出五两一锭的纹银两锭,放进阿娟的花篮中。河东君接过阿贵取下的书轴,双手捧着递给他们,深施一礼致谢。

宋徵舆一看慌了,唯恐他人又赶到他前面,他突然高声呼喊支持河东君义举的口号,把船撑到河东君船前边,没选书条就捧出四锭纹银,目光灼灼,大胆地望着河东君,忘情地吟诵起长达四十二行的即兴之作《秋潭曲》。他称颂河东君的才华和丈夫气概,抒发他对她的思念、崇拜,对她飘零身世寄予无限同情,以及他们江东才人壮志未酬的苦闷,吟诵完了,竟泪流满面。

白龙潭陡然阒寂了,河东君眼里弥漫起泪雾,她在心里呼喊着:知音,知音!又一个知音!情不自禁地从阿娟手里拿过花篮,接过他的捐赠,又亲自选了轴摹李待问书体所写的曹植那首"……愿欲一轻济,惜者无方舟。闲居非吾志,甘心赴国忧"的杂诗,双膝跪下,高举过头递给他，说："感谢宋公子厚意！"

　　徽舆此举将义卖推向了高潮，公子、相公们争相选书、捐赠，无不希望得到河东君的好感。义卖取得了超过预想的完全成功。河东君把银子全部交给子龙和待问，委托几社社友到灾民云集的地方设棚施粥。

五 | 妇人之爱

女人的爱是全身心的。有时甚至是疯狂的，不顾一切的。

随着白龙潭义卖赈灾风传开去，想一睹河东君风采的人越来越多，她的苦恼也就越来越多。来到人才辈出的云间，走进了一种崭新的生活，志士的热情常常激励着她不安分的心。眼前常常活动着几个人的面影：卧子笃诚、憨厚，像一位宽容的兄长；存我热情、直率、慷慨，为友人可以赴汤蹈火。他们既是她的老师，又是她的友人，他们都喜欢跟她谈话，喜欢听她唱曲，喜欢同她切磋诗艺书艺，喜欢与她交往。他们喜欢她、尊重她，视她为同志和知音，他们和她称兄道弟。可是……

她的视线投向了湖边：沿岸的湖面，漂浮着一层灰白色的柳叶，深秋的寒风推起的浪纹把它的虏获物一会儿涌到湖心，一会儿又推送到未知的地方。

她心里猛然升起雾样的孤独和凄凉。此情此景，使她联想起她的归宿。

想我所想，爱我所爱，是她矻矻追求的梦想，她在历次厄运面前没有轻生，就是幻想着能有一天像个男子汉样在尘世间活一回。可是，

寒柳：柳如是传

她的归路在何处呢？大伯无时不为她的命运担忧，担心她"心比天高，命比纸薄"。她却不甘心。近来，她心里又多了一个人的影像，她也发现她在那个人心里也引起了同样的呼应，一种无形的波涛在她心中推涌、撞击。她朦胧地觉得，好像找到了什么，似乎那寻觅的东西又很缥缈，内心总有种惶恐和迟疑。

自从龙潭精舍第一次见到那个人，他的那道目光，就常常出现在心中。她害怕那惶遽将是苦难的深渊，她拒不见他。奇怪的是，卧子却屡屡在言谈中称赞他少年才子、忧国之士，还讲他属阀阅世家，尚未成婚……似有鼓励她与之交往的意思。她真有些不敢相信，难道卧子他……她的面前又浮起了义卖那日的情景。那像流水样涌出的诗句："……江东才人恨未消，郁金玛瑙盛金醪，未将宝剑酬肝胆，为觅明珠照寂寥……"当时她内心呼唤过"知音，知音"，可她不敢相信他的真情胜卧子。

她的目光又转向了舱内的书案，那上面有堆请柬。在贵公子的眼里，她不过是个有才有貌的校书罢了，邀她同游，可助游兴，激发诗情，也是件雅举。她已腻烦这些了，她需要的是真正的友情，理解的爱，国士样的尊重。她真想将那堆请柬撕成粉末，扔进水里，让它们随着波涛，流入东海，永世再不回头！

她忽然又想出个新的主意。

既然公子们想利用她的痛苦来助兴，达到他们欢愉的目的，她又有何不可也利用利用他们呢？松江的名胜古迹，是华亭的骄傲，了解它们可以增长知识和阅历。她呼唤的知音，是真的喜欢她吗？也许是真的，有哪个男人不喜欢年轻漂亮的女人呢？但是，他的爱到底多深；他的爱，到底有多沉？他愿意为她做点牺牲吗？她是这样一个身份卑微的女人啊！她突然想起了陈墓那块碑刻上文徵明的诗句："君王情爱随流水。"谁又能相信那些海誓山盟呢？男人爱的是如花的美貌。

世上漂亮的女人多的是,有如大海的浪头,去了一浪又有一浪。佛娘在冥冥之中曾经示意她,不要轻信那些男人的爱情。谁能给她一颗真诚的心呢?

不要轻易去相信! 不要轻易显露自己的心迹!

爱是自私的,爱之深,才会妒之切,何不利用赴他人之约,来试试他对她的爱有多深多沉? 假若她占据了他的整个心胸,他能忍受她陪着别人去觅幽探胜吗?

她就按照约请日期的先后赴约。她游了醉白池,去了九峰三泖,有意不与徵舆照面。她为文士们度曲、侑酒、弹奏,和他们唱酬,可她跟他们笑而不亲。除了她信赖的子龙、待问两先生外,她不轻易让人走进她的卧舱。一到黄昏,大伯就抽掉长跳,把船撑到湖中夜泊。

徵舆不见河东君,屡遣书童送帖求见,船伯不是回答说"应欧阳公子相邀,游天马山访圆智寺去了","去二陆草堂了"就是"随陆相公佘山看泉石去了","到醉白池看荷花去了"!

每每听到书童这样的回禀,徵舆犹感利剑穿心,仿佛失了魂魄,寝食不安,无心读书,以致几次挨了母亲的训斥。

他在恍恍惚惚之中过了半月,再也无法忍耐了! 一天大早,他悄悄去到白龙潭,徘徊在驳岸边,等待着河东君的船靠近。他下定决心非见到她不可。

他的身影,早就收进了河东君的眼帘。

深秋的早晨,湖风凛冽,肆虐地卷起落叶,漫天飞舞,把柳枝吹打得发出阵阵哀鸣。

徵舆站在寒风中,燃烧的爱火使他对这些毫无感觉。

船伯认出了宋公子,要把船摇过去。

河东君却坚决不肯,说:"膏粱世族的子弟,难有真情!"

船伯望着他的丝绵直裰被风高高鼓起,有些不忍了,想让他回去,便站到船头，以手作喇叭喊道："河东君病了，不能会客，请公子改日再来！"

微舆听说河东君病了，着急起来，大声呼唤："请艄公把船摇过来，我这就去请郎中！"

河东君忙递话给船伯，"你就说我病得很重，惧怕晃动，船不能摇过去。"

微舆听到后，衣服也没脱，一纵身就跳进了湖里，拼力向河东君的船游过来！

河东君被感动了，阿贵被感动了，阿娟也被感动了。河东君心痛了，示意船伯、阿贵把船向微舆摇去。快近他的时候，船伯、阿贵一齐把微舆拉了上船。

河东君连连探问："公子，呛着没有？冻着没有？"又吩咐阿娟拿出她的男装，让阿贵侍候公子换上。自己亲自去烧姜汤，为他驱寒。

从此，河东君谢绝了一切约请，把整个心都倾注在微舆身上。微舆几乎每天都要来同她见面。除了子龙和存我常来聚聚谈谈，为他们弹上一曲自制的新词，奉上一壶水酒，河东君就在舟中读书、习字。得了新作就朗诵给他们听听，求得指教，河东君的诗艺有了长足的长进。

河东君的情爱也像甘露一样滋润着微舆的作品，他为河东君填了不少新词，每得一阕词，河东君都倾心习唱、弹奏。他的那首《千秋岁》，祈愿他们的爱地久天长，她不知吟唱了多少遍。

河东君生活在爱海中，她被微舆的爱鼓舞着，再也不感叹自己的身世飘零了，她庆幸终于寻到了一个理解他的知音。幸福激励着她，也坚定了她的人生志向，只要矢志不移，命运会给她一个爱抚的微笑的。

船伯对微舆也十分满意，他几次私下里向河东君示意，不要再犹豫了，是应该决定归宿的时候了。"若能嫁给宋公子为家室，那是你的福气。"他说。

河东君总是笑而不答，被爱的光环炫得眼花缭乱的人，是很少忧虑的。她相信徵舆，相信他会以真诚酬答真诚的，她相信她与他的爱情一定会有圆满结局的，不用她说，他也会向他的母亲提出，来明媒正娶她的。

可是，好景不长，一连数天徵舆未露面，这在他们定情以来是从未有的现象。尽管她仍然信赖他，却无以排解对他的思念。

七天过去了，十天过去了，思念上又压着了一缕不安和怅惘。

她的眼前幻现出一张苍白的脸，像一片枯叶那样无力地落在枕上，发出喃喃呓语："河东……河东……"

"他病了！"一个念头闪现出来，她的心仿佛被一只利爪抓起了那样痛苦和不安，"我要去看望宋公子！"

船伯劝她别去，他很想告诉她，像宋公子这种人家，清规戒律多如牛毛，一个女孩子家，去探望一个少年公子，不仅不便，也是不许可的。倘若门丁给你一个难堪，要撵你出来或把你晾在门上，你怎能下得了台呢？但他没敢把这话都说出来，只是委婉地说："爱娘，这样上门去求见宋公子，会让人家小看的！还是不去的好。"

河东君哪里肯听。她还想借机去会会辕文的母亲，探试一下她对他们交往的看法呢！"大伯，这事我心里有谱，你不用多说了！"

一阵凛冽的寒风吹来，树枝被吹得哗哗作响，船也随之晃动起来。老人还想劝阻她，指着灰蒙蒙的天空，说："雪就要涌下来了，这会又叫不到轿子，能不能等天气好了再去？"

她决定了的事，就不愿更改。她有办法见到辕文，她要去宽慰他，告诉他，这些日子她多么思念他！为了能顺畅地走进宋府，她和阿娟又改换了男装。

呼啸的寒风把河东君的身影像卷一片树叶那样卷远了。大伯忧虑地坐在船头,把脸深深埋在手掌中。

河东君匆匆穿行在古老光滑的石板路上。立刻吸引了许多新奇的目光。她全然不顾,如入无人之境。

临街的窗口送来一个男人惊讶的声音:"哟,快过来看哪! 那个方巾儒服的少年,就是那个颠倒了一郡文士的女人!"

"果有林下风!"另一个声音赞叹着,"难怪临晚的白龙潭吸引着成群的儒生呢!"

"想吊她的膀子! 哈哈,老兄,那个女人可不是轻易吊得上的呀! 有人给她写了首诗,其中一句云:'回头一笑不相亲!'"

她全不理会街谈巷议,只想快快赶到宋府,见到她的心上人。在一条巷口,迎面遇上了子龙、待问,他们问她上哪里去,她把她的忧虑坦率地告诉了他们。

子龙不由吃了一惊。他们刚从宋府出来,得知府里为他们俩的交往掀起过一场狂风暴雨。他脑海中闪现的第一个念头是想阻止她去宋府,免得她找上门去被人侮辱。他焦虑万分地向待问递了个眼色。

待问会意地笑了起来:"哈哈哈,诗曰'一日不见如隔三秋兮',看把柳弟急得如此这般了哇!"

河东君娇嗔地看了他一眼,说:"兄长不为弟排忧解难,反拿小弟取笑。"她噘起了小嘴。

"你这叫思虑过度生忧愁!"待问一副兄长派头,"回去! 他今晚定来见你的。"

"他没病?"河东君惊疑地望着他们,"那为何许久不来?"

待问早在宋府就为徵舆出主意,帮他编了则谎言,为的是不愿刺伤河东君的心。他做出蓦地忆起的神情,说:"弟想到哪里去了! 他那先生出了个论题,令他在十日内完卷。他托兄转告于你,兄却把这事忘了个干净。为兄这里给弟赔罪!"待问向她弯了弯腰。

河东君扑哧一声笑了。

"这儿太冷,你又穿得单薄,回去吧!"子龙把河东君让到前头,"好些日子没去看你,我们正想到你那儿坐会儿。"

河东君回眸一笑,高兴地说:"好呀!小弟正想向两位兄长请教呢。"

他们来到船上,刚刚落座,河东君就迫不及待地拿出她的新作,请教于他们。她坐到琴边,试了几个音,弹奏着自制的新词。

子龙读着河东君的诗稿,听着她指尖流淌出来的妙乐仙音。他那还未完全沉寂下去的心中,又重新涌起了涟漪,漾着无数个层次,向着河东君天真无邪的情态漾过去,每一个浪纹,都映照着河东君的娇影,又像那无形的链条一样,一圈套着一圈,锁着他受伤的心。人的感情真是个奇妙的东西,理智要使劲驱逐的,感情却又顽固地把它拉了回来。他太喜欢她了,可是,他又不能喜欢她!他不得不使尽全身的力量来压抑着心中那些不安分的波澜。一曲罢了,他放下她的诗稿,一本正经地说:"弟之诗作大有长进,子龙正要跟弟商榷,本届诗会想请老弟代兄做东。"

"代兄做东?在弟舟中?"

子龙含笑点头。

河东君兴奋得两腮飞红。她就要像一个真正的儒生那样,做一任诗会的领袖了,她终于梦到了这一天!而且是在她的船上,这太有意思了!水载舟船舟载诗。她感激地站起来,走到子龙和存我面前,行了个男子礼。"多谢兄长的栽培!"

子龙对她深情地一笑:"那就拜托了!"

待问的注意力,一直在河东君的书法习作上,他没去加入他们关于诗会的谈话。听河东君说有人向她求书,他兴致勃勃,不无骄傲地对河东君说:"柳弟,你堪称神女也!"

"兄长又取笑了！"河东君两颊泛起红潮，低下头。

待问远观近眺着那张字，又细细品味一番，"这张草书，颇有二王的风骨，又有张旭、怀素的神奇！"

河东君噘起小嘴，娇嗔地乜斜了他一眼。"兄长变着法儿面谀，是想借口不再提携小弟吧？"说着就从画筒中把书卷一齐搬到待问面前，"如若不是，就请为小弟统就题上。"

待问大笑起来说："好厉害呀，河东君！在这张狂草面前，愚兄真的自愧弗如，不敢好为人师了。你将它留存好，此书标志着你在书艺上的一个新进程！"

"此话当真？"河东君像孩子样高兴，但她又怀疑他在逗弄她。

待问认真地说："愚兄几时骗过你？"

卧子探过头来，也极口称赞："真是书如其人，热情奔放！"

下午，天空就开始飘起了雪花。黄昏时分，雪越下越大了，河东君以为徵舆不会来了，可她仍然期待着，久久立在船头向通向他家方向的小路遥望着。

蓦然，一个人影踏着积雪走来，虽然只是个模模糊糊的影子，河东君就认出了那是徵舆。她的心因为兴奋，仿佛突然间停歇了几个节拍。

"为何不带书童？"河东君紧紧攥着徵舆冰冷的手问。

徵舆笑笑，避而不答。

"大作交卷了？"

他仍然笑而不答。

她把他迎进舱内，亲手捧来一碗热茶。

他喝了一口，就放下茶杯，想去拥抱她。河东君从握住他手的一瞬起，就逼视着他的眼睛，她已感觉到了那里有缕缕迷雾似的东西。她让开他伸过来的手臂，侧过身子，委屈地转过头，轻声说："为何不回答我的问话？"

他能说什么呢？说他没能来看她是因母亲干涉，说他母亲要他断绝同她的关系，说他被罚跪在父亲的灵位前？他敢如此说吗？他不敢。而是支吾其词："爱娘，你可知我是多么思念你！正如诗曰，'一日不见如隔三秋'呢！我不想说话，只想多多看你、亲你呀！"

徵舆的多情话语，没有起到往日情语的效应，河东君没有转身投入他的怀抱。爱人的心是探测彼此心灵的刻度表，哪怕她所爱恋人的心只有那么一丝一毫的变化，敏感的指针都会立刻反映出来。她被一缕怅惘迷茫了，她率直地问："你好像有事瞒着我？"

徵舆拉过她的手，轻抚着，又摇摇头，表示否定。

这并没有驱除河东君心头的疑窦，她有种感觉，他的心没有往日明澈，那上面仿佛迷蒙着一层淡淡的雾霭。

徵舆还是常来看她，要她为他弹奏他为思念她而作的新词。但多是来也匆匆，去也匆匆。他解释说，他在发愤攻读，为早日取得功名，他们就能长远相处。

他发愤读书，她当然支持。但爱情、婚姻的成败，就取决于他功名的成败吗？一个人应该有抱负，但并非专属功名利禄。她倾心的是他的才华、美貌，呼唤她心灵的是他对她的尊重，理解她位低而心不卑。可是，从今天他这句话中，可以看出，他并没有真正理解她。她不高兴地反问着："难道功名成败决定着男女情爱？"

他又采用了迂回，文不对题地解释说，他不过想让她知道，他不能常来，并非他不思念她，他是在读书。

他的解释，反而更增加了她的迷惘。

新春佳节就要到了，河东君尽力排除萦回在心中的雾幛，像孩子样,等待着新春来临。这是她和徵舆相识相爱后的第一个新年。佳节期间,他可以暂时放下书本,宽松几日,他们又有机会在一起乐一乐了。

节前,他们就已置办好了诗会所需茶点和年节食品,船伯喋喋不休地对她唠叨开了:"过了年,你也十七了,与宋公子的婚事,也该让他早日托媒来定妥才是。我总有些不……"

河东君心里又何尝不这样想呢!女子十三四岁就开始婚嫁了,她早过了出嫁年龄,她相信辕文爱她,这不就算定了;若是不爱,即使有媒人从中说合,那又有什么意思呢!世界上的事,应该遵循瓜熟蒂落的规律。她虽然胆大,敢爱她所爱,但要她张嘴叫他托媒来提亲,却难以启齿。她还不知辕文有没有这份勇气。她从心里感激老人父亲般的关心,但她却不能把心的忧隐说出来,她故作娇嗔地对老人一笑说:"大伯愁我嫁不出去?"

大伯对她简直是毫无办法,只有无可奈何地摇摇头。

出乎他们的意外,徵舆整个节期都没有来,只派书童送过两回约会的信,然而都失约了。这使河东君伤心。初五了,还不见人影,河东君又不得不悲叹自己的命运了。一想起自己的不幸身世给她带来的灾难,肝肠断裂,痛不欲生。她俯在书桌上,无声地呼唤着:公子,你在哪里? 你为何不来? 难道你也是个俗人,挣不脱偏见的羁绊? 啊,天哪,幸福对一个不幸的人为何如此悭吝! 可是谁能回答她呢?

她的泪水浸湿了桌上的纸。 支歌仿佛来自云天,又仿佛发自她的心底,那么遥远,又那么贴近。她不就是《伤歌行》中孤寂的春鸟吗,她不正在悲鸣吗? 有谁能解她的伤痛呢? 她站了起来,泪珠滴落进了墨池,提笔蘸着泪水和着的墨汁,让心里的悲伤滚落在素宣上。

"爱娘! 你?"

阿娟虽然没正式读过书,但跟着她日熏月染,已能读通河东君的文字,她跟着她的笔锋读完了长达三十行的《伤歌》,不禁轻声感叹。

阿娟解理她的心情,她在思念宋公子。她递过去一条绢帕。

河东君回头看着阿娟,有些不好意思了:"你几时进来的?"

阿娟笑而不答,递给她一沓红纸写的名帖。河东君随手一扔,连是些什么人送来的她都懒得知道。一些无聊的文人、纨绔,变着法门想接近她。

阿娟走上前,从中拣出两张。

她翻开一看,心跳不由得加快了,是辕文的。他向她恭贺新禧,又请她谅解他不能来的苦衷。"贺客盈门,身为长男,不便离开,明日诗会,再叙衷肠。"河东君看过后,不知是悲是喜,她无声地叹了口气,轻轻放下,又拿过另一张。那是子龙的。他在短牍中也叫苦连天,节日的应酬害苦了他,累得他筋疲力尽,请她谅解他没能前来贺节。"诗友都已周知,明日诗会,全仗老弟鼎力为之。"

诗会! 诗会在一个泛宅浮家的落魄女子的船上举行。这在具有悠久文化历史的云间,定是有史以来的新闻! 明天,就将震动整个华亭郡会。历来文人视诗书为神圣,不使之近闺阁,她却要做诗会的东道主! 这消息无疑是颗炸弹,要炸得那些冬烘先生目瞪口呆,惊得半死,死过回阳,就要大骂后生们侮辱了斯文。就像那次义卖后那样,她当然要被指控为罪魁祸首了。她不在乎这些,也不怕骂。诗会的正式讯息就仿佛一股和暖的春风,闪进了她凄凉的心田,吹散了笼罩在那里的阴霾。她又容光焕发了。

她当即手书一幅横条"舟上诗会",下具:"本届会东柳河东君"。又命阿娟取下墙上所有饰物,留下空壁作张贴诗稿用。又写一小札,令阿贵去龙潭精舍借食盒和椅凳。大家一齐动手,里里外外擦洗一遍,取出自用的文房四宝摆在桌中央。不到两个时辰,诗会就布置停当了。

她徘徊在简洁雅静的客舱中,想象着明天诗会的热烈场面。突然间,徵舆的影像又闯进了她的心间,她对着映在心上的辕文问道:明天,明天。我们会有个好的明天吗?

六　河东君痴情断琴弦

舟上诗会的盛况，经好事者一附会，一传扬，成了"伤风败俗"的新闻，很快传遍了文士、缙绅，以至闺房中，人们视之为奇谈，议论纷纭，和白龙潭义卖施粥的新闻一样，也传进了松江知府钱大人的客厅。

每岁正月初八日，是钱大人会见地方名人、缙绅、阀阅的例日。他以此作为他标榜清明德政、联系子民情谊的一个必不可少的日程。

诗会的第三天，正值钱大人会晤的例日，知府宅邸的西客厅，言谈激烈，众口纷纭地声讨白龙潭的舟上诗会和早已成为旧闻的义卖活动。

"哪有女人主持文会的？古今奇谈，亵渎圣贤！"

"那班几社文士，自谓清流，专事挑剔朝政，却挟女人而歌。清在何处？败俗伤风！"

"听说那女人确有些才学，不类寻常闺秀呢！"

"寿公，想必你老也想去凑凑雅兴？"

"假借义卖放赈，蛊惑人心，分明是蔑视我华亭官府和缙绅。却偏有些不争气、没骨气的文生，去附庸捧场，实乃丑闻！"有人愤愤不平。

七嘴八舌，简直把河东君说成了一个迷人惑众的狐仙。

一个须发斑白的绅士激愤地要求着："知府大人，你乃当今吏坛名宦、松江子民之父母，岂能见此伤风败俗之事而不问？"他的嘴唇哆嗦，须发颤抖。

钱大人面有愠色。众人的议论，也触痛了他心中的隐秘。昨天，他儿子的朋友蒋生有事求见他。虽然他对儿子不检点的行为痛恨，但对儿子的朋友还得赏个面子，在西客厅接见了他。突然，他发现蒋生神不守舍，目光老闪到东墙那轴书上。他自鸣得意地解释说："李待问之书，再过一百年就是无价之宝了。"

蒋生的眉头皱成了四条沟。诗会那天，他在河东君的墙上也看到一模一样的一张。他犹豫了下，还是直率地说了："大人，这是赝品！"

他冷笑了一声，心想，你们这些狂生。总以为自己比别人高明，有真知灼见，便带点调侃的意味斜睨着问："何以见得？"

"学生见到一张与之如出一辙。"

"有这等事，在何处？"知府的脸色阴了下来，惊疑中带点不悦。

"一个姓柳的船上。"

他颇不耐烦地问："哪个姓柳的？"

蒋生站起身，朝他拱拱手说："大人，假若学生再说下去，岂不意味着出卖友人？恕学生不能再说了。"

不用说，他是被那个姓柳的戏弄了。蒋生走后，他叫来钱万恭。他没责备他，只是让他从墙上取下书轴来。这件事，如骨鲠在喉。原来这个姓柳的就是举座指控的一个妇人。去秋，有乡贤上书，说她借义卖为几社笼络民心，讽喻本府不惜民爱民。他大度地宽恕了她。一则不愿得罪几社文人，再则以为不过妓家的哗众取宠，不足挂齿。谁知她竟胆大妄为戏弄本府，还胆敢与几社狂生们搅和在一起主持诗会，侈谈什么抱负、振兴。他感到受了奇耻大辱。他早就恨透了几社，动辄指责他贪赃枉法。只是苦于这个团体受到了朝廷的首肯，社魁又是松江名士，百姓又推之为清流的人物，不便教训。如惩处这个与他们关系密切的流妓，岂不是一箭双雕！决心已下，他嚯地站起身大声说："驱逐出郡！"

郡首借驱逐流妓、净化风范之名，要驱逐河东君的消息，很快就有人告诉了子龙。子龙很快就告诉了待问和徵舆。

河东君是在当天晚上知道这个消息的。子龙的书童送信来时，他们已抽上了跳板，船也早就停泊在湖中那个长有几株柳树的小岛边。听到喊声，河东君就辨出是子龙的书童。黑灯瞎火派人来送信，这样的事还没有过，大家都吃了一惊，不知发生了何事。河东君立刻叫船伯把船撑过去。

书童没有说什么，只把短札亲手交在河东君手里就往回走了。

河东君攥着短笺，坐在灯下，迟迟不敢拆开。阿娟倚在舱门口，船伯躲在门外的黑影里，谁也不出声。不用说，他们都关心着短笺的内容。

河东君强制放慢心跳的速度，拆开短笺。"天哪！"她无声地呼喊了一声。驱逐，赶出松江，这难道是真的？陈兄对我恩重如山，情胜手足，他不会出此戏言。我到哪里去？举目无亲，湖水浩瀚，四野茫茫，哪里会收留我？大明天下，何其广大，怎么就容不得我一个弱女？难道我是洪水猛兽，威胁了府衙的根基？难道一个女子真能毁坏偌大个郡会的风气？她不忍告诉阿娟他们，以免他们担惊受怕。她压下心头的悲愤，把短笺放在一边，故作轻松地说："没什么，是有首诗让我抄下。"

阿娟噘起嘴，嗔怪道："嗐，吓我一跳。"

"这么点小事，也值得半夜叫船！"阿贵梗着脖子。

只有船伯无语无声。

河东君插好门，又拿起了那短笺，重看一遍。不是梦幻，千真万确。她东飘西荡，无家可归，理当被指控为流妓。流妓，何时才能从这该死的身份上抹掉"妓"字呢？要不了几天，松江府的差人一来，她就得走了。

一想到就要离开松江，再去流浪，她的心也痉挛起来。陈、李先生兄长般的关怀和帮助，辕文的爱，他们不仅平等待她，还视她为知己，尊她为国士，这里的一切，已溶进了她的血液，和她的生命结成了一体。要分开他们，那将有如剖心割肉。"我不走！"她又无声地叫喊着，"我不走！"她的视线无意间碰到了挂在墙上的古琴，心儿猛地颤抖了。那琴上的弦，在澄湖被她自己扯断过。那次虚惊一场后，也就决心再不抚弄它了。认识辕文后，他为她买来了新弦，又一根根为它系上。他爱听她弹奏。每次他来船上，她都要为他弹奏，他们每得了新词，她也用它练习。睹物思人，她黯然神伤了！

不走能行吗？她突然打了个寒噤。这位松江府台不就是被她作弄过的钱横吗？他若知道她柳如是就是那个叫他哭笑不得的盛泽杨爱，他要报复她还不犹如探囊取物样便当？那时恐怕不只当流妓驱逐。

流妓，流妓！她痛苦地反复呼叫着，突然从中得到了启迪。这不是说，驱逐的理由，就是因为她到处流浪吗？倘若她与辕文立即结婚，她就成了郡邑缙绅的内眷。有了家，也就可以改变身份了。眼前倏然一亮。前天诗会上，她本打算向他暗示，让他把这事定下来，他也好一心读书。可是，没有找到合适的时机。现在，这不是个好机会吗？要么结婚，要么被逐，二者必择其一。辕文若有男子汉的气概，就会冲破一切阻力，同她结合。她相信他在关键时刻会挺身而出的。她转忧为喜了。这大概就是人们常说的因祸得福吧！她怀着深切的希望，等待着同他相见。

河东君起床后，未及梳洗，即手书一札，令阿贵送给宋公子，请他"务必今日来见"。

昨夜，她一夜未眠，反反复复在思考着辕文这个人，他是否有勇气冲破世俗和家庭的阻拦来明媒正娶她。一件往事令她惶然起来。

那日，子龙、待问和他又聚在船上饮酒。她给他们弹了一支曲子。子龙提议要欣赏她的舞姿，她推说无人伴乐，子龙欣然抚琴。她舞了《春江花月夜》。他们玩得正快乐时，大伯进来悄声对她说："那位钱公子又送来三十金，想见你一面。"

她早就知道有个憨头憨脑的钱姓纨绔，常常投金于大伯，欲求一见，屡次受到她的拒绝，每次她都让船伯把钱退还人家，可这人就是不肯收回。船伯虽说也不愿她跟不三不四的人来往，但他对这位钱公子却感到有点负疚，凭饱经风霜的阅历，他觉得这钱公子人不坏。河东君皱起了眉头，说："大伯，我讲过多次了，不见那种俗人，把银子退给他。"

老人嗫嚅着："他执意不肯收回。"

徵舆笑了起来，规劝河东君说："何必如此认真，稍许应付，既可得金为我等游乐，也无损于我等，何不请他进来一道饮酒？"

徵舆的话刺伤了河东君的心，一种恼怒和委屈油然而生，她拿来一把剪刀，咔的一声剪下一小绺秀发，交给大伯说："给钱公子抵金，对他说后会有期！"说着亲手为子龙、待问斟满酒，又起身到橱内取出一壶酒，自斟自饮，不理睬徵舆。

徵舆已意识到她生了气，有些尴尬，便盯视着，自我解嘲地笑着说："好酒待客，也让我分享分享。"他从河东君手里夺过酒壶，半疯半癫地故作醉态，就着壶嘴，咕噜咕噜地大饮起来。河东君伸手来夺，他越发以醉装醉，越喝越得味。河东君不得已大喝一声："放下！此酒内有砒霜，不能多吃！"

"啊，有砒霜?!"徵舆脸色倏然煞白，两手一松，陶制酒壶从他手里滚落在船板上，跌成了几块。他的身子也随之往下一滑，歪斜到地上涕泗滂沱，喃喃地呜咽着："徵舆命该尽矣，姆妈，儿再也见不着你也……"

河东君镇静地拿来数只鲜蛋，将蛋清打在碗里，用筷子搅拌着，说："别慌，这可解毒。"麻利地把搅好的蛋清端到他面前说："喝下去！"

子龙、待问早就蹲到他身边，帮助河东君扶起徵舆。他们都知道河东君为了保持苗条和俏丽身材，严冬不愿穿棉衣，常服微量砒霜御寒。她又喜欢饮酒，酒里置了一点砒霜，这是完全可能的。徵舆一次喝下了一壶，必然中毒。徵舆一听蛋清能够解毒，虽然看着那生蛋恶心，但还是张开大嘴，狼吞虎咽地喝了起来，正在收拾酒壶残片的阿娟突然笑了起来："哈哈哈，错了错了，这壶没有放药。"她放下瓦片，从橱内拿出一模一样的另一只壶来，向大家扬了扬，壶耳上系了根红丝线："有砒霜的在这哪！"

一场虚惊！徵舆狼狈地从地板上坐了起来。"哈哈哈哈"，大家轰然笑了。

她倒不是有意要作弄他，当时她心里不悦，想喝一杯药酒定定神智，慌乱中拿错了酒壶，演出了这场活剧。可是，这折偶然演成的活剧，却叫她看到了风流倜傥的徵舆，有理想有抱负、有胆识的徵舆，原来他……

现在她的心情就像一个即将踏上通往幸福跳板的人那样，她还不知道那跳板架得是否稳实。能安全走过去，就是幸福，反之，就是无底深渊。

送走阿贵后，她也不想吃早点。立即梳妆。她不喜脂粉，今天却例外地敷了一层淡淡的铅华，一夜未眠，香残玉减，她不能让徵舆看到她的心理变化和内心的不安。她穿上那件象牙色的夹袍，她最喜欢这种色彩；她准备了他喜食的茶点，用精巧的食盒装好，放在茶几上。又从壁上取下古琴，恭恭正正地置在琴几上；从床头取出那把防身用的短刀，放在琴旁。她在一种就要得到幸福、又怕失去幸福的忐忑和惶惑中等待着他。

徵舆像往常一样，风度翩翩地走进了她的房间。见她着意修饰了容貌，眼睛顿时放出了光彩，脱口而出："美哉！佳人！"

河东君朝他妩媚一笑，说："这是真话？"

徵舆点点头，笑了。"当然。真美呀，河东君！别总不相信我的话呀！"

两扇半圆形的眼帘轻轻覆盖着河东君那传神的双目，她微微地阖上眼睛，显得更为娇媚。

徵舆情不自禁地从她背后伸过手臂，把她轻轻地揽进怀里。"如是，我的可人，你太让我爱了！"

河东君微微仰起头，抬眼就碰到了他俯视她的眼睛，就像两朵燃烧的黑云，火焰直扑向她的面颊。河东君那痛苦的云翳也被那两朵火焰驱散了，留下的都是灼人的爱。她柔声地问："你愿为我们的爱做点什么呢？"

徵舆更紧地抱住她："我连冰冷的湖水都喝过了呀！"

是的，他听说她病了，曾毫不犹豫地跳进了寒冷刺骨的湖水。河东君不是也以真情来报答他了吗？她轻轻地拨开他的手臂，从他怀中挣脱出来，拿过书桌上子龙的短笺，递给他说："你看这个。"

徵舆接过只掠了一眼，就把它放到身边的凳子上，又去拉河东君的手，说："我已知道了。"

有如晴空霹雳，河东君本能地往后退着，他知道知府要驱逐她，他还那样若无其事,仍像往日那样欣赏她的容貌,像以往那样向她倾诉爱情,他心里到底是怎么想的? 她不无惊讶地望着他:"你知道了? 你说这该怎么办?"

"姑避其锋,先躲一躲为妙。"徵舆轻描淡写地回答说,"等风头过去,我们还会相见的。"

看他说得多轻巧! 河东君两眼发花,两腿酸软,跌坐在矮几上。她的心仿佛在突然间被撕成了碎片。这话若出自子龙、待问友人之口,那是无可厚非的,可是,它却出自她爱人之口,不免就浸润了残酷的色彩了。叫她怎么能接受得了呢? 幸福,美好的憧憬、信念,往日的情语和爱抚,一齐随着心的破碎也化作了粉末。原来他们的爱情就是那雾里的月亮,看看一个多么大的亮影啊! 天哪,他的挚爱,原来是不愿有点责任的爱! 她是满怀希望,以为他一定会在这次事变中把她接回家中,结束她的漂泊生涯,让她不受欺凌,尝尝安稳家庭生活的温暖。哪怕身居妾位,只要有他的爱,有他的理解,那又算得了什么呢? 她什么都能忍受。可是,在这关键时刻,他却只字不提及此事。他只会说他爱,却没有勇气冲破世俗对她身份的偏见;说他爱她,却不敢说服家庭把她娶回家中。这就是他的全部爱! 这就是他为爱所做的全部牺牲。

河东君肝肠寸断,悲愤中生。这时,她反而不恼恨知府大人要驱逐她之事了,而只恨自己有眼无珠,识错了人。俗子! 懦夫软骨头! 自私鬼! 想爱不敢爱,竟不能庇护一个弱女子,算得了什么男子汉!

爱之深,望之切,望断而生恨。她能说什么呢! 她慢慢地站起来,走到琴几前,握住短刀,高高举起,砍向古琴。

琴弦嘣咚一声响,断了。

河东君扔下刀,拂袖走了出去。

七 人生长恨水长东

误入桃园误醉酒，

错将鱼目作琼玖。

纵然借得三泖水，

也难洗我今世羞。

　　子龙自得知知府大人要驱逐河东君的消息，就被一种忐忑不安的情绪裹挟着，是为就要失去一位高雅的游侣而懊丧呢，还是为河东君未来命运担忧？抑或还是别的？他也说不清。他既希望徵舆能在这关键时刻，做出保护河东君的决断，也愿意自己能为河东君留下来出些力。他放下一切事，去同她商讨怎样对付这个驱逐令，在河东君的书桌上他读到了这首诗。

　　船伯愁容满面地告诉他："这孩子不知中了什么邪！早上喜滋滋地请来了宋公子，却又气愤愤地砍断了琴弦。饭也不吃，就一个人出去了。我让阿娟和阿贵去寻，到这个辰光还没回来。"船伯沉重地叹了口气："陈相公，请你劝劝她吧！她就听你和李相公的。"

　　早在河东君匆匆去城里寻找徵舆的时候，子龙就有预感，他们的姻缘，很可能要成为水里月、镜中花，以悲剧结束。那时他怕她受不了，示意存我转了个弯，他又亲自去找徵舆谈了，劝他把男子汉的勇气拿出来，徵舆这才敢违背母命偷偷来见了她。他为河东君抱不平，也恨这人世不公,偏偏要将许多苦难压到她身上。不用解释,只要将知府的驱逐令和这首诗联系起来,他就明白了就里,猜出发生了何等事。一种不测的预感,像一簇火焰,烧炙着他的心。他担心她受不了这个打击,会在对人生绝望以后,轻率地做出什么决定,这更增加了他的忧虑:"我去找找看!"

他离开了白龙潭,一连跑了好几个他认为河东君可能去的地方,然而,都使他失望了。他又累又急,她到底上哪里去了呢?莫非已经……想到这儿,河东君那令人迷醉而又叫人不敢冒昧亲近的微笑;那种清辩如流的侃侃谈吐、横溢的才华,毫无躲闪的坦率和丈夫似的爽朗;还有那种聪明的调侃,恰到好处的诙谐,和那令人哭笑不得的恶作剧,一齐涌现到他心头。他忆起他们在一起游乐的许多事,是那么使他迷恋,难以抹去!他不相信这样一缕香魂,这样一个尤物,会从尘世间消逝。他的心一时好像被人摘去了似的难受。一定要找到她,帮助她。倏然,他想到一个去处。

子龙就近到一个养有马匹的社友家,借到一匹骏骥,朝着白龙潭东岸方向飞驰而去。

数月前,徵舆曾让他们作陪客,请河东君游湖,遇大风,曾停泊于一棵大柳树下。酒酣,徵舆走笔作歌。他表露出来的才华和报国抱负,使河东君的心情特别激荡,后来就发疯似的爱着徵舆。此时此刻,她一定是去那里凭吊她那死去的爱情去了。倘若她一时情感冲动,失去了理智呢?——一代奇女,就葬身于湖底了……他不敢往下想了,紧挟了两下马肚,坐骑奔跑起来。

崇祯七年(1634)的早春,新年虽过,松江仍然是寒凝大地,渔舟瑟缩着系在避风的岸边,湖浪把它们颠簸得嘭嘡作响。灰蒙蒙的天空阴霾压人,沉重的雾霭紧压着湖面,让人分不出哪是湖水,哪是天空。春风那凛冽的气势,仿佛能穿透牛皮和墙壁。子龙的坐骑,迎风打了几个响嚏，一会儿，他就望到了那棵大柳树的树梢。

它已片叶无存，光秃秃地立在湖边，像一个被海盗劫掠一空，只剩一个赤条之身的受难者。它此时的情态，好像在饮泣，在追忆，在悔恨；又好像在诅咒海盗的贪婪，声讨天地之不公。它的枝桠正在发出愤怒的悲鸣。

子龙的眼睛突然一亮，倚着它那暴露在地上的根，有个象牙色蘑菇似的人影。"河东君——"他向那人影高喊着。马儿好像也通了人性，径直向柳树飞奔过去。

河东君在这柳树根上坐了多久，连她自己也不知道。她伤心欲绝地离开了卧舱，撇下了宋徵舆，来到隔壁客厅，倚着窗，面对着湖水发愣。她不敢将发生的事变让船伯他们知道，怕船伯难受、阿娟谩骂、阿贵做出鲁莽的事来，只得躲在那里无声地饮泣。眼见着他走了，低着头，踏上跳板上岸去了，他的身子在瞬间好像变矮小了，已失去了往昔潇洒的风度。他们定情那晚，仿佛就在昨天。那晚，他们俩相对饮了许多酒，他是那样容光焕发，举酒信誓旦旦。后来，他那白皙书生气的手，紧紧按住她握着酒壶的手，他的目光撩得她抬不起头。她信了，他不会辜负她。后来，他们就那样默默地坐着，不再饮酒，而是用目光交流情感，她被爱升华到纯真的境界，沉浸在爱的幸福里。他爱她、珍贵她，他会为她不惜代价。这就够了。风尘中能遇上这样真情的男子，她感到幸运。那晚，他留宿在她船上。他抚着她那光润的肌肤，赞叹她的温馨。他是那么多情，那么温柔。她第一次享受着真情的爱抚，道不尽的欢娱，可现在……她被欺骗了，心里说不出的羞愧、悲哀和痛苦。她一向自诩有见地、有卓识，把人生看得很透。其实，这正证明她的浅薄。几句激昂的言辞，几首动情的诗，几句虚假好听的情话，就像迷雾样蒙了心窍，灰尘样迷了她的眼睛，她只看到炫目的美丽光环,却没有去探究光环后面的黑影。她太爱幻想,太不实际。回到自己的房间,坐到书桌前,凝视着面前那沾了墨汁、油污、泪痕、粉末、酒渍的台纸,她百感交集。

这台纸多像她的人生啊!她挥笔在台纸上写下了无尽的痛悔,就茫茫然走了出来,也不知自己怎么就走到了这里,更不知道来到这冰冷的湖畔寻找什么?是寻找过去的梦,还是来埋葬它们?

面对着躁动不安的湖水,她的灵魂仿佛失去了知觉,竟感觉不到湖风的寒冷。突然,她迷蒙地听到有个声音在呼唤她,接着就是急骤的马蹄声奔她而来。她的魂魄仿佛被这震撼着心灵的声音拉回来了!

一片恐怖的阴影闪进了她的心室,那急驰而来的人,是来赶她出郡的传令公差,还是歹徒来劫持她?她顷刻意识到,这时候,怕是没有用的,她转过脸,不去理会,目光追逐着那些不知疲倦的浪头。

它们日夜追赶,撞击,直到粉碎。又集结,又追赶,无所畏惧。它永远还是浪!

来骑嘶鸣着在不远处停下了,她感觉到那个人在向她奔来。

"河东君!河东君!"

她听出是子龙急切的呼唤,就在她回过头的时候,他已来到她身前。

"好兴致呀,一幅多美的风中观浪图!"子龙的马在原地蹀躞了一圈,他跳了下来,"快快同我回去,商讨下就要发生的事。"子龙犹恐伤了她的自尊心,将驱逐出郡的事说成"就要发生的事"。

河东君面若冰霜,冷冷地回答说:"谢谢。卧子兄,我看不必了。"

"河东君,这话可不像你说的呀!"他伸出两手,就要搀扶她。

她却自己站了起来:"卧子兄,来到才人辈出的云间,受到文友的厚爱,你和存我兄视我若士子,待我如手足,这段时光,柳隐终生难忘,珍如瑰宝,永记心上。"她向子龙跪了下去:"弟又要开始新的浪迹萍踪了，兄长知遇之恩，无以报答，弟以此长跪与兄道别。"说着潸然泪下。

"河东君，你言重了。快起来，我送你回去。我和存我决定去找知府，迫使他收回成命。请相信，卧子决不会让你走的！"

河东君摇摇头，凄苦地一笑："不，我走！弟本来就是个流浪者，何敢求安定！"

"别固执了。只要弟不弃云间，我等将设法让你长此定居敝地。"

她被他扶了起来，她意味深长地一笑，像谈论别人的事那样冷静："小弟不敢有此奢望。兄长有所不知，我跟钱横有私怨。"

子龙大为不解，难道自命为不近女色的名宦有求过她？他困惑地看着她。

不知出于怎样一种心理，河东君隐去了盛泽戏弄钱横一节，说了淀山湖钱府管家索要李书，她以赝充真一事。"他已自知受骗上当，又不敢明言受了作弄，现在弟撞在他的网里，他能放过？"

子龙想，既然是由待问书引起的，那解铃还须系铃人，他突然想到一个叫钱横释疑的主意。他宽慰她说："存我自有妙方，了结这宗积怨。"

河东君坚决地摇着头，她怎么也不能让他们——她所尊敬的师友，为着她的去留，去降低人格，求见他们一向鄙视的恶吏。她连声阻止说："不，不！钱横做贼心虚，他最怕的就是此事为人所知。存我兄去，只会使他越发恨我了。"

"这叫以子之矛攻子之盾。只要他还想保留名宦的牌子，我们就有办法叫他收回成命。"

河东君感激地看了子龙一眼，就把视线移开了，她不敢再去迎接他那笃诚的目光。他当然知道她举刀断琴弦之事，他却半字也不去涉及，这是他善良和厚道之处。他不想责备宋徵舆，人各有志。或许他早就预想到会是这样的结果，可他也没说什么来安慰她，他小心翼翼地护着她那痛苦的伤疤。她理解他的良苦用心,但她不愿再去损害他们的声名了,不能让人攻讦他们几社护着一个"流妓",不能再拖累他们了。"兄长不要为柳隐的去留再去奔波了。"她难过地别过了脸,向湖边走去。

子龙慌忙奔过去,拦在她面前,狠狠地盯视着她,严肃地说:"河东君,你……"

"哈哈哈……"河东君突然怪笑起来,又戛然而止,"怕我跳湖?卧子兄,这些年,柳隐都在没有加盖子的江河湖渠里转悠啊!倘若弟是那种没骨头的人,早该跳过一百回了。可我不想那样死,也不服气那样死!"

死本来就有重于泰山和轻于鸿毛之分,一个女子能如此看待它,子龙由衷地高兴,可这高兴里又夹杂着一缕愧疚之情,他们相交也有如许日子了,他却没有完全了解她的个性,他尴尬地辩解说:"兄并无此意。河东君,快回去吧,朋友们正为你忧心忡忡呢!"他回身拍拍马背,带点解嘲的味儿说:"敢骑吗?兄为你挽马!"

河东君不无惊骇地望着他。一个举人为一个女人挽马,闻所未闻,更别说眼下她是一个被指控为流妓的下等女人。

自垂虹初识,她就朦胧地感到,这位肤色微黑的男人,有别于他人。最初吸引她的是他那侃侃的言谈,胸襟抱负。后来,她又发现他心地善良笃诚。他喜欢跟她唱酬、交游,然而他却敦促她去爱宋徵舆,而他仍待她如初,这在别的男人是办不到的,他具有他人所不及的胆识、才华和力量,在社内深得盟友推崇。"我是个浅薄的庸人。"她在心里自损着,大凡庸人都是如此,只为美貌所动,只有非凡的人才能发现内在的力量。她选择了徵舆,一个不愿为她的爱付出一点牺牲的男人,忽视了就在身边的一块赤金。现在,他竟要为她挽马!也许他认为她不敢骑而说的大话。她要试试真假,她挑战似的笑着说:"挽马?

举人老爷为一个流妓挽马，不怕革了你的功名？"

"举人不敢推举才人，还叫举人？"子龙诙谐地说，"只要子龙自认为值得推举的人，漫说是挽马，就是抬轿又有何妨！来吧，不要怕，就看你有没有这个勇气了！"子龙进一步鼓动着。

河东君慢慢向马走去，纵身一跃，利索地跨上了马鞍。

子龙暗吃一惊，不禁说："好漂亮的姿势，还真有点骑士风度呢！"

河东君盯着他问："没想到吧？"

这的确出乎他意料，可仍回答说："想到了。河东君本来就是巾帼才人嘛！"

她凄苦地摆了下头说："唉，什么才人，在周府偷着学过。"

子龙默默无语，真的为她牵马前行了！能以此让她的情绪得到变化，他感到莫大的欣慰。

寻不到河东君，阿娟哭，船伯黑沉着脸坐在船头，阿贵无声地仰卧在铺位上。船上笼罩着阴冷沉闷的气氛，仿佛河东君已经远离他们而去。突然，阿贵甩掉棉衣，扑通一声跳进了冰彻骨髓的湖水。

阿娟奔了出来，大声喊着："阿贵，快上来！"

他没理她，沿着湖岸游去。

阿娟推搡着闷声不语的船伯说："大伯，快叫阿贵回来，他要冻病的！"

老人无声地拨开阿娟的手，两颗浑浊的泪水滚出了眼窝，沿着刀刻似的鼻沟纹，滴落到船板上，船板上立刻出现了铜钱大的两块湿润。

子龙在前牵马，河东君高高地坐在马背上，缓缓行走在湖埂上。左边是汪洋的湖水，波峰浪谷；右边是被割成块状镜面似的水浸田畴，风呼啸着从他们身边掠过，掀起他们的衣衫，四野没有人迹，除了水，就是风,一幅多么凄清的行吟图啊!河东君想到现在的无家可归,又想到她随母北上寻父的情景。那年,也到处是水,就是这该死的水,使她成了个没有人身自由的孤女。想到这,不禁凄然泪下。疾走的风,又很快将它吹散了,带走了。就冲着子龙这一豪举,她也要同命运做坚决的抗争,即使破釜沉舟,也要逼使钱横撤回驱逐令。她已有了留下来的主意了,她想试试自己的力量是否能保护自己的权益。当然,不到关键时刻,她不会亮出她握有的那张叫钱横投械的王牌。她要让大人老爷们尝尝她这个弱女子的厉害!想着想着,心里冲动起一种报复、泄愤和反抗的兴奋。突然,一个恶作剧的狂想倏然而生,她想要子龙走大路,穿过人多的长街,让她在众人面前威威风风走过去,把那些视她为洪水猛兽的老爷们吓得目瞪口呆。她要当他们的面,在马上仰天长笑,笑得他魂飞魄散。那该多么解气,多么气派,她想象着挑战的快感。气气他们以后,她还要留居松江。

就要行至三岔路口,河东君却又犹豫了,在渺无人迹的湖滨,为讨自己心上人的喜欢,牵牵马,逗逗乐子,也是名士的一种风雅,传扬开去,亦不足为怪。若果在众目睽睽之下牵马过长街,那就另有一说了。将会引起怎样的后果,她不敢想了。顷刻之间,传闻会引起众愤,就要像雷暴那样冲击着云间,掀起一场更大的轩然波浪。他就要受到舆论的攻评,在他的家中也要刮起一场风暴,他之所以来寻她,就是为了她能留下,而那样,她更不能为社会所接受了。对她的留下,就会产生新的障碍。她不能让她的知己、友人的一片好心受到伤害,也不能叫他感到失望。想到此处,她猛地从马背上跳了下来。

子龙惊异地望着她问:"你怎么不骑?"

她朝他莞尔一笑说:"卧子兄,你上去,我给兄挽马!"

虽系春寒浸骨,子龙的心里像升着一盆熊熊烈火,他深情地注视着她,突然,他心里涌起一种欲望,想拥抱她,在那俊美得无与伦比的脸上吻一下。

这时，湖中突然站起一个水淋淋的人。

子龙吓了一跳，河东君也惊讶地叫了起来："阿贵！你?"

阿贵朝他们憨憨一笑，又扎进水里。

子龙说："你看，他在水下找你呢！"

河东君心里一热，她拽住缰绳，牵着马和子龙并肩向前走去。

八 名宦

松江府府台钱横，此时，正在官邸书斋的太师椅上闭目沉吟，他身旁的茶几上，放着一封启开的书札。

那是柳如是河东君派人送来的。她没用副启，一开头就直抒胸臆。"据闻，知府大人欲以驱逐流妓之名驱赶柳隐，令隐顿生疑惑"，她向知府叙述了数月前发生在淀山湖上的事。接着书道："大人被誉之为当今名宦，理应督饬家仆，促其送还、向物主赔罪致歉。然柳隐等待数月，仍不见有送还之意，反要逐隐，隐岂心甘？莫道隐体贱位卑，却不失丈夫襟怀，从未外扬此事，大人若以隐弱女可欺，迫使隐再度流浪，隐亦无所惧。可大人未免有强索他人珍贵之物，反加害物主之嫌，宣扬出去，恐怕对大人声名有所不利。请三思！"

他把信笺往茶几上一扔，一拳砸在上面，气愤地说："狂妄的刁妇！"

听差闻声，诚惶诚恐走上来，"大人"，垂手侍立在一边。

他抬手挥了挥，让他们下去。人言这个女人不是寻常之辈，有胆有略，不可草率对待。他是松江的至尊，不能败在这个刁妇手里，他深知这个妇人在云间的深广社会关系和在文社中的身价和影响，她有众多的追随者、崇拜者和保护人！想到这儿，他忍不住又看了那花笺一眼，书体有似行云流水，自然欢畅，脱落不羁。

他看了又看，竟有些羡慕了、心动了，为何才华尽出自淤泥腐草之中呢！他又想起他那不争气的儿子。复拿起还散放着芸草芳香的信笺，重读一遍，一缕怅惘随着芳香向他游来。她说得也还合情合理，那轴书当然出自李待问之手了。唉，都怪老夫轻信蒋生，受了这个狂生的戏弄。他又愤慨起来。倘若朝廷允许取缔文社，他会一个不留地重重惩处几社的狂徒，泄泄心头之愤！可一言既出，不赶走这个大胆妄为的妇人，他这个至尊还能镇民风吗？可是，这书牍上的语气是那样强硬，他还得冷静，看看形势再定。先得派人去探听下几社对此议的反应。"来人啦！"

门差刚好端着大红拜匣进来，连声应着跪下说："大人有何吩咐？"他把拜匣高举过头。知府向拜匣扫了一眼，那拜帖上的书艺吸引了他，"嗯"，算是问话，也算是让门差起来。

门差起身禀告说："书家李待问求见。"

他暗自诧异，这事可新鲜，他多次派人向李待问求书，公然受到冷遇。今日怎会主动来见？突然，他有所领悟，一丝冷笑滑过他的嘴角，伸手从匣中取出拜帖，端之再三。"真正的李待问亲笔。"他放下拜帖，收起花笺，满脸堆笑地说："请李举人到东客厅相见！"

李待问在仆差的引导下，大步走进东客厅，向已迎到厅门口的钱横，施了一礼说："知府大人，学生久违了！"

钱横热情地把他引到太师椅上分宾主坐下。

他们寒暄了一阵，存我就直抒来意："学生冒昧登门，想请大人为我证实件小事。"存我不等知府有所表示，就滔滔不绝地把他如何结识柳隐，如何为她的才气所动，如何赠书激励她，又如何邀她来到松江，共磋学艺，谁知她却是个女扮男装的女才人，而且将他的赠书转送了

　　　　　　　　寒柳：柳如是传

他人。

知府听到这儿，心脏不由得加速了跳动。在见到拜帖那瞬间，他还以为李待问是为柳如是说情来的，他倒希望与他建立亲密的交往关系，不仅可以掌握他写了些什么、为谁而写，还可以俟机索取一些墨宝。再者通过他还可以多联络些名士，扬他爱才惜才的名声。不曾料到，他却为此事而来。好个刁妇！还说什么"从未外扬"，这不明摆着是欺骗他的谎言吗？她早就将此事告知了李待问，他们已结成一体对他施加压力。他决不会上他们当的！他们无凭无据，无论他们怎么说，也是无用。他还可以加她个罪名：诽谤官员。叫她有冤无处申。主意已定，他耐住性子，继续听李待问叙说。

渐渐地，知府提拎的心放了下来，险险错怪了她，想不到她这种女人还是个言而有信的侠义女子呢！难得，难得！

原来李待问接着说的是他最痛恨的是不忠于友谊的人："与朋友交而不信乎？"发现不见了他的赠书，他气极，可她只说是自己不慎遗失的，宁愿承担绝交的惩罚。"她的仆人吓慌了，悄声对学生说了事实真相，是被迫转送了人。"

知府悬起的心又不安地摆动起来，他故作镇静，摆出一副与己无干的面孔问："送给谁人了？"

待问故作惶恐地说："大人，学生不敢直言。说出来，怕大人……"

知府已被待问抵到了南墙上，但还着力装出与此事毫无关联的神态，捋着短须，安详地说："直言无妨，本府给你作主就是。"他以为这样一来，李待问就不会说下去了，有道是投鼠忌器，打狗欺主。

不料待问轻松地笑着说："大人，恕我直言了，是你的仆从强索去的。"

知府故作惊诧地说："有这等事？老夫真的不知。"突然，他又哈哈一笑说"老夫钟爱贤契之书，一向认为，当今云间书坛，唯独贤契乃木府真正的对手,而将来贤契之影响定在本府之上,老夫常叹后生可畏!哈哈哈……贤契,老夫虽爱才如命,亦不会爱到令家仆行抢的地步呀!哈哈哈哈……"

钱横不愧久经宦海的人,他以一笑掩饰了他的尴尬,又以一笑表现了他的爱才和大度。既褒奖了待问,又嘲讽了待问。那表情微妙得让人琢磨不透,诙辞从他嘴里说出来,别具滋味,令人难受。

钱横是清醒的,他已认识到那些官僚、权贵、缙绅们,虽然常常竞相以高价来求他一纸墨宝,并非他的书法真的多么好,他们也非真的崇尚他的书法,而是因为他是郡首,书以权位为贵罢了!一旦他丢官归里,他的墨宝也就不宝了。云间书坛乃李待问之天下也!更可恶的是那些自命清高的墨客、自命清流的文士,就连他还坐在郡首位子上也不买他的账!处处抬李待问之书来压他的书,他每每气得咬牙切齿,恨不得一口将李待问吞掉,一把火将李书毁光!可是,他是父母官,他得保住爱才惜才的声誉,一时又奈何他不得。还是他那瓦刀脸的管家钱万恭为他献了个良策:请人为李待问看了个相。相士说李待问面有杀气,气候不长。钱横简直为这"气候不长"乐了好几天。此后,便开始借酷爱李书之名,差人四下以高价收购,外加连抢带骗。现在,他已搜集李书的十分之四了。他将继续搜集,一旦李待问一命鸣呼,他的墨迹也就销声匿迹了。那时,他将独占云间书坛,岂不快哉!

"哈哈哈……"钱横又笑了,他笑待问没能看出他背后的动作。

待问突然认真起来说:"蒙大人过誉,学生愧不敢当。烦请大人问问左右,可曾有过此事,若有,求大人敦促发还,岂不成为一段美谈?"

钱横爽快地回答说:"贤契请放心,本府定将严查究问!"

"告辞了。"李待问拱手退出,钱横送于阶下。

待问走后,他立即令钱万恭取出从河东君那里诓来的横幅,把它和李待问的手书拜帖放在一起。他左端右详,怎么也找不出它们的差异之处，两书千真万确出自一人之手。不用怀疑。

可是，李待问为何要在此时来访呢？他又想起过去求书不得的积恨，顿生疑窦。这事肯定与要驱逐那个刁妇有关。可是，他为何半字也没提及此事呢！又转念一想，且不去管那些了。他拿起河东君的那张斟酌起来："发还给她？""不！"他攥紧了它，名士赠名姝之书，不仅可以带出一段风流韵话，也是天下无二的独本，岂不价值连城！不能发还！等李待问呜呼辞世之后，他要将所有李书付之一炬，岂有索来又发还之理！现在，只要那个妇人一走，也就无人知晓了。

突然，他又想起那纸花笺，心里又有些紧张起来。若是那个妇人为报复驱逐之仇，将此事公之于世，即使他能治她一个诬陷罪，可是，他清官名宦的声誉岂不也要受到损伤！他是领教过那些几社文人厉害的呀！驱逐了与他们交好的女人，他们是不肯善罢甘休的。他们会把此事夸张扩大，写成奏章，送到朝廷去的。他们人多势众，又少年气盛，那会惹来很多麻烦的。

他进退维谷了。驱逐之言已出，又怎好自己收回？若是李待问能提一句，他也可顺势送个人情，给自己留下余地啊！他正进退两难的时候，门上通报说："云间名士，举人陈子龙求见。"

他暗自笑了，这才是真正的说客呢！听说陈子龙跟那女人交往甚密，关系非同一般，他是绝不甘愿让她走的。可他对子龙又有几分敬畏。他不单是几社的领袖之一，在文士中有着相当的威望和号召力，而且他这位云间著名的才子，又是力主改革吏治的清流，颇受到国人敬重的。不可怠慢！他立即令钱万恭收起书轴，传话"有请"。

子龙走进客厅，一面向知府施礼，一面说："府台大人，学生求老父母来了。"

"哦？"钱横做出一副惊讶的神态问，"不知贤契所求何事？"

"传说大人要驱逐柳隐，学生就此事欲敬上一言。"子龙呷了一口花茶,察看着知府的神色。

"不敢相瞒,确有此议。"

"大人,这可使不得的!"子龙放下茶杯,将河东君非同常才之处历数一遍后,又说:"驱之可惜呀!大人爱才若渴,我云间才会人才辈出,大人岂能容不得一个才女!"

"哈哈,贤契不愧为真才子也!会说话,会说话!"他放肆地向太师椅那嵌有大理石山水花纹的椅背上靠去,"可是,贤契熟读诗书,岂不知女子无才便是德之说吗?反之,女人有才,必定无德,留之会损我郡民风。这正说明本府驱之有理呀!"

子龙立即反驳说:"大人,话不能如此说绝,一概而论。柳隐乃是个难得的奇女子呀!"子龙怀着诚挚的同情把河东君坎坷的身世以及她的好学和才华,像对友人那样向钱横叙说了一遍,想以此来打动他。不知他出于什么心理,他只说了她从姑苏流浪而来,隐去了她盛泽和周府一段生活经历。

可是,钱横听完却怪笑起来:"哈哈……自古才子爱佳丽,莫非贤契是被她的美色迷住了?何不纳为偏房,也帮我免了一桩公事。"

子龙正色道:"大人,请恕学生不善玩笑。学生乃是尊崇大人广开言路之训,才来向大人敬上一言的。并非来此弄月嘲风。"

钱横见子龙不悦,又自我解嘲地笑了笑说:"贤契休要认真,老夫与你说笑呢!言归正传吧,驱逐之事乃缙绅一致所求,没有转圜余地,怎好出尔反尔,失信于民呢!"

子龙完全明白这是托词。便耐住性子说:"大人,请教驱逐之理由?"

"驱逐流妓,净化风气,乃本府职责,亦为郡会道德民风,子民前程,深合民意。"

子龙坦率地说,依他之见,假若这人世间没有想从可怜的妇人身上寻欢作乐的老爷,社会上就不会存在这个可悲的行当。作为民之父母郡首,应谋求从根本上铲除产生它的根基,不应去惩罚应运而生的弱女。"这不公正!"他说,"柳河东君,因葬母而卖身,沦落平康,现在虽已争得了自由之躯,然而只有天地容身,不得已以江湖为家,与诗书文士为友。这样的奇女子,若以驱流妓之名来驱赶她,实属不妥。"他越说越激昂:"不平则鸣,此举恐怕要在文士中掀起风波!"

子龙这最后一句话,击中了知府的要害。他的态度缓和下来,不得不拐弯抹角给自己找台阶。"噢,奇才?何以见得?"

子龙侃侃而谈:"存我言她书艺与其不相上下,她之诗作与我辈竟深有所合,挟沧溟之奇,坚孤栖之气,非一般之才所能及也!"

"果真如此,倒动了本府怜才之心。若否使其书自作一章,交呈本府,待与诸贤再议。"

这是送客的信号,子龙也不想继续交谈下去,但他不敢应承此事,他知道河东君的脾气,犟起来,九牛也拉不回头。便起身说:"大人厚意,学生定当转达柳隐。告辞了。"

子龙和待问交换了彼此看法,认为形势有好转,驱逐令有更改的可能。于是就往河东君舟中,让她自书一诗,交呈钱横。

河东君沉思不语,她柳河东君,为了不甘就范于尤总兵,才开始了流浪。她已习惯不受礼俗羁缚的生活,她不能忍受别人在她还清醒的时候来割斩她。她可以将自己的作品奉送给任何人,但她不能忍受钱横以恩典的手段来榨取她心血凝成的果实,这是对她的践踏和侮辱!她越想越气愤,从矮几上蹦了起来:"勒索!涂了甘饴的勒索!卧子兄,难道你已应承了不成?"

子龙摇摇头。

河东君破涕为笑了,"卧子兄,不愧为弟之知音也!"

子龙此刻的心中,可以用忧心如焚一语来描绘。甲戌会试就在秋天,他们即将启程去京都赴会试。他试着开导着河东君说:"柳子,你知道,我们就要北上准备会试,你的去留未能定夺,我们可不安哪!"他深情地看了河东君一眼,"我们怎能让钱横如愿以偿呢!一个人在不得已之时,有时也不免要做点违心之事。柳子,大丈夫应能屈能伸!"

　　河东君心里很明白,子龙和待问为她能留下多方奔走,她理解,她感激,为此,她本想答应子龙的要求,可是,她实在忍不下这口气,被人家驱赶,还要去迎合人家,她忍受不了,泪水不禁从眼眶里溢了出来。她回答说:"卧子兄,求你谅解柳隐,我是决不会写的!我理解你的一片苦心和情意。你安心地去会试吧!你别担心我!"

　　子龙是了解河东君性格的,他这样劝她,是希望她能留下来,见她如此坚决,他又后悔了。也许她会误会他,以为他要去赴会试,就劝她委曲求全?"柳子,子龙理解你。不写也罢。放心吧,陈子龙不叫钱横放弃驱逐令,决不离开云间!宁可放弃甲戌会试,也要让你留下!"

　　河东君简直不敢相信自己的耳朵了,她明白,会试对于一位有理想有抱负的江东才人来说重于一切,甚至重于生命。他们潜心攻读,矻矻求索,为的就是这一天,为的就是得到功名。有了功名,他们才能施展抱负,酬答社稷和父老。他宁可放弃这等待日久的机运,为她奔走,这情这义,重于泰山,深似东海。河东君被感动得泪水满面。可她怎么可以让他这样呢,她决不能让他为她误了前程!她扑通一声跪在子龙面前说:"兄长,小弟求你了,你决不可为了小弟这点小事而误了会试大事!那样,小弟会遗憾终生的。你安心地去吧,决不能误了考期!你我会有再逢那一日的。"

　　子龙一下慌了神,忙伸手要扶她起来,河东君却坚决地说:"兄长若不答应小弟，弟就永不起来！你也别想再见到弟了！"

　　子龙不知如何是好，他决不会丢下她就那么走的。可他如果这样回答她，她还不知会干出什么事来，他只好说："你起来吧，我答应你。"说完就告辞而去。

多情自古伤离别

子龙铁下了心，不解决河东君留住松江的问题，他决不离开。待问也自愿推迟启程日期。他们相约不仅要瞒住家人，也要瞒住河东君。他们分头拜访了好几位对知府有些影响的乡贤，请他们去说服钱大人改变初衷。子龙又再次求见钱横。

河东君的才华，又一次勾起了钱横的隐衷。那日，他在书房里又一次拿起河东君那封信，他的独养子进来见有柳河东君的具名，顿时兴奋得满脸通红，奔回自己的房间，取来了卖账那日他得到的一张柳书，献宝似的捧给他父亲观看。钱横板起面孔教训了儿子一通，但留下了那轴书。待儿子走后，他展开仔细观看，赞之不绝。继之，他又悲哀起来。不是自诩，他乃江左文坛泰斗钱谦益的族侄，又是他的得意弟子，他自认爱才识才，他多么希望能将自己的儿子造就成学富五车的才人啊！可是，这小子却偏偏不成器，不能诗，不能画，亦不会书。都十六岁了，还一味只爱骑马，舞刀弄剑的。这使他大失所望，常常为此叹息不已。他有种种雅好，收藏名家字画，是他雅好之一。总想有那么一日，他的收藏压倒他的族伯老师钱谦益，跃居琴川（常熟别称）之首，海内无可比肩。而且他希望他的儿子能从这些收藏中得到启迪和熏陶，成为一代大儒。面对着河东君的书牍，他又想起了曾想过千百次而未想通的问题，为何这样的奇才出自青楼，天地为何如此不公？他愤愤不平起来。听报陈子龙求见，他嘲讽地一笑。代那个姓柳的妇人送书来吗？就传话下去："有请。"

子龙施过礼，向他致歉说："柳隐偶染小恙，唯恐写不出叫知府大人满意之书，只好待病愈之后，再书呈教，乞知府大人宽谅。"

钱横笑了起来，子龙两手空空进来时，他就明白了就里。这段歉词不过是陈子龙的遁词也。早就听传，那个刁妇性傲，她不愿就范，已在他意料之中。陈子龙就要去京赴会试，不必得罪他，给他一个顺水人情岂不更好？待他一走半年一载，他还不能找个更好的借口赶走那女人吗！他既可得到几社文士的好感，还能博得一个爱才怜才的美誉，何乐而不为！

"无妨，无妨。本府已见过她的诗书，确小有才气。"他说。又把他如何如何去说服缙绅、乡贤，取得了他们同情和谅解，才得以取消前议，向子龙渲染一遍，俨然是当今伯乐了。突然，他又来了个转折，说缙绅众议一致，勒令她停止参与文会唱酬和出售书画。他说到这儿，加重了语气："若有违逆，书画没收，本府将采取堵截措施，以维护我郡邑风范道德。"

"流氓！恶吏！"子龙在心里诅咒着，司马昭之心，路人皆知。河东君是个奇才，钱横想以收回驱逐令来达到控制河东君诗书画广为流传的目的。可子龙又不得不起身向钱横施礼，感谢他收回驱逐河东君的成命，但他认为两个停止无法执行。即使柳隐恪守禁令，但她无能禁止他人上门求书，也不能拒绝文友来访唱和。就是郡首下令张布于市，也不一定能堵截得了。

"欤，"钱横诡谲地反问道，"贤契，你的高见呢？"他暗自高兴陈子龙上当了。

"请大人斟酌自定吧！学生再次向大人致谢，承蒙大人厚爱，学生不胜感激。告辞了。"

子龙以为驱逐之事像一场风暴已经过去了。他虽然推迟了启程日期，减少了会试前的准备时间，毕竟还能赶上会试。钱大人对河东君的两个禁令，也许会不了了之。他也就没有向河东君提及此事，当即就准备启程。

可是，就在他即将启程之时，书市的榜栏上，突然出现了一纸禁止柳隐与文士唱酬吟咏和出售书画的文告。

河东君得知，嫣然一笑。看了在座的子龙、待问一眼，自我调侃地说："柳隐时来运转了，就要走红了。知府大人为我宣扬，岂不要闻名遐迩，尽人皆知。"她从柜下捧出一坛酒，对阿娟说："取杯来，得庆贺一番！"她先斟了两杯，捧到子龙和待问面前，"两位兄长，感谢你们为我奔波，小弟别无所有，只此一杯淡酒谢深情！"

阿娟也给她斟满一杯，她端起说："来，满饮一杯！"

阿娟又给他们一一斟上，河东君又举起杯说："这一杯，应为知府大人干，感谢他对我的厚爱！来，干！"

河东君爱酒，友人们常戏称她为酒仙。她一连喝了数杯，没有一点醉意，也看不出她在借酒浇愁，仿佛她真的很快乐，笑声朗朗，絮语不休："我柳隐可称个人物了。有哪个女人能与我相匹敌？就是男子，也不尽能享有我这等荣耀。我竟上了知府大人签署的文告！知府大人真是把我看得相当了不起了！用命令来驱逐我不成，又用文告来限制我的行动。仅此一点，可见柳隐存在的分量，存在的必要和光荣。陈、李二兄，我说得对吗？"

未等他们回答，她又吩咐阿娟："斟酒！"

子龙见她显出了醉态，很是不安，他和待问即将北上去赴会试，留下她在这风浪口上，他很不放心。他一直没有把北去的具体日期告诉她,怕她经受不起。现在,他不得不说了,让她自我保重。他示意阿娟不要再给她斟酒,郑重其事地说:"河东君,后天我们就要启程往京师应试去,望你善自保重,以求平安无事。"

河东君的心仿佛被酒精点燃了又突然遇上了大雨,火苗蹿了两下,灭了。她在孟浪的酒境中清醒过来,感到一种钻心的孤独,有如一个就要被母亲抛下的婴孩,失去了依持。在接二连三的打击面前,就是他们的友情支撑着她去搏斗、去较量的。人的感情就是那么怪,日日相见,不易显现友情的深浅,一旦别离,就会产生一种难以割舍的依恋,往事也在瞬间涌上心来。

待问在一心一意为她题跋;子龙沉凝在她的诗稿中;待问爽朗的笑语;子龙亲切的注视;子龙策马向她奔来,挡住她面前的湖水,满眼的忧伤;她骑在马上,踽踽行吟在白龙潭堤埂上,子龙为她牵马。子龙的背影,久久占据了她的视线……

顷间,这一切又梦也似的消逝了。她惊恐地睁大了眼睛,望着子龙,她想高声呼唤:"带我去!"又想伸出双手去拽住子龙,可是,她双唇抖了抖又阖上了,她的手臂怎么也抬不起来。当她的视线碰到子龙的目光,她慌乱了,羞怯地低下了头,声音也颤抖了:"后天?"

子龙点了下头,"此一去,不知何时归来。你们的日子,将做何安排?"

河东君心中装的尽是离情别绪,至于今后的生活,她没去想,想也无用,只得听其自然,天生我才必有用,知府不让卖书,也饿不死,她故作轻松地说:"祝二位兄长高攀桂蕊、金榜题名,柳隐一心在此专等捷报,望二兄早日衣锦荣归。"

待问插话说:"愚兄再给你写几张……"

"李兄对我的关照已够多的了,弟不敢再领受。俟兄衣锦荣归之时,再为小弟染翰挥毫吧!"她畅然一笑,"知府大人都如此器重于我,兄长为何这样小看我？"

"哈哈哈……柳弟，愚兄不得不甘拜下风了！"待问朗然地笑了起来。

子龙仍然默默地看着河东君。

离愁像洪水那样突然淹没了她。她亲自执壶为他们斟酒，端起杯说："这杯淡酒，为两兄送行，祝愿二位一路平安，金榜高中，实现报效国家、施展雄才大略的抱负！远在白龙潭的小弟，专候佳音。"说着，泪水扑簌簌地滴进了酒里。她咕咕咚咚喝个干净，豪迈地一亮杯底说："兄长不用记挂我的安危，弟有忘忧解愤的秘诀，又有逢凶化吉的良计。请两兄放心。"

送走两位友人，河东君仍然不能平静下来。子龙的影子就像自己的影子那样跟着她，她这才敢证实一股新的情流，早在她心底涌起，拭不掉，驱不去。子龙不似宋徵舆，他深沉，有种强大的自制力，他的爱总是深深隐藏在具体的关切和默默注视之中，她不是没有觉察，前车之鉴使她只能视其为师友、兄长、知己。徵舆辜负了她的挚爱，挫伤了她的心，使她从幸福的狂热追求中冷却下来。子龙没有因此轻视她，而是以更为深沉的爱来安慰她受伤的心，鼓励她去继续追求幸福。然而，她却胆怯了，不敢去响应子龙的呼唤，她害怕等待着她的是更为苦难的深渊。

忆起陈夫人那像长着钩子似的锐利目光，她就不寒而栗。她是那个家庭冒昧的闯入者。可是，子龙的目光，又是那样使她不安。他的忧郁是因得不到她的呼应而起，还是因为远别而生？倘若那深藏在他心中的情涛影响了他的健康和前程，她又怎能对得起他的情意？河东君左思右想，愁思有如窗外秋风抓动的湖水，涟漪连着涟漪。幸福、爱情，总是那么诱人，明知前面是深渊，还要去跨越；它是那么使人不思悔改，那么叫人无力控制自己！她提笔在一张花笺上写了首题为《送别》的诗，把她的情、她的爱，思恋和离愁全都倾注在诗句里，这才感到四肢无力，精疲力竭。

河东君的诗句，有如夏日的甘霖，滋润着子龙渴望爱情的枯干的心；河东君的诗句，有如星火，点燃了久贮在子龙心中爱的柴火，烧得噼啪作响。他一连读了数遍，凝神有顷，挥笔写下了"予将北行，读柳子送别诗，离情壮怀，百感杂出，诗以志慨"的七古。

他仔细地将诗笺封好，令书童立即前往白龙潭舟中面呈河东君。

翌日，天将微明，子龙就到祖母高安人的卧榻前，向她拜别。他自幼丧母，是祖母把他抚养成人的，他非常敬爱她，一再嘱咐妻子要好好侍奉老人。又拜别了继母唐氏，再到父亲的灵位前，行了三跪九叩礼。便携带书童、仆夫往码头去与待问会合。他把报效国家的抱负都寄托在这次会试上，河东君的诗给他增添了新的力量，他就像个奔赴疆场的战士，心里充满了壮志豪情。

来到码头，待问的船早离岸了，他租赁的船就停在岸边。他让仆夫把书箱先担到船上，自己却迟迟不肯上船，频频向湖堤张望，他在期待。相见时难别亦难，他多么希望再见河东君一面啊！可是，湖堤像一条沉睡的长龙，静静地卧在朦胧的曙色里，不见首尾，那些有似龙鳍的岸柳、丹枫，不时露出一点树梢，一会儿又被迷蒙的烟雾掩盖了。不见车舆，不见人影，他失望了，恋恋不舍地转过身，跳上了船。船离岸了，子龙还伫立船头。

是幻觉，还是看化了眼？子龙的心仿佛突然被人撮攫起来了，一阵狂喜。他看到有两个人影径直向码头匆匆赶来。啊，她还是来了！子龙激动得几乎要叫出声来，忙吩咐船夫："停船！"

河东君也已看到了他，向他扬起手，高喊着："望二位兄长早传捷报！"

待问隐约听到喊声，走出了船舱，可是，他的船已去远了。

河东君来到驳岸,已是气喘吁吁,她扶着阿娟,从怀中取出诗笺,向子龙示意。子龙知道是和诗,恨不能立即读到,竟向她伸出双手。可是,船已离岸两丈多远,再长的手也够不到了! 河东君灵机一动,弯腰拾起一片枫叶和一颗石子,用诗稿一裹,扔向子龙。

　　子龙拾起,迫不及待地读着,他激动得紧紧攥住了诗稿,声音抖颤地喊着:"河东君,等着吧! 子龙决不负君!"

　　是夜,子龙抱着诗稿入梦。他做了一个好梦,金榜题名,身着红袍,自愿请缨,督军东塞。河东君与他同行,为他献计定策,惩处了里通外国的奸贼,罢免了贪生怕死作践百姓的边将,打败"索虏",凯旋回朝,深得万岁的信任,又令他改革朝政,她同他一道起草奏章,清除了阉党残余,撤换了贪官污吏,破格起用了经济有用之才,国家出现了从未有过的清明、兴盛的局面。河东君受到了万岁的诰封,他偕河东君一道进宫谢恩。可是,河东君不知怎的,竟将赐予她的凤冠霞帔往万岁面前一掷……子龙惊叫一声:"你疯了!"慌忙扑通一声跪下请罪。

　　书童被他的喊叫声惊醒,扑到他的铺前,呼喊着:"相公,相公! 你怎么啦?"

　　子龙两眼发呆,望着船舱的顶棚,他被刚才的梦威慑着,一种不祥的预感压迫着他。这梦意味着什么呢? 她不会出什么事吧? 这一夜他辗转反侧,怎么也睡不着,脑海里怎么也摆脱不掉河东君各式各样的身影,他越想越感到不安了。

　　　　　　　　　　　　　　　　　　　　　　　　寒柳:柳如是传

十 ｜ 垂
　　钓

一股求书的热流冲
击着河东君。这是知府
那张告示引起的。往昔，
河东君的名字只在文士
圈中传扬，并不为一般百
姓所熟悉。自从那张告示张贴后，她便成为松江郡会家喻户晓的人物
了，人们无不想一睹她的风采，想索得她一纸墨宝。冬烘者所求，欲作
为攻讦的凭据，告诫子弟晚辈不受其影响的资佐；好奇者欲睹被府台
称为邪书禁止流传的书法和被称为流妓的女人，到底是何种怪物？求
得一纸，以慰新奇的欲望；再就是曾经见过河东君书艺的真正识货者，
犹恐在此高压令之下，再也得不到她的墨宝，即使以高价，也愿索之；
更多的则是善良的人们，他们关心河东君的命运，同情她的飘零，他们
愤愤不平地发问："不准她卖字求生，难道还要逼着她卖身谋生吗？"他
们不为攻讦，不为新奇，也非书法艺术的鉴赏家，他们愿意拿一点钱买
得一张，是把它作为对柳河东君的一种施舍和支援的善行。同情弱
者，是人们的善良天性。在求书者中，河东君还结识了从嘉定专程而
来的被称作嘉定四先生之一的画家、诗人、老师、歌叟的陈嘉燧老人，
他们一见如故，成了忘年之交。

　　这些年，河东君与高才名士广为交游，她涉猎了大量的史书，《春

秋》《左传》《汉书》《史记》《资治通鉴》，颇为了解历代权力执掌者的喜恶和他们制造的文狱。文狱，历代都有过，禁止过很多东西，戏曲、小说、书、画，他们不准许小民拥有这些文化，把一部分适合他们味口的关闭在宫廷里，作为他们的特权享受，而将一部分人民大众喜欢的东西禁毁。但文字狱也没有让文明毁灭，珍贵的文化遗产还是被一代一代地传了下来。河东君认识了个道理：有众生在，文化就不会被毁灭。统治阶级越是要禁止的东西，百姓就越是宝贝它。人民的意志有如长江大河滚滚前进的波澜，你要拦截它，它的浪头就会涌得更高，势如破竹。效果适得其反。

河东君之书，经这纸告示一禁止，蜚声郡会，身价百倍。在某种特定的历史情况下，百姓会产生一种错误的心理，以为官吏不喜欢的东西，肯定就是属于他们的了。其实也不尽然，这中间有很多复杂的背景，有尔虞我诈，有宗有派，各种货色齐全。而河东君自己明白，她的书之所以被禁，则完全是由于钱横的贪婪嫉才和公报私怨。她咽不下这口气。

子龙和待问的远别，对河东君来说，无疑是个打击，突然间加重了她流落的寂寞感。而且那种长期弥漫在她周围的不安全气氛也更加挤压着她。只有在拼命工作中，才能暂时从勃郁和威胁中解脱出来。只要一放下笔，子龙的影像就会随着他为她写的那些诗句悄悄潜来。

又是一个孤寂的夜晚，湖上很静，只有浪花轻柔的细语，他们的船几乎感觉不到晃动。她又拿出了子龙托人带来的诗笺。这四首题为《别录》的诗，就是回答她最后一首《送别》的。她读了多遍，每次读来，都有新的意境。她被寓于诗中的离情壮怀感染着，从中得到了激励和力量，又坚定了自己的信念。虽说知音难觅，但知音还是能求得到的。爱我所爱、想我所想的男儿还是有的。她虽然忙了一天，但只要一读子龙的诗，就会顿生疲劳散尽之感，精神也会为之激荡起来。这时，她

不由自主地又拿起笔,在一张洁白的空纸上,工整地录下了子龙所赠《别录》中的一首,反复吟咏着其中两联:

> 我欲扬清音,
> 世俗当告谁?
> 同心多异路,
> 永为皓首期! ①

河东君又欣慰,又怅惘,子龙既表达了对她爱情永世不移的誓愿,但他又对自己的前途、抱负抒发了一种曲高和寡的苦闷和惆怅。河东君深为理解他那种忧国虑民求而不得的痛苦,感激他视自己为同志,把他欲扬清音的志向倾吐于她。

她珍爱地把它贴在书桌上方的墙上,每时每刻都能看到它,那就像看到了子龙一样。她能从那里得到鼓舞,也得到提醒,他将帮助她结束飘零的生活,同知音结为伴侣,共研务实之学,共担国忧。

她刚刚转过身,船伯的脚步声就在她的门外响起来了。那缓慢沉重的脚步落在船板上的声音,仿佛凝聚了过多的重力和忧虑,好像步步都是踩在她的心脏上似的。

大地睡了,连鱼儿也沉到水底去了。他为何还不睡呢?他一定是从她门缝漏出的光束里得知她还未睡觉,他在担心她的健康呢!好心的老人啊!她一口气吹灭了灯,躺到床上。

可是,遐想的翅膀又把她带到了憧憬的天地。她历经千般苦难,终于寻到了一个可心的人儿,他们将永远在一起!过去的那些辛酸与之相比,又能算得了什么呢?兴奋使她不能安眠。船伯沉重的脚步声

---

① 《陈忠裕公全集》《别录》之一。

仍在不紧不慢地响着,好像要踏碎她的幸福似的。他一定有什么话要对她说。她坐起来,点亮灯,拉开门,问:"大伯,你有事吗?"

老人迟疑了下,他是想劝阻她不要再吟诗写字,这样下去,说不定哪天又会出个什么祸事。他总感到有种影响她人身安全的东西在向他们逼近。他嘴唇颤了颤,回答说:"你就不要再写什么吧,也不要再见朋友了!我们求个安稳日子。"

河东君却说:"大伯,我并没有违背钱大人的禁令哪!一没上街卖字,二没办诗会,也没外出游宴。人家要来索张字,是瞧得起我,把我当个文士看待,回绝人家于理不合。我所追求的不就是希望像个人样,为自己的所爱活着?男人们苦读还有个功名利禄可求,我为什么呢?无非让自己过得有点意思罢了!这不犯法,更犯不了死罪。你别怕,大伯,你应该最了解我。"

老人低下了头:"孩子,我当然知道你。可知府大人是得罪不得的呀!有陈相公、李相公在,他还忐乎一点,现在……万一……"

"大伯,"老人父亲般的忧伤钻进了河东君刚才还洋溢着欢快的心,她被感动了,低下了头,轻声说,"我知道你是为我好。往后我不再写就是了!"

老人仿佛得到了一种安全保证,他回到舱里安然地睡下了。

第二天清晨。

一个骑马的少年徘徊在驳岸附近,时隐时现,阿贵刚从船上下来,他就跟上了,在阿贵面前跳下马,挡了他的去路,说:"请小哥转告你的主人,有件急事学生要当面告知她。"

阿贵从头到脚打量了那少年一眼,阔少的衣着,嘴里和他说话,眼睛还不住地向他们船上窥望。一股不悦油然而生。他没少见过这种纨绔,他们总想变着法儿要见他们家的爱娘。"呸!"阿贵朝地上啐了一口,想骗我阿贵可没门。他没好气地回答说:"我家主人病了,有什么事就对我说吧!"

少年在马前不安地转着圈,露出了焦急的神色说:"一件顶顶重要的事,怎好随便对你说呢?"

阿贵怒从中生,冲到他的面前,斜睨了他一眼说:"算了吧,别癞蛤蟆也想吃天鹅肉了!"边说边举起拳头在少年面前摇晃着:"快点走吧!再不走,我就不客气……"他的话未说完,举起的手被少年攥住了。

那少年只轻轻地把阿贵的手往上一提,阿贵便痛得"哎哟"地叫了一声,少年笑着说:"就凭你这本事,也敢撒野!"他又提了一下,阿贵痛得向船上直喊"阿爸"。

船伯应声出来,那少年连忙松开阿贵的手,趋上前,施了一礼。

阿贵见父亲出来了,有了撑腰的,气也壮了,撵上去就要拉住那少年扭打。

船伯喝道:"阿贵!"又向那少年赔礼说:"孽子冲犯了钱公子,老汉这里赔礼。"

那少年丢下阿贵不睬,又向船伯作了一揖:"保护主人,他算是很忠心的。不过,小哥误会了我的来意,今天并非为探望柳小姐而来,而是有件急事要面告。"

船伯也说河东君病了,不能会客。请他把话留下转告她。

钱公子失望地看着船伯说:"此事非同小可,顶顶重要和紧急呀!"他把船伯叫到一边,悄声地说:"你们赶快避一避!"

老人惊慌起来,一边向钱公子致谢,一边焦急地问:"公子,到底出了什么事啊?"

"听说你们违反了禁令,要来驱逐你们出郡,赶快去躲一躲吧!"

老人无言,他的担心竟然又兑现了,他急得只知重复着同一句话:"怎的是好! 怎的是好!"

阿贵不肯相信那个公子哥儿的话,他认定这是威吓。他不客气地斜觑着他问:"府衙里的机密事,你是怎么知道的?"说着还拽了他父亲一把:"别信他的鬼话!"

船伯心急气旺,扬起手臂就给阿贵一巴掌,骂道:"我让你多嘴!"又转身对那少年赔着笑脸说:"多谢公子相告,待我家主人病好,再答谢公子。请问公子家住哪里?"

钱公子陡生腼腆之色,回答说:"学生家住府台官邸。"说着又对老人嘱咐,倘若有事需要找他帮忙,不用去他家,只需到某处他友人那里告诉一声即可。

姓钱,又住在府衙里,这不是知府的公子吗?老人吓慌了,不待钱公子离开,就奔进舱里,把这个消息告诉了河东君。

河东君掀开窗帘,望着慢慢远去的骑马人一步一回首的背影。

原来经常投金欲求相交之人,就是仇人钱横的独养子啊!她早就听说钱横有个宝贝儿子,家庭教师每年换一个,还是教不会他写诗作文。一放手,就从先生的眼皮底下溜了,常常潜出去同三教九流为伍,还常常作出乱子来。知府大人为此大伤脑筋,人家都说这是钱横作恶太多的报应。但也有人说,他这儿子和父亲的路数不同。但他毕竟是他的儿子,与她又素昧平生,他会违逆他父亲来帮助她吗?不可能!他跟那些阔少爷一样,见她不成,就想用谎言来威骗她,使她得不到安宁。她可不上他的当!她冷笑了下,对大伯说:"别信他!这些公子们,吃饱了饭没事干,专爱寻人开心!"

老人摇摇头说:"不,他倒不太像个坏人!孩子,还是当心点好。"

"大伯,你心肠太好,也喜欢把别人当好人,你可别忘了,骗子是专门欺负过于善良的人的。我不相信钱横会养出个好儿子来。定是多次来纠缠不上,就想出这么个鬼主意。"

"孩子,还是小心为妙。我们把船换个地方停靠下,不怕一万,就怕万一呀!到时也有个退路。"

"大伯，你怕是吓破了胆吧！换了地方，倘若陈先生有书信来，不就寻不着我们了。知府大人的禁令，我又没违反，他有什么理由又要驱逐我？"

阿娟出来帮船伯了，"这个世道，还有什么理讲！你没听人家讲过么，官字有两个口，民字只有一个口，一个嘴再有理，也说不过两张嘴呀！而且我们……"她想说，我们连民还算不上呢！但咽下了。

"按你这么说，他想要杀我们也只好让他杀啰？"河东君反问阿娟。

"可不是吗？若是他肯讲理，就不会赶我们走了，也不会不准我们这样，不准我们那样啊！我们与他往日无冤，近日无仇，为何容不得我们呢！"

河东君并非对知府大人还寄予什么希望，盼望他有朝一日良心突然发现，停止对她的迫害。那是不可能的。手握权柄的人，最忌讳他人无视他的权威，顺我者昌，逆我者亡，总是想方设法来打击有悖于他意志的人的。像钱横这样一个大权在握的恶吏，有什么事做不出来呢！"大伯，你休息去吧！让我想想。"

她甘愿任人宰割吗？就是一只羔羊也不甘让猛虎吞噬呢！子龙和待问为了取消对她的驱逐令，费尽了心血。后来，她才知道，他们为此还推迟了北上的日程。她一想起这些就感到不安和愧疚，她祈祷这不会影响他们的仕途。她怎么甘心不见到他们凯旋就离开松江呢！她一定要凭自己的力量去制服钱横。

"爱娘，"阿娟打断了她的思路，端来一杯茶，"那个该杀的钱知府，莫不就是那年化装成儒生的外乡人？"

傍黑，一顶青呢小轿停在"爱娘寓"门首，轿帘低垂着，一个童仆捧着一只红漆礼盒推开了她们宅院半掩的门。不一会，秋娘迎了出去，向轿里的客人施礼说："袁公子请进。"

童仆上前撩起轿帘,下来个方巾儒服中等个儿的男人,约莫不惑之年,长方脸上红光流溢、炯炯目光、神采飞扬,五官也还端正,可惜生了一副倒挂八字眉,给人一种阴坏的印象。他上了台阶,阿娟拉开大门把他让进去。轿伕抬着空轿走了,只有童仆跟在他身后。

秋娘赶前两步说:"小女有客,先请客厅奉茶。"

阿娟奉上一碗香喷喷的茉莉茶,说:"相公稍坐,爱娘即刻就来。"然后招呼着童仆:"小哥随我吃茶去。"

阿爱从秋娘手里接过名帖掠了一眼,又叹了口气,垂下眼帘。这个自称常熟袁生的人,语气一点也不谦虚。她细步走到通往客厅的纱帘后。

他安适而又傲慢地靠在太师椅上,一手按着茶杯盖,一手得意地捋着胡须,方巾儒服,却没能掩饰下意识间流露出来的宦海生涯中养成的装模作样的架势。

阿爱无声地冷冷一笑,又一个儒服访妓的朝廷命官! 他们想玩妓女,又怕让人知道,有伤名声,改换服装、更名隐姓是他们惯用的伎俩。得让他现现原形! 她退回卧室,唤来了阿娟,让她想办法从他的童仆口里套出真言来,她要戏戏这班看不起她们的伪君子。

她着意装扮起来。松松地挽了个月牙髻,戴了一朵玉琢的碧桃花,薄施了一点脂粉。换了件湖蓝雪花轻绸衫,下着八幅血青镂空花湘裙。坐在梳妆镜前,久久地端详着镜中的自己,"等着吧,让他尝尝妓家冷板凳的滋味。"

阿娟带着兴奋的微笑进来了,她附在阿爱耳边说:"经我一哄,都说出来了,他是松江的府台大人呢! 姓钱名横,字玉琳,号明轩。爱娘,你真是神机妙算!"

阿爱越发恨起这班人来,她仍然坐着不动。

"你不去见他?"阿娟不解地问。

　　　　　　　　　　　　　　寒柳:柳如是传

"见,等会儿。"她附在阿娟耳边悄悄说了些什么。

阿娟来到客厅。

一府之尊,享受的是土皇帝的尊严,何曾受过这样的冷落! 钱横窝着股怒气,急于寻求发泄。一见阿娟进来,将茶杯盖重重地一搁,横了阿娟一眼,那目光好像在质问:"怎么还不出来接客? 岂有此理!"

"爱娘让我传话给相公,她的客人还未走,一时半刻还抽不出身来。"她故意不去注意他那不善的目光,走到他面前悄声地说,"你道爱娘的客人是哪个呀? 说了要吓你一跳,是我们苏州的父母官。你……"她故作吞吞吐吐的样子:"你是外乡客,许是还不知道吧? 我家爱娘不愿见没有功名的俗人。公子若等不及,改日再来吧。约见她的名帖堆成这么一摞呢!"她以手比画了个高度。

不知是怎样一种心理,钱横的怒气突然消散了,想见到爱娘的心情反而更加迫切了。早在半年前,他的管家就跟他描述了这位小娇娘,还学说了那支十间楼的歌,撩得他心驰神往,一心想要见见她。好容易才来了个机会。多年来,他秘密跟西洋番客通商,一向都由他的管家出面,这次谈的是一宗大买卖,番客要求同他在丝绸的产地盛泽会晤。谈判已圆满结束,明日他就得启程赶回任上。误了今夕,说不定杨爱适了他人,岂不遗憾! 他真想立刻亮出自己府尊的身份,来镇住她。可是,话到嘴边他又不得不吞了回去。那位苏州府尊是他的同僚,倘若他今晚也不想离开怎么办? 岂不白白留下话柄! 他得试探一下。他阴下脸对阿娟说:"既然爱娘有客,为何又收我袁某的礼金? 去将老板叫来!"

"袁相公,请别动气呀! 你远道而来,阿娘不好意思让你白跑一趟,才请你在这儿等候的。你若真有情于爱娘,就别怕等,有的客人想见上爱娘一面,等了几个月呢! 算你走运,今天爱娘还收了你的……"阿娟调侃着他。

钱横突然换了一副脸孔,巴结起阿娟:"小阿姐,那位苏州府台……"他想探听下他是否留宿,但又不好意思直说出来。

阿娟笑了笑说:"那位大人早走了!"

"你,你们戏弄本大人!"他一生气,官腔就出来了。

"嘻嘻!你是大人?嘻嘻……"阿娟掩住嘴笑个不住,"你想吓唬我?我才不信呢!嘻嘻,大人我见的多了!嘻嘻……"

他受了小丫头的奚落,非常气恼,但又不敢得罪她,反而笑着向她招了下手:"过来!"他从无名指上褪下一只指环递给阿娟:"小阿姐,请转告爱娘,松江府台钱横求见!这上面刻有本大人名讳,请给爱娘过目。"

阿娟接过指环,嬉笑着出去了。他又懊悔起来,嗔怪自己太欠思索,不该把如此重要的物证拿出来。什么玩意儿,一个烟花,如此自大拿架!呸,倘若哪天落到本大人的辖下,看我不狠狠治你这个刁妇!

"钱大人,"突然,背后响起了娇滴滴的声音,"让你久等了,乞求恕罪。"

他知道是爱娘来了,心咚咚地跳着,却故作镇静,缓缓地转过身。爱娘美丽动人的风韵像魔杖似的突然点化了他,他的魂儿仿佛突然飞离了肉体,他忘了自己是如何回到座位上,如何听了爱娘唱的一支支曲子,又如何喝下了爱娘亲手斟的一杯杯美酒。他早把那枚刻有知府大人名讳可代作印章的指环,忘到九霄云外去了,只感到身子轻飘飘,欲死欲仙了,竟完全忘了自己的尊贵身份,跪在爱娘八幅湘裙下面,倾诉着他对爱娘的爱慕,乞求追欢一夕。

爱娘笑着扶起了他,回答说:"大人得应承一个条件,跟我比酒,赢了定当留宿。"

钱横快活地笑了起来,满有把握地说:"一言为定!"

他被杨爱灌得烂醉如泥,两个婆姨把他扶到后面卧室外间铺上。

杨爱关上了卧室的门，自顾睡了。

半夜时分，钱横从昏睡里醒来，才意识到被耍弄了，又悔又恨，又气又恼，他想要追回那枚指环，但他又不敢吵闹，若传扬出去，将成为笑柄，有失身份。天一亮，他就悄悄起了身溜到了前面下房，喊上童仆，悄悄地出了门。

阿娟提起了往事，河东君点点头，狡黠地一笑。

"那可不得了呀！他一定是知道了你就是作弄他的爱娘，才想方设法来整治我们啦！"

"他现在还不知道。"河东君仿佛突然从沉思中惊悟过来，她拉住阿娟的手说："我就要让他知道，柳隐就是杨爱！"

她悄悄地向阿娟说出了她的计划。

一顶青呢小轿在府衙前停下了，跟在轿后的书童立即趋向门房，呈上一张名帖。门差接过拜帖，打量了一眼门外的轿子，持帖进了后院，很快又回来，走到轿前，客气地施了一礼说："杨公子，知府大人公务繁忙，今日委实没有空，让小的代为致歉。"

书童打起轿帘，河东君走了下来，今日她的打扮有别于往昔，穿一领湖蓝色洒花真裰，未戴头巾，乌云似的秀发高高束起，在当顶用一根扁担自玉簪簪成一支很有气派的当顶髻，飘逸的长发有似瀑布似的在颈项后披散着，眉毛描粗了，白面朱唇，倜傥风流，翩翩少年。他向门差回着礼，微笑着说："学生与知府大人乃故交，昔有旧约，此次远道而来，专为造访钱公，请门公为学生再行转禀大人。"他向扮作书童的阿娟抬了下下颚，阿娟会意，早从袖内掏出了一个红纸包，塞到门差手里，轻声说："请老爹喝杯酒解解乏。"

门差睃了门房内的伙伴一眼，迅即将红纸包搋进袖内，向河东君弓了弓身说："请公子少候，待小人再去禀告。"

不一会，门差笑吟吟地回来说："杨公子跟我来，大人请你在小客厅稍候。"遵照府衙的规矩，书童只能在门房等候。

门差把她领到一扇门前，一个年轻的仆差迎出来，门差退了回去。她跟着这个年轻仆差走进了客厅。

客厅不大，可立刻引起了她的兴趣。四壁挂满名人书画，除了被历史证明了价值的名人手迹，就是当今的艺苑名家的书画。就她所知道的有董其昌、钱谦益、陈眉公、李待问……她一幅幅挨个儿观赏下去，竟忘了这是在府尊大人的客厅里，以至钱横进来时，她亦未察觉。听到背后有人轻轻地咳嗽了一声，她才蓦地转过身，迎上钱横，施礼说："学生拜见府台大人！"

钱横应付地抱了抱拳，算是回礼，他目不转睛地看着前面这个美貌过人的少年，但他怎么也忆不起和他"昔有旧约"。他压根儿也想不起他在什么地方见过他。他朝这位杨公子淡淡地笑了下，就自顾坐到太师椅上："请问贤契尊姓大名？"

"大人已记不得学生了？"在盛泽，她留给他的印象应是深刻的了，她的拜帖上又具了吴江杨生，按理说，他应该认得出她，他定是有意装腔作势。也许，他是真的没有认出她来？她不等主人请入座，就大咧咧地在客位上坐下了："大人忘了爱娘的曲子是妙乐仙音，也忘了那血糯香酒？"她面朝着他，嗔怪地噘起小嘴，"大人不辞而别，害得爱娘一家好找呀！"

从走进客厅，钱横的目光就没离开过她，他正张开记忆的网，在往昔的长河中捕捞与自称杨生的少年似曾相识的面孔。突然，他的面神经一阵抽搐，爱娘这个名字使他想起了盛泽被人作弄的一幕，一种羞辱之感，使他怒火中烧，打量她的目光，顿时愤怒万状："杨爱，你好大的胆子呀！你恣意耍弄了本府，竟还敢假冒儒生，潜入府衙，你道该当何罪?"他不等对方答话,又狠狠地说:"刁妇!直话告诉你,有仇不报非君子!老夫定泄盛泽之辱!"他一拳重重地击到茶几上。

杨爱却嫣然一笑:"大人当然可以如此想,也当然可以办到的。不过,不知知府大人想过没有,此事若被宣扬出去,是否有损知府大人名宦美誉?我想大人不会忘记那枚刻有大人名讳的指环吧?它可至今还在爱娘手里呀!"

钱横冷笑一声,满脸的鄙夷神情,声色俱厉地说:"刁妇!本大人警告你,这里不是盛泽!识相点,就该将它奉还,本大人既往不咎!"

"杨爱千里迢迢来到贵地,就是为送还大人的爱物。物归原主,理所当然,不过……"

钱横盛气凌人地反问:"不过什么?"

杨爱婉柔地笑了笑,说:"不瞒大人说,这得有个交换条件!"

"哈哈,条件?老夫没有这种习惯!"钱横傲慢地从鼻孔哼出一丝冷笑说,"你该明白,老夫身为一府之尊,这个权力……"他说了半句就来了个转折:"别忘了,你是个何等之人!何况指环乃老夫之物,就是本大人要你爱娘,恐怕也……"

杨爱微笑着打断了他的话:"大人,也请你别忘了,爱娘是当今走红的名妓。在云间,同样有众多的捧场者,追随者。我的友人会眼睁睁任大人欺凌我吗?爱娘自信得很呢!我想大人也尝过名人雅士的辣味。"她仍然笑眯眯地看着他。

有如一柄匕首,刺中了钱横心里的疤痕,他这个风月场上的老手,当然深知个中利害。不可小瞧这些女人,她们与社会各阶层都有着极其复杂微妙的关系。倘若她将他在盛泽被作弄的事向外一渲染,很快就会在文士圈内播扬开去,他一向小心护卫的名宦、君子、不近女色的美名,不就要毁于一旦吗?可是,不治治这个刁妇,他又怎么能咽下这口气!他眼珠一转,暗自笑了,报复一个女人,方法多种多样,他得先明白她的条件，再想对策。他问："你要什么交换条件？"

"我想先知道一件事情的真伪：听说大人又要驱逐柳隐，可属实？"杨爱采取以其人之道还治其人之身的策略。

"这事与你何干？"钱横还不知道杨爱就是柳隐，他感到诧异。

"那么说，属实啰？"

"此种大胆妄为之刁妇，不予严惩，岂能镇民风！"钱横自认为是捍卫淳厚民风的英雄，说时几乎是咬牙切齿了。

"一定要赶走吗？"

"决不宽容！"钱横说得斩钉截铁，毫无通融似的。

"倘若爱娘愿以大人的指环作为交换条件，大人能取消这个决定吗？"

钱横突然沉默了，他在权衡利弊。当年，他花了重金，欲求追欢一夕而不得，反被她调弄了一番，此辱此恨此时突然像铁疙瘩那样压在心里。女人哪女人，实在是叫人恨又叫人不忍抛丢！面对着这个狡猾而娇艳的女人，他恨不能咬她一口，吞下她。你看她，穿着男装也显得俊美潇洒，与当年朦胧的灯光下的模样相比，更为迷人。他心驰神往了！既然现在她有求于他，他可以轻而易举让她就范。这不仅可以泄当年之恨，还会叫她知道，他这一府之尊，只要他想得到什么，他就能如愿以偿。他要叫她乖乖地服从于他，他要痛痛快快、尽情地玩玩令人销魂又难于制服的小娘儿！待到他腻了，他就不再去理她，那时她就要跪到他的面前求他怜悯。想到这里，他的心得到了极大满足，他不禁笑了起来。突然，他碰上了她注视他的目光，好像是在期待他作答。她为何要救助柳隐呢？他问她。

"我们是手帕姐妹，曾经向天盟誓，生死与共。大人还没见过她吧？那才是天姿国色呢！"她故弄玄虚地吹嘘着。

钱横何尝不想见见人称尤物的柳河东君呢！怎奈身为郡首，行动不便；又听说那个女人傲慢不羁，只愿与意气相投之"君子""清流"交游，叫他无缘得见。既然爱娘和她是手帕姐妹，她又自告奋勇来为她乞情，岂不是天赐良机？权势通天下，只要有了它，何愁天下美人不为己用！一种兴奋油然而生，眼里顿然射出一种光亮，色眯眯地瞧着她说："如果本府同意这个交换条件，爱娘你将如何报答于我？"

她给了他一个迷人的笑，羞怯地垂下眼帘，慢声柔语地说："大人宦海繁忙，不曾想到还如此重情，爱娘当然要重重酬谢大人！"

钱横被这种娇态挑逗得心跳神慌，他放在太师椅扶手上的手臂，不由自主地越过了茶几，伸向爱娘。

一个差仆探了下头，垂首立在门口。

钱横微微一震，惊慌地缩回了手，脸上顿时出现了一股威严，他哼了一声。差仆立即禀告说："夫人又发病了，请……"

钱横的脸沉落下来，又哼了一声，抬起左手，小指和无名指向外拨拉了那么一下，差仆就连声"是，是"地退出门去。

杨爱不懂他的哑语，但从他的神态可以看出，他不高兴，大概差仆打掉了他的情致吧！她站起身来说："大人，既然夫人有恙，爱娘告辞了，改日……"

钱横抬手制止了她："等等！内人故疾，不足挂齿。义山之言'相见时难别亦难'，老夫还不知美人将如何谢我？"他的眼中游离着先头那种光泽。

杨爱此时的心情，仿佛持竿垂钓的渔人，见到一条大鱼正向钓饵游来那样忐忑兴奋，她故作娇羞地说："归还大人的指环哪！"又朝他诡谲地一笑。

钱横哪经得住如此销魂的挑逗，早忘乎所以了。他的身子向杨爱倾过去，手臂又越过了茶几："还来呀！"

杨爱却轻轻地让开了他的手，微笑着摆了下头，说："这是大人威严的府衙，爱娘再蠢，也不会将如此贵重之物带进来。而且，我能轻信大人的许诺吗？"

钱横不管不顾地一把攥住了她那细嫩的手，神魂迷离了，他带着巴结的语气小声说："信不过本府？"

游鱼咬住诱饵了！杨爱娇媚百生地垂着长长的眼帘，细声地说："非是爱娘信不过，而是……"

"而是什么？"

"无凭无证，我能阻止大人那些手下人去麻烦柳河东君吗？"

钱横暗自诅咒：这些娼妓，一路货色！别看貌似娇弱的小草，骨子里却浸透了狡猾的韧性！面前这女人更非寻常之辈，她不会轻易上钩受骗的！他把她的手攥得更紧了，硬拽到面前，小声地问："爱娘要怎样才信我？"他那灰黄的胡须就要往她面上触来，杨爱巧妙地抬起另一只手，以迅雷不及掩耳之势，拔下了他一根黄胡须。

钱横"哎哟"地轻唤了一声，慌忙松了手护住口须，愠怒地瞪着杨爱，斥道："大胆！"

杨爱装着没有注意他的恼怒，擎起拇指和食指，慢慢地捻着那根拔下的黄胡须，咯咯笑着说："这根讨厌的黄须！少了它，大人的胡须就威严得多了！大人，非是爱娘不信大人，有句俗谚：空口无凭，立字为证。大人还是给爱娘一纸文字为妥。"她那流情的目光，恣意地在他脸上扫来荡去，即使钱横心里有千般恼怒，万般不悦，也都被它溶解了。英雄难过美人关。钱横暗自谅解着自己，一个妙不可言的计划已在他心里酝酿成了，他将既得美人，又得指环，还能泄辱解恨。他转怒为喜，说："立字，未有不可，不过，得在见到指环之同时！"

好狡猾的游鱼！把诱饵含在嘴里又不咬钩。杨爱坦直地回答说："一言为定，我明日再来，一手交物，一手交字如何？"

钱横摆了下头，神秘地一笑，他的目光没有离开她的面颊，那两片淡淡的红晕撩得他神不守舍,他放低声音说:"我去你处!"

杨爱早就看透了他的用心,她也早有准备,却做出一副受宠若惊的娇态,眯缝起细长的凤眼,动情地微笑着:"大人,你不怕屈尊?不畏人言?"

钱横心旌摇曳:"自古英雄慕美人嘛!有何不敢?月黑之夕,悄悄而行,与美人共饮交杯之酒!"

俗不可耐的话,使杨爱作呕,但她却做出一个会心的微笑,垂着头,像是自言自语却又是明白无误地告诉他,去她那儿造访的人很多,得事先约好时日,以免知府大人被他人撞着,有失面子。

他沉吟了会,说:"八月十三日月上酉时如何?"

"不可!"杨爱娇嗔,"中秋之夜,花好月圆,爱娘就喜欢这个日子。"

他又沉默了,良久,又伸手去握她的手。渔人感到游鱼已咬上了钩,她任他攥着,还频频递送着秋波。

他站起身,同时把她也牵起来,心荡神迷地紧紧盯着她说:"好吧,就依你了!"

云掩中秋月。

适才，舷窗外还银波千顷，皓月盈湖，俄顷，天空就变得灰暗了，仿佛是从什么地方飞来了只硕大无比的鹏鸟，它那沉重的翅翼，把青烟似的月光遮挡了，割裂了。即或多情的月光依恋着下界，也只能从翅翼的隙间偶尔偷望一眼，可落到湖面，已不过是些斑斑驳驳的残片罢了。没有风，湖水却不很平静。

河东君的船，像只浮游在水面的庞然大鹅，曲项向天。横在空中的鹏翼阴影覆盖了它，唯有那只白绸纱灯，一晃一晃，好似鹅的不甚明亮的眸子，散发出淡淡的柔光。

钱横身着微服，按时乘顶小轿赴约来了。猛然看去，他好像年轻了不少。提花海蓝色头巾，毛蓝色贡缎直裰，一双眼睛烁烁有神，显露出聪明干练。他踌躇满志地坐在杨爱为他准备的筵席上，喝下了两杯"血糯香"，两颊微醺，开始泛起春色的涟漪了。杨爱一身素裹，仿佛是从空中剪来的一片月光，高雅隽秀。突然间，钱横感到心跳加快了速度，那枚久违了的指环，被置放在书桌上那张素花笺上，笔墨早已准备在旁。他二话没说，就在那张素笺上写下了爱娘所需要的文字。为了显示他的大度，也为了讨爱娘的喜欢，他没有急于收起那枚指环。

钱横自以为稳操胜券,他不仅可以从容地收回指环,连同那纸才立下的文字他也决不会留下,他将毫不客气地接受美人的柔情,尽领秋夜闺房的温馨,让她去感叹赔了夫人又折兵的失算,转而折服于他。他深知这类女人讲究个虚情,他之所以愿意在团圆佳节赶来赴约,还不立刻收回信物似的指环,就是为了应顺她们这种虚荣又虚弱的心理,松懈她对他的防范,给她一个钟情的假象。

杨爱又斟满一杯酒捧到他面前说:"中秋佳节,万户团聚,大人舍弃天伦之欢,赴爱娘之约,真情垂爱,令人感激不已,敬请大人饮此一杯,聊表寸心。"

钱横暗喜自己的神机妙算,虽然他被面前的美人撩得神思恍惚,但前车之鉴,他决不敢掉以轻心,他暗暗下了决心,不管她使出什么招数,今日他也决不贪杯,决不可功亏一篑。他接过杨爱的酒杯,只轻轻呷了一口,就放下了,他的目光却久久落在她身上,他很困惑这个女人为何这样美,为何如此迷人?那个柳隐难道还能比她风流?他将手轻轻放到她的手背上,那细润白嫩的小手就像夏夜闪过的凉风,给了他说不出的快乐。他将身子向她那边倾过去,凝视着她的眼睛感叹:"柳隐与君孰美?爱娘,你说她会如何谢我?"

杨爱漫不经意地抽出手,斜了他一眼,说:"大人得陇望蜀,不怕爱娘妒忌?"她突然起身离座:"我想起了,大人风流倜傥,既慕美人,又爱翰墨。"她反身抱来一摞书卷,放在书案上说:"请大人鉴赏。"她有意拖延时间,虽然已得到钱横亲笔写的取消驱逐令的文字,但还不能说她就赢了,要彻底击败他,不仅让他占不到一点便宜,还要让他哑巴吃黄连,有苦说不出。

钱横将书卷展开,一看是柳河东君的手笔,他的眼睛放亮,赞不绝口:"人生若得该女子,也属一大快事!"

"大人如此推重柳隐,爱娘愿为大人当个冰人,如何?"

钱横得意地笑了起来:"本大人谢谢媒人了!"

这时阿娟端了盘红爆湖蟹上来,一副惊慌的样子,附在主人耳边小声说:"那人又来了!"

杨爱面有难色,埋怨地说:"谁叫他上船的!"她的声音相当响,有意让钱横能听到。

阿娟一脸的委屈相:"他自己上来的!"

钱横虽说在观书,却耳听八方,忙问:"何事?"

杨爱连忙说:"有个少年,是爱娘的倾慕者,想见见我……"

阿娟插嘴道:"他来过多回了,爱娘一直不肯见他,今儿他自个儿上船来了,底下人也挡不住!"

钱横不由地一阵慌乱,忙问:"何人?"

"大人勿虑,一个你不相识的无名少年。"杨爱注视着钱横,用商量的口吻说,"中秋佳节,就让那位公子也来凑个趣吧?"

钱横老大不高兴,分明说好今晚谢绝一切客人,如何突然冒出个人来,莫非……他沉着脸,观书的情致也荡然无存了。

杨爱来到他跟前,细言慢语地向他解释,说这是个富家阔少,难得如此重情义,屡次遭拒绝而不生忌恨,中秋之夜还能想起白龙潭有个孤寂之人。"大人宽宏大度,让他进来小坐,共饮一杯,了其夙愿吧!"她又一次请求。

钱横未置可否,不管谁来,今晚他是不会走的。他侧过身,观看窗外的湖面。

杨爱向阿娟示意,阿娟出去很快又返身回来说:"钱公子来了!"

河东君立即迎到客舱门口,施礼说:"公子光临,未曾远迎,请公子恕罪。"

"学生钱云拜见河东君。"他小声地说着回了礼。

河东君让到门边说:"请进!"

钱云低着头，腼腆地走了进来。

河东君朗朗地笑着，把他引到席前，快活地说："今日不知何方巧风，又吹来个钱。钱公子，我给你引荐……"她指了指钱横："这位老爷也姓钱。"

钱横本来横下一条心，不管来者为谁，他也不想同他攀谈。他傲慢地侧着身子。河东君点了他的将，他不得不转过脸来。刚一抬眼，不禁倒抽了口冷气。他，他怎么跑来了？来寻他的吗？他真想大吼一声"孽畜，这种地方是你能来的吗!"可是，他却没有勇气骂出来。也许，爱娘还不知来者就是他的独养儿子吧！不能让她知道，这会成为笑柄。他佯装不识，敷衍地点了下头，就又侧过身，面对着窗外湖水，那份尴尬，真是难于言表。

钱云机械地向河东君所示方向施了一礼，这才抬了下头。他惊得目瞪口呆了，简直无法相信自己的眼睛！这是怎么回事？阿爸他怎么会在这里？他满脸飞红，曛地站了起来，羞愧使他怒不可遏："阿爸！你有何颜面来造访柳河东君？"

"柳河东君？谁是柳河东君？"钱横转过身，大为惊诧。

"知府大人，我杨爱就是柳河东君，柳隐就是我杨爱!"河东君微笑着解释说。

钱云已逼到他父亲面前，义正词严地说："禁止她卖书售画的是你，要驱逐她出郡的是你！对一个弱女子无所不用其极，还好意思稳坐在她的席上!"说完，转身就要往外走。

内疚有如一柄钢锤，无情敲击在河东君善良的神经上，一种良知谴责着她，她感到这种安排实在太残酷了！她甚至有些后悔了，这不是为钱横，而是为伤害了这位笃厚诚实的少年感到后悔。她筹谋了许久，为了保护自己，出于无奈，才不得已出此下策，原只希望借助他的来访，羞走他父亲，但不曾料到钱云如此侠胆义肠，反倒使她觉得对不起这位不失纯真的少年。她真想跪倒他面前，求他原谅。可是，为了达到赶走钱横的目的，她还不得不装着根本不知他们是父子关系，不得不故作惊骇地说："公子息怒，公子息怒！"她把他拉到席上说："公子你说些什么啦？大人是令尊？我真不明白！"她一手捺住他的手，一手斟了一杯酒，端到他嘴边："喝口压压惊！"

钱横如坐针毡。脸儿一阵红，一阵白。原来杨爱就是柳河东君，柳河东君就是杨爱。他又被作弄了！可恶的刁妇还将他儿子赚来，着意要调弄他！他的心胸顿时被羞愧和怒火充胀着，这个女人太可恶了！他不能让自己的儿子当着这个妇人的面来嘲责他，他坐不住了，只好自认秽气，一脚踢蹬开座椅，抬步就往门外走。

河东君故作惊慌地跟上去，拽住他说："大人，这是怎么啦？把我搞糊涂了！"

他一甩袖子，怒吼地说："别装糊涂了，柳隐！"怒火使他失去了理智，原先的筹措都飞到爪哇国去了，他什么也忘了，愤然地离开了船。

她赢了，狡诈的老狐狸狼狈逃窜了！但她的心却不轻松，愧悔像追逐秋月的云层那样沉重。虽说外人传扬这位公子怎样怎样，今日一见，倒给了她良好的印象，在恶少横世的今天，他算是出类拔萃的纯真少年。河东君立即吩咐阿娟换席。回到客厅，她向钱云施了一礼说："公子，柳隐给你赔罪！"

钱云低着头，还在生他父亲的气，这时，慌忙站了起来，答礼道："家父带给了你许多麻烦，赔罪的应该是学生！"

河东君更为不安了，她不忍欺瞒他，只有坦诚地倾诉，才能求得他的谅解。她斟上满满一杯酒，端到他面前，羞愧于色地说："柳隐愧对公子，公子错爱了，向公子赔罪！"她将她为了保护自己，阻止驱逐，如何设下计谋等等毫无保留地对他叙说了，乞求宽宥。

钱公子又回复到先前那副腼腆的情态，接过酒，什么也没说，一饮而尽。

"多谢公子宽恕。"

钱云越发羞赧了,默然无语。

"公子,连累你了! 柳隐实感不安。"她担心他回家去要受惩罚。

"我不怕他,你别放在心上。"钱云开了话匣子,说了他父亲的许多不是,用语相当刻薄,"他最恨别人高过他,也恨别人收藏的书多于他,说什么'要饱早上饱,要好祖上好',还说这都是为了我!"他不屑地笑了笑:"我才不稀罕呢! 儿孙自有儿孙福,莫为儿孙作马牛。他认定我没出息,哼,人各有志!"

河东君没料到钱云能有这样的见地,难得,难得! 他一点也不愚笨,世人太不了解他了! 他只不过不愿像他父亲那样生活,也不愿走他父亲为他安排好的道路,他有他对生活的见解,这是一个有骨气的男儿,是可以引为知己的。河东君顿觉他们之间的距离缩短了,不觉另眼相看了。她再次举杯说:"公子,令尊的事,就不要再提了吧。来,喝酒,说些快乐的事,对酒吟诗,好吗?"

一听说作诗,钱云的头就摇得像货郎鼓样,回答说:"哎呀呀,不行,不行! 我最怕读书,你就别提作诗了!"

河东君问:"你不爱读书,平常在家做些什么呢?"

"我要做的事情可多呢! 骑马、射箭、打拳、炼丹。"他说到这些字眼时,眼睛放射出一种光芒,浑身也洋溢着青春的活力。

河东君笑了笑说:"公子虽然不爱读书,喜欢习武也好,俗话说,'武能安邦',只要有一技之长,同样能为国家效力。"河东君端起酒杯呷了一口,自叹道:"只恨我空怀男儿志,却不能为国分忧!"她想,像钱云这样的青年,假若有人引导,他会走上一条报效国家之路的。她想尽己之能来疏导疏导他。她一仰脖把杯内的酒喝了,鼓了鼓勇气说:"公子,我有一言相进,不知愿听不愿听?"

"尽管说吧。"他回答着。

"公子虽为文官之后,但不想习文,何不去拜一良师,专习戎武,将来也好报效国家,做番事业?"

钱云连连点头应诺。

"公子有这个向往,柳隐愿为你荐一名师,桐城孙武功,剑术举世无双,可谓莫邪干将再世,他是我友人,正在天马山授徒习剑,你可去找他。"

钱云眼睛放出异彩,连声道谢。

河东君指了指墙上她书的子龙《别录》说:"'我欲扬清音,世俗当告谁?'陈卧子先生欲求一个民富国强的清明吏治之世,柳隐相信公子也会有个愿将肝胆酬国忧之志。"

钱云向《别录》望了一眼,就垂下了眼睛,他仿佛被什么刺痛了似的,有种难言的隐痛在困扰着他。

河东君以为自己言重了,为了安慰他,她走到书案边,从抽屉内拿出一把白米扇,随手题上:"大丈夫以家食为羞,好男儿志在报国! 与钱公子互勉。"她将扇子递给他,说:"作个纪念吧!"又给孙武功写了封短简,让他前去拜师。

"谢谢!"他小心地将扇和书牍放入袖中。

"柳隐还有一事劳驾公子。"河东君从书案上拿来钱横忘了带走的指环,"请代交给令尊大人,并盼公子转告令尊,只要令尊不再与我柳隐作难,今日之事,盛泽之事,除你我之外,决不传与他人所知。假如……噢,我想令尊大人自会权衡此中利弊的。"她喊来阿贵吩咐说:"持灯送公子回府。"

钱云迟疑地站起来说:"学生一定转达,请河东君相信我。"

河东君见他有依恋之色,便说:"今晚乃中秋佳节,令堂大人定在等候公子团聚赏月,恕我不久留公子,请早点回府吧!"

"我这就告辞。"钱云嘴里说着却没有移步的意思,欲言又止。

河东君唯恐他酒后失态,语气严肃地说:"公子,天色不早了,快请回府吧!"

他突然低下了头,结结巴巴地说:"我听阿爸说,陈卧子先生……"他没说完,转身就向门外走去。

顿时,河东君的心好像被人拽出了胸廓,一团不祥的乌云向她涌来,她忙追上去:"公子,卧子他……他出了什么事吗?"

钱云垂头不语。

"快说呀,公子!"她的嗓子都变调了。

"他落选了!"

河东君的手臂无力地垂了下来,这对她的打击太大了,她跌坐在船板上,喃喃自语:"落选了,落选了……"

十二 听钟鸣

河东君像这样失魂落魄的神态，从未有过。吓得所有在场的人都向她围了过来。已经迈上跳板的钱公子也返身回到她的面前，惶恐不安地说："真抱歉，怪我多言。也许……纯属讹传。"他拍了下头，懊悔不已："唉，都怪我，不该乱说，让你……"

河东君已意识到自己太失去控制，连忙借助于阿娟的搀扶站了起来，自我解嘲地笑了。"柳隐酒后失态，让公子见笑了。"她的笑里夹着苦涩，"承蒙公子透给我这个讯息，柳隐不胜感激。公子好走。"

阿贵送走了钱公子，河东君倚着阿娟回到舱中。她斜靠着窗口，孤月一轮在浓淡不定的云层里出没。没有浮云的远空，显露出萤火虫似的数点淡星，无力地、时有时无地闪烁一下。它们仿佛也畏惧秋夜凄冷，正在沉迷迷地打着盹儿；平日频繁往来于潭上的舟楫，也没有了踪影；唯有叶子变白了的柳林，依然伴随着她。起风了，柳枝被吹打得你撞我碰，发出阵阵悲鸣。中秋之夜，对许多人来说，是充满了温馨和柔情，可对于漂泊的他们，只意味着更多的凄凉。河东君此时整个心儿都装着愧悔和忧虑。她理解子龙，他虽然没有把功名利禄看得多么重要，可是，对于一个有抱负、有理想的读书人来说，他对这次会试寄予了很大的希望,他把它视为酬志展才的机运。一个志士失去了用武之地,即使他再有报国之心,再具宏图大略,也只能空怀遗恨!他曾经信心百倍,他能战胜失败在他心里生出的困境吗?她的心遽然紧缩起来:他是由于她才落第的!为取消钱横对她的驱逐令,他们四处奔走,推迟了行期,耽误了试前准备;临行前,又出现了那纸制约她的文告,怎能叫他放心离去呢,又怎能叫他思绪集中,一心投入会试呢!像他这样才华横溢的才人,不是心不在焉,怎么会落第呢!都是因为她!她是罪魁祸首,她对他犯下了深重的罪,无以挽回的罪。对他欠下了无以偿还的债!她痛悔不已。如果当时她悄悄离开了松江,他是绝不会落第的。她的心上像有把小刀在划割样疼痛。如果能用生命来抵偿,来挽回子龙的落第,她也决不犹豫。现在她恨不能化作一阵清风、一片白云,去到那遥远的北国安慰他。像他这样的才子总会遇到识才的伯乐的。可是,天遥地远,关山阻隔,她满腹柔情,一腔悔恨,如何才能让他理解?他会不会从此丧失信念,一蹶不振?他会不会在绝望时做出失去理智的事来?

天上的星啊,你别打盹儿,求你睁开眼睛代她去看看他!你的眼睛为何只眨了一下又闭上了呢?是不是你不忍睹他的惨境?他发生了什么不测的事吗?

河东君越想越邪,好像子龙已出了事似的。她痴痴地望着远空:"难道我的命真比纸薄,连一个知音都不相容?生活对我为何这样的不公平?卧了啊,柳隐不求你高官厚禄,只求你平安归来!我这颗心,才不会因愧悔而死。现在,我能为你做点什么呢?"

她这么自问着。一个流浪的女子,能帮上他什么忙呢?她只有一颗虔诚的心!只求上苍保佑他。

她慢慢移动步履,离开了窗前,走到洗脸架边,撩起一捧清水洗净手,点起几支香,插在香炉里,又把香炉捧到窗前,默默地跪下去,她微阖上眼,低垂着头。

阿娟也无声地跪到她的身旁。

她们谁也没有道破心中的祈愿,但她们用的是同一个词,愿他"平安"!

期待是痛苦的,痛苦的期待又是那么漫长啊!除夕过去了,新春也快过去了,仍然没有得到他的讯息,河东君焦虑万状。

"陈相公回来了。"阿娟像一阵风飘进舱里对她说。

"你怎么知道的?"河东君突然听到这个消息,她是那么惊喜,又是那么不敢相信。

"阿贵对我说的。"

河东君像一道闪电闪到了阿贵面前,急不可待地问:"陈相公回来了吗?"

这时,阿贵正坐在船头,呆望着湖水发愣。他还在想着早晨碰到陈相公的事,百思不得其解,但他又不敢将郁结在心里的话全说出来。

早上,他提着头晚摸的鱼儿上市去卖,在南门内新桥边,他刚做了一笔买卖,抬头将鱼递给买主时,突然被一个熟悉的背影吸引住了。"陈相公!"他惊喜地高叫了一声,手里的鱼落到地上他也没在意,他只想着,这下好了,爱娘的心也可放下了,病也会好了。他们也不会整天提心吊胆为他担忧了。

那人听到喊声,惊觉地回了下头。那个非常熟悉的面孔,虽然清瘦了许多,但阿贵认定,千真万确是陈相公。他又情不自禁地高声招呼着:"相公回来啦!"

可是,那人的头已转了过去,很快地挤进了人群,消逝在人流中了。

阿贵怔怔地站了良久,竟忘了做生意。他真想不通,难道人情真的淡如水，人那么健忘？数月前，几乎天天来他们船上，他不知送过他们多少次，现在却翻脸不认人了。天哪，可怕，人心难测！

回到船上，他告诉阿娟陈相公回来了，谁知阿娟没听到头尾就那么快地告诉了爱娘。怎么回答她呢？倘若如实说来，一定会增加她的痛苦。他装着丈二和尚摸不着头脑似的反问道："你说谁回来了？"

"你装什么祥？陈相公呗！"阿娟跟在河东君后面说，"你听哪个讲的？"

阿贵感到很为难，便撒着谎说："路上听到的。"

"你也不跟上去打听一下，他什么时候回来的？"阿娟不满地嗔怪着，"死人！"

阿贵只得低下头，无语地承受着阿娟的指责，又把视线转向水面。

河东君却连声说："只要陈相公平安回来了就好，回来了就好！不要责怪阿贵。"

阿贵的心仿佛承受着皮鞭的抽打，他悔恨自己当时没有追上去对陈相公说："爱娘等你等得好苦啊！"

"怪事，回来了也不来打个照面！"阿娟愤愤不平地说。

河东君却笑着握起阿娟的手，说："他会来的！"

可是，他却没有来。最初几日，河东君还以他刚回来事情多的原因来安慰自己，后来，她也不自信了。难道来一会儿的时间都没有吗？男人的誓言就那么靠不住吗？短暂的别离就抹去了烙在他心上的印记？他后悔同她交往了吗？她不相信子龙会是那样的男人！可是，他又为何不来看她呢？哪怕只见上一面，让她诉诉自己的悔痛和愧疚也好呀！

普救寺的夜半钟声响了，传到她耳中，显得是那么沉重、空冷，像一个失偶女人恸哭的余音。河东君愁肠寸断，无以从忧愁中解脱，提笔写了首《听钟鸣》。

写好后，竟不忍卒读。是自己影响了他的前程，人家悬崖留步，我何必自作多情呢？她把它揉成一团，扔到地下。

可是，情感这个东西却不能像扔纸团那样容易扔掉的，子龙的面影却老是浮现在她的面前。他那深情的注视，那无言的关切，他的每一个动作，每一句话语，早就刻印在她的脑纹上了，能随便抹得掉吗？不，她并没被他抛弃，他不会抛弃她的！若连这一点都不相信，那还称得起什么知音？她相信，除了落选的痛苦，他一定还有很多难言的苦衷。可是，到底是什么使他不来见她呢？是自感无颜见她，还是犹恐受到她的冷漠？笑话，爱就是牺牲，何况他是为她牺牲了如同生命样的功名。她不是世俗的爱虚荣的女人，他若是那么看待她，那就太不理解她了。那是对她的侮辱。她将毅然地不见他，像对徽舆那样！她绝不允许她所爱的人这样看待她。她一生别无所求，爱的是才，爱的是大丈夫的志气，求的是理解自己的知音。哪怕他一生落寞无仕进，只要他能真诚地待她，她的心也将永远属于他。她相信子龙理解她。知音难得，她不能再等待了，她应该勇敢地去追求，在他最需要她的时候去找他去。可是，上哪儿去找他呢？上他的家？一想到他的家，心里就像吹进了一股冷风，周身就有种凉透之感。他的不能来相见，是不是与这个家有关？在世人的眼里，她是个出身不好的女人，一个卑贱的、征歌侑酒的娼妓。他们的爱情，能善终吗？想起陈夫人的目光，她就有点不寒而栗。但她知道，子龙这个时候，也许最需要她。只有她，才能帮助他度过感情上最寒冷的时日；只有她，才能慰藉他的失望；也只有她，才能鼓起他求索的信念风帆。这不是她自我矜夸，她知道自己在他心中的地位。

一想到自己能给子龙一点力量和帮助，她不由得胆也壮了，她相信自己一定会找到他的。

初春的早晨，人们醒得特别晚，河东君却赶在黎明之前起来了。

透过浑蒙的曙色,她见到跳板已稳当地架上了驳岸。难道还有比她更早的人吗?也许是阿贵起早卖鱼去了,不可能是昨晚没有收起来吧!船伯是不会疏忽的。

她没有惊动任何人,便悄悄地向普救寺方向去了。

阿娟每天都准时来给她收拾屋子,这天却意外地发现河东君不在舱内。这么早,她能上哪里去呢?她挥起扫帚扫地,一个揉皱了的纸团从墙拐滚了出来。

她拣起一看,是河东君扔掉的诗稿。她虽然不能全懂,可是,那诗中"情有异,愁仍多,昔何密,今何疏"的意思不是很清楚吗?近来,她一天天消瘦下去,沉闷不语,明白不过,都是为了陈相公。"那些个该死的酸文人!"阿娟愤愤不平地骂道,"求爱时说得比什么都好听,一旦骗到了女人的真心,又神气了。呸,不值得!"她把纸团又扔回地上,用劲踩了一脚。"害得我家爱娘好苦,一片真心反倒成了驴肝肺。"

她突然伫立不动了。这事怎么出现在陈相公身上呢?他可不像个薄情人。她又把纸团捡了起来,沉思着。

"阿娟!"

她吓了一跳,转过了身。

阿贵头上冒着热气,气喘吁吁地站在她面前。

阿娟没好气地嗔怪着:"是老虎追了你还是怎的?吓了我一跳!"

阿贵兴奋地说:"我见到了李相公,也知道陈相公在哪里了!"

阿娟转怒为喜,急切地问道:"怎么找到的?"

说来话长,自那天与陈相公失之交臂后,阿贵愧恨不已。他知道河东君非常希望见到陈相公,自己当时却没有追上去拉住他。他决心要找到陈子龙。

他先去了陈相公家,门房告诉他,他们家相公不在家,但也不告诉他现在在何处。阿贵想,既然那天一大早他就从内新桥上走过,他就有可能住在内新桥附近。从那天起,阿贵每天清早都上内新桥卖鱼,眼睛不住地在人群里搜索。也许是苍天不负苦心人吧,他没等到子龙,却等到了李待问。他追上去拽住他说:"李相公,几时回来的?"

"昨日方归。"他问阿贵,"你家爱娘好吗?"

阿贵带点不悦地说:"她日日烧香求相公们平安回来,都快要急疯了!"

"陈相公不是早回来了,他没告诉你们我稍后回来?"待问不解地说。

"他还没泛过头影呢!"阿贵没好气地发泄着说。

"哦,有这等事?他就住在我家南园别墅呀!"待问诧异了,"我这就去见陈相公,你回去告诉你家爱娘,我明日去看她。"

阿贵一口气跑回来,求教于阿娟。

阿娟几乎是没有经过思索,拉起阿贵就往外走:"找他去!"

十三 男洛神

阿娟、阿贵俩简直是快步如飞，不一会儿就到了坐落在南门内新桥河南的南园。

门人挡住了他们："不错，陈卧子先生是借住在此。两位是他的什么人？"

他们一时语塞，是呀，他们是他的什么人呢？什么也不是！

门人见他们吞吞吐吐，冷笑了声说："对不起，不能让你们进去。"

阿娟赔着笑脸恳求着说："大爷，我们有要紧事要跟陈相公说，难为大爷通报一下。"

"通报？帖子拿来。"门人昂起头，斜了阿娟一眼，"没有名帖不好通报。"

阿娟尴尬地低下了头，突然发现手里还握着已揉成一团的诗稿，心头为之一亮，她惊喜地把它送到门人面前，兴奋得嗓音都变了调："大爷，这是我家主人的诗稿，请你把它交给陈相公。"

门人一见递给他的是团废纸，很不高兴地说："小丫头，不要拿你大爷寻开心。去去去！"说着便将纸团往地上一扔。

阿娟气得直跺脚，哭丧着脸逼到门人面前连声地质问："你讲理不讲理？你讲理不……"

阿贵眼睛睁得圆圆的，对门人喝道："你给我好好捡起来！"

"你们反啦！"门人向后退让着说。

"你捡不捡？你家李相公我们也认得，我们找他讲理去！"阿贵上去拽住门人的衣服吼着。

他们正在互相推搡，从小红楼后面转出一个人来，对门人说："捡起来吧！"

门人听到这个声音，立刻显出一种卑恭的样子，弯腰捡起那团纸，有些委屈地说："少爷，他们要我转交这样的东西给陈相公！"

阿贵发现走过来的人就是李先生，连忙丢下门人，上前躬身施礼说："李相公，阿娟要找两位相公。"

阿娟连忙从门人手里夺过诗稿迎了上去，施一礼说："李相公，找你们找得好苦！"她一脸的不悦。"我家爱娘早也盼，夜也盼，心里急得不得了！陈相公早回来了，却躲了起来，也太狠心了！你看这诗。"说着把揉成一团的诗稿递上去，"我扫地时捡的！"

"我都知道了，你们稍等一会。"李待问接过纸团，转身走向小红楼。

阿娟乜斜了门人一眼，那意思很明白，是说："怎么样？"

阿贵蹲到荷塘边，水里的游鱼向他的倒影围过来，他发呆了。

待问直奔小红楼，质问子龙，为何避而不见河东君。

"弟无颜见她。"子龙的脸越发黑了。

"待问落第后虽也有过如是想，可我很快想通了，胜败乃兵家之常事，真才实学者落选也屡见不鲜，有什么了不起的！你不能因此辜负了河东君的情意呀！"

"她是女中才人，她从周府逃生出来，就立志不再为人姬妾。她之有情于弟，是为情做牺牲，子龙不敢委屈她！"子龙叹了口气，"兄是深知弟之家境的，还不如就此与她断绝，好让她死了这份心，早日去寻个……"

待问摇头打断了他的话,把那团皱纸拿出来,撑撑开,放到子龙面前,两人同读着:

半夜钟鸣,古人所叹……

这哪里是诗句,是发自河东君心灵深处的爱的呼唤,是河东君心灵的哀鸣和哭泣!子龙不忍听了,不忍读了,他的心在呜咽、在应和。他原以为,只要不再去见她,她就会慢慢忘却他,她便可以去寻得个好归宿。谁知,他想错了,她的心、她的情,就像金子那么坚韧,在他失意的时候,更加眷恋着他。他掩面痛哭起来。

待问也被这朴实无华发自内心的声音感动了,他让子龙尽情地发泄了一通后,说:"卧子兄,人生得一知己足矣!可欲寻得一知己又何其难哉!像柳河东君这样知你的女子再到何处去寻?不以远别而疏情,不以失利而情移。你可不能辜负于她呀!"

子龙认真地点了下头。可是,他又长长地叹着气,悲哀地说:"存我兄,弟心又何尝不知她心呢!原指望这次会试能如愿,弟将带她随任,可是……上苍却不怜悯我们哪!我家那位……"子龙摇摇头:"她是绝对容不得河东君的,弟又长久不理家事,家中的大小事宜,一应由她执掌。或许,她会装出一副贤淑妻子的假象,不出面阻止我纳河东君。可是,弟深知她之为人,她会想方设法来折磨河东君,我怎能忍受河东君被人欺凌?这还只是一种好的估计,也许,她还会使出别的更毒的手段来。"

待问听了子龙的倾诉,更加同情陈、柳的处境,动了仗义之心,他决定成全他们。他略微沉思之后,便对子龙说:"你们何不来个先斩后奏,为情结合!"

"结合?"子龙虽然早就有过这个憧憬，但现实却不允许他有此奢望了。他抬起泪痕斑驳的脸困惑地望着待问。

"是的，弟想成全你们的美满姻缘，将此楼借兄居住。一旦既成事实，嫂夫人也就不得不承认了。能有柳河东君这样的良侣伴兄攻读，可谓是人间天上的美事，兄之才思将会锦上添花。"

子龙怅惘难言，他被爱的痛苦折磨着。她是他第一个深爱的女人，是理解他的知音，他非常怕失去她。可是，他已不是少年。只凭借自己的感情去行事，他得想到他们的将来，特别是河东君的将来，他得为她的将来负责任，他得考虑他能不能给她带来幸福。他不能因为他现在最需要她的慰藉，而让河东君终生痛苦。

他矛盾重重，不知如何是好。

待问在旁催促说："卧子兄还有什么犹豫？送诗人还在门口等回话呢！"

子龙仿佛突然醒悟过来，在纸上写下了一首绝句，便往待问手里一递。整个身子却无力地俯到桌上去了。

河东君去到普救寺前时，街上还很少有行人，空阔的广场还冷冷清清，普救寺的朱漆大门还威严地板着面孔，漠视着她。

她为不引起他人注意，扮作远方香客的模样，坐在那棵古老的银杏树下，眼睛却不敢离开陈府的大门。

那门还紧闭着。她的眼睛酸涩了，那道门突然间化作了一条河，把她和子龙隔开了。子龙宛若凌波而立的宓妃，她正驾着小舟在追逐着他。她奋力划着桨，追赶着。

不觉间，咿哑一声，陈府的大门洞开了，把她从恍惚的神思中惊醒过来，她立刻全神贯注地注视着那门口。

一个中年仆妇拎着菜篮从里面走出来。大门口又沉寂下去。

河东君想着刚才的幻觉,忆起她在周府熟读的陈思王的《洛神赋》,还有那张挂在她卧室墙上的顾虎头绘的《洛神赋图》,为了寻找子龙,她冒着料峭的晨风,孤零零地坐在这古老的树根下,这与伫立在洛水之滨失恋的陈思王又有何异呢? 她不觉伤心起来。曹植在洛水上追赶宓妃的画面又来到眼前,他的痛苦转输给了她,子龙就是她追恋的洛神。

　　友人感神沧溟,役思妍丽……水集集而高衍,舟冥冥以伏深……

河东君情思如潮,才思泉涌,将郁结在心中的思求和苦闷尽情吐出,一首《男洛神赋》已在心中书就。

她多么想立即见到子龙啊! 把这首《男洛神赋》奉献在他的面前,让他理解她追求的痛苦。

可是,陈府的大门像张开的虎口,没有看到他从里面走出来。普救寺的香烟已从敞开的门里飘出,善男信女们满脸虔诚往庙里走去。卧子啊,你在哪里,在这杂乱的人流中到哪儿能找到你呢?

一个人想寄望于神灵,多半是他生活的信念陷入了困境,期望从神灵那儿得到启迪和指引。河东君是决意不上陈府去探问的,那么,去问谁呢? 她突然想起了普救寺的千手观音,她决定去问问她。也许大慈大悲的大士会给她以指引。

她在小摊上请了一捆香,就着香炉里盛燃的焰火点着了,安插在莲花座前,求得一支签。谶语曰:"僧敲月下门。"

此语何解呢? 是说只有在月亮上来的时候他才回家吗,还是说在月亮起山后他会来探访她? 无疑,这是支上上签,给她带来了希望。

她又向大士磕了个响头,走出庙来,又向陈府的大门不目地注视了一会,她希望奇迹出现,子龙会突然走出,直奔她而来。

她等待了会,她所期待的奇迹没有出现。她得赶快回去,等待月亮升起时再来。出来的时间长了,船伯他们又要着急,四下去找她了。她留恋地向那扇大门又望了一眼,踽踽地走下台阶,弯进小巷。

突然,有个人跟在她身后叫道:"姑娘,你等等。"

是唤她的吗?是谁在叫她呢?她略微迟疑了下,便站住了。

那人用很轻的声音问:"你是来寻我家少爷的吧?"

河东君吃惊地转过身,望着他。好熟悉的眼神啊!她来不及追索,便反问道:"老伯从何而知我是来寻人的?"

"老汉早就看出来了。"

"你是谁?"

"我是陈府的看门人,见过你。"

河东君"啊"了一声,往后退了一步。

"少爷自回来后,就没在家住过,听说是借住在李相公家南园。他的心情不大好。"

河东君感激地向老人施了一礼,说:"谢谢老伯!"就转身往回走。可是,那句"他心情不大好"的话,就像一根竹鞭,鞭打着她的心。她又想起那句签语,"僧敲月下门"。观音大士真乃无所不至的神灵,不到月亮升起,就给她送来了他确实的消息。今天这个早起得很值,虔诚感动了神灵,也感动了门房老人,应该充满信心,大胆地去追求幸福!

心情的缓解,使她的步履也轻松起来,白龙潭在望了。阿贵、阿娟向她迅奔过来。他们喜不自胜地迎住她说:"我们找到陈相公了!"

阿娟把手向她一伸说:"这是他给你的诗笺!"

河东君迫不及待地接了过来,轻声吟着:"何处萧娘云锦章……"

"云锦章,云锦章……"河东君琢磨着这个词儿所指为何。自他别后,她为他是写过不少诗。可是,逆旅无定,旅途遥遥,她无处投递,他从何处读到她的"云锦章"呢？她困惑地看着阿娟问："你们怎么找到他的？"

阿娟原原本本地把早上发生的事说了一遍，河东君一把搂住了阿娟。

一阵微风吹来，柳枝仿佛在瞬间睁开了眼睛，露出了米黄色的腋苞，温暖的春风也在河东君的心里张开了风帆。她把阿娟抱得更紧了。

回船以后，河东君记下了普救寺前老银杏树下赋就的《男洛神赋》，并附上一封短笺，让阿贵送给李相公，请他转交给子龙。

待问读完长达千言的《男洛神赋》，慨叹不已，对子龙说："措辞用典，概出自昭明之书，将其悲惨的身世和她对你的思求与寄望，寓于这么美丽的文字之中，实乃誓愿之文，伤心之语啊！"他将赋稿摊放在子龙面前。"卧子兄，绝世之才，世间少见哪！患难见真情。自古幸福都来之不易，你应该勇敢地去呼应。"他说着戴上帽子，"我这就去她那儿，我要尽我最大的力量来成全你们的幸福，当你们的月老。"

子龙感激地望着他，眼里流溢着激动之情。

待问拍了下子龙的肩膀，信心满怀地说："愿有情人终成眷属！"

十四 妒妇恨

待问见到河东君的第一句话就说:"兄长为你提媒来也!"

"存我兄,小弟不明白你的意思。"河东君又喜又惊,困惑地望着他。

待问朗然地一笑,说:"你呀你,装什么糊涂!卧子兄请我做月老,代他向弟求婚!"

人的一生中,还能有比这个时刻更令人激动的吗?这是她等待已久的时刻啊!她是有志不为人姬妾,可她爱子龙。她第一次见到他,就朦胧地看到一个遥远的光环,同里再度邂逅,又给了她一个神思恍惚的梦境。为追求那个美丽的梦,她浮长川,漂泊湖江,追赶到松江,可他是有家室的人,她失望了。周府的屈辱,斧砍刀刻般留在伤痕累累的心上。后来,她转向了徵舆。当时她不明白,他为何有意促成她与徵舆相近,后来她才知道,都是为了她的心不再受伤害,他自己却默默地忍受为爱做牺牲的痛苦。想到他为她忍受的痛苦和所做出的种种牺牲,难道她就不能为爱而牺牲那个名分?爱不就是互相奉献和牺牲吗?他爱她,视她为知己,这就够了!她终于等来了子龙求婚这句醉心的话。为了这句话,这些日子,她的心都淌血了。可是,它却在她等待得已近失望的时候突然传来。

她从阿娟手里接过茶，捧给待问说："李兄，谢谢你了！不过，小弟还有个百思不解的疑问，你能给我解答吗?"

"说吧！"待问像对待小妹妹样，宽爱地点点头。

"既然卧子兄有这份意思，为何归来许久避而不见呢？小弟苦苦地等待你们，真个是一日三秋，他却……"她说不下去了，千般心酸，万般委屈，化作了一串清泪，扑簌簌地流淌下来。

待问呷了口茶，笑了："哈哈，原来如此！你误解卧子了。正因为他仰慕你，回来后才没敢来见你……"他进一步解释说："云间考生大多还逗留在京师，他独自匆匆赶回，就是放心不下你呀！只因会试落第，又虑及当前的处境，他不忍太委屈你，可他又不愿让你无限期地等待。种种难处和因由，致使他进退维谷了。"他看了河东君一眼，慨叹地继续说："远离和阻隔不仅没使你们感情疏淡，反而更加深了爱恋，为兄是你们的挚友，怎能不为之动容！弟应谅解卧子当前处境，在他最需要慰藉的时候去同他结合。兄已决定将小红楼借给你们暂居，待他日大夫人见容，再搬回府去。"

原来卧子躲着不肯见她，也是为了她。就像那时敦促她与宋徵舆交好，是为使她不受委屈一样。像她这样一个领略尽了人世悲凉，饱受飘零之苦的女子，男人们追逐她、仰慕她，只为从她那儿得到欢娱，却很少有人真正为着她的归宿和幸福着想。唯有子龙，宁可独自吞下思恋的痛苦，也不肯让她受委屈，这人间的真情，到哪里去寻呢？可她终于寻到了！她感动地跪倒在存我面前，说："李兄，小弟谢谢你！你的慷慨弟和卧子永远铭记！"

待问连忙起身去扶她说："柳弟，折杀我了。快请起，快请起。"

河东君却不肯起来："兄长大人，小弟还有一事相求。"

"起来说，起来说。叫兄实在承受不起了！"待问伸出双手去拉她。

"小弟只要能与卧子朝夕相处，任何困难都能安之若素。唯有一事放不下，船伯父子和我同命相依，胜若亲人，卧子的财力，不可能把他们继续带在身边，我不忍心他们再去流浪，求兄长能在贵府为他们谋一差事，能有碗安稳饭吃。这艘船，就将它卖掉，作为我孝敬大伯的一份心意，不安顿好他们，小弟是不忍离去的。"说完，泪如雨下。

待问深深地被感动了，回答说："这点小事都包在兄身上。园子也正要人管理，你们还可以天天见面。卖船的事，交我处理，你尽管放心。"

河东君感动得又俯下身去，向待问磕了个响头，说："小弟没齿不忘兄长的大恩大德！"

子龙和河东君，在待问的热心支持下，终于生活在一起了。虽然没有明媒正娶，也没有名分，但他们相爱，视彼此为知音，在小红楼，他们度过了一段幸福愉快的时日。他们一同读书，吟诗论画，与几社友人一起探讨医治国家良方妙策，寻求振兴的道路，一同编辑《皇明经世文编》和《农政全书》。

可是好景不长，他们同居的消息，被夫人张氏知道了。张氏气得几乎咬碎了牙齿，恨不能赶到南园小红楼，把河东君撕得粉碎。可她表面上十分平静，装得没事人样，在子龙面前只字不提及此事。却借为祖母高安人送茶之机，吞吞吐吐地说："老夫人，我……"

子龙自生母去世后，就一直跟随祖母生活。高安人视他为心头肉，也百般宠爱孙媳妇，孙媳妇过门不久，就让她理家当事。她也会奉承孝顺，颇得老夫人的欢心。只有一桩事令高安人不安——过门五六年，还未生下一男半女。老夫人见她欲言又止，连忙关切地问道："孩子，你是有话想说吗？那就大胆说嘛！"

张氏突然垂下了头，眼泪直淌地说："孩子辜负了老夫人的疼爱，也对不起陈家的列祖列宗。陈府五代单传……"她跪了下去颤声地说："老夫人，让你的孙儿休了我吧！再娶个门当户对的大家闺秀生儿育女，传宗接代……"

"我的乖儿，你说些什么呀！你们还年轻得很呢，急什么？快别难过！"高安人抚着她的头安慰着。

"老夫人，你不知道孩儿这心里有多难过呀！"说着就俯在高安人的腿上恸哭，"孩儿知道你老人家疼我，舍不得撵走我。"

"孩子，今天你是怎么啦？出了什么事吗？"

"没事。只是这些天我老在想，你若不愿官人休掉我，我倒想去吴地为官人物色一个良家姑娘，纳为偏房，也好生子传后。老夫人意下如何？"

泪水从高安人的眼里滚了下来，老人伸出颤抖的手，捧起她的脸，紧紧盯视着说："多谢你，我贤德的孩子。"说着就把她的头揽在怀里："把子龙叫回来吧！"

子龙听说祖母呼唤，立即赶了回来。他也想借机把他与河东君同居的事禀告老人。祖母疼他爱他，他相信会答应他的。只要得到了老人的谅解，张氏就不敢公开出来作梗了。他很了解妻子，贤德二字她是舍不得丢弃的，只要祖母慈悲，河东君就可接回家中。他满怀希望地走进祖母的房间，跪下来说："不孝孙儿给祖母大人请安。"

高安人见到自己最宝贝的孙子，眼睛都笑成了一道缝，满脸流淌的都是慈爱，激动地说："孙儿，快起来，告诉你个喜事，你那贤德的媳妇要给你娶个二房，快去谢她吧！"

子龙没有立即起来。听说是张氏所为，立即敏感到此中必有奥妙，肯定是他与河东君的事让她知道了。这时她提出为他娶妾，是针对河东君而来的。这是个不祥的讯息。刚才的满腔热望，仿佛被一盆冷水浇凉了。可是，他是个顶天立地的男子汉，决不安于张氏的摆布，他得用最大的努力来争取祖母的同情与支持。他说："祖母大人，孙儿已为自己物色了个绝代佳人，请求祖母饶恕孙儿迟禀之罪。"接着，便把河东君的身世，为人，才气等详细地向老人叙说了，最后他说："乞求祖母恩准。"

高安人是最疼爱孙子的。孙子小的时候，她总是想方设法去满足他，从来不让这没有亲娘疼爱的孙子受委屈。可是此事非同一般。一听是青楼出身的姑娘，心里就先打起了疙瘩，不是滋味。他们家境不富裕，却是书香世家。一个正正派派的人家，怎能娶那种出身的女子呢？即使她貌似天仙，才若文姬再世，那名声总是不大好听。可是，孙儿又那么喜欢她，她又很相信孙子的眼力。她沉吟了好久，才说："你真的离不开那个姑娘吗？"

子龙坚决地回答说："非她不娶！"

老人长叹了一口气说："孩子呀，这是给我出难题哟！唉，你能找个机会，让我先看看她如何？"

"祖母如能赐见，孙儿立刻带她来拜望你老人家。"子龙说着就站了起来。

祖孙的谈话，早被隐在帘后的张氏听到了。她本来不想同子龙当面发生争吵，眼见老人动摇了，她不免紧张，倘若老人首肯，那就不好收场了。在这样的时刻，再不出来阻止，她就要彻底失败了。于是她掀开帘子，走了过去，往老人面前一跪说："老夫人，此事万万不可。这关系到我们陈家子孙万代的声誉和前程呀！"

子龙气得趋前一步，呵斥道："放肆！此乃我之事，用不着你来多言！"又转向高安人说："祖母大人，别听信于她！"

"唉，孙儿，孙媳说的也在理上。尽管你说那姑娘才貌出众，怎奈她不是来自良家呀，还是从好人家里挑选一个吧！"

子龙哪里肯应承，又力争说："祖母大人，孙儿是你老人家抚养成人的,你的旨意,孙儿无不言听计从,只是此事不能从命。我们已在南园同居,既成事实,乞求祖母宽允。"

高安人的心又被子龙说软了,向他挥挥手说:"哎呀,把我这头都吵晕了,你走吧,等等再说。"又向孙媳妇说:"你也起来。"

子龙不敢再力争了,他害怕惹祖母生气,便退了出去。

张氏却跪在地上不肯起来,语气强硬地说:"老夫人,你老人家可不能心软哪!外面传说那个女人是个害人精,知府大人曾对她下过驱逐令哩!官人就是因为她缠着终日饮酒作乐,才耽误了功名!"

最后这句话戳了高安人的痛处。自子龙降生,她就对孙子寄予了很大的希望,望孙成龙,耀祖光宗。子龙落选,对她的打击也不亚于子龙所承受的。现在听说孙儿的落第是由于这个女人的拖累,不禁气愤,但又有些疑惑,追问道:"此话当真吗?"

"外面都这样传说着哪!孙媳岂敢欺蒙老夫人。好心的人还说……"张氏说到这里有些吞吞吐吐。

"说什么?"老人急切地问。

"孙媳不敢说。"

"说吧!"

"大官人若不尽快离开那个坏女人,就怕下科……"

高安人最忌讳不吉利的语言,她向张氏一摆手,制止道:"别说了!唉,都怪我把他娇养惯了!"说着痛苦地闭上眼睛。

张氏却紧追不放:"老夫人,我们世代书香之家,可不能让一个妓女坏了陈家的门风。就是她能生子,也不能传宗接代呀!世人将会如何耻笑我们。祖母大人,你若不肯接受孙媳的请求,就让他先休了我吧!有我在就不能纳那个姓柳的,留姓柳的就不要留我!我这是为陈家世代香火着想,绝非妒意,万望你老人家明决。"

"难得你为我陈家考虑周全,对我一片孝心。起来吧,我答应你。"

高安人非常痛苦地说。

　　子龙不忍将发生的事告诉河东君，他怕河东君受不了这个打击。只有将深藏的痛苦诉诸诗句。

　　河东君有早起的习惯，子龙从家中回来的第二天黎明，她悄悄下了床。在子龙的书桌上，见一阕新词，题《踏莎行·春寒》，知道是昨晚她睡后子龙所写。为了不惊醒子龙，她拿起那纸诗稿，轻手轻脚地走出了房门，来到园子里，读着子龙的新作。

　　她踽踽独行在修竹合围的小径上，喃喃地反复念着子龙词中最后的两句："几番冰雪待春来，春来又是愁人处！"

　　叶尖滴下的朝露，洒湿了她的秀发和衣衫，身外和心内的春寒都在同时袭击着她，她预感到这般寒流的力量会越来越凶猛。可是，这股寒流到底来自何方呢？是社会的舆论，知府的压力，还是他的家庭？她明白，子龙不愿将心里的不快告诉她，是为爱护她。但她也不愿让子龙一个人承担呀！他们是夫妻，他们是伴侣、知音，她有义务来分担压在他心上的重荷，她要让他从愁苦里得到解脱，帮助他去实现报国大志，决不能让他被痛苦压倒。她悄悄走回来，掀开罗帐。

　　子龙并没有睡着，他正眼睁睁地望着帐顶出神。

　　河东君脱去湿衣衫，坐到床沿，拉过他的手，放到自己的脸上蹭着，柔声地问："相公，你怎么啦？"

　　子龙先是微合了下眼睛，即刻又盯望着帐顶。他在想，要不要将昨晚发生的事告诉她呢？他权衡了半天，还是决定告诉她。也许两个人的力量和智慧，会渡过人生旅途中的这道难关。

　　子龙说完后又安慰着河东君说："你且放心，祖母最疼爱我，不会过分为难我的。再待些时，她会自己转过弯来的。"

　　河东君为了安慰他，强吞下满腔苦水，微笑着说："园子里碧绿欲滴，嫣红姹紫，空气新鲜极了。起来吧，我们出去走走。"

他们绕塘而行,才从水底探出尖尖脑袋的嫩荷上,滚动着水银似的露珠,杨柳吐絮,随风飘落。他们都尽力寻些快乐的话题来掩盖各自心里笼罩着的哀愁。

子龙望着飘飞的柳絮杨花,心里很不平静。倘若他们的事得不到祖母的宽恕,他就要为河东君的归宿着想,他不能只为自己,而让河东君这么不明不白地与他长此生活下去,那对河东君不仅太不公允,也是十分残忍的。也许她又要像这杨花样随风飘零,一种剖心的疼痛突然向他袭来。一曲《浣溪沙·杨花》在他的潜意识中凝就了。

河东君见他沉默无语,便故作轻松地把话头引向别处,她说起孙临和葛嫩娘的事来。"那日他们来做客,说我荐去的徒弟武艺有长足的长进。你问是谁,当时我笑而未答,其实,此人你也知道,我跟你说起过他的事。"她看着子龙,"就是钱大人的公子钱云。"见这个话题也没引起子龙的兴趣,她又说起了扬州那个小尼悟尘,说她后来改做了道姑,她去苏州的路上还遇到过她。"真乃士别三日,须刮目相看啊!"她朝子龙莞尔一笑,"真想再见到她。听说她已云游到天马山来了,能陪我去天马山一游吗?"

子龙不置可否,知道她是想转移他的愁绪。他们默默地彳亍着。落花飞絮,并没有减轻他们心上的痛苦,反而加重了他们心头的负荷。河东君抬头看了下天说:"要下雨了,往回走吧!"

他们慢慢地走回了小红楼。

西方天际的乌云,伸出了长长的雨脚,不一会,雨点就敲响了窗外花木的枝叶,发出沙啦沙啦的声音,一阵紧似一阵。如注的大雨,宛若浇淋在河东君心上。

海桐叶在颤抖着,樱桃树被摧弯了腰,满枝的繁花洒了一地,玉兰呻吟着。

仿佛间她化作了海桐、樱桃、玉兰……

她浑身哆嗦，无法控制了。坐回桌前，提笔写了《南乡子·落花》。

子龙傍依过来，立在她身后，无声读着，又默默地把目光投向窗外。雨，好像穿越了瓦片和墙壁，也浇淋到他的身上。他拖过一张方凳，紧挨着河东君坐下，伸手拿过笔，就在她的词后写道：步同调和柳子……写就，又抚弄着她的秀发，轻声地说："你别难过，我去求祖母。"嚯地站起身："我这就去！"

河东君跟着站起来，拉住他说："等等吧，这么大的雨。"

他们的话音刚落，门上就传来轻叩之声。

子龙去开门，来人正是他家的老门人。河东君热情地请他进屋，他却只向河东君草草施了个礼，就示意子龙跟他出去。

他把子龙叫到远离河东君的阶沿边，轻声地对他说："老安人要我告诉少爷，她不想见她了。"他向河东君所在的房间努努嘴："要你搬回去读书。"

雨点突然间变大了，几乎是倾盆而下。子龙一阵晕眩，斜靠在墙上，老门人惊讶地叫了起来："少爷，你怎么了？"

河东君闻声奔了过来，抱住子龙，扶回房里。

老门人拭了把脸上的雨水和着的泪水，悄悄走了。

子龙躺在床上，面色苍白。他紧攥着河东君的手。

河东君不知发生了什么事，但她已猜到了十之八九。既然子龙不愿对她说，肯定是与她的归宿有关，也许就像自然界刚刚发生的事那样。花木们正在做着春梦，还没来得及从梦中醒来，就被一阵风雨无情地摧打得叶零花飞了。"神女生涯原是梦！""一梦何足云？"她想起义山和微之的两句诗，难道她也是做了一场梦吗？那种梦醒之后的感觉就像小刀绞着心样疼痛。她的梦是不是也该醒了？也许幸福本来就不属于她。何必苦苦去追寻？也许就是她的追寻给了她挚爱着的人儿带来了痛苦！

她扑倒在子龙身上。

子龙紧紧地抱住她，仿佛怕她就要飞去似的，他既不忍抛下河东君，又不能违背祖母之命，就像一个抛上浪尖的人，不知将被抛向哪个浪谷。怎么办！怎么办？他暗自在心里叫唤着。突然他想到了待问，也许他有办法。

十五｜诗酒泪

待问在南园的读书堂，离小红楼只有半里之遥。子龙落沉沉地坐在他的对面，等待着他的良策妙方。

待问挠着鬓发说："这主意肯定出自尊夫人啰！可她自己不出面，看来她已说动了高安人，且已得到了首肯。这就有些棘手了。"他思索了会儿说："你们的结合，就别想去求得她们的承认了。以小弟之见，只要兄执意不肯回去，她们也就无可奈何了。弟之小红楼，一如既往，任兄长期居住。只要兄努力奋发，能在下科得中，就可以带着河东君去任上，到那时，即使老夫人不承认，她也无能为力了。"

子龙想想，这话很有道理。自此他更加奋发攻读，河东君也全力协助他编辑《皇明经世文编》和《农政全书》。他们闭口不谈未来，就像一个迷失去路的渔人，为了求得生存，只知没命地向前冲，至于能否冲过恶浪险滩，他们也没去想。

恶浪岂肯善罢甘休！

第五天，待问差人请去了子龙。"大事不好！尊夫人昨日打到我家门上了。"他们一见面，待问就心急火燎地说，"给弟下了最后通牒，声言弟若不敦促兄在七天之内搬回家去，高安人就要令她带着家人来砸烂我的小红楼,赶走河东君。"

子龙被这个消息震怒了。他气愤地骂道:"这个恶妇,欺人太甚!"一拳砸到桌子上,吼道:"让她来吧!一个男人保护不了自己心爱的女人,还算得个什么男子汉!她若敢来,我定要当众教训她,撕破她那贤淑的假面!"

"息怒,息怒。事情没有这么简单。她是打着高安人的招牌来的。违背慈命,忤逆不孝的罪名兄敢承担吗?"

这一着可太厉害了!子龙无力地俯到桌沿上,悲哀地说:"是我害了柳子。这又如何是好呀?"他抬起头,求救似的望着待问。"救救她吧,存我兄!"他悲痛欲绝,抽泣着,"可怜的柳子,她如何受得了如此羞辱!"

待问紧抿着嘴唇,在房内走来走去,一筹莫展。突然,他扑到子龙面前说:"看来只有让她先避一避,你也暂时回家去。"

子龙点点头,说:"也只有这样了。可是,让她避到哪儿去呢?"

待问说:"我有个去处,送她到佘山……"

子龙摇头打断了他的话说:"不可,不可!那样她就会知道了,反会引起她更大的悲伤。不能让她知道,她实在再经受不起这……"他说不下去了。

待问搓着手,叹息着:"唉,待问技穷矣!"

子龙突然抬起头来说:"有了!不久前她说要我陪她去天马山,看望女友。"子龙又补充说:"一个游方道姑,住在白云观。"

待问一击掌说:"好,真乃天无绝人之路!"

雨慢慢地住了,它像一位悲怆至极的妇女的泪水,一阵声嘶力竭恸哭之后,泪泉淌干了,枯竭了。

子龙跟着待问的书童走后,河东君感到少有的清冷和孤独,多日来的不祥预感和一种恐惧威慑着她,这恐惧到底是什么,她又很难说清,一片茫然,一片空白,犹如就要坠入一片雾气滚滚的深渊,有种本能的惊悸。

有人轻轻叩门。阿娟带进她多次见过的陈府看门老人。

她把老人迎进屋里,请他坐下。阿娟端来了一碗热茶。

老人显得匆忙焦急,不肯坐,说有重要事情告诉少爷。

河东君告诉他,少爷被友人请走了,还不知何时回来,让他等一会儿。

老人心神不定,他坐了一会,就站起来说他不能再等了。走到门口又突然返回身来,拉住河东君的手说:"姑娘,就跟你说了吧,听了可别难过呀!"

河东君早有预感,小红楼的生活是一个美梦。既然是梦,就会有醒的时候,什么时候醒来,她却不知道,莫非梦就要破了吗?她扶住老人说:"老爹,你说吧,我能受得住!"

"听说,我家少夫人要带人来赶你了。"老人费了好大的力气才说出了这句话,"可怜的姑娘,你快走吧!"说着就拨开河东君的手,跟跟跄跄地出了门。

这可气坏了阿娟,她蹦起来说:"笑话!又没住她家的房子,她凭什么来赶我们?偏不走!看她怎样!"

河东君像尊木雕似的站在门口,她没有料到,她的梦就这么醒了!她寻觅了好久,才寻到了子龙。他是一个真正爱她的男子汉、一个理解她的知音,她的生命依持,幸福所在。失去他,那将意味着什么?"他是我的!我不走,我绝对不能离开他!"她喃喃地自语着。没有了他,她的心将是一片空白,什么也剩不下了,她得像个溺水人抓住生命的原木那样抓住子龙!她不能没有子龙,如同不能没有空气、水和粮食那样!子龙也需要她,他们是不可分的!她相信他们的缘分是天定的,任何人也别想拆开他们。

第一次相见,她就感受到他有种力量,一种勇于为国家、民族、他人牺牲的内在力量。他的这种有别于他人的气概和他的恳切挚诚的忧国虑民的言辞,深深震撼了她,在她那荒芜的心田里,种下了一颗常青的种子;月下的东溪桥,神秘高远,她再次看到了他的笃厚、谦逊的美行;同里舟中,他通过待问的赠书,再次向她传递了他忧国虑民的心声;松江再度相逢,他视她为国士友人,想她之所爱,助她之所需。为她,他勇于牺牲自己,把对她的爱,深藏在心里,表现在理解和暗暗的保护上。她深知他的抱负,理解他视国家前途为己之前途,视报效国家如为己之生命。他们的心被共同的关注和追求所紧紧维系。

搬进小红楼那天,她亲自下厨烧了几个菜,和子龙相对而饮。酒酣,子龙话也多起来,向她说了上京见闻。现在想来,仍然使她感慨唏嘘!他描述了沿途一带饿莩遍野的情况,在山东,有全家自尽的,也有合村赴难的,凄凉的情景令人不忍目睹。一些不愿饿死的,不得已结伙为盗。孩子和妇人有被当作牲口宰杀而出售的。他涕泗滂沱地说:"内忧外患,执权者却置若罔闻,不求医治,不思雪耻。有的贪生畏死,有的只知阿谀上意。更有甚者,趁国家危难,酷榨百姓,牟取私利。柳子,大明江山将要毁在这班人手里!"他痛心疾首,自斟自饮了一杯,又说:"国家中兴之望在我辈肩上。一个以国家前途为己任的志士,喊几句好听的空言,焉能助国家昌盛!"他将他的筹划告诉她,他打算和几位盟友一道编辑《皇明经世文编》和《农政全书》,把那些经济致用的文章汇集起来,让有志于振兴国家的人们学有所依,用起来便利。他希望几社社友勠力同心,共为中兴大业,努力奋斗。

她很激动地说:"我愿尽全力助相公编书。"

子龙携起她的手,一同走到窗前。烛光射到花木上,一片紫霭。她偎依在他怀中,他给她描述着未来。下科高中,皇上明鉴,给他一个展才重任,他将带她赴任。为清明吏治,休养百姓,或策马疆场,为大明中兴一展才华,赤胆忠心酬答主上。

她感动得哭了,他紧紧抱着她,他们的心被美妙的憧憬溶化了,化成一体,升腾到一个梦幻似的境界。他听从了她的建议,把北上的见闻和所了解的国家形势,介绍给了全体社友,社友们听后,无不感到肩负责任的沉重,应发愤图强。

蜜月中,她就全力助他校雠书稿。伴侣、盟友、师生,多么值得珍爱的诗酒年华啊! 如此知音不可再得,这样的情爱不可再有,她怎能离开他呢? 柳隐宁可立地死去,也不可没有他呀!

突然,她心里响起了另一个声音:"违背慈命,忤逆不孝!"

她的心不禁为之战栗了。她明白不孝之罪的严酷性。这意味着仕途无望,削除功名。倘若张氏果真打着高安人的招牌,赶到南园大闹一场,不要一夕,丑闻就会传遍郡会上下,子龙就要声名扫地,成了不肖子孙。这也会成为一个口实,让仇视几社的钱横和缙绅紧紧抓住,作为他们攻讦子龙和几社的有力佐证。

想到这儿,她打了一个冷战,胆虚了。这事非同小可,直接影响到他下科会试。倘若子龙因此而再次落第,他就将失去施展才华的机会,郁郁不得志,痛苦终生。他的理想、他的抱负都将付之东流。他将落寞终生,满腹经纶只能像陈丝样腐蚀,不管他如何思求报国,如何对衰败的国势忧心如焚,他也爱莫能助呀! 即使不失去她,他还能快活吗?

不! 不能累及他,不能让他得个不孝罪名而葬送了锦绣前程,空怀报国志!"我走。离开他!"她在心里绝望地呼叫着。鱼,我所欲也,熊掌亦我所欲也。二者不可兼得,子龙的前程和她的幸福不能兼得,她不得不以牺牲她的幸福为代价来成全子龙的前途和抱负。

她终于在漂泊和留下之间做出了痛苦的抉择,她将悄悄离他而去。

她移步到窗前，她的目光爱抚着朝夕相见的花木，青霭缕缕，远处有几堆殷红和鹅黄，看不清它们的轮廓，只是堆堆色彩，她忘了它们叫什么花。右边那泓池水，又探出了数枝新荷。天慢慢明朗了，淡青色的天空，几朵变幻不定的云影，映在池底，她看到了个清明的天。她突然兴奋起来，好像这预示着子龙如愿以偿，正在使用主上给予他的权位，开创一个清明吏治之世，"建房"逃窜了，"流寇"也得到了平抚，百姓得以安居乐业……即使她化作了飞舞的杨花、天边的白云又何妨！

她的目光从窗外收回，把它转向了室内，这里每一件物品，都可给她带来一段美好的回忆。可是，她就要永远离开它们了，就像那闪过的风，流走的水那样。

她的目光落到了那只彩绘的风筝上。这是不久前子龙亲手为她绘制的，长长的尾穗，轻飘飘的翅翼，清明前他们常在园子里放着玩的。最后一次，它飞得老高老高，看去只是一个小小黑点，她担心那绷得紧紧的长丝会突然断了，永远也寻不到它了，连忙将风筝收了起来，再也不敢拿出去放了。她把它从墙上拿下来把玩着，泪水倾洒在上面。这一切，就将要成为甜蜜而刺痛的记忆了，她就要像那断线的风筝，随风飞去，飘落何处，无从而知。

她把风筝紧紧攥着，他们的命运多么相似啊！

她把它带到书案上，提起笔，填了阕《声声慢·咏风筝》。

阿娟送来一杯清茶，见她正在风筝上题词，目光紧跟着她的笔锋：

　　　杨花还梦，春光谁主？晴空觅个癫狂处。……

她被她的满怀愁绪感染了，什么也没说，默默依在她身边。

她将风筝依旧挂回原处，再回过身来携起阿娟的丰，充满感情地说:"此事相公还不知道,得瞒着他,他若知道了,会作难的,说不定要急出一场大病呢!好妹妹,千万别说出去,好吗?"她故意做出轻快的样子说:"我们过惯了自由自在的神仙生活,天涯何处不为家,我正想出去玩玩哩!悟尘仙长已云游到天马山来了,我们一道去看望她,孙相公和葛嫩娘也在那里,我还想向他们学习剑术呢。"她又黯然自语:"这给相公的打击……唉,不说了。走,看看大伯去。"

她和阿娟来到荷花池边的平房内,老人连忙用衣袖擦了凳子,请她坐下。河东君情不由己地凝视着老人问:"大伯,过得还好吗?"

"好、好,李相公真是个好人啦!管家也厚道,对我很照顾。"

河东君微笑着说:"日后有什么难处,尽管跟李相公说。"

老人直摇头:"没事没事,这已经过得够好的了。我又能天天见到你,这就比什么都好哇!好人总是有好报的。孩子呀,你总算挑了个好大官人,我这心熨帖着呢!"

河东君强忍住内心的悲哀,拉住大伯的手,几乎脱口而出:"我就要离开你去流浪了!"但她强把它咽了回去。"大伯还记得悟尘仙长吗?她云游到天马山白云观了。我想明日去看望她,在那玩几天。我不在时,你老可得自己保重呀!"眼泪要夺眶而出了,她赶紧站起来,拉上阿娟走了。

她们俩无言地彳亍在草径上。

离去,就意味着永远失去。河东君虽已暗暗下了离去的决心,可这生离的痛苦也不逊于死别啊!她反反复复吟着子龙去京会试时,她用以安慰自己、也安慰子龙的诗句:"别时余香在君袖,香若有情尚依旧,但令君心识故人,绮窗何必长相守?"她想从中得到一点解脱和慰藉,也希望他理解她的不辞而别。

可是,一切人为的枷锁,时间和空间的远隔,又怎能禁锢两颗心灵的追逐呢!即使他们的身体永远分隔,但他们的心却是无法分割开的。离别、失去，都将实实在在，就像这难忘的南园。

她每日活动其间，她喜欢它的野趣、幽静，可是，一旦意识到就要永远离开它，它在她心里的分量就倏然加重了，位置也变得重要起来，它的一景一物都和她的恋人相系着啊！她和它们之间也就有了割不断的情丝。她要去最后看它们一眼，向它们道声别：

> 人去也，人去凤城西。①细雨湿将红袖意，新芜深与翠眉低。蝴蝶最迷离。②

阿娟像影子一样相随着她，她们默默无言来到了鹭鸶洲。她和子龙常来这里散步。新荷刚刚吐绿，柳丝悠悠，鹭鸶不知何处去了，空留一堵沙丘，一泓碧水，系着离愁。

> 人去也，人去鹭鸶洲。菡萏结为翡翠恨，柳丝飞上细筝愁。罗幕早惊秋。③

小池台，蓼花汀，美景依旧。物是人非，留给她的只是凄凉和别恨。她们俩低首在那儿久久徘徊。

> 人何在，人在蓼花汀。炉鸭自沉香雾暖，春山争绕画屏深。金雀敛啼痕。④

---

① 凤城，非仅用典，亦指松江。
② 柳如是词《梦江南·怀人》二十首之一，收载《戊寅草》中。
③ 《梦江南·怀人》之二。
④ 《梦江南·怀人》之十一。

回忆给人带来痛苦,也给人以甜蜜。她和子龙曾在石秋棠内捉迷藏戏耍,好像就在昨日一样。

> 人何在,人在石秋棠。好事捉人狂耍事,几回贪却不须长。多少又斜阳。①

往事犹似云烟,滚滚沸沸,向她眼底涌来。明月之夜,他们泛舟烟雨湖上,微风送来瑞香那好闻的香味,杨柳长坠水里,今昔香霭依旧,人却要永远离去。

> 人何在,人在雨烟湖。篙水月明春腻滑,舵楼风满睡香多。杨柳落微波。②

一个人的感情多么不可捉摸啊!此时,她突然产生了一个幻觉,眼前的景物,草木,都在垂泪哭泣,它们在挽留她:“别离开呀,河东君!”仿佛有两双手,在她心上争夺着理智和感情。是去是留?

> 人何在,人在玉阶行。不是情痴还欲住,未曾怜处却多心。应是怕情深。③

阿娟扶着她,蹒跚走回小红楼,往昔种种快事,统统蒙上了酸楚,明朝谁扫残红呢?她归何处?

---

① 《梦江南·怀人》之十六。
② 《梦江南·怀人》之十七。
③ 《梦江南·怀人》之十八。

寒柳:柳如是传

人去也，人去画楼中。不是尾涎人散慢，何须红粉玉玲珑。端有夜来风。①

她每到一处，吟就一首《梦江南》，不觉间就回到了现在还是家的家中，想到明日就要离它而去，顿觉浑身无力，她跌坐在床沿上。阿娟侍候她躺下。她的泪水像那流泉，汩汩涌出。

人何在，人在枕函边。只有被头无限泪，一时偷拭又须牵。好否要他怜。②

她无声地哭着，偷偷拭着泪痕，嗅着留在床上那熟悉的气息。无限迷醉，无限留恋……她打了个盹儿。

人去也，人去梦偏多。忆昔见时多不语，而今偷悔更生疏。梦里自欢娱。③

不知睡了多久，依稀之中，她感觉到有人为她拭泪。她微微睁开眼睛，看到是子龙。睡意倏然而逝，她被理智拉回到严酷的现实中。她强吞下一腔苦涩的水，朝子龙嫣然一笑，说："近来天气晴和，我想明日就去探望悟尘。"

子龙正为不知如何开口才不致引起她猜疑而作难，没想到就这么顺畅地解决了。子龙欣喜地站起来说："这个动议甚好，我亦想去宽散宽散，我陪你去。"

---

① 《梦江南·怀人》之三。
② 《梦江南·怀人》之二十。
③ 《梦江南·怀人》之九。

河东君却连忙说："不，你不能去！你……"她自感情绪有些外露，忙又改变语气说，"你是读书之人，应以学业为重，常言道，一年之计在于春，你不能放弃这春天读书的好时光，切不可跟随我们四处为家之人到处游荡。"

子龙感到河东君话中有话，莫非她已知道？他坚持着说："处处留心皆学问，游历如读万卷书，这不是你常说的话吗？何况不会耽误多少时间，我们很快就可返回来。"

河东君认真地回答说："我看望的是女客，你个相公跟去诸多不便。再说，你也有好久没有回家了，你是老夫人一手抚养长大的，她多日见不到你，能不想念？你应该回去看望看望才是。多多顺从老人的意愿，才算是尽了当孙儿的孝道。"

子龙感觉河东君的话语有些特别，仿佛是一盆沸油炙灼着他的心，他痛苦得几乎要喊叫出来："河东君，你别说了！"他又想安慰她，讲点别的，比如，说天马山有许多琳宫梵宇呀，圆智寺中还有著名的二陆草堂呀，山巅还有七级浮屠呀，劝她同悟尘好好玩玩，等他去接她再回来呀！可是，说多了又怕她多心生疑。他装得像什么也没有发生，什么也没想似的说："好吧，恭敬不如从命。"他尽力想做出一个平静的笑，却失去控制地滚下了两颗热泪。河东君却装着没在意。

晚上，河东君亲手为子龙做了几个菜，吩咐阿娟说："我想与相公喝个痛快，你不用侍候，趁空去收拾下日用物品，明早好动身。"支走了阿娟，她取来了两只特大的酒卮，满满斟上说："与君相从以来，还没有满饮过，今晚，我们来尽一回兴吧！"说着，端起酒卮："这一杯，为我们俩真诚的爱而饮！"说着仰脖一饮而尽。

子龙望着她，也悄悄地干了。

她又给两人的酒卮满满斟上，端起说："这一杯预祝你下科金榜高中！"

河东君为每杯酒都找着了一个名目。一杯一杯地劝着酒。

子龙心生疑窦，很想说出来，却又不敢说，害怕道破那层膜，只是默默地喝着酒。

他们喝着喝着，让酒浇灌着各自心中的忧郁，她举起剩下的最后一杯酒说："看，这多像中秋的圆月，又多像我们清澈透明的心啊！它已溶合在一起，无法分开了。来，我们俩各喝一半，吞在肚内，记在心里，永远留下个圆满的记忆。"

子龙两眼饱含着泪水，抬头望着河东君说："你……"

"喝吧。你先喝，我后喝。"她把酒送到子龙嘴边。

子龙接过喝了一半。

河东君一口喝下了子龙余下的一半，说："啊，今晚喝得痛快，慢说分离，就是死别也无憾！"

阿娟进来的时候，他俩已醉成了一摊烂泥。子龙伏在餐桌上，河东君倒在太师椅里。

十天过去了，河东君没有回来；半月过去了，河东君还没有回来。子龙的心随着岁月的延伸，一天比一天沉重。偶然，他在河东君的粉盒下发现了一张折叠成飞鸟似的花笺。

他小心翼翼地展开了，是阕调寄江城子的《忆梦》。

      梦中本是伤心路。……

突然间，他的心仿佛被掏空了。支撑着他的那根柱子也倾圮了。这明白不过了，梦已醒了，她无可奈何地去了。他领教过她的顽强，决定了的事，九头牛也拉不回来。他失魂落魄地瘫坐在椅子上，梦呓似的说："她走了，不会再回来了！不会再回来了！"给过他多少欢娱的小红楼,仿佛也突然间变作了墓地,他感到从未有过的寒冷、孤独、沉寂! 他们的爱难道就这么完结了,真的是场醒了的梦吗?

"柳子,柳子!"他用尽力量呼唤着这个亲切的名字,他质问苍天,"为何容不下我的如是!"

他的视线落到哪里,哪里就出现她的幻影。书桌旁、窗台边、妆镜前……

"柳子,柳子……"

他叫着扑向她。

可是,他总也抓不住。

是谁要拆开他们呢? 是祖母,是恶妇,是命运,还是可恶的世道?

苍天,你能回答他吗?

"柳子,等待着你的又将是什么呢?"他的眼前出现了一片汪洋,在无边无际的天海之间,他望到了一叶苇航,一片柳叶。他伸出手,近乎疯狂地呼喊着:"柳子……"

他的声音震撼着空空如也的小红楼,它发出了悲怆的回声。那变了调的音节,在南园的花木丛中、荷塘间回荡着。

柳子走了,丢下了他,这空寞、这冷寂,何以忍受得了?

他算什么名士,算什么大丈夫? 竟没有力量保护自己深爱的人,反而要一个弱女子去为他做出痛苦的牺牲。他痛恨自己。命运为何安排给了他一个悍妇,一个爱他又不理解他的祖母? 一边是祖母,一边是柳子,两者他都爱,两者又不可并存,叫他如何是好! 他无以解脱这心头的苦衷。愁肠百结,似梦非梦。

猛然间,他仿佛从梦魇中惊醒过来了,疯也似的奔出了门!

马儿得得地奔,她的面影迎面扑来,就像那些一闪而过的景物。他还没有来得及认真看上一眼,她就闪逝了,他微微合下眼睛,她又以另一个姿影出现了,仿佛同他捉迷藏,忽隐忽现。

山路逶迤,离枝的落叶铺满了不规则的石阶。他惊诧地抬起了头,向山顶望去,难道秋天已不声不响地来了吗?他很熟悉这儿,往昔常跟友人们结伴来游,留在他记忆里的那些醉人的青霭绿雾,如今换上了灰褐色的僧衣。虽然有数片如血的枫叶,还在树头颤颤抖抖,但它已没有了那种生命活力,只要秋风喘口气儿,它就会从枝上飘落地上,宛若一泓一泓离人的红泪。马蹄踩在上面,发出哗沙哗沙反抗的悲泣。马儿仿佛也失去了奔驰鸣啸的勇气,气息奄奄了。他本来就凄苦的心上,又添上了一笔冷色。

他在白云观前下了马。

可他来迟了,河东君已在前几天就离开了天马山,去到了一个未知的地方,留给他的只有一叠诗稿。

他迫不及待地接过道童递上的诗稿,匆匆地翻开了。一篇长达三千言的《别赋》,一首《悲落叶》和她在告别南园时即兴吟就的《梦江南·怀人》二十首。

他倚着马背,先读《别赋》:

> ……事有参商,势有难易。虽知己而必别,纵暂别其必深。冀白首而同归,愿心志之固贞。庶乎延平之剑,有时而合。平原之簪,永永其不失矣。

"知我者,莫过于柳子也!"

子龙在心里长啸一声,没有勇气继续读下去了。河东君之心,跃然纸上。她的忍痛割爱,不辞而别,完全是为着他这个江左才人的心志、抱负。悠悠眷恋,拳拳赤心,在他心里树起一尊殉道者的雕像,这尊像有如一盆炭火,烤炙着他的心。他不知是感激,是负疚,还是激动,浑身的血液热得沸腾,充胀了所有的脉管。他怎能有负她一片真情? 怎能让她伤怀失望、为他做无价值的牺牲?

他忘了向道童致谢,也没有再打听她的什么,他相信她远离了系情之地。他一把拽过缰绳,纵身跳到马上,用力扬鞭,马儿向前奔驰,他紧紧攥住绳缰,身子几乎是斜挂在马背上。他也不知是从哪来的力量,竟无一点怯惧情绪,根本没去考虑他会被甩下来,跌在山石上,筋断骨折。

这是河东君给他的力量,一个女人以牺牲自己的幸福和爱情给他的激励。他打马在天马山山脊狂奔起来。

我要报答她! 他一边奔驰一边想。她是个不同寻常的怪女人,共同的生活中,他更加了解了她,她非常关心国家兴亡大事,她不需要再回到他身边为姬妾。这样的酬答,她不需要;她也不需要他报以她财富,她只希望他成为挽救大明的英雄,干一番惊天动地的大事业。她决不会原谅一位江左才人为一个女人去放弃酬国大志的!

作为一个男人,他总感愧对于她。那叠诗稿像一团炉火样烘着他的袖笼。他突然联想到他们从相识、同居到分离的几年中,她写了大量的诗词歌赋,何不为她汇集成集,刻印传世,作为他们这段值得永远珍爱的生活的纪念,这个酬答,也许不会遭到她的拒绝。即使目前他还没有这个财力,但他这个心愿是一定要实现的。他要亲自为她写序,评她的诗艺、才智。

他让坐骑伫立在天马峰的鞍座上,极目眺望。远处,那些不规则的水面宛如久未揩拭的青铜镜,朦朦胧胧,游离着一层尘雾。天水苍茫,旅路无尽头。柳子,你在哪里?

十六　冤家路窄

她在杭州。

这是她第二次来这里。

六年前，她告别了天马山诸友，携阿娟扁舟载书，重新浪迹湖山，与高才名士相游。崇祯十一年，在嘉定，为摆脱恶豪纠缠，逃来杭州，投奔故友汪汝谦，寻求保护。恶豪却不肯放过她，竟跟踪到杭州，她又不得不悄悄离开西湖。

两次草衰，两度菊黄。河东君失迹西湖两载，又突然像一片轻云那样，不声不响地飘回了杭州。

这两年，她寄迹嘉兴南湖，借住在吴氏别墅勺园养病。主人虽然早已退居林下，但他从未失去过对政治的兴趣，他的社会关系很深很广，上至朝廷、皇上，下至文社、江湖名士。她作为他的一名清客，是不会寂寞的，她随时都能感受到时局的脉搏，这也加重了她心里的重荷，因而她的病久久不能痊愈。

一日，存我的友人蒋生来嘉兴访友，应子龙之托，特来看她。

虽说子龙一直关注着她的踪迹，不时托友人带给她寄情之作，可仍然是书沉梦远，常常是很长时间得不到彼此的讯息。

……何限恨，消息更悠悠，弱柳三眠春梦杳，远山一角晓眉愁。无计问东流。①

这是泪水凝成的诗句啊，字字叩击着她的心弦！还有《长相思》。

他终于在丁丑之年中了进士。但朝廷并没有取用他，他只空怀热望，回南园继续读书，与几社盟友共务社事，继续进行《皇明经世文编》和《农政全书》的编纂刊刻工作。每每想起自己的不得志，就自然联想到河东君为他做出的牺牲，想起她为他而飘零，就怆然泪下。失去了的，永远失去了，就像流去的水，不能复回。他只有将遗恨深藏起来，寄托在诗词中。小红楼，他仍住其间，它无时不引起他对她的怀念，那是他一生中度过的最幸福的岁月，她给过他无价的欢乐。那时，他们几乎每日都有诗词唱酬。每当他孤独寂寞之时，他就重新咀嚼她留下的诗词聊以自慰。他已将她的诗词辑为一集，作为对他们这段美好生活的纪念。汇集了诗一百零六首、词三十一阕、赋三章，题为《戊寅草》，他亲笔写了序。他希望在付梓之先，亲交她校雠一下，看看是否有所遗漏。而且，他们已有四年未见，很想看看她。他想借去大涤山谒师之机，于八月十八日钱塘观潮会上与她相见。

她欣然应允，如约来了杭州，受到汪氏夫妇更为热情的欢迎。他们知道河东君此行是为见子龙而来的，非常高兴，他们希望他俩重新结合，为了方便河东君与子龙相见，汪夫人对观潮做了周密的安排。她让河东君主仆仍然着仕人装，为她们准备了匹驯良的马，以便单独行动。他们一家则另坐轿去。

河东君早就听说，钱塘江观潮，自古蔚为天下奇观。每逢这日，杭

---

① 《陈忠裕全集》二十诗余《望江南·感旧》。

州就出现万人空巷的盛况。从十一日起,城里就有人前往观潮,王公贵族,文武百官,带家携眷,骑马坐轿,随从簇拥左右,前往江边。市民百姓,有坐大车的,也有步行的,三教九流,汇杂其间,形成了一股滚滚的人潮,涌向江边。据说,从庙子头到六和塔十多里长的江边,早就摆满了各种小摊。

河东君和阿娟随着人流,来到了江边。

真是名不虚传,小贩们把车盖担儿打扮得花团锦簇,枣箍荷叶饼、笋肉包子、炸肉包子、芙蓉饼、七宝酸馅、鹌鹑馉饳儿、爊团鱼、糟猪头、红熬童子鸡……摆满了干净漂亮的器皿;酒楼里挂着红绿帘幕,门口挂着贴金的红纱灯、栀子灯,柜台上摆满山珍海味,水陆名馔,应时鲜果。

她俩下了马,看了看菜牌。上面写着:五味杏酪羊、海蜇鲊、鹿脯、酒吹鳜鱼……应有尽有。

突然间,身后传来一声吼喝,她俩吓了一跳,立刻转过头看去。

一个肮脏的丐儿两手攥着一块芙蓉糕紧紧搂在胸前,从点心棚里踉踉跄跄出来,两个身强力壮的跑堂吼喝着追赶,其中那个大个子一伸手就拽住了他的头发,他痛得龇牙咧嘴,但却没叫喊。落后一步的矮胖子跟上去就给他一记耳光。

河东君心里一颤,她突然忆起了她寻父扬州的遭遇,立刻赶了过去,向堂倌求着情说:"两位小哥息怒。这孩子是饿急了,饶了他吧!"

"哼! 说得轻巧! 饶了,饿急了,饿急了的人多着呢! 都去偷,去抢?"高个子堂倌不客气地回击着她。

是呀,不能都去偷,都去抢! 河东君向他施了一礼说:"放了他吧! 这块糕钱我付。"

阿娟送上去一串钱。

"这些钱都买了糕,让他吃个饱。"河东君补充着说。

高个子堂倌看了河东君一眼,放开了丐儿。

矮胖子接过钱,在手里掂了掂,对丐儿说:"贼胚,该你走运,遇到个仗义的公子,下次再撞到老子手里,看老子不掐死你! 走,跟我来取糕。"

丐儿被尘垢污脏的脸上,有对乌亮的眼睛,那圆溜溜的眸子向河东君转了几转,射出一束迷惘的光,仍然怯生生地站在原地。几个路过的人见他这副模样都笑了起来。

阿娟催促着:"去呀! 我家公子给你买了糕,去拿呀!"

高个子堂倌已来到他面前,将用荷叶包的一包糕递到他手上,虎着脸对他说:"臭架子还不小呢! 看在这位公子的面上,老子给你送出来了。嚼去!"

丐儿却不急着吞食,而是把它紧紧揽在怀里。河东君催着他说:"吃呀!"

他吞下一口唾液,抬起眼睛,骨碌碌地转了几转,像蚊子样嗡了一句:"阿妈饿得……"

河东君懂了他的意思,他要留给他阿妈吃。她心里一阵酸楚,向他挥挥手说:"去吧!"

丐儿消逝在人群里了,河东君却久久怅然不安。谁能救得了这些可怜的孩子,谁能救民于水火? 清明吏治在哪里? 卧子,你何时能有展才的机运呢?

她们俩转过身,就望到了茶肆的幌子,她们已感到口干了,就将马系在一棵柳树桩上,走了进去。

茶桌上插了应时鲜花,墙上挂着名人字画,河东君不觉渐渐忘了刚才的惆怅,倏然兴奋起来。墙上还有她的一幅书,没有上款,大概是从松江她的书摊上买来的吧! 阿娟见此,简直有些喜形于色了,她用手指暗暗捅了河东君一下,两人相视一笑,竟忘了她们现在是"仕人"。

她们每人要了一碗龙井茶,阿娟喝得很香,称之为"奇茶异汤"。

她们从茶肆出来,就被悠扬的音乐声吸引住了。阿娟牵着马就向传出乐曲声的地方走去。河东君知道阿娟想看看热闹,也就跟了上去。

没有想到,这地段是个神奇的艺术领域,汇集着各种艺术形式的表演:耍杂技的,做杂剧的,演木偶戏、皮影戏的,说话本故事的,锣鼓喧天,急管繁弦,以各种方式吸引着游人。瓦子勾栏也来这儿争相演出。

河东君无心观看表演,望着万头攒动的十里江堤,焦虑起来,这到哪儿去找子龙呀!岂不是大海捞针样困难吗?

突然,前面有个背影引起了她的注意。那不是不久前传信给她的蒋生吗?她立刻兴奋起来,拉着阿娟就跟了上去。

蒋生好像有意跟她捉迷藏似的,在人堆里忽隐忽现。

她们紧跟在后面,任她们怎么赶也赶不上。

蒋生的背影消逝在临江酒楼的大门里了。

她让阿娟在门外系好马,一同走进了酒楼。她们先在楼下席面上寻了一遍,不见蒋生,迅即向楼上雅座走去。

蒋生果然在里面。

河东君高兴了。

蒋生背门而立,正躬身在向什么人行着礼。

河东君的心突然剧跳起来,莫非里面那人就是子龙?分别数载,他们就要相见了,河东君不由得一阵激动。

里面传出了蒋生的声音:"在此巧遇世伯,幸甚幸甚!小侄给世伯请安。"

不是子龙!那么是谁呢?河东君耐心倾听着。

"免了,免了。贤侄一人来此观潮?"

这声音好熟呀！河东君不由得警觉起来，这声音使她忆起一个人。她从精巧屏风的缝隙向里间雅座窥了一眼，是钱横。他也在这儿！她只好在另一个隔间坐下来，等候着蒋生。

"小侄在寻找一位友人，失陪了。"蒋生已转过了身。

钱横挽留着："贤侄不用客气，坐，同饮一杯，这儿没有外人，这位乃嘉定名士谢举人。"

"久仰，久仰。"蒋生的声音中分明显露出敷衍之情。

谢举人，嘉定名士，不就是谢玉春吗？冤家路窄！蒋生也许是代子龙来寻她的？看来他被钱横拖住，一时半刻走不了。河东君小声地唤来跑堂，要了一壶酒、几碟菜，同阿娟对坐，借饮酒等待着蒋生。

蒋生喝了几杯酒，话也多起来："今日钱塘观潮，大会天下英雄豪杰，还有美姝柳如是重会华亭才子陈子龙之雅事呢！"

"哼！"钱横皮笑肉不笑地喷出一个单音，盯着蒋生问："欲破镜重圆？"

蒋生惊诧地望了他一眼。他本意是当作一桩雅事来说的，不料知府大人竟是这么一副神态。此中必有蹊跷。他有些不自在起来。

谢玉春端起酒杯，一饮而尽，自言自语地说："她又来杭州了？"语气里渗出一股愤恨："好哦！"

蒋生后悔不迭，他是李待问的友人，一向敬重子龙和柳河东君，没想到却引出对他们一番不友好的议论，他不想继续这个话题，而且他和子龙走散了，他要去寻他，就起身抱拳说："恕小侄不能多陪，告辞了！"

阿娟起身欲跟上蒋生，后面隔间却传来了钱、谢的对话，河东君拽了她一下，她会意地又坐下了。

钱横早就从谢玉春的表情和他那恶狠狠的"好哦"里品出了其中味道，那是积怨和仇恨的发泄。他暗自一喜，面前这个气盛的男子，可以利用来宣泄他的难言之恨。便故作惊讶地问："三长兄认识柳氏？"

这句问话，有如一把长棹，同时在谢玉春和柳河东君的心里，搅起了沉怨积恨的波澜。

谢玉春无声地叹了口气，低头看着酒杯，往事似乎都凝缩在酒里。

刚到松江访友，他就听友人说："谢兄，今日有位绝代佳人要在白龙潭义卖赈灾，弟已接到邀请，兄愿意去一睹盛况吗？"

"哦？谁人？"他颇有兴趣地问。

"柳如是！"

他们结伴同行。

果然是一个绝代尤物！悠然坐在船头，轻抚古琴，从她那纤纤玉笋似的指尖，流淌出让人飘飘欲仙的乐曲，倾倒了一湖的人。她的美使他心神不定，突生一种占有的欲念，急令老大把船挤到她的船前，捐了随身携带的所有银两，可她却连他的姓氏也没问一声。他暗暗发誓："一定要把这傲慢的女人弄到手！"

他听了管家的主意，乘船将河东君的小舟死死咬住，抵到堤岸边。

这条宽阔的水道，是通往嘉定的必经之路，两岸生长着丈许的芦荻，芦花正放，接天连壤，给这段水路增添了恐怖和神秘的色彩。

水上没有行船，岸上也没有人烟，两个女人见到这个阵势，还不要吓破了胆，乖乖就范吗？谁知河东君竟不惧怕，走上船头，不卑不亢，音调不低不高地问："谁是当家的？"霎时间，他们反倒有点不知所措了。还是管家挺身而出，他俯视着河东君说："怎么，要见我家老爷吗？我得让你知道我家老爷的声望，然后你再求见如何？"他有些夸张地一挥手："我家老爷乃江左大名鼎鼎的举人，又是嘉定的首富，拥有湖田万亩，家财万贯，仆妇成群……"

那女人不但没被镇住，还讪笑着揶揄地问："这湖这水，这河道也属你家老爷所有吗？"

管家被问得张口结舌，谢玉春只好自己抬步上了闸板，说："柳河东君，我没有认错吧？我在此等你多日了，知你已脱离几社的束缚，本人仰慕你的才貌，欲筑金屋藏娇，你看如何？"

那女人突然放肆地笑起来。又倏然收住，冷冷地回答说："相公盛情，柳隐深表谢忱。相公既知道弟之姓名，大概也略知弟之脾性啰？本人是个不爱金屋爱逍遥的浪人，恐怕是勉强不得的吧？"

"哈哈哈……柳河东君，你是聪明一世，糊涂一时，在此没有人烟之水面，能由得了你吗？"说着，向左右示意，"迎接新姨娘过船！"

她声色不变，接过跟随她的小女子递给的一柄剑，厉声说："谁敢近前让他和这芦苇一样！"说着，一剑削断了一片芦荻。

正在相持不下时，一艘栗壳色的大船向这边开来，他的心一下凉了半截，他已认出了站在船首的人是自己的座师钱谦益。一别数载，偏偏在此邂逅相逢，真是晦气！

被称作座师的长者，机敏地扫视了下眼前的场景，面色沉落下来，但他又不好说自己什么，借口同路，就相邀一起启航了。

自己心里虽窝着一团火，也只好罢休。

河东君也在沉沉地看着酒，流逝的往事仿佛正从杯底浮升。

程嘉燧书房中。

她把玩着大红请柬，指着"谢玉春"三字："先生，这姓氏好熟呀！"突然，她眼睛放出光彩说，"学生想起来了，就是他出资刊刻了《嘉定四君集》，对吧？学生揣测，此公是位轻财、惜才、爱才，卓有远见的君子！学生久有拜见之愿，不曾料到他竟先来邀请，先生为何没代学生应承？"

嘉燧回答说："没有征得你的同意，老朽怎好越俎代庖！"

她娇憨地说："先生不能作主，谁能作主呢？"

嘉燧沉思不语。

"先生，怎么不说话？"她惊异地注视着老人。

"还是不去的好!"老人冒出这么一句。

"盛情难却,怎能不去?"

"按说,他亲自来呈请柬,理应前去拜谢。可是,河东君,你不是说,我能做你的主吗?以老朽之见,还是不去吧!"

"为何?"

"这个你就不必究问了!"

她堕入了五里雾中。来到练川,就是希望结交更多的才子名流,增长才学,广博学识。在阅读《嘉定四君集》时,从刻书序中,得知是谢玉春出资编刻了这部著作,使无力刻书的诸老诗篇能流传于世。而受惠者之一的孟阳老人,为何对他持这种态度?其中必有因由。便激将地说:"先生不道出不能去的原因,学生一定要去。"提起笔就要在一张花笺上写回复。

嘉燧一把夺过信笺说:"别写了,我告诉你:出资编刻《嘉定四君集》的是他,湖上拦截你的也是他!"

几天后,谢玉春又找程嘉燧,开门见山提出请他做月老,要纳河东君为妾。他自诩是练川赫赫有名的缙绅,又有恩于这位松园老人,事无不成之理。谁料被深知柳子志向的老人拒绝了。谢玉春曾读过河东君题墨竹的诗:"不肯开花不肯妍,萧萧影落砚池边,一枝片叶休轻看,曾住名山傲七贤。"他嗤之以鼻,他就不相信这种女人能独立于世,即使是一竿孤竹,也要移植到自己的庭院里才甘休。因而他再次闯进程府,横蛮地提出练川历来有抢婚的风俗。威逼之下,河东君悄然离去,程嘉燧也走了。

"谢兄,为何不悦?"钱横故作惊讶地问。他又放低声音,做出一副关切之情:"莫非谢兄与那柳氏有段风流积怨?"

沉湎在往昔怨恨里的两个人,几乎是同时被钱横拽回到钱塘江边的酒楼上来了。河东君暗自一声冷笑，她倒要听听这个无赖将如何作答。

钱横一言中的，谢玉春也暗自吃了一惊。他很想寻人一吐心头之恨，可这些都是不能公之于世的，张扬开来让人耻笑，有伤大雅。他摆摆头，打个哈哈掩饰面部尴尬，说："只闻其名，未见其人！"

河东君碰了碰阿娟的手，两人相视一笑。

钱横认定自己的推断正确，他谢玉春是有难言之隐，也许和自己一样，受过那个妇人的戏弄，憎恨那个妇人，只不过还未寻到报仇的机会。现在这个机会来了，他得紧紧拽住谢玉春，借他的盛气，泄泄他的心头之恨。他兴奋起来，呷了一口酒，故作惊讶地说："兄台枉为一方首富，风流缙绅。风靡了江左名士、清流的名姝竟没见过，岂不枉哉！"

"大人此言差矣！一个征歌侑酒的歌妓，"谢玉春摇摇头，显出一副不屑一顾的样子，"何足为奇！"

"兄台有所不知，老夫见过这妇人！"钱横神秘地放低声音，把河东君如何美貌绝伦，如何风流放荡，如何机敏聪颖，绘声绘色地说了一通。还说他为净化郡邑风范，两次要驱逐她，都因他太爱才怜才，又放弃了驱逐之念。他说得动情处，竟拍了拍谢玉春的肩膀说："兄若得此女，那才是人生一大快事！以老夫之见，江左，唯有兄台配享此女！"

谢玉春那腔被抑制了两年的欲火，被钱横这一拨拉，又旺旺地燃起来了。他很想能得到钱横协助，他是一府之尊，只要他肯帮忙，不愁柳隐不就范。他试探着说："听说，这个妇人很不好制服呀！"

"哈哈，兄今日是怎么了？难道惧她不成！老夫就不相信，三长兄没有陈子龙的手段！"

这话有如一把匕首，插进了谢玉春的心。一股妒火直冲心中，这个贱妇，竟敢鄙视我，小瞧我，他"哼"了一声，望望钱横，又自语似的吟哦着："'花非花，雾非雾，半夜来，天明去，来时春梦几多时，去似朝云无觅处。'大人,你没听说有人以白香山这首词目她吗?学生上哪去寻她呢?"

钱横把身子往椅上一仰,笑了起来。"兄果真想得到此女,老夫当助你一臂之力!"他向谢玉春偏过身子,放低声音说,"我已得到可靠消息,她现下榻在西溪横山汪氏别墅。"说着诡秘地一笑:"老夫将助兄断了她松江之路,你再断了她的嘉定之路,我俩联手合作,看她还往何处浪去!只要兄台锲而不舍,柳氏自然是你金屋之人!"

"那时,学生一定备盛宴答谢府台大人鼎力协助之恩!"

"哈哈,老夫等着喝贤契的喜酒啰!"

"一定,一定……"

河东君听不下去了,怒火中烧,她不想再听了,她还得去会子龙呢。她起身离座,去追蒋生。来到楼下,已不见蒋生的踪影了。

太阳落山了,河东君仍带着希望在各处寻找子龙。她的眼睛看花了,腿也走麻了,她仍然在寻,在走,她想子龙就在这十里长堤上,他们贴得这么近,一定能找到他!四年,四年哪!她心里装了多少话想倾吐呀!她希望这次他们一同去游孤山,上灵隐,畅叙别后之情。她还要同他去西泠观菊,作一幅采菊长卷,让他品赏一下她画艺的长进,他一定会从凄凉的寒花中,感受到她不愿说出的悲凉。

阿娟见她累了,就扶她坐到马上。她们来到了一个宽阔河滩地带。这里地势低,芦荻疏落,观潮的人也不像别处那么拥塞,空气仿佛也比别处清爽得多。千里大江,风平浪静,没有一丝声音。河东君在马上举目望去,一江秋水泛着白光,天地一色,水月互助弄影,幽雅恬静。

突然,有人欢叫起来:"来了,来了!"

她举目四望,还以为是她等待的人儿来了。

"潮头来了!"又有人高呼着。

她这才怔怔地把目光投向东边的天水相交处。乱云飞渡,白光微微泛起,远处传来如同群蜂歌舞的嘤嘤之声。人们呼朋唤友,跑着,跳着,争相拥到最好的观潮角度,占据较高的地势。河东君忙将阿娟也拉到马背上。

黑蒙蒙的天水之间,出现了一条白练,时合时散,横江而来。倏然之间,月碎云散,潮头突然涌起,犹如白马凌空,琼鳌驾水,挟带着雷鸣般的巨响,震撼着天野,呼啸着,铺天盖地扑面而来。人们又本能地惧怕着被潮头吞噬,后退着。河东君紧紧抱着阿娟,她们也被这大自然奇特现象惊得瞪大了眼睛,只见面前仿佛是有千座冰峰、万座雪山,飞驰而过,湍沫飞溅,犹似满江碎银在狂荡,前浪引着后浪,后浪推着前浪,云吞着浪,浪打着云,它们撕咬着、格斗着,直到互相撕扯得粉碎!

突然,一些手执彩旗、红绿小伞的弄潮儿,跳进了汹涌翻滚的潮中,踏浪翻涛。有人竟执水旗五面,在浪峰波谷中起伏腾跃而旗不湿。阿娟惊呼着拍起手来,河东君虽钦佩他们的勇敢,但也为他们的安全捏着一把汗。这时,她们看着楼阁上有人向江里抛掷彩钱,弄潮儿们争相抢接,又引起一阵欢呼声。

河东君多么希望子龙能跟她一道观看这大自然的奇观啊!

潮头过去,人们又像潮水那样向城里的路上涌去,河东君抱着阿娟,不觉黯然神伤。人们把八月十八日这天,视为大自然的主人——人类与江潮相会的团圆日子,她也是满怀一腔热望长途跋涉,来赶赴梦寐以求的相会。看潮人怀着对大自然的虔诚而来,她是怀着对子龙不渝的爱而来。会潮的人心满意足地回去了,而她却怅然若失地立在苇滩上,惆怅主宰着她。是子龙没来呢,还是失之交臂?她相信子龙来了,他也正在因为没有寻到她怅然不安呢!她一定要寻他,踏遍西湖水,觅遍孤山石,也要找到他。

没有寻到子龙,河东君失望而忧伤。临江酒楼钱、谢的谈话,像一条鞭影,晃动在她的心头,老是驱赶不去。为了不让汪氏夫妇为她担忧,她只得暂将此事深埋心头。忧思过度,她的两颊又升起了潮红。

汪氏夫妇非常不安,担心她的旧疾复发,他们想使她从惆怅中快活起来,便商定借欢迎她重游西湖为题,在不系园木兰舟中举办个别具一格的游宴,邀请寄迹西湖的才媛名妹作陪。

不系园是海内稀有的水上园林,它居于西湖一隅,有长长的埠头伸进湖中,形态各异的小艇,如鸿雁栖歇湖上,埠岸有古朴高雅的园门,门楣上是陈继儒眉公题的"不系园"三个大字,右是董其昌书的"随喜庵"。汪汝谦虽是个以赚钱为业的商人,但他仗义疏财,常以千金济游客,又喜欢解他人于危难,只要是有难来投奔他的,他一律真诚相助,以礼相待。他的友人遍海内。有次他游嘉兴,见灾民云集,一次就出卖二十亩良田,赈济饥民。不系园的舟艇,也是他为骚人韵士、名妹、高僧、剑师、名流和知己游览西湖胜景专备的。

一举结识了如许久闻其名而不见其人的才媛名妹,河东君非常兴奋,一扫积郁心头的郁闷。

这天来的宾客有林天素,一身洁白绉绸衣裙,将她那标准美人的风韵、细巧的腰肢、修长的身段,微微削峭的两肩烘托得更美了,周身透出一股高雅的书卷气,文静柔荑,像一枝带露的琼花;王修征颇有不修边幅的名士派头,薄施脂粉,乌发随意地挽起一个高髻,微风掀起她那海青色薄绸女衣,别有一种洒脱飘逸;还有吴岜子、黄皆令……身世相近,又都同属浪迹湖山,不受世俗礼教约束的风流雅人,她们一见如故。

她们来自不同的地域,有不同的生活遭际,对人生社会当然也有不同的感受。但她们却为上层社会所接受,常常活动在上层圈内,就像燕子来往于高门大户梁间那样来往于富豪、名流之间。她们虽然位卑身微,却有着深广的社会关系,高门大户少不了她们的歌声,就像少不了梁上燕子的呢喃那样。她们知道的事儿多,上层社会发生丑闻秘事很难瞒过她们,来自她们间的传闻,往往都十分可靠。这群从天南地北集在一起的当今最有名气的妇人,各具个性,相亲相偎,海阔天空,无所不谈。主人也乐于奉陪。他们谈绘事,谈当今诗坛,谈某公的贪得无厌、某大员的讳秘,又谈到天灾人祸、百姓的苦难、局势的令人忧戚。有人说到钱谦益,似乎她们都很关心他的事。她们间有人新近从琴川返来,很推崇他的魄力,说他近年经营出洋兴贩,获利巨万。黄皆令不慌不忙,吐出了关于钱氏另一个秘密,说他在一次政治搏斗中,走了司礼监曹化淳的门路,击败了政敌,使温体仁罢相,压服了浙党。"牧老有再起之望!"说者无意,听者有心,河东君想起游嘉定时,嘉燧老人拿给她看的那首钱牧斋的《观美人手迹》,忍不住背诵一遍。姐妹们哄笑起来,说是"墨迹姻缘"。过去,河东君只知道他的才名,不想他还是个有希望的政治家。她被他们笑得不好意思了,天素为她解围,转换话题,谈杨云友的画。河东君突然想起,怎么今日没见杨云友呢?

没有人回答她的问话,欢笑声戛然而止,汝谦饮了一口闷酒,天素、修征垂下了头,一种悲哀的气氛弥漫在席间。

河东君不知所措,不安地望着汝谦。

汝谦轻声地向她解释说:"一年前,云道人已埋骨西泠了!河东君,汝谦有为云道人画册刊刻传世之想,请你为其画册写个跋,以文代悼,此乃生者仅能为之的纪念了!"

林天素等一致赞同。河东君没见过云友,却久闻大名,精研过她的画艺,非常钦服她的才华。散席后,河东君想去看望她的墓。汝谦吩咐游艇把河东君送到西泠。

河东君系舟在平湖秋月,就近先去了岳王祠,在那儿凭吊了一番。"还我河山"的巨幅金匾,拥满了她的整个胸臆。走出岳王祠,她还久久地伫立在祠外,联想到现今的国家形势,感慨系之。百姓忍受不了豪绅的盘剥和税饷纷繁的压榨,起来造反,"索虏"趁机向关内进攻,形势颇似北宋末年。朝廷若再沉迷不醒,还不启用有用之才,力扭乾坤,大明何时能够中兴?她又想到子龙和几社一些有识之士的落第,只得空怀报国之志,困守在家,一种无形的悲哀,向她袭来。她向岳王祠行了个注目礼,才向林和靖植的梅园走去,可她的心还留在"还我河山"的愤怒呼喊声里,这才是一个男子汉的气派,这才是中华男儿的呼声!这声音久久轰鸣在她的心中。

孤山西泠,名胜连着名胜,传说偕着佳话。河东君一面走着,一面观赏着胜景,一边抒发着她的感受,终于寻到了杨云友的墓。

她久久站在墓前,看着那一抔黄土,还未长满青草。这就是一代才女的归宿。才,没有给她幸福,却让她只身流浪,过早地离开了人间。联想到自己的身世,悲哀的雨雾蒙上了眼睛,云友笔下的花鸟虫鱼竟在她面前活动起来:红点鸫仿佛在枝叶欢叫;知了在树干上爬行;菊傲慢地立在枝头;梅花凌冰吐香;蕉叶在雨滴下颤抖,发出淅淅沥沥的泣诉。云友没有死,她的躯壳虽然埋葬在这里,她的生命却通过作品延续下来,滋润着同俦和后人。

河东君振奋了,人生只有靠自己去描绘,幸福只能靠自己去争斗,她俯下身,向云友的碑拜了几拜。

阿娟扶起她,说:"走吧,太阳都进山了,回去就要黑了呢!"

"天黑了不要紧,有在下送你们!"一个男人的声音从一棵七叶树后送过来。

阿娟本能地抱住了河东君的手臂。河东君虽未转过身,没有看到说话人的面孔,但她已辨清了那个声音,暗暗吃了一惊,心头忽地闪过谢玉春管家的面影,耳畔响起了钱、谢的声音:"……哈哈……等着喝喜酒……""……一定……"他们已开始跟踪、进攻,来者不善,不能轻敌。需要认真对待,才能摆脱纠缠。她镇定了下自己的情绪,转过身,微笑着向从七叶树下走出来的那个人说:"是管家呀! 何时来的? 也有这样的雅兴?"她的做派,就好像他们之间从未发生过什么不快,在这儿是偶然相遇似的。

管家茂连,一捋山羊胡须,满脸得意之色,回答说:"嘿嘿,没有想到吧!"他微笑地看着河东君,"柳才女,谢老爷特意要我前来好好同你谈谈。那年湖上的事,是我酒后失检点,冒犯了你,与我家老爷无关。你到练川,谢老爷是以礼相待,汇龙潭的酒宴,虽然名为为你接风洗尘,实则向你赔罪。可是,当我家老爷正准备请你上我们湖庄观猎鱼,你却不辞而别,未免太不够意思。我家老爷耿耿于怀哩!"

河东君肆意地笑起来:"是吗? 那就多谢你家谢老爷的美意啰! 事情过去两年了吧,我都忘了。我这个人哪,就是来无影,去无踪,流浪惯了,想来就来,想去就去。请转告谢老爷,别介意。程老处,柳隐走时亦未去告辞。"

"哼,别骗我了! 那次程松园老头儿不是跟你一道走的?"

河东君不觉一愣。她是后来才听说孟阳老人悄悄跟在她船后边一直将她护送到杭州。这恶奴怎么知道的？她笑了笑说："也许老人担心柳隐被恶人暗算吧！可他哪里知道，恶人一直跟踪我，还是找到了我的下榻之处！老人白费了心力。哎，柳隐多年未见他了！好人哪……"

山羊胡须冷笑着说："哼哼，他已无颜见我家老爷了，也不敢让我碰上，只好以访友为名，四处游荡去！"

河东君的心不由得紧缩了，老人为她不能安居乐业，她很感不安。她脸一沉，说："程老系我的忘年交，你在我面前这样说他，太无礼了！"她拉着阿娟，"对不起，我们要回去了！"

山羊胡须跟上来说："我送送你。"

"不用！"河东君没有理睬他，沿着湖岸，寻她的小艇去了。

他跟在后面，大声地嚷嚷说："我家老爷也来了杭州，住在西溪别墅里，跟你的住所只有一箭之遥。他让我禀告你，他随时有空都可去拜望你。"

河东君感到心里发躁，仿佛有条毒蛇在紧紧追赶她，浑身有种被捆绑之感。她们匆匆赶到系舟处，找到了船娘，就往回驶去。小舟驶进西溪，她们紧张的心弦才开始松弛下来。河东君抬头望望来路和天空，白昼和黑夜在交替，黛蓝逐渐取代了橘黄，横山投下的暗影也因夕照的退避而消散了，唯有不知疲倦的溪水，不甘寂寞地哼着古老的"叮铃铃"之歌。桨棹在变得暗绿的溪水里发出了轻松的微笑，西溪显得更为妩媚动人。

河东君的心情并没有因此轻松，她预感到这只是谢玉春发给她的一个信号。

果不出所料，第二天，门公就给河东君递上一只礼盒，说是一位老爷派人送来的，没有留名帖，只有一张没具名的短简。河东君怒不得、笑不得，她很清楚，这是谢玉春所为。她真担心又给汪汝谦招来麻烦，即使他尚侠宽宏，也不会原谅她的呀！

谢玉春倒没有继续来纠缠，奇怪的是，纨绔贵胄蜂拥而至。求见的，求书求画的，求和咏的，这个走了那个来，络绎不绝。把别墅的看门人弄得应接不暇，使她陷入了难于抗拒的困境。她明白，此系谢某为对付她故意宣扬的结果，目的是给她施加压力，逼迫她俯首。

当谢玉春认为火候已差不多了的时候，他亲自出马了。河东君见到他的名帖，又气又恨，但她决定见他。

谢玉春踌躇满志地在门人的指引下，走进了河东君借用的客厅。

她礼貌地请他坐下，讪笑着说："想不到谢老爷如此看重柳隐！"

"哈哈……你终究明白了！谢某重才，妇孺尽知，你乃聪明尤物，能不明我心迹？玉春一片至诚，欲助你结束漂流。"

河东君做出一个动人的笑，不无揶揄地说："谢老爷之美意，柳隐当感激涕零！遗憾的是柳隐既是尤物，自然不比常人，不爱领人情意。我天生偏爱寄迹江湖，爱那江中汹涌奔腾的波浪，爱那湖中澄澈如镜的绿水。我欲我愿，他人岂能强求？恕我直言相告，请别再费心机，也请别再来打扰我！"她站起身，对阿娟说："送客！"正欲进内室，又转回身补充说："礼盒还回去。"

谢玉春脸色涨成猪肝色，咬牙切齿，他对着河东君的背影，狠狠地说："好个柳隐！谢某会一不做、二不休，你等着瞧！"他完全失去了理智，像一头被击中了要害做垂死挣扎的猛兽那样，咆哮了："我要叫你日无宁日，夜无宁时！也要叫汪汝谦不得安稳……"

阿娟把礼盒递给他，他一挥手，礼盒被挥得老远，里面的细点滚撒了一地。他一甩袖，怒气冲冲地走了。

阿娟怔怔地站在那里，河东君返身走到她身边，抚着她的肩，久久未说话，像两个木雕似的。谢玉春丢下的话，句句像锤子似的砸在河东君心上。这个歹徒，这个恶棍，他有什么坏招使不出来！

十八 以其人之道，还治其人之身

暮春的杭州，烟雨蒙蒙，仿佛是披了轻纱的美人。河东君在窗前的书案边，不知坐了多久，她久久凝视着窗外，灰蒙蒙的天，又飞起了粉末状的雨珠。像雪霰那样，漫天飞散开来，落在庭园的紫竹、芍药、牡丹、海棠的叶茎上，仿佛是给它们撒上了一层细细的粉末。俄顷，雨雾便结成了丝，很细很长，连天接壤，网住了这个浑蒙世界。竹叶上的水雾，也连成了串，滴滴清泪似的潸潸下注。

数天前，为了躲避那些无赖的纠缠，她曾在这书案前给汝谦写信，求他为其寻个静地藏身。可是，即使能寻到一个与世隔绝的桃源，又哪能躲过谢玉春的纠缠！现在她最最需要的就是要尽快地摆脱他，求得安静。可是，谢氏可怕的影子就像这浓重堆积的云雨，逼得她惴惴不宁。瓦灰色大船向她逼来，谢玉春盛气凌人踱步在松园老人的客厅，临江酒楼上的怪笑和阴谋，缸儿巷汪汝谦住宅门上的揭帖，蜂拥而至的纠缠……

她陡地捂上了眼睛，可是，那些不堪入耳的污言秽语，又向她的耳际扑来。拂不去,挥不掉。她只得紧紧堵住耳朵。愤怒却像钱塘江的潮水,在她心里升起了,她浑身都被复仇的怒火勃胀着。忍让、退避不是上策,只会被视作懦弱可欺,反会助长邪恶的疯狂!她的两手蓦地握起拳头,她在心底怒吼着:"我要报复!报复!"她那纤巧的手指攥得吱嘎作响,她像一头被追急了的小鹿,被人逐到了悬崖绝巘。要么跳下深渊,粉身碎骨;要么返身猛一回击,或许还能逃脱。她两眼放射出复仇的火焰,仿佛谢某就立在她面前,"以其人之道,还治其人之身!"她在心里高喊了一声。

雨幕愈来愈浓,她思量着。

阿娟给她端来了一小碗西湖藕粉羹,并惊诧地看着河东君,仿佛不认识她似的。她眼里的迷惘已换成了兴奋之色。阿娟抓住河东君的手,问:"有妙计了?"

河东君没有回答,只是朝她一笑,就端起藕粉羹。一匙一匙,晶莹润滑的藕粉羹,滋润着她的心,她顿觉神清气爽了。这时四合的雨幕也退让了,朗然了。她在书案上铺好花笺,给汝谦写了封信,请他速来。

汪汝谦正在缸儿巷家里的书房中,他的书案上摆着河东君前几天送来的那封短牍。

> 嵇叔夜有言:"人之相知,贵济其天性。"弟读此语,未尝不再三叹也。今以观先生之于弟,得无其信然乎?浮谈谤谣之迹,适所以为累,非以鸣得志也。然所谓飘飘远游之士,未加六翮,是尤在乎鉴其机要者耳。今弟所汲汲者,亡过于避迹一事。望先生速择一静地为进退。最切!最感!馀(余)唔悉。①

---

① 柳如是致汪然明尺牍第五通,载《柳如是尺牍》。

　　　　　　　　　　　　　　　　　　寒柳:柳如是传

这是一封求救的信，求他尽快为她找个不为他人所知的僻静住处，让她躲开那些豪霸痴黠的纠缠。从短札的字里行间，汝谦好像听到了河东君哀鸿般的呼救声。他那善良的心被震颤了。他爱才，同情流落在江湖上才女们的命运，愿为她们反抗人世的不公助一臂之力。可是，在贵人公子麇集的杭州，要想找一块净土，谈何容易！他放下信笺，捋着他那把还算气派的黑须，在书桌边踱着步子。她是投奔来的客人，他有义务保护她。若是保护不了她，那不就有负于她的信赖？他又想起了最令他关切的事，孟阳嘱他为她择婿，他跟她提起了几个人，都遭到了她的拒绝。但也使他更深地理解了她，敬重她了。人之相知，贵在知心，她心里不能忘怀陈子龙。但是，不管她多么地珍惜他们的爱情，那也是不能结果的花朵啊！可悲的是，她还执迷在那没有希望的耕耘，还苦苦期待那没有收获的秋天。她曾向他吐露过心迹，出示过她怀念子龙的诗作。那些能使人肝胆俱裂的诗句，还常常缭绕在他耳边，像湖风，像晨露，像烟雨……他为河东君叫起屈来！

他走到窗边。花坛上的姚黄魏紫正在竞艳放香，开得那么得意、自在，碧叶扶衬着它们，深厚的泥土哺育着它们，在这堆沃土里，它们色香得到了尽情的抒发。"她的命运不如牡丹"，他这样悲叹着。他所结交的才人，多有一部荡气回肠的坷坎故事，有的终生落寞，郁郁不得志。难道世间的才华真的与幸运无缘而总是和苦难联结在一起？他想帮助她，但他又怎能改变她的命运呢？现在迫在眉睫的事情就是为她找个安全的栖身之处。择婿之事留待以后慢慢物色。他拿起信札，往后堂走去。

他是一个拥有相当产业的茶叶商，但他不热衷功名爵禄，鄙视那些削尖脑袋钻营权势和爱钱如命的人，他赚了钱就用来救济落魄的才人和流浪江湖的才女，不管他们是什么身份，高僧、剑师、武侠、名姝、名士，他都爱同他们交往，不受礼教的约束。他的夫人信佛，丈夫周济他人,她从无怨言,丈夫同名媛们交往,她处之泰然,从不干涉或心生妒意。她相信丈夫就像相信她供奉的观音大士那样,只要是善举,她都全力支持。汝谦将河东君的信递到她面前,请她想想办法。

她想了想,说:"请她住到家里来吧! 像上次那样,我把书楼让给她。"

汝谦沉默了,倘若将河东君接到家中,让他人知道了,肯定又要受到攻讦,他不是士大夫,向来不在乎这个,只担心诽谤会更加刺痛河东君伤痕累累的心,对她择婿也增加困难。再者,河东君这个自由惯了的人,住进他的家里,和他的妻妾们相居一起,不免很尴尬,也不习惯。他担心会发生上次那样的事情,她又要带病归去。

"夫君为何不说话?"

汝谦仍然不吱声。

汪夫人说:"河东君又不是没在我家住过。我们家讲究少,别担心,有我呢!"

"我是担心河东君介意,不肯来呢!"

夫人笑了:"这好办,我亲自去请她。她……"

汪夫人的话未说完,就被她的贴身丫环打断了。她手里擎着一封信,从外面急急地走进来说:"横山那边送来的,要我速速交给老爷!"

汝谦匆匆看过河东君的短笺,就递给夫人说:"不知又出了何事,我这就去看看。"吩咐丫环:"传话备船。"

雨停了,天空现出了花花阳光。门人见了主人,迎出来行礼问安。汝谦向他道了乏,就往河东君借住的西小楼走去。

汝谦来得这么快,河东君被深深感动了。她抑制不住感激之情,迎上去向他行了个大礼:"先生,救救柳隐!"

汝谦惶然,不知出了何事,他握着她的手说:"只要是弟之所急,汝谦愿肝胆相助。是为择静地之事?"不等回答,他就将汪夫人的意思向河东君说了。

"不。弟已改变主意,就住此地。"

"为何?"

不搬进他家去,并非她害怕那些诽谤非议,那些她听得多了,无须介意。她是担心谢氏要把污水泼到汪家门上。谢氏不是已扬言要让他不得安稳吗!但她能把这些告诉汝谦吗?她宁可自己受委屈,也不能叫他受到牵累,决不允许一颗仗义正直的心受到玷污!要不,她会不安的。

她略微停顿了下,回答说:"我要复仇,我要叫他收敛收敛!"遂将谢氏对她的屡屡迫害、她的忍让、他紧逼不放以及她想好的反击之计,一一告知了他,"先生,你已应承了肝胆相助,不会反悔吧?"

黄衫豪客的正义之心,早就随着河东君的倾诉激愤起来,慢说要他如此相助,就是要他雇一群"撞六市"①,去教训教训那个衣冠禽兽,他亦在所不惜!他一口应承下来。

第二天,别墅门前不三不四的人川流不息地来寻衅闹事。河东君不声不响、忍气吞声,待到第五天,她手书一简,让阿娟送到门口,交给闹事的人,让转给他们的主子。大意是,她认输,愿意上门商谈,条件是,保证汪氏别墅安宁。请定某日派轿来接她主仆。

谢玉春毫不怀疑,以为她已山穷水尽,不得不向他投降了,在河东君指定的日期,一早就派轿来接走了她们。

就在这一天,汝谦在横山别墅以柳如是之名义举办了个盛大文宴,广邀寄迹杭州的名流、剑客、义士、骚人、墨客、美姝、才媛、江湖浪人。河东君的才艳早就蜚声西泠,人们谁不想一睹风采!

宾客们陆续到齐了,乐师奏起乐曲,酒菜也都摆了上来,却迟迟不

---

① 撞六市:指不顾死活的无业之人。

见主人。客人困惑了,他们频频向门口翘首。久久,久久,仍不见柳河东君的踪影,只见汪汝谦进进出出,好像发生了什么事,神色焦虑不安。后来,他立在厅中,向客人们抱拳致意:"诸位名士、女史,承蒙赏光,莅临文宴,汝谦代柳女史向诸君致谢。委实抱歉,主人不能来出席。诸君不用等待了!"他抱拳绕席一周再次致歉,并请与他交谊甚厚的林天素代河东君招待宾客。

宾客们面面相觑,空气中倏然躁动起不安情绪,响起了嗡嗡议论之声,有人愤然甩袖离席。

汝谦清楚地看在眼里,连忙迎上去,躬身行礼说:"柳河东君没能来赴会,不是有意怠慢诸位,是有特别因由。汝谦为不影响诸位情致,故不愿如实以告。"他把离席的客人邀回席上:"请先尽兴饮酒。"

林天素向客人们频频举杯微笑,依次向宾客敬酒;王修征醉态可掬,和着乐师奏出的乐调,举起双袖,离席舞蹈;一位从闽地远游来的剑客,须发飘逸,乘兴表演剑技;敬酒献词,吟诗高歌,猜拳行令,这群葛天氏之民完全从现实生活里超脱出来,他们一向藐视束缚情感思想的虚伪礼教,这时只图尽情一抒胸臆。但亦有不少人仍在为文宴的东道主未曾露面而迷惘不安,吴岂子、李因、黄皆令私语窃窃;梁喻微投给王瑞淑一个探寻的眼色;瑞淑移席天素身边,问道:"河东君出了何事?"黄皆令起身跟了过来,懒洋洋举起杯,呷了一口,也问道:"她为何迟迟不来,真扫我等豪兴!"

几位女史的发问,就像在刚刚熄灭了的火塘里浇上了些许火油,那些刚刚被酒驱赶了的疑窦又顿然拉了回来,不少人附和起来:"然明兄,该你解疑释惑了!"

"河东君为何不来?"

汝谦做出一脸的难言之色,立起身说:"发生了一件令人不能容忍之事,诸君亦会因此义愤填膺。汝谦斟酌再三,恕不敢直告。"他向大家抱抱拳，又坐了下去。

这句没头没脑的话，就像滴在沸油锅里的水珠，倏然毕毕剥剥在餐厅里炸开了。汝谦长期跟江湖名士交往，知道他们奔放的个性。他们才华横溢，藐视权贵，放浪形骸，玩世不恭；他们讲义气，路见不平，拔刀相助，除了友情、可折服的技艺、才情外，不把任何人放在眼里。此时他们纷纷站起来，追问这话怎讲，还有人醉歪歪地走到汝谦面前，向他作揖说："然明兄，若够朋友，就直说出来。"

"对！够朋友，就说出来！"

座间响起了轰然的回声。

汝谦一见火候已到，他离席走到厅中，高举双手打拱着说："诸君，诸君！光天化日之下，柳女史被人强行劫去！"

"谁劫去了？谁？"

"好大的胆！竟敢动我等之友！"

愤怒的火焰在餐厅猎猎燃起来了。

"诸君息怒，"汝谦一脸怆恻遗憾之色，"劫人者不是一般人，他是一方豪绅，又是举人……"

"是状元也不行！"

群情更为激愤，怒火烧红了他们的眼睛："是谁？是谁？"

"就是现住在左邻谢氏别墅的主人谢玉春！"

闽地剑师怒目横睁。拔剑出鞘，挥臂一呼："把河东君要回来！"他在头里奔出了厅门，除了几位女史，宾客一齐向谢氏别墅蜂拥而去。

这时，河东君正在谢氏别墅的花厅里，同谢玉春谈判。她提出，他若真心娶她，得应从她十个条件。

谢玉春洋洋自得，完全是以一个胜利者的神态对待城下之盟的河东君，他威胁着说："条件？笑话！谢某人可从未许过人条件！"他嘴角露出一丝讪笑，"既进了这道门，就休想出去！你愿得从，不愿也得从！再想从谢某手缝间溜走，妄想！"

河东君，凭着辩才和机敏，小心而巧妙地同他周旋着。突然，门人气急败坏地跑进来禀告说："门口来了许多人，要见老爷！"

"何人？"

"小人不知，怪凶的！"

"不见！"

"老爷！他们人多，你还……"门人见他阴沉着脸，不敢说下去。

"谢老爷，以柳隐之见，还是见见为好。"河东君不动声色地说。

"你……"他打量了河东君一眼，有所警觉。

"姓谢的，滚出来！"

"不出来，点火烧掉这房子！"

"对！连姓谢的一起烧了！"

"……"

"外面的客人都是我柳隐的友人，你想跟柳隐联姻，怎能不去认识认识柳隐的友人呢！"河东君微笑着，仍然一副漫不经心的神情。

门人又返身回来了："老爷！老爷！他们……"

"胆小鬼！怕什么？把大门关上！"

"谢老爷，门怕是关不住的，"河东君一声冷笑，"还是去见见吧！"

"他们为何要见我？"

"想认识一下你这位赫赫有名的谢老爷呗！"

门外又传进来了震天价响的喊声。谢玉春的傲气顿然消减下去，他耷拉着头，向门口走去。

葛天氏之民们一拥而上，团团围住了他。

剑师上去抓住他的前胸，瞪着他那躲闪不定的眼睛。"快把柳河东君送出来！"剑鞘直指他的鼻尖，"若敢说半个不字，此剑可不认人！"

"快把河东君送出来!"

"剖了他!"

这一声叫喊,震得谢玉春胆战心惊,他偷眼睨了下怒不可遏的众人,从他们的装束上明白了这里三教九流都有。这些人,官府管不了,来无踪,去无影,上通天,下通地,谁也惹不起! 他顿时气馁了,胆怯了,哆嗦着说:"我……我……送她出……"

这时,"山羊胡须"不知从什么地方走出来,想打圆场解围:"文士们! 大师们! 请息怒,有话好说,有话好说!"

"你是什么人?"剑师问。

"他是谢老爷府上的管家。"跟在"山羊胡须"后边的仆人忙说。

一个武士打扮的彪形大汉,上前给"山羊胡须"左右开弓几记耳光,骂道:"一个看家狗,也想来充人!"

"山羊胡须"被这几记耳光打得往后直仰,一屁股坐在地上。

不一会儿,一个仆人引着河东君和阿娟从里面走出来。

河东君向仗义相救的友人们高高抱拳,行着仕人礼:"多谢诸君相救,多谢诸君相救!"她走到谢玉春面前,笑着说:"哟,这不是谢老爷吗? 怎么如此模样? 刚才对我那个神气哪去了?"

有人叫了起来:"叫他给河东君赔罪!"

"跪下!"剑师一声厉喝,冰凉的剑锋已触到了他的喉头,他两腿一软,跪了下去。

"谢老爷,何必如此! 柳隐可担当不起呀!"河东君尽情地发泄仇恨,又向众人高高抱拳说,"诸君的美意柳隐领了,可是,诸位想过没有,你们的仗义可要给柳隐带来新的灾祸呀! 我求个情,饶了谢老爷好吗?"

"不能轻饶了他! 要他向天盟誓,不再恃强凌弱,不得再来纠缠你!"

"快发誓!"剑师像个执法者,着意让剑锋碰了下谢玉春的喉头。

"我发誓……"

"不能便宜了他!"有人又高声喊叫,"限他今日滚出杭州!"

"快说! 今日离开杭州!"剑师命令着。

"是! 今日离开……"谢玉春好像吓得麻木了,剑师一下把他提拎起来,他的腿像筛糠似的站不住了,以为剑师要杀他,像被宰的猪样叫了起来,他的仆人们都站得远远地观望着。

"嚎什么! 告诉你,看在河东君求情的面上,今日不杀你。可你得马上滚出此地回老家去! 明日若再在西湖碰上你,别怪我这剑不认人!"他手一松,谢玉春咚地跌坐在地上。大家哄笑起来。

"谢老爷,我可以走了吗?"河东君看着已狼狈不堪的谢玉春,由衷地感到一阵畅快,她微笑着,"那么,再会了!"

十九　咏寒柳

谢玉春离开了杭州。

河东君泄了愤,舒了口气,可她并没有求得心灵的安稳,每当夜深人静,她就惶然无主,感到惆怅和孤独。就像浓重的夜色,挤迫着她,她把头深深埋进枕里,一次一次呼唤子龙。常常是叫着他的名字走进梦中。何处是归宿?难道就这样漂泊下去么?

她一天天消瘦下去,两颊又涌起了病态的红晕。汪夫人来看她,十分爱怜,执意要把她接到家中休养。

河东君怎么也不答应,她忘不了两年前住在他家给他们带来的麻烦和不快。那次是经不住汪夫人的真诚相劝,住进了汪家的书楼。汪夫人为她打开了所有的书箱,任随她阅读。

数天相处,汪夫人被她忘我攻读的精神深深感动,又拿出家里的珍藏,任她观赏披阅。

她还阅读了汪汝谦自撰的著作《春星堂集》,特别研究了集中有关名媛杨云友的资料,看了董其昌对杨云友山水画册的跋语。跋中对云友的画艺做了很高的评价。她闭门不出,每日读书到深夜,作了许多诗文。那颗被恶豪纠缠得紧张疲惫的心,在安谧宁静的环境中,得到了舒松和慰抚。

可是，没过多久，就有人在汪氏宅邸的黑漆大门上贴了一纸："美姝才女乃为天地所养育，应为众所共有，怎能容一拙夫私匿其舍！若不交出，当心老拳！"顷间，仆妇们喁喁私语，传遍了汪家上下，也让阿娟听到了，便告诉了她。她气得四肢发冷，一下昏厥在书桌上，一股咸腥味的液体从喉管直往上涌，一口鲜血从她嘴里喷吐出来，阿娟叫了一声："不得了，你吐血了！我去找汪夫人！"

她突然惊醒过来，一把拉住了阿娟，有气无力地说："别叫嚷，快快擦去，不要让人知道！"

那时她为了不让汝谦遭受诋毁中伤，婉言谢绝了汪夫人的诚挚挽留，毅然要抱病离开汪家。现在他们帮她教训了谢玉春，他人虽离开了，但决不会善罢甘休，一定要寻求报复，在这种时候，她怎么能再去他家呢？她决不能只顾自己安逸，让真诚关心她的友人因她再受诽谤。她谢绝了汪夫人的深情厚谊。

汪夫人见她执意不肯，求救于丈夫。

汝谦想，河东君的病一直未能痊愈，与她的情绪有关。住在他家，虽然夫人贤德，总是个客人，要受到一些限制，不如让她继续住在风光秀丽、幽谧清静的西溪别墅也许更有利于她的康复。他将想法告诉了夫人。

河东君听说他们同意她继续住在横山，又顿生千般感慨，万般联想，她感激他们对她的理解，给她的友情、援助和关怀，也想起谢某那个恶棍给她的迫害。她的眼睛湿了，深情地望着他们说："我怎能报答得了你们的恩情呢！"

汪夫人移坐到她的榻前，抚摸着她散乱的秀发说："你怎么又说这样的话了？出外靠朋友，等你嫁了个如意郎君，那时我们就到你家去做客。"

一股爱流涌遍了河东君全身，她仿佛又回到了两年前和他们离别的那个时候。

汪夫人把她拉到矮几边，与她一同坐下，关切地问："你打算去哪里？能告诉我吗？"

她支吾着说："我有几个旧约，还没最后定下先去哪里。"

汪夫人关切地问："河东君，你到处流浪，总不是个归宿呀！难道世间就没有你能看得上的人吗？"

汪夫人这句话，引起了她无限的惆怅，她爱过，把全身心都倾注在这爱里，可是……她怎能理解她？尽管她不歧视她、同情她，她也不能理解她的苦衷。她不愿提起子龙，她沉默着，低下了头。

汪夫人握着她的手，劝导着，"你也别太挑剔了，再拖下去，就误了好时光了。听然明说，你不愿……"见河东君的面色阴沉下去，汪夫人就知趣地停下了。

她不愿随随便便嫁个人，不愿为人姬妾，怎地就是挑剔了？她身居主母的位置，当然不知道姬妾的痛苦啊！那是怎样一种屈辱的生活！她不求荣华富贵，诰封夫人，但只想求得一知己，尊重她，认识她本身的价值。仅此，却这么难！她站起来说："谢谢夫人，我告辞了。"

"你等等。"汪夫人已意识到，河东君主意已定，再留也留不住了。她打开橱门，拿出一个月蓝缎子的包裹，解开来，包里除了一部《春星堂集》外，还有一个螺钿镶嵌的烤漆匣，似乎是早就预备好的，说："这书是然明送给你的，匣内是几件首饰和一点银两，是我送给你作纪念的，望你收下，也不枉我们结交一场。"

她一睹这只漆匣，就想起了她一直留在身边的另一只漆匣。它们一模一样。她激动起来，汪氏虽属商贾之家，对她却这么慷慨！可是，她不能受。她双手捧起《春星堂集》说："夫人，太感谢你了，这个我收了。"她深情地抚摸了下漆匣："这个，我领情了，请夫人替我收着，柳隐还有再来拜望的时候,西湖胜景永远吸引着我呢!"

汪夫人不高兴地说:"你怎么就不明白我的心!"

她赶紧一把抱住她说:"夫人,你别担心我挨饿,我的书画能养活我主仆。在不得已时,还可去弦歌侑酒,卖艺谋生,也并不丑!"

她站在轿前,紧紧拉着汪夫人的手,望着他们忧心忡忡的样子,心里涌起一股暖流。她联想到许多理解她、器重她的人。她虽然还不知自己将往哪里,但她却充满了信心,她要养好病,为她那无望的理想奋斗。轿夫掀起轿帘,她弓身进去了。

数月后,她给汝谦寄去谢函一封:

> 鹃声雨梦,遂若与先生为隔世游矣。至归途黯瑟,惟有轻浪萍花与断魂杨柳耳。回想先生种种深情,应如铜台高揭,汉水西流,岂止桃花千尺也。但离别微茫,非若麻姑方平,则为刘阮重来耳。秋间之约,尚怀渺渺,所望于先生维持之矣。便羽即当续及。昔人相思字每付之断鸿声里。弟于先生亦正如是。书次悯然。

想起汪氏夫妇的深情厚谊,她就控制不住内心的激动。她抬起身子,把头偎依在汪夫人的膝头上哭了。

"柳子!"汝谦走到榻前的一张紫檀靠椅上坐下说:"有位文坛泰斗托人捎话给你……"

汪夫人打断了她丈夫的话说:"现在不是说这个话的时候,治好病再说。"

河东君虽然非常想知道这话的内容,既然夫人不让他说下去,她也不好意思问了。她相信汪夫人是为她安心养病,才不让她现在就知道。

夫人拍拍她的背说:"莫哭,在这儿好好养病,我们会常来看你的。"

西溪的空气新鲜,汪家不断地给河东君送医送药,她又战胜了一次感情上波涛,不仅逐渐淡泊了因没见到子龙引起的忧伤,她的身体也逐渐有了好转。汪氏的横山别墅读书楼还破例地向她开放,她开始重温旧课。《西泠采菊》长卷也作成了。

一次汪氏夫妇来看望她,她拿出长卷,题上她的近作《晚菊》,赠送给他们。

河东君在诗中自比寒菊,有如一阵凛冽的寒风吹进了他们的心中。河东君已二十三岁了,她的归宿还无着落,使他们很是忧心。汝谦想起了上次被夫人打断的话,现在说出,也许是时候,"如是,有某公说:'天下有怜才如此女子者乎? 我亦非才如柳如是者不娶!'"

河东君暗暗一怔,游嘉定时和松园老人一席谈的情景倏地闪回到心头。

"你对自己的归宿可有考虑?"嘉燧有次这样问她。

她凄苦地一笑,感激地看了老人一眼,回答说:"学生再也不愿为人姬妾了,宁可流浪,也要独立于世!"

老人沉默了,良久,良久,他仍以关切的语气问:"你到底要选何等样人物为婚呢?"

她不假思索随口答道:"先生,学生不重别的,就只重才。学生陋见,天下唯有虞山钱学士者始可言才,我非才如学士者不嫁!"

然明说的某公当然是指钱学士了。他这句话也肯定是回答她那句"天下唯有钱学士始可言才,我非才如学士者不嫁"的。然明为何不明说出他的姓名呢？这正是可引以为知己的地方。他知她心里只装着子龙,故而隐隐晦晦,作试探之言。河东君淡淡一笑说:"不曾想到,天下还有如此知音!"

汪夫人连忙接上说:"不过……听说年龄大点,脸有些黑!"

河东君却笑了起来:"夫人,只要是真正的才人,倒不必以貌见长。只要真能成为知己,结成忘年之侣也很好呢!"

汝谦不由自主地击起掌来,称赞道:"此至论也。非千古第一佳人不能有此高见!"

河东君开怀地笑起来:"明公,你就喜欢恭维我,不怕羞煞柳隐。"

汝谦异常兴奋,好像他已看到了河东君幸福的归宿,说:"你安心养病,我传话与他。"

河东君又笑了,"明公,你还没告诉我某公为谁呀?"

"虞山钱学士!"

她本来就是明知故问,这个回答也早在她意中,可仍在她心中引起了波澜,漂泊中听到的有关他的传闻和议论,就像一条溪流把沿途树上落下的花果、枝叶,一齐汇进了她的心潭,随之又把她的记忆带回到两年前的嘉定。

嘉燧老人见到她的第一句话就说:"你若早到一日就好了,失去了见一个人的机会!"

"哦? 谁呀?"

"一位学贯古今的文坛耆宿。他刚刚离去。"嘉燧老人摇了下头,"错失良机,万分可惜!"

她"嗯"了一声,突然想起那艘栗壳色大船,那站立船头的长者,不由说:"学生见过了。"她诡谲地笑了笑:"黑红的脸膛,宽广的天庭,灼灼发亮的目光……"

“对对对，正是此公！”老人兴奋地说。

她稚气地一笑：“学生并不知道此公何人？”

“来来来！”松园将她招呼到他的画桌前，拿出一纸诗笺。

她惊讶地叫了起来，读出了诗题“观美人手迹”。

“此乃他赞你的诗！”

她急于要证实自己的猜想，把视线移到落款处，果然是他——钱学士！再来读诗，她觉得有股才气直向她扑来，这不是她第一次读他的佳作，她读过他许多诗文，也研讨过他的诗论，也常听文士对他的评价和称誉，他的诗有独特的风格和个性，他的诗论有卓越的见解。可这次读他诗作更为激动，她两颊飞起了红云，把诗稿推到嘉燧面前，羞赧地说：“学生诚惶诚恐了！”

她仍然困惑不解，是谁将她的话传给了钱学士呢？她说此话时，并没有想到要嫁给他，而只不过比喻自己对才学的向往罢了。她虽然知他有才，有很高的声望，在湖上邂逅相逢，无意救了她。可是，关于他的传说很多，毁誉参半，她并不了解他。而且，她不愿为人姬妾。她问：“他是从何得知柳隐所说才非如他不嫁之言的？”

汝谦诡谲地翘起胡须，摇摇头说：“汪某这就不知了！”

夫人接上说：“还能有别人，是松园老，他为这句话专程去了趟虞山呢！”

“啊！”河东君心里豁然 亮，那年她离开练川，松园老人悄悄护送到杭州后，又去了虞山啊！她浑身暖融融，心里甜丝丝的，难得这样的热心人。虽说自己的命薄，却有如此多友人关心她，她应知足。知足者常乐，她应该乐。可是，她是历尽人世沧桑的人，这归宿大事，要慎而又慎。她推说：“我的病还没好呢，以后再说吧！”

送走了汪氏夫妇，河东君怅怅地回到卧房。她的思绪又蹁跹起来,突然又忆起了她第一次来杭州时,汝谦问她,"可知秋娘的下落?"

她被问住了。离开卧子后,她回过一趟盛泽,去探望秋娘。这才得知自她出逃后,秋娘跟着一个化缘的老尼走了,她的全部财产都捐给了老尼的那个寺院。她根据姐妹们提供的线索,去寻找秋娘,去过很多寺院,都失望了。

她向汝谦摆了下头,心却像铅块样沉重,他也意落落。

秋娘是为她能寻到一个幸福的归宿,才给了她自由的,而她自己却不得不放弃了红尘,遁入了空门,青灯黄卷,了她一生。秋娘为她做出这样的牺牲,可她到了这个年纪,仍然像一片飘忽的树叶,没有归宿。选婿之事成了她一块心病,今日汪氏又重新提起,还道出了钱氏,仿佛是往她心湖中掷下了块巨石,激起了丛丛簇簇的浪花。她感到倦怠了,想独自清静一会儿。

她移步梳妆台前,对着铜镜坐下,审视着镜中自己的面容。她正值人生的春季,肌肤若凝脂似的细嫩白净,两颊那淡淡的红晕还是那么鲜润。可是,久病还是留下了痕迹,眼圈仿佛涂了淡淡一层彩墨,添了几分深邃。她,黯然了!要不了多久,她就会老的,眼角也会慢慢爬上鱼尾纹,到了那个时候⋯⋯她不敢想了。

她长期漂泊,周旋在追随者、仰慕者和欲筑金屋而藏之的猎取者之中,应付着,斗争着,小心翼翼地保护着自己,使欲攀折者感到棘手,"一笑不相亲"![①] 她确实感到累了,疲倦了,她多么希望能有个平静而温暖的港湾,让她歇息一会哟!可是,这个温暖的港湾在哪里呢?

子龙,观潮为何失约?也许他后悔了,不该又来揭那已经结了痂的痛苦伤疤?也许,他的祖母欠安,他是个极孝顺的孙子;也许,张氏有了预测,极力阻拦;也许,圣上突然想起这位云间才人,要起用他,他

---

① 　徐野君士俊《菩萨蛮·初三日与柳姬闲话》。

要赶着去赴任？世事多变，什么事都有可能发生的。

他曾经是她的幸福所在，理想的归宿。可是，他们的结合已经无望，就是再会，也不能给她一个归宿。但她仍然相信他那颗心是爱着她的，即使他们都老了，死了，化作了泥土、灰烬，她仍然相信他的爱心的不渝和真诚！可是，她不能永远生活在无望的虚空里啊！她会老，会老的，她不能凭着缥缈的希望生活，得有个归宿。

许多姐妹十四五岁就出嫁了，不系园上的名媛聚首，不复再有，她们中的不少人也都有了归宿。李因最近嫁了葛征奇。而她仍像一片没桨的小舟，漂泊水上。她想起了多年的飘零之苦，观潮那日钱、谢在临江酒楼上的对话倏然响在她耳畔：

"老夫将助兄断了她松江之路，你再断了她嘉定之路……看她还往何处浪去……"

看来她的路越走越窄，越来越崎岖难行了！她是弱柳、衰草，假若没有像然明这样的黄衫豪客来保护她，也许，她早就被强力扼杀了！若要选婿，就得选个权势能制服他们、声望能镇住他们的人！钱学士，凭他的条件，是选婿的理想对象。当今名媛选婿，无外乎选取权势显赫的官吏，富可连城的地主，能操纵党社舆论、左右清流的名士，这三条，钱牧斋都具备。他是东林领袖，在党社中有举足轻重的地位；他是文坛祭酒，在江左士子中有很高的声望；他还经营船队，出洋兴贩，获利巨万，这种买卖非寻常人敢为，需要胆识和魄力。

可是，早年温体仁指使浪人张汉儒指控他的四十款罪状，难道都是诬告吗？他家有成百的奴婢，夺人妻女，把持官府，操纵考试词讼……前年，他又走了司礼监曹化淳的门路，击败了政敌温体仁，迫使他罢相，压服了浙党。现在他虽在林下，但仍然有深厚的社会潜力，他会东山再起。河东君心里倏然闪现出这样一个想法：只要他再起入相，他就有能力击垮那些欺君误国的罪魁，左右朝政，开创一个以君子为核心的、子龙梦寐以求的清明吏治之世,就有可能挽救国家于水火,中兴大明就有望!他不会永远蛰居林下的,他有宰辅之才,只待时机!

她若嫁了他,那些势利小人、蝇营狗苟之辈、歹徒恶吏,奈何得她吗?钱横、谢玉春,敢绝她松江、嘉定之路吗?恐怕还要来逢迎她呢!尊她一声师母、夫人!

但想到要嫁给一个长她三十六春,可以为她祖父辈的人,她的心又突然凉了!难道她挑来选去最后就挑这么个老头儿?

她再也不敢看镜子里的她了!她的面容是那样凄惶、惆怅、忧沮。她一抬手,将铜镜反了过来。铭镌在镜背上那首小诗仿佛有意逗弄她,灿然地闪着光,一字一字跳到她眼前:"照日菱花出,临池满月生。官看巾帽整,妾映点妆成。"

这是一面唐镜,是卧子送给她的定情之物,她异常宝贝它。离开南园时,她随身只带了这件宝物。卧子才是她的真正心上之人!

她伸出双手,轻轻地抚摸着它,好像这就是他了。可是,它却是那么冰凉,她不由地一阵酸楚,两滴清泪滚落到镜上。她能将卧子从心上抹去吗?她无力抹掉他,她心烦意乱,一种窒息感向她袭来。她在室内再也待不住了。走出门去,叫上阿娟,向西溪走去。

西溪的早梅也许开了,它一向被雅人称之为香雪海。她想上香雪海里去寻求宁静和心的解脱。

可是,早梅才刚刚长出苞芽,像粒粒碧色珍珠,缀满枝枝桠桠,还未到放香时候。

她们默默无语地在梅林里徘徊,落叶在她们脚下发出沙沙啦啦声响,万籁无声,一片萧瑟。凛冽的寒气亦未能助她理清心中纷繁的思绪,那些久久困扰心头的乱丝仍袅绕在心上。她也会有走向人生暮秋的时候,像这西溪一样,肃杀清冷。晨曦转瞬即逝,暮色顷间来了。

她踽踽回到别墅,随便喝了一小盏粥,就上床了。

辗转不能入眠。黑暗中，仿佛隐约看到了自己，满布皱纹的脸上，躲闪着一对失神的眼睛。她孤孤独独。往日愿一掷千金买她一笑的公子王孙、达官显贵，早已蝶飞蜂去，"门前冷落车马稀"！她不敢认自己了，双手捂上眼睛，她完全清醒了。她这片无定的云，何处是归宿呢？起风了，风在窗外吼叫着，她的心也在凛凛发悚。

她无法入睡，索性披衣下床，移步窗前。她轻轻地抽松了窗栓，一阵风猛地把窗推开了，冷风鼓起了她的衣袖，顿觉周身冰凉，打了个寒噤，不由自主地抱紧了双臂。她向窗外望去，没有一点星火，无边的黑暗覆盖着宇宙，隐约可见池边那棵被萧瑟的秋风肆意戏弄和鞭打着的柳树黑影，在左右摇摆着，它的叶子几乎被残忍的风剥光了，赤裸着身子在凛冽的寒风中颤抖。"垂柳无人临古渡，娟娟独立寒塘路。"她耳边响起了卧子的声音。这是他寄给她的《上巳行》七古中的两句。他把她比作塘边的寒柳，是多么地贴切！寒柳，寒柳，这被风推来搡去的寒柳啊！他们的命运是何等相似！自己早过了嫁期，终身仍无着落……

她用力拉上窗，插紧窗栓，点亮灯，挥毫写下了：

金明池·咏寒柳

有恨寒潮，无情残照，正是萧萧南浦。更吹起，霜条孤影，还记得，旧时飞絮。况晚来，烟浪斜阳，见行客，特地瘦腰如舞。总一种凄凉，十分憔悴，尚有燕台佳句。

春日酿成秋日雨。念畴昔风流，暗伤如许。纵饶有，绕堤画舸，冷落尽，水云犹故。忆从前，一点东风，几隔着重帘，眉儿愁苦。待约个梅魂，黄昏月淡，与伊深怜低语。[①]

---

① 见钱曾初学集《有美诗》注所引，王国维《国朝词综》四十七选，传抄本《柳如是集》。

写好后，她觉得疲惫已极，心力衰弱，动弹不得，就伏在诗稿上睡着了。恍惚间，有一个声音在遥远的地方呼唤："……我非才如柳如是者不娶！"这是谁呢？子龙？不对！谁？她依稀地觉得前面有个人在向她招呼，她举起手来回答那个看不清的影像。"砰！"闪闪烁烁的油灯在她抬手之间，跌落在地上。

　　她惊恐地抬起头，灯芯已灭了，她又重新回到了黑暗和寂寞之中。可是，刚才的梦，还历历在目，为什么会听到那个遥远的呼唤声？有个神明在冥冥之中提醒她吗？

　　钱学士的影像又来到她面前。黑红的脸膛，飘洒的白发，魁伟的身躯。她仿佛听到他吟哦《观美人手迹》那抑扬顿挫的声音。

　　她将他和其他欲娶她的人做着比较：他虽然年岁较大，在乡里不甚得人缘，早已退居林下，可他的声望仍在，才学不减。他的门生遍朝野，他的根系深扎在社会高层。既然他能走曹化淳门路击败对手，使温体仁罢相，他就有能耐让自己东山再起。他有左右国家局势之才，仅这一点，强过所有追逐她的人。即使他已临近夕照之年，她若能辅佐他中兴大明，除去误国奸党，岂不也是她的凤愿、卧子的志向吗！为此，即使牺牲红颜和青春的欢愉，也不是憾事。

　　倏然之间，她觉得黑暗中出现一丝亮光。也许，她和钱学士神交已久，可是，关于他的一切，都是听来的，不能不信，也不可全信，耳听是虚，眼见才为实。她择婿多年，为的是得到一个尽善的归宿，必须慎重对待。她不能再失败，她已经受不起再次的折磨了。

　　她决定下访半野堂，凭自己的眼睛亲自去对他做一番察访。

一抹冬日的阳光，像母亲温暖的手，抚摸在靛青色的轿顶上。微热渗进轿体，传到轿中人的身上，给她平添了一种愉悦，仿佛预示着一个美好的兆头。

轿夫迈着轻快的步子，轿后紧紧跟着一个体面的书童，从虞山西南面的尚湖之滨，来到常熟县城。轿中人一直撩着帘子，观赏着被称作江南胜景的虞山。虞山之所以令人仰慕，是它那卧虎似的山势，半身城内，半身城外，背枕江涛。再就是历史留给它的圣迹，与它的名气紧紧结为一体。辛峰寺、乾元宫、言子墓、仲雍墓、昭明读书台……就像一片片五彩斑斓的朝霞，伫落在银杏、古柏、海桐和苍松翠柏之间。穿行在布满历史遗迹的山道上，她心中不由得产生了一种亢奋、静谧、圣洁之感。

轿子停歇在钱氏别墅半野堂门首。轿夫揭起帘子，书童搀着河东君的手下了轿，她情不由己地扬起了头，远眺着虞山，半野堂别墅好像就是虞山这卷图画中的近景。她脱口赞道："美哉！"便走进了钱氏门廊。

一位须发如霜、有些龙钟的门人立即走上来迎住了这位年轻的公子,很有礼貌地问道:"公子,你有事吗?"寿眉下的眼皮不在意地眨动了一下,很快就做出了判断,面前的年轻人不是世家子,不过是一个赶时尚喜欢攀龙附凤的俗子。

青年公子并没有在意他神色的瞬间变化,上前向他拱拱手说:"学生久慕牧公声望,特来拜谒!"

老门人扬下他那已经松弛了的眼皮,瞳仁转了半个弧。拜谒拜谒,成天都有人来求见,扰得他老爷不得安宁。他跟了老爷几十年,他敬重他、了解他。老爷待他也不薄,他的儿子考取了秀才,全靠老爷栽培。老爷认为不好再使唤他了,多次劝他回家去当太爷,享享清福。他却自愿继续忠心耿耿地为老爷效犬马之劳。他知道,老爷近来正在准备编纂《列朝诗选》,怎能让一介凡夫去纠缠他,白白浪费他的宝贵时间?他要爱护主人。于是做出一副非常遗憾的神色说:"哎呀,公子,真是不巧得很,我家老爷出门拜客去了!"

青年公子微微皱了皱眉头,显出了失望的神情,略微沉吟了下,又问:"不知牧公上何处拜客?几时回来?"

老门人苦笑着回答说:"这个,老仆就不知道了。"他的态度谦恭和蔼:"公子远道而来,请将名帖留下,待老爷回府,老仆一定禀报。"

青年公子即从袖内取出名帖,交给门人说:"拜托老爹了!"

门人接过名帖说:"请问公子下榻何处?"

青年公子已侧身坐进了轿,回答说:"尚湖舟中。"

柳丝隔断了轿影,老门人得意地托着门帖,一步一点头地穿过竹丛中的卵石嵌花小径,转过假山,越过梧桐园,走向主人的书斋半野堂。

钱谦益的贴身书童阿园,听到脚步声,转出门来,见是钱五,立即迎了上去:"五爷,有客?"

钱五没有将名帖交给书童,而是回答说:"我有事当面回禀老爷。"

书童心里明白，这个老儿，又想出了什么点子去讨好老爷，他只好放他进了书房。

钱五弓身向着主人，捧上名帖说："有位异乡少年求见老爷，我让他……"

钱谦益正在读一本书，从拜匣内取过名帖，他的视线顿然被名帖的下款"柳如是"三字震惊了，反问道："少年？着仕人装吗？"

钱五诧异地望着主人回答说："是的，千真万确！"

谦益又看了一回名帖，急切地问道："快快请进！"

钱五突然垂下了头，自谴地说："老奴该死，让他回去了。老爷，我以为他是个游学俗子，怕他扰了老爷的安宁，真该死，真该死！"

谦益了解钱五也是一片忠心，向他一扬手，算是原谅了他，说："快给我备轿。"

钱五懊恼不已，不曾想到拒客于门外，没有得到主人的嘉奖，反而自讨没趣。他应承了一声"是"，又快快地禀告主人说："那位公子留话给老奴，他住尚湖舟中。"

拜访不遇，河东君怅怅回到舱中，脱去仕装，随便披上一件银红绣花女衣，没梳洗，也未系裙，快快地倚着船窗，欣赏着尚湖的风光。

虞山似一条美妙的山水长卷，倒映在平静如镜的湛蓝湖水中。横跨湖上的长桥，仿佛是天公丢下的一条缎带，漂浮在湖面上，连接着两岸的阡陌。水鹚似的游船，不时从桥卜浮过，点点渔帆，有如皓月当空时天际的星星，飘忽隐约。河东君置身在图画中，完全被宁静的美景融化了，忘记了身世的凄凉和拜访不遇的惆怅。

陡然，她在水上的倒影中，发现了一顶小轿，正行进在虞山蜿蜒的山道上，往她们所在方向行来。

不一会，那个倒影消逝了。河东君向岸上望去，那乘轿已停放在近处的码头上。轿门启处,走出一个人来。

河东君的心蓦地怦怦跳了起来。

黑红的脸膛,身材魁伟而又不显肥胖,举止高雅,别具一般风韵和气派。

是他,是他!

河东君眼睛一亮,来者正是她要拜访的人。海蓝色茧绸提花直裰,一斗同一色方巾,须发飘逸,腰挺背直;那体态、那风度,使她立刻联想到世人赠给他那"风流教主"的雅称。他虽算不上美男子,但还不失倜傥风流。

她准备迎出舱。倏然想起,刚才他的门人说他外出拜客去了,为何又突然出现在这里呢? 也许他并不是来回访的,若出舱相迎,岂不让人小觑,嘲为自作多情。她将身子移往窗边,借着帘幔遮掩,观察着他的动静。

钱牧斋茫然地立在码头上,用目光扫视着泊在近处的船只,未见到船上有人活动,无从探问,又举目眺望着广阔的尚湖,神色显得焦虑而忧悒。他自语地叹息着,难道她一气之下就回去了? 唉,良机错过了! 他烦躁不安地在码头上转着圈子张望着。

阿园很能体贴主人的心情,抬起双手,放在嘴边做成喇叭状,向着湖面的船只高声地呼唤着:"柳公子——柳如是公子! 我们找你——"

河东君的心急剧地蹦跳着,她示意阿娟出去招呼。

"是谁呼唤我家小姐?"

"小姐?"阿园有些莫名其妙地反诘着。

钱谦益上前一步回答说:"谦益是来回访柳河东君的。"

"那就是我家小姐呀! 相公请上船来。"

阿娟回过头向船舱里喊道:"爱娘,有客来啦!"

河东君来不及更妆,迎了出来。

她的装束似乎不伦不类，犹似一个不拘小节的美少年错披了件洒脱的女衣。可是，却更显出了她那奔放的情韵、飘逸的风姿。

他们互相望了一眼。往昔，他们曾匆匆照过一面，记忆中只留有一个模糊的轮廓。此刻，钱谦益被她的美深深打动了、倾倒了，他的目光和笑容仿佛被磁石定住了。

河东君被他看得不好意思，微低下头，羞赧地朝他一笑，施礼说："岸上是牧翁吗？"

何处飘来的妙乐仙音，如此婉柔动听？莫非是虞山上欢蹦而下的泉声？这声音把他从迷醉的境界里拉拽回来。他已意识到自己的失态，立刻敛容施礼道："鄙人正是。刚才，家仆多有怠慢，怪我管教不严，特此前来向柳儒士致歉。"说着，又向她深深一揖。

船夫已搭上了跳板。

河东君朗然一笑说："牧翁过谦了。老门公训练有素，对主人竭尽忠诚，理当褒奖才是！"

"哈哈哈……"牧斋笑了起来，掩饰着心里的尴尬，"柳儒士大度，谦益佩服。"

河东君也哈哈地笑起来，说："牧翁过奖了！"

"久仰儒士才华，只是缘悭，未能相见，一直引为憾事。今蒙亲自过访，使谦益深感欣慰，特来回拜。"

"牧翁厚意，柳隐万分感谢。"河东君笑着转过话头，"湖风凛冽，请牧翁过船用茶。"

主客坐定，阿娟沏上茶来。牧斋环视了客舱，舱拐那张无弦的古琴吸引着他。他凝视良久，才又把视线移到河东君身上。他呷了口茶，仿佛不经意地吟道："有恨寒潮，无情残照，正是萧萧南浦……"

河东君心里倏然涌起一股说不清的滋味。他吟诵的正是她的《金明池·咏寒柳》。它把她引向了悲哀，让她忆起那字字句句浸渍着的泪雨。但她不无惊讶,他从何处得来?她只给卧子和然明他们各一份抄本,是谁传给了他?肯定是然明。那么,她来虞山的目的他也了然啊!她打断了他的吟哦说:"拙作让牧翁见笑了!"

"谦益不擅长短句,但自诩能判别其优劣。"他得意地捋着口须,"谦益观之,此阕《咏寒柳》可与北宋诸贤之作比肩,乃当今最佳之词作。"

河东君笑了起来:"牧翁取笑学生也!"

谦益连忙分辩说:"此乃谦益之见,并非戏言!"

河东君从他面部的细微变化中,判断出他说的是真话,由衷地乐了。又问道:"牧翁从何处得到拙作?"

钱谦益报以苦笑。他很想告诉她,近几年他一直在关注她的行踪,然明、孟阳不断给他传来她的讯息和新作。前几天,然明还派人专程寄书,传河东君结忘年之侣一语。这是一个有卓见的女人,她的话像刀刻在他心上。他二十九岁与韩敬争状元失败后,又因为东林名籍而被削职归田。四十七岁与温体仁、周延儒争宰相又失利,后又遭他们暗算获遣,蛰伏林下,心情悒郁,不曾想到女中还有如此知音。若能得到这样的佳人为侣,那将是他今生最大的幸事。现在他终于见到了她,而且面对面地坐着,心里不由升起了一股辛酸掺和着喜悦的情思。他回答说:"人之相知,贵在知心。谦益一直在追寻你的音讯。"说着,便深情地注视着河东君。

河东君偏过头,望着窗外。按理,她千里乘舟来觅知音,现在寻到了,却又欢悦不起来。湖水,仍然是那样宁静,虞山的秀色倒映在水中。她的心情已不同于未见他的时候了。她仿佛看到了他心上那层灰暗的色调,仕途的坎坷,屡遭挫折,已击碎了他的抱负和冀求,因而万念俱灰。她没有对他的话做出回应,站起来说:"柳隐久慕牧翁高才,昔日湖上,又蒙搭救,早欲前来拜谒,今幸得见,请受我一拜!"

谦益立即起身拦住说:"不可不可! 柳儒士,谦益赶来尚湖,是为迎接儒士。既然已谅我失迎之罪,就请随我一同进城,在半野堂小住几日,聊慰仰慕之情。"

河东君微微一笑说:"改日再行造访吧!"

钱谦益希望河东君即刻跟他进城,但又不便强求。他略微迟疑了一下,便点首说:"好,明早派专轿请你进城。"

河东君目送着他的轿子消逝在虞山蜿蜒的山道上,她又想起了子龙。在来虞山的路上,已听说他起用为绍兴推官,这许是他观潮失约的因由。她很为他委屈,如此微职怎能发挥他的才智? 可他不嫌官小,仍去上任,也许他认为,做点事总比无所事事好吧!

她又想这钱谦益。他和历史上某些人物那样,具有治国的胆略和才识,却屡遭失败。他们的抱负和理想,慢慢磨灭在失意的忧郁之中。虽然,历史有时也出现喜剧性的重复,失意与得意异位,也许就在一夜之间,才智突然被承认,失意者变成了得意之人。但是,不少人还是经不起几个回合的跌宕,消极失望,沉醉于声色犬马之中。他曾经是力悖阉党、心怀忠义、以天下为己任的东林党魁,有寻求中兴大明的匡济宏谋。就她所知,今日朝野上下,起用他的呼声正在高涨。不少清流君子寄希望于他,希望他重新领袖群流呢! 他是心灰意冷了,还是仍将余热藏在心中? 她期望在接触中进一步去认识他。

冬日的白昼显得特别短促,西去的太阳已变得苍白无力,但它投在碧绿的湖水上,却显示出另一种魅力。那淡淡的紫色,有如紫雾做就的微皱的少女裙裾。这是希望的色彩还是夜幕降临前的假象?

第二天一早，牧斋就派阿园带着两乘肩舆，到尚湖迎接河东君主仆进城。

河东君仍扮作仕人，梳了个高高的朝天髻，用一支白玉簪簪着。这是现时少年公子最为时髦的发式。没戴方巾，下面银红绫子裤，一领白绫绣花直裰，显得她神采飞扬、洒脱倜傥。

阿园都不敢相认了。河东君昨日的装束，可谓不男不女。今日她则地地道道是个美男子了！他惶然不前，不知如何称呼才不至于得罪老爷如此看重的客人，一味腼腆地笑着。

阿娟把他让进客舱坐了，捧了一碗茶请他吃。河东君想问他钱府的情况，又不好启齿，就以一种不经意的神态问他："你叫阿园吗？"

他点点头。

"到钱府几年了？"

他渐渐胆子大起来，对河东君柔声细语同他说话，产生了好感，话也就回答得自然些了。他是钱府的穷亲戚，从小就在这府里讨食，老爷恩典，让他陪少爷读书，识了些字。前两年，老爷把他要到身边做书童，有空时也教他念些书。

他很机灵,长得眉清目秀,河东君有些喜欢他了,便让阿娟取出一锭黄山松烟,两枝一盒的鸡狼毫湖笔给他说:"留着练字吧!"

他受宠若惊,立刻向河东君叩头谢赏。

河东君稍事提示,他就说了府内大致的情况。府里除了吃斋信佛的大夫人陈氏,就只有一个朱姨太,她是老爷唯一的儿子钱孙爱的生母。王姨太早年就退回了娘家。财权在老爷手里,大管家吕文思管理府里财产账目,二管家游远仁掌管出海兴贩。城东有老宅,人称进士第。他向虞山西麓一指说:"那里就是老爷家的坟庄,叫拂水山庄,里面有个读书堂,名曰耦耕,老爷的门生常在那里读书。"

没费吹灰之力,就了解到钱府的概况,河东君很高兴,又拿些莲子酥叫他吃了,才上轿进城。

轿子刚刚在轿厅停下,谦益就迎上来了。很少有客人能得到这样的礼遇,不觉引起了仆妇们的注意。及至看到轿内走下的是个美貌公子,他们又吃了一惊。听说老爷昨日去尚湖舟中,看望一个美貌姑娘,今日要接她来别墅做客,怎地突然变成了个美少年呢?

河东君跟着钱谦益和迎接她的仆妇们走进了他的书斋。

有人发现了破绽,立即悄悄地告诉了同伴:"有耳环眼儿,是个女人!"女人穿着男装上老爷的书房拜客,这是破天荒的稀奇事!顷间,这蹊跷事像一阵风样传遍了钱府上下。早有那心眼活的飞快地去了老宅,回禀了陈氏夫人。朱姨太的贴身丫环,也把听到的情况,一五一十告诉了她的主人。

他们在半野堂书斋的起座间分宾主坐下,丫环立即端上香茶和茶点。

河东君轻轻掀开茶杯盖子,一股淡淡的使人神清目爽的清香立即在室内飘散开来:"牧翁,此乃何种妙汁仙汤?"

谦益得意地说："此茶名云里珠，长在黄山天都之巅，只有采药人才能得之，十分稀罕珍贵。孟阳兄从家乡得之，送我一份，一直不舍独享！"

"如此名贵，柳隐受之有愧！"

他们谈起了茶经，盛赞陆羽。

一个小丫环捧着只烤漆点心盒进来，她恭恭敬敬地把它放到茶几上，说："朱姨娘亲手所做荷叶糕，令婢子送给老爷和贵客喝茶。"说着，向河东君看了一眼，妩媚地一笑，站立一旁。

她引起了河东君的注意。她长得清秀，肤色白净，眉毛弯弯，两只眼睛大而明亮，透着机敏。河东君微笑地看着她说："谢谢你的主人！"她拿起一块荷叶糕，擎在手里端详着。这糕做得委实精巧，淡淡的绿色，放着玉样的光泽，特别松软，令人陡生食欲，她咬了一小口，品尝着，不禁赞道："美极了！牧翁，你也尝尝，不要负了如夫人的美意。"她反客为主，给谦益也夹了一块。

那个小丫头仍没有走的意思，河东君立即意识到，她是朱姨娘使来窥视她的。她笑容可掬地问："你叫什么名字？"

她慌忙弓身回答："婢子小名阿秀。"

"多好听的名字，和我的丫头阿娟恰是一对儿！"河东君仍然笑吟吟地望着她，"你能跟阿娟做个朋友吗？带她去看看你们的园子。"

阿秀眼睛转了转，好像有些作难似的。谦益立即领会了河东君之用意，吩咐道："这里不用你了，去吧！"

"是！"阿秀偕着阿娟出门了。阿园也知趣地回到他的小屋里。

他们俩喝了会茶，牧斋就请她参观他的庋藏。并将他编纂《大明实录》和《列朝诗选》的打算告诉了她。他们海阔天空地漫谈着，竟像熟稔的故交。后来，牧斋委婉地把他的生平抱负和遭际约略地说了。说到最后，颇动感情，慨叹地说："老夫空有匡时济世之心，却屡遭奸人暗算,放废多年,亦已厌倦官场之争逐。现渐安于读书养性,只求潜心著作,承百代之智慧,倡前人之精蓄,以文明教化后世。"

他真的心灰意冷,一心领袖山林?河东君似信非信。他推心置腹地向她倾吐隐衷,莫非是想试探她?想从她口里听到外间对他复起的议论?她移步到书案前,铺过一张纸,凝神片刻,写道:

> 庚辰仲冬,访牧翁于半野堂,奉赠长句

牧斋悄悄移步她身后,看着她挥毫。她写一句,他在心里默诵一句:

> 声名真似汉扶风,
> 妙理玄规更不同。
> 一室茶香开澹黯,
> 千行墨妙破冥蒙。
> 竺西瓶拂因缘在,
> 江左风流物论雄。
> 今日沾沾诚御李,
> 东山葱岭莫辞从。①

好诗,好诗!他一边默诵,一边在心里叫着好。遣词庄雅,用典贴切,所用之韵都乃洪武正韵,其意已骎骎进入大唐诸贤之范围,其后今无可望及也!

她巧妙地把他天启四年因魏忠贤阉党指控为东林党魁而削籍和

---

① 载钱谦益《初学集·东山酬和集一》。

崇祯二年会推阁臣获罪罢归的遭际,比作马季长;又喻他为风流宰相谢安石、王仲宝;视他为李主礼那样的肩负宰相之望的党锢名士。她所举的历代诸贤,都是他心里经常自比之人,她以他博通内典,具有宿世胜因,而把她自己比作佛教中捧瓶持拂供奉菩萨的侍女,这又满足了他的自高心理。

人之相知,贵在知心。她道出了他心底不便明说的话。她就是他寻觅了半世的知音,他被她倾倒了,简直是如醉如痴,似疯若狂。她写完,他的答诗亦在心里成了。他从她手里接过笔,在她的诗后写道:

> 柳如是过访山堂,枉诗见赠,语特庄雅,辄次来韵奉答。
> ……

河东君暗自笑了。钱谦益以文君的美貌、风流,薛涛的才学来称喻她,字里行间,她感到一股喷薄而来的爱慕之情。他又以上智人自许,认为世间只有他才能配得上她。

那日,他们谈得很痛快,她已慢慢向他的心扉摸去,她将要用自己的手去感受它的搏动。临别时,他们相约泛舟尚湖。

尚湖东接虞山西区，风景清丽，是乘船游览虞山最为方便的路径。钱谦益让阿园携壶载酒，兴高采烈地与河东君作竟日之游。

小艇凫游在湖上，尖尖的船头，犁碎了虞山的倒影。谦益以主人的身份，给河东君介绍着虞山的胜景和尚湖的故事。

相传太公尚尝钓于此，后人就将这泓碧水称作尚湖。它汇集了山水之美，泉石之胜，为诗人画家所流连，他们常来此地观云霞吐纳，晴雨晦明之变，将它们溶入丹青，倾于毫端。黄公望每每来湖桥饮酒取乐，将山水之美，尽收进丹青中。谦益遥指着湖桥和齐女墓说，有段文字记载，大痴道人喜欢月夜独自泛舟从西廓门出，沿着西山脚行，山尽抵湖桥，以长绳系酒瓶于船尾，回舟时到齐女墓停棹，牵绳取瓶时，发现绳断瓶失，一个人抚掌大笑，声震谷宇。有夜泊的渔人听到空谷笑声，诉于同伴说，他听到神仙笑呢！

河东君举起酒杯，对谦益说："此杯酒，献给大痴道人！"说着就把酒泼到湖水中。

谦益也举起酒杯，他说："为谢大痴道人留下的佳说，我这朴酒，也奉给大痴!"他把酒泼进湖水,接着说:"柳儒士,老夫久闻人言,你之琴声能召来游鱼、山雀,能让老夫也一领妙乐仙音吗?"

河东君嫣然一笑说:"柳隐早年习琴,并非妙乐仙音,牧翁不嫌有污清听,我亦愿以陋艺博牧翁一笑。不过……"她指了指冷落在舱拐下的古琴,"它早就无弦了!"

谦益喜形于色,忙从袖内摸出一个彩纸包,递到河东君面前:"请续上。"

河东君接过纸包,小心翼翼地展开,是七根崭新的丝弦。她垂下眼帘,蓦地,她的脸上仿佛漫起了一片云雾。她两手紧攥着琴弦,良久才说:"牧翁,你还不知我心!"

"不,老夫知之!"谦益自负地捻着几根灰白的胡须说。

河东君摇了下头,就从阿娟手里接过无弦古琴,把琴弦一根根慢慢系上。又用帕子擦拭着银甲,慢慢套上。她调试了一下,望着柳堤,轻轻地弹拨起金明池的曲调。

湖水染上了层淡淡的哀愁,凝冻得像一匹没有褶皱的软缎;湖岸的寒柳仿佛也在向宇宙倾诉它迟暮的寂寞,它们无力地低垂着光溜溜的枝条。

谦益受到一种强烈的震撼。她说得对,他是不了解困扰她的苦闷和忧伤!他看到的只是她的才情和美貌;知道的,不过是她的胆识和轶事。他不知道深藏在她心底的对独立自由的痛苦呼喊和美人迟暮的寂寞!

河东君放下古琴,望着他凄然一笑说:"尚湖平静的水面之下,必然会汹涌着潜流。牧翁,我亦如是!"

谦益点点头说:"老夫已知你之心矣!"

河东君又摇摇头说:"牧翁看到的只是旧琴断了弦,就想给它重新续上;牧翁所不知的,则是此琴体内仍然回响着旧时音调。"

　　　　　　　　　　　　　　　　　　寒柳:柳如是传

仿佛有只飞虫潜进了他的心中，咬了一口。他痉挛了下，垂下了头。他明白了她心里仍然藏着陈子龙的影像，他们的爱情不能结果，可她仍然思念着他。"香若有情尚依旧"，妒忌的火苗点燃了他那夕照热烈的心，他真想大声质问她："既如此，为何又要来寻访我？"可是，他强制掐灭了上蹿的火苗。她坦诚地向自己剖白心声，正说明她已将他引为知己。她对子龙的爱忠贞不渝，亦说明她品格的可敬。若是他能得到她的心，她也会以同样挚情来回报他的。他要以诚待诚，来赢得这颗饱经苦难的心。他决定用诗句向她传达自己的心声，也以此来试探她的意愿。便对她说："有缘与你泛舟尚湖，乃老夫今生一大快事，现成长句一首相赠。"他说完就吟诵起来：

> 冰心玉色正含愁，
> 寒日多情照桅楼。
> …………

河东君大为惊讶，不曾想到牧斋如此宽宏大度，当他知道她的心仍属于故人后，不但没有发怒，反而直率地表达了他对她的爱慕和追求。她钦服他所表现出的男子汉的气度。她会意地一笑说："牧翁有所赠，我岂能无答？"握笔凝思片刻，在花笺上写道：

> **河东君次韵奉答**
> 谁家乐府唱无愁，
> 望断浮云西北楼。
> …………

谦益喜不自禁，她开篇就暗以无愁天子喻崇祯皇帝为亡国之主，以他为高才之贤臣；继之又用韩诗薛君之典，以神女指己身，以鄂君喻他。他们凌水泛舟，典故用得巧妙贴切。他被河东君这首诗所显露出的才华再次惊服了。

他久久地凝望着河东君，自愧被称为当今李、杜，这顶桂冠应该属于她。他攥着诗稿，真想立刻跪拜在她面前，向她求婚。可是，在丫环、童仆面前，他不好意思这样做。

但他又按捺不住心的激动，情不自禁地把手伸向她那白嫩纤巧的手背上，他的眼睛一直没有离开她的脸，虔诚地说："老夫寻找了数十年，终于找到了个知音。河东君，求你下嫁老夫！"他眼里闪着光彩。

河东君抬起头，轻轻一笑，说："柳隐若不仰慕牧翁泰山北斗，怎会有半野堂之行？"

何须言透，他已懂了她言下之意。她还没有考虑成熟，怎能强逼她回答呢！他表示谅解地握紧了她的手，说："老夫不能让你继续住在水上，今日就搬进半野堂去住，如何？"

河东君的手不由得哆嗦了一下，她想起了和子龙的结合，仿佛是被一盆凉水浇醒了。这算什么？是算客人还是算内宠？她宁愿住在舟中，经受风吹浪打，也不能不明不白地去与他的妻妾们同住。她不能重蹈覆辙，一误再误。她还没有下决心，现在只能是文友。她回答说："谢谢牧翁厚爱，柳隐酷爱水上，不用搬动了。"

钱谦益着急了，他早已想到河东君不愿与他的家人同处。昨夜，他就同大管家吕文思计议在半野堂别墅中新筑一室，作为她临时的书房和下榻处。只要她愿意，他什么都愿意割舍。他将这个计划告诉了她。

她没有应承他什么要求，他为何就如此自信。她笑着回答说："牧翁不须为我操心破费了，过些时日我就要回去的。"

谦益完全理解河东君的心情，虽然她在和诗中已有心许之意，但她仍旧顾虑重重。便说:"你千里迢迢来虞山访老夫,就是老夫的座上宾,作为一个主人,岂能让客人住在舟中呢? 于礼不合,于情不通。至于我的心愿,那不过一厢所求,其另一方是有着完全自由的!"

谦益完全击中了她,她抿嘴一笑说:"既然如此,柳隐领情了!"

谦益神秘地端详着她说:"老夫为你的新居起了一个室名你猜猜看?"

河东君娇憨地歪着头,看了一眼谦益,笑着说:"隐庐?"

他笑着摆了下头,自得地说:"一个别致的名字——我闻室!"

"来自佛典,'如是我闻',牧翁之意,欲将室名与柳隐的字联起来,是吗?"河东君击掌称赞说,"妙极了!"

谦益得到河东君的称道,得寸进尺地说:"你不用再名隐了,应更名为'是'!"

河东君竟没有反驳他,只是妩媚地一笑说:"善哉! 柳是就是我闻居士了!"

河东君接受了他的邀请和更名,谦益喜出望外。自此,每天必去看望河东君。他真正地体会了"一日不见如隔三秋"的滋味。他希望我闻室快落成,好与河东君朝夕相处。

可是,河东君好像不能理会他的急切心情,对他的求婚,一直不肯作答,还不时提到子龙,使他难堪。

一天,他们泛舟过齐女石,河东君又说到子龙。他便写了一首诗,悄悄放到她的妆镜下。

睡前,河东君临镜卸妆,才发现了诗稿,匆匆读过,不禁叹息。

阿娟关切地问:"他写了些什么?"

河东君无可奈何地一笑说:"他劝我忘记过去,既已脱离了卧子,就不要再记着他。"

"我看钱老爷说得很对,老记着陈相公,有什么用? 你的终身还不都误在他手里了!"阿娟说着,拉住河东君手,"你不能再摇摆不定了,钱老爷待你是真心的呢!"

河东君只觉得有一泓热油在心里沸腾着,她一把抱住阿娟说:"你不懂得我的心!"就哭了起来。

我闻室建在半野堂别墅的前面,中间隔着大花园,与半野堂南北相对。谦益因为想到河东君半生生活在船上,特意将它设计成船形,四周掩映着奇花异木,仿佛是停泊在荷丛绿苇之中的画舫,小巧玲珑,雅致大方。

落成之日,程嘉燧恰巧从嘉定来探望钱谦益,喜闻谦益决定在十二月二日延请河东君迁居我闻室,嘉燧便同牧斋一道到尚湖舟中迎接河东君。故人重逢,自有一番乐趣。河东君再三感谢松园老人知遇之恩。在嘉燧的敦促和谦益的恳请下,她舍舟迁入了我闻室。

谦益、嘉燧先陪河东君在起坐间用过茶,就一同参观我闻室。在卧室门口,一个小丫头迎上来请安。

河东君一眼就认出了她是初访半野堂时见过的阿秀,不由得笑了,双手扶起她说:"不必多礼,又见到你,真高兴。"

阿秀站起来,朝主人乖巧地一笑,说:"老爷说小姐喜欢奴婢,阿娟姐姐人生地不熟的,特派我来侍候你。"

河东君回头朝谦益一笑说:"牧翁如此细心,这样周到,谢谢了!"

"此乃贱妾的意思。"他自己也说不清为何要这样回答,是要表示他的家人也同样欢迎河东君呢,还是要表现他妻妾的贤淑?

不用解释,贱妾当指朱姨娘了。初访时她派阿秀送来了茶点,现又派阿秀来侍候她,不能不谓之贤惠,可醉翁之意,显然不在酒呢! 河东君稍感不快,但仍做出一个感激的微笑说:"请牧翁转达柳是的谢忱。"

牧斋觉得她的谢词和笑中都蕴藏着一种苦涩,有些惴惴不安。近日来,朱姨太虽不敢跟他寻衅,却不停地骂儿打仆,发泄不满。他明白,都是因建筑我闻室要延请河东君引起的。当她听说他在为我闻室物色丫环,却一反常态,硬要让出她的贴身丫头阿秀。为了不惹恼她,就顺水推舟,还褒奖了她几句。妇人的小心眼,何必去计较。但他不愿被河东君看出此中的破绽。他立即扭转话题说:"太仲、稼轩、云美就要来看你了,我们还是去前面坐吧!"

回到起坐间,黄宗羲、瞿式耜、顾苓七八个门生相继来了。他们一边品茶,一边说话,话题很快就转到国家局势,从阉党余孽阮大铖贼心不死谈到两年前的《南都防乱公揭》;围绕着危害国家安全的是"流寇"还是"建虏"争论起来。黄宗羲坚持说,"外患是因内乱而起,内乱则因朝廷用人不当所致,纲纪糜乱,风俗陵夷,致使朝廷失信于民!"

"太仲兄之言极是!"瞿式耜叫着黄宗羲的字,"失信于民,关键在于用人。以权谋私,成为当今官场痼疾。为官不为国民计,不为匡扶社稷计,只图谋一己之利!此种祸国殃民之小人,不斥之、逐之,国能强盛?民能安业?"他说得慷慨激昂。

河东君起初静静地听着,这时已按捺不住了:"以柳是愚见,当今之世,欲求清明吏治,唯有在用人上痛下狠心,罗致天下君子贤能,委以重任。驱去身居庙堂高位之势利小人,永不使之近神器,方可挽回民心,国始转危为安!"

"河东君一言正中要害!"黄宗羲以兴奋的音调叫起好来,众门生无不对河东君刮目相看。黄宗羲又突然叹息一声说:"唯有君子方可识君子,用人之权柄操在势利小人之手,怎能斥小人,起君子?"他一副无可奈何的神情。

谈锋转向起用钱谦益的话题上来了。大家越说越兴奋,唯有他自己一言不发,以一种莫测的目光看着他的得意门生们。

"牧翁忠贞为国,声闻宇内,我等极关注老师复出之事,不知近日可有圣意传来？"

谦益没有回答黄宗羲的提问，只是笑了笑，扭转话题说："文宴在那边举行。河东君也累了，让她歇息一会儿，我们上半野堂去好吗？"他率先站起来："老夫提议，今日文宴不谈国事，尽兴一乐，如何？"

诸门生不知牧斋为何要回避谈及他复起之事，他们互相交换了个困惑眼色，也就相继站起来，与河东君道别。

送走了客人，阿秀立即为河东君换上了一盏茶。

河东君看了一眼阿秀，心里不由得一阵兴奋，管她是不是朱姨太安在身边的耳目，她要利用她进一步了解钱府。她笑吟吟地把阿秀叫到身边，握住她的手说："有你侍候，我一定会过得畅快。"说着就喊阿娟："把为你阿秀妹准备的礼物拿来。"

阿娟应声拿来一只精巧的小盒递给阿秀。"见面礼儿，别嫌弃。"河东君说着，揭开盒盖儿。一只包金的小簪子横卧在紫色丝绸盒内。

阿秀长这么大，跟朱姨娘也好多年，从未得过如此贵重的赏赐。她有些不敢相信这会是真的，捧在手里，怔怔地看着，她的眼睛湿了，滚下了两颗泪珠，朝河东君跪了下去说："奴婢不敢领受这样贵重的礼物。"

河东君爽然地笑起来，从盒内取出簪子，斜插在阿秀发间，把她拉到妆镜前说："你看，配上这支簪，你更好看了！收下吧。"

阿秀想到自己是受朱姨太派遣，来窥探老爷和柳小姐动静的，可眼下柳小姐待自己十分和气，又赏这么贵重的礼物，心里很是不安，说："你要使得着奴婢，只管吩咐。奴婢谢谢了。"

文宴从下午延续到夜阑。半野堂中，弦歌朗朗，笑语晏晏，觥筹交错，银烛摇红。

谦益以主人的身份首先为文宴献诗，题为《寒夕文宴，再叠前韵，我闻室落成,延河东君居之》。

他诵过之后,参加文宴的人,争相和咏,诗篇像雪片一样,飘落到河东君的面前。

半野堂淹没在酒海里,醉迷在诗谷中。宾主如醉如狂,举杯痛饮,忘了人间还有苦难和不幸。河东君为酬答主人的盛情,拿出自己的绝技,给文宴助兴。她一会儿弹丝吹奏,一会儿度曲放歌,一会儿狂舞,惊得四座眼花缭乱,如醉如痴。

这时,窗外的竹丛中,立着一个黑影,借助竹叶的掩映,目不转睛地窥视着堂内的活动。文宴接近尾声,河东君已烂醉如泥,被阿娟和仆妇搀扶送到我闻室时,那个黑影又偷偷地跟踪到我闻室外潜藏到另一丛竹影中。

河东君被搀走后,谦益的门生们余兴未尽。他们对河东君的才艺赞不绝口,一齐向老师进言,敦促他趁此吉日良辰与河东君合卺。

谦益早就心醉醉,意绵绵,早日得到她,是他的愿望。可是,河东君还没有肯定应承他,怎能如此行事呢?但他又多么希望今晚能与河东君一醉蓬山啊!门生的提议,击中了他心里那块难言之隐,他意快快地低着头。

嘉燧碰了他一下。

他仿佛突然看到了希望,抬起头,求援地望着嘉燧说:"松园老,弟寄望于你这位月老。只有兄台能说动她!"

门生们一齐鼓掌叫好,鼓动嘉燧去见河东君。

说孟阳是月老,也是也不是。四年前他专程来虞山向谦益传话,把河东君介绍给他。后来,他就再也没见过她。此次邂逅虞山,见谦益将她延请进家,他又突然感到种怅然若失的悲哀,忆起了她游嘉定时他们游宴的快乐。特别是他做东那日的情景宛如就在眼前。河东君酒喝多了,就像今日这样,醉得软绵绵,仆妇把她扶回西厢房。那夜,他怎么也不能入眠,几次三番下床,想去她窗下听听她的呼吸,想借月光窥一眼她的睡态。可是,他心跳得厉害,像做了亏心事。此刻,他触景生情,感到是那样提不起精神。她再也不会去游嘉定了,再也不会歇息在他家了!她的美丽、她的歌喉、她的才华,都将为谦益独享了,留给他的只有那缕缕难忘的回忆了。他无精打采地站起来说:"老夫尽力去说合吧!"起身往我闻室走去。

河东君精疲力竭地斜靠在书房的躺椅上。阿娟在一匙一匙地给她喂醒酒汤,嘴里唠唠叨叨嗔怪着:"你的病还没有好,就这么糟蹋自己的身子!这不是自己跟自己过不去吗?要是再发病,看你怎地是好?"

阿秀立在椅边,紧紧握着河东君的手。

嘉燧在画桌边悄悄坐下。阿娟的话,使他又是心痛,又是愧悔。他仿佛理解了河东君,她并不满意谦益,她这是想借酒浇愁,以乐来驱忧,想从尘世的痛苦中得到片刻的解脱。一种难忍的痛苦压迫着他,也迫使着他鼓足勇气来规劝她,早早结束这样的生活。

他移步到河东君的椅前,轻声地说:"柳子,牧斋是诚心诚意想娶你呢!"

河东君脸色苍白,突然一歪身子,哇的一声吐开了。

他待河东君缓过气来,又说:"孩子,你该醒了,不要错失良机呀!"

河东君撑开无力的眼皮,看了他一眼,说:"你是在劝我嫁给他?"

"既然你已住进了他家,你看,这新筑的我闻室多雅致,文宴的气氛多热烈,今天又是吉日,宾朋无不兴高采烈,何不趁此良辰,行了花烛之礼?"

河东君的眼泪像决了堤的湖水,涌了出来,继而又捂住脸痛哭。

嘉燧慌了手脚,不安地看着她说:"你还有何迟疑的呢?结束飘零,应该是高兴的事呀!"

河东君突然止住了哭声，转过身，以灼灼的目光直逼着孟阳说："松园老，你今天的举止真叫学生怀疑，是不是想同他一道来算计我呢？"

嘉燧尴尬地往后退着。河东君从来没有这样无礼地对待过他，他的嘴唇哆嗦着："算我多事！"转身就往门外走去。

河东君这才意识到自己的话说重了，她挣扎着爬起来，追上去："先生等等……"

阿娟没扶稳，河东君跌倒在地上。

嘉燧这才停住脚步，转过身来。

河东君撑起身子，说："恕我失礼了！孟阳老。这些年，我尝尽了人间的苦涩，我岂能就如此不明不白地跟了他，让我的求索付之东流呢？别人不知我，难道先生你也不知我心吗？钱学士有情于我，敬重我，视我为儒生、国士，可谓是知己知音。可是，他要娶我，就得以正妻礼仪来娶。若以我为姬妾，我宁愿飘零而终！"

嘉燧哑然了。扶起河东君，眼中滚下两滴老泪。他在想，牧斋的原配陈夫人曾两次受过朝廷的诰封，大明的礼制，可以允许姬妾成群，但不许两房正室。陈夫人尚健在，这是一个多么棘手的难题哟！

半野堂的烛光，偶尔闪进窗外的竹丛，滑过潜藏在那里的黑影，竹丛突然一亮，那张满月似的白脸，叫人一眼就认出她是钱谦益的宠妾朱姨娘。

自从河东君初访半野堂，她就意识到自己即将要失去老头儿的宠幸，真是惶惶不可终日。她知道，要保住自己在老头儿心里的位置，就得阻止住老头儿纳娶那个小妖精。要实现这一目的，她一人的力量是不够的。她苦思冥想，只有调唆陈夫人一起来反对这桩婚事，或许能成。她非常了解陈夫人，她禀性懦弱，过去受过王姨太的欺负，对她的恃宠骄纵也忍让为怀。她好像看破了红尘，迷上佛法，一心一意吃素诵经，还招了个赤足尼姑解空空在家养着，整天参禅讲论。虽是主母，却不理家事。她是丈夫舅舅的内侄女儿，大家闺秀，从小接受三从四德的古训，非常关注钱氏的门风、丈夫的声誉。只要拿到柳氏有损害钱氏利益的真凭实据，向陈氏一抖落，就好计议对策。

河东君在文宴上放诞不拘的举止，使她吃惊，又叫她暗暗高兴，仅此足以让陈夫人吓得目瞪口呆，钱家哪能容下如此荡妇！

第二天一早，她就打轿去了老宅，跪扑在陈夫人面前，把她亲眼所见所闻,详详细细禀告给她。最后还说,这是一摊祸水,若不尽早将她赶走,让老爷把她纳入内室,那将给钱家带来灾祸,老爷名声扫地。说着,她就哭了起来,声泪俱下地乞求着说:"夫人是钱府的唯一主母,你一定得想法阻止这桩婚事,决不能让那个不守妇道的女人败坏了钱氏家风,祸害子孙后代!"

朱姨娘晓之以理、动之以情的哭诉,果然打动了陈夫人。她想,朱姨娘平时虽然争强斗宠,但她一心为钱氏的昌盛着想,难能可贵。她当然不赞成丈夫纳这种女人,但她不能出面阻止。她是贤淑的女人,不是妒妇。她痛苦地叹息了一声,双手扶起朱姨娘,说:"起来,大家来计议计议,总有办法的。"

朱姨娘自以为得计,一反往常的强横傲慢,再次跪下去给陈夫人磕了个头,巴结地说:"姐姐是钱家的保护菩萨,只要姐姐这句话,钱家子孙就得救了!"

陈氏叫人把解空空请来,大家一道商量如何才能劝阻住老爷纳柳氏。

解空空帮助她们想起了十几年前发生在钱府里的一件事:

天启末年,谦益因东林事发,削职归田,等待处置。全家人惶然无措,围坐啼哭。他的头生子正生病,发着高烧。那孩子突然望着他说:"爹勿怕,明年就拜新皇帝,新皇帝好!"

谦益惊奇地问:"你怎么知道?"

儿子回答说:"影壁上的公公都穿上了朝服坐在楼下呢!"

果然,第二年崇祯即位,谦益被起用为礼部左侍郎。

此后,谦益就极为相信童言。

解空空由此想到一条对策。她说:"老尼我敢担保,如此一来,老爷是决不会留下她的。"

世界上的许多事,仿佛都遵循一种规律:容易求得的,往往不被珍惜;反之,那些可望而不可即的事,则倍具引力。

谦益在进入桑榆晚照之年,遇到了像河东君这样一个才貌俱全的知音女子,他以阅尽人间沧桑的眼力,认准了她是块无价之玉,是旷代的佳人兼才女。能得到她,是人生最大的快事。因而他的追求不同于年轻人那样无理智的狂热,但却远比年轻人迫切和执着,甚至表现出一种勇敢的牺牲精神。程嘉燧转达河东君的企求后,他很难受,他没有怪罪她想入非非,也没说她是有意难为他。不管怎样,他也舍不得放弃她,但现在,他又无能满足她的要求。他的嫡妻虽因他的削籍被追回了诰封,但她仍是正室,她又没有犯过七出的过错,大明的礼制不许有两房正室,这就是他的苦衷所在。他正在为复起活动,朝野又有这个呼声,复起看来只是个时间问题,在这千钧一发之际,他怎敢去触犯礼制,惹动众怨呢!他矛盾重重,惶惶终宵。河东君自文宴豪饮过后,身体一直不适,他为此焦虑,又感到一种因祸得福的快慰,她可以留下来同他度岁了。

他一面请医为她治病,一面劝慰她,对她表现了百般的怜爱和尊重。她是重情义的,他相信真诚定会赢得她的欢心,也许,有一天她会同情他的难处,归服于他。他根本没想到,在他的家里,正酝酿了一个驱柳的计谋。

冬至那天,他回到老宅进士第同家人一道祭祀祖先。参拜过先人灵位之后,他的十二岁的儿子孙爱突然对他说:"爹爹,孩儿看到了公公、太公公了!"

他惊愕得睁大了眼睛,拉住他的手问:"你说什么?"

负责照顾儿子的老仆立即弓身上前说:"昨日傍晚时分,老奴跟少爷从荣木楼前经过,听到木兰树下有人呼唤少爷。抬头一看,三个着红袍戴乌纱帽的神人坐在那里,奴仆立即拉着少爷叩头。只听有个声音说:'我等是你的太公、曾公,令尔告诉尔父,立即斥去城南之柳,实为家门之福。'等奴仆再次抬头来看时,已没见影了!"

老仆说完,孙爱即指着祖先灵位叫喊着说:"公公们又来了,爹爹——"说着便向后堂陈夫人房里奔去。

钱谦益立时全身悚栗,匍伏在地,仿佛他的面前真的站立着诸位祖先,他说:"不肖子孙给列祖列宗叩首请安。"

谦益惶惶地离开老宅回半野堂,坐在肩舆里仍然神魂不定。这"城南之柳"出自谷子敬吕洞宾三度城南柳杂剧,此剧中的柳树精为杨氏子。河东君本姓杨,访半野堂时,又着男子装,"城南之柳"不是指河东君吗?祖宗显灵,要他立即赶走河东君,这怎地是好?他颓然地倒靠在肩舆的后背上。一边是祖宗的威灵,家族的祸福;一边是河东君,她那绝世的才华,她那杰出的意志,她的美貌,她多病虚弱的身体!对河东君的爱终于战胜了对祖先的虔诚和恐惧。他毅然地留下河东君,以从未有过的勇气违抗了祖宗的意旨。他嘱咐仆妇不要把这件事泄露给河东君。

河东君自从舍舟迁入我闻室后,就用她特有的机敏和宽厚,使阿园、阿秀和一些谙悉钱府内幕的仆妇信服她,因而探清了钱府的枝枝节节,对钱谦益这个人,也有了更深的了解。论条件,他是符合她选婿标准的,除了有两千多亩田产,还有店号和一支出海从事番贸的船队,可谓常熟首富;他有文名,门生遍朝野,他有救国抱负,有匡济宏谋,在士大夫中不乏他的拥护者、追随者,他有复起的希望。这是她动心的所在。这也是她愿以命运、下半生幸福做赌注,下访半野堂的主要因由。他不是传说中的姬妾成群,只有一妻一妾,可那个朱姨太却是个粗俗咬群的泼妇,而他又有风流教主之称,对于女人,喜新厌旧。她已听说被休回娘家的王姨太的事。崇祯二年(1629),他起用为礼部左侍郎,盛装朝服,踌躇满志地问宠妾王姨太:"我像谁?"王氏看着他的黑脸,恃宠逗趣地说:"像个钟馗!"一句戏言惹怒了他,遂被休回娘家。

现在他宠着朱姨太,听说还在外面拈花惹草。这且不去论说,男人谁不是这样。现在他是一心一意想得到她,处处讨她欢心,她自感能左右他。假若她向他让步了,做了如同奴婢的小星,今后她又怎能驾驭他、掣肘他?她又怎能独立于世,谈何借助他的声望、影响去实现她的政治抱负!她已探知,她不受他妻妾的欢迎,只因他一意孤行,她们敢怒不敢言而已。他长她三十六春,一旦他先她而逝,她又如何能在钱府立足?她是尝过等级的冷酷和无情的。每每想起这些,就会忆起松江南园小红楼的生活,那种掺和有甜酸苦辣的滋味就壅塞心中。牧斋能体会她的痛苦吗?不理解她的不幸的能称为知己?不管他多么急切,她也决不能对自己提出的条件让步。今日退后一步,明日就得坠下悬崖。既然这样,她也就不能久留此地。那些发端于心的深处的微妙之情,不好明言,只能寄托于诗中。十二月二十四日立春之日,她写了首诗,题为:

春日我闻室作呈牧翁

裁红晕碧泪漫漫,南国春来正薄寒。

此去柳花如梦里,向来烟月是愁端。

画堂消息何人晓,翠帐容颜独自看。

珍重君家兰桂室,东风取次一凭阑。[1]

她的这首诗,辞藻佳丽,结构紧密,情感真挚丰富,思想含蓄委婉。谦益读后,久久不能平息情涛,他深知河东君诗里的"梦里""愁端"所指何事,也理解她的愁悒,便决定以诗答诗来宽慰她。

---

[1] 见钱牧斋《初学集·东山酬和集一》。

河东春日诗有梦里愁端之句，怜其作憔悴之语，聊广其意。

……

钱谦益在诗中称誉河东君有白牛道者那种御寒本领，不论遭遇到何种困难艰险，也能不屈不挠。他鼓励她，寒冬就要过去了，春天已叩响了门扉，希望她不要辜负春日的光华，从而和他结成爱侣。他又寄信去杭州，求助于汪汝谦，希望他来虞山，帮助他劝说河东君。

汝谦因故未能来，但他给河东君写了信，力劝她不要错过良机，早日与牧斋成婚。

可是，这一切都未能动摇河东君的意志，她决定陪谦益度过新年后，就离开常熟。因而他邀她于除夕同去拂水山庄看梅花她颇感为难。拂水山庄，是他家的丙舍，埋葬着钱氏的列祖列宗。新春大岁，牧斋到祖茔，岂有不参拜祖先之理？她若同往，是拜还是不拜呢？若不拜，会叫人指责为失礼；若是拜了，会让人误解为她已嫁给了牧斋。她早就听说拂水山庄风景优美，也多次听牧斋谈及那里的数十株老梅风姿，很想品赏一下那照野拂衣如白雾，香雪浮动月黄昏的如幻似梦的意境。便回答说："我十分想去，可是，那是你钱氏的祖茔所在地，我不便去的。"

牧斋一听便知音，连忙说："我们是去看花，不参拜祖茔！"他略停了下，自感有强求河东君之意，觉得不妥，即补充说道，"我先去看看梅花可曾开放，若已开放，我们初二日再同去，你看如何？"

河东君没有理由拒绝，报以一笑，应承下来。

除夕那天，牧斋偕着儿子和仆人，去拂水山庄朝拜了祖先，还带回几枝含苞待放的梅花，送给河东君。

新正初二这天，雪后初霁。牧斋与河东君，路经秋水阁，登上花信楼，凭倚着雕栏，俯瞰梅林。出现在河东君面前的是一片流光溢彩的云霞,有的怒开,有的乍放,浓浓淡淡,深深浅浅,如雪似脂,若彩若艳,奇丽无比。河东君惊叹着说:"诗海!简直是一湾美丽的诗句!"

谦益见河东君如此欢快,吟诗响应。

河东君也乘兴次韵作答。

他们吟唱过后,又相依来到梅林下。这里又是另一番韵致。清香滚滚,给人一种宁谧、幽静之感。河东君攀着梅枝,只见那半张开的瓣儿,微微颤动,有如无瑕玉石雕琢而成,阵阵冷香,扑进她的鼻中;春日的阳光,懒懒地透过枝桠,洒到地上,斑斑驳驳,像泛着月光的水波,有如散落的梅瓣。

河东君徘徊在梅影下,看着树干下还有未融尽的积雪。她想到了梅是迎着那铺天盖地的大雪而放的,不觉对梅花陡升起一股崇敬之情。它们是春的使者,追踪着风雪而来,又将追赶着风雪而去,把引来的春天留在桃花、李花、杏花的枝头上。

谦益见河东君十分喜欢梅花,应该不虚此行,亲手采几枝送给她。他仰望树冠良久,选准了几枝怒放的梅花,纵身向上一跃,攀上一枝粗壮的枝干,双手握住,打了个秋千,回首向树下的河东君一笑,问:"这几枝你喜欢吗?"

河东君点点头,他就折下了,又很轻捷地跳到地上,把梅花送到河东君面前。

她早就看透了他此举的用心,他怕她嫌他老迈,想在她面前显示下他的精力、矫健不亚于少年。河东君想到这儿,不禁朝他嫣然一笑,他有些飘飘然了。

可他攀树的行动,吓坏了跟在后面的阿园,他追上一步,想代主人之劳,却被阿娟悄悄拽住了,小声骂道:"傻小子,你去凑什么热闹!"

他们过了曲桥,就到了耦耕堂。谦益也常在此讲学会友、唱酬。仆妇早在此准备了茶点。他们在那里休息了一会儿,就去后面山楼。

坐在山楼朝北的窗口，可以望到拂水崖上的拂水禅院和跨越山涧的石桥。

河东君指着横在两崖间石豁上的危栏问："那是什么？"

谦益笑着说："那叫长寿桥！"

河东君又问："何谓拂水崖呢？"

他指着石壁不无遗憾地说："你看，那就是。不过，只有在雨天，才能看到它的奇景！"

谦益见她面露失望神色，忙细细描绘说："若是在雨天，涧水飞流而下，形成一条彩练似的瀑布。南风吹来，将飞流倒卷上去，化作万斛蕊珠，凌风飘洒。若雨后初晴，丽日照射卷起的飞流，有似一团彩虹。此谓拂水也！"

河东君轻声地叹息着。

谦益深情地看了河东君一眼，说："来日方长，老夫相信能与你同观拂水奇景。"

河东君又是一声叹息。

谦益又指着拂水崖两边的山涧介绍说："那就是有名的桃源涧，上为桃源洞，洞边遍植桃林，雨后山泉汇涌，裹挟着花瓣，飞奔而下，有似一条绯红的缎带。此是虞山一大奇观！"

河东君默然无语，她在思索如何告诉他要回嘉兴去的事。

他们走出山楼，来到那长长的石板路上时，河东君突然伫立在他的面前，满面愁容地低着头。良久，她才抬起眼睛，望着他说："牧翁，现在年也过了，花也看了，我该回去了！"

牧斋一震，默默地看着河东君，久久无语。突然，他又扬起头，仰望着天空，太阳还是那么懒洋洋，游云还是那么漫不经心，他想起不知是谁的两句诗，便高声念起来：

百岁看花能几回,

人生何苦长汲汲?

他真想大声地对河东君说:"你别走,我娶你为正室!"

可是,他没敢说出口,他想起了本朝尚书倪玉汝因妾夺封命,被人评告,革除祭酒职位的事。前车之鉴,他怎敢触犯国家条律呢?只得隐痛吞苦,攥住河东君的手说:"你病未愈,不能让你独自回去。老夫早就计划出游,想邀你同去西湖,可以说是老夫送你,也可以说是你陪老夫。岂不一举两得吗?"

牧斋的忧伤神情打动了她,她点了点头,表示同意。

二十四　人有悲欢离合

上元之日,钱谦益与河东君到了苏州,将从苏州去嘉兴,再去杭州。他们泊舟虎丘西溪,借住虎丘寺。

河东君被安排在一僻静斋房。旧地重游,她怎么也睡不着,浮想把她带回到九年前,她跟踪子龙和存我来过这儿,想看看复社春季集会的盛况。生活真会作弄人,她从这里出发,兜了一个大圈,现在又回到了这儿。她还要继续流浪下去,或许有一天,人生的航船还会把她载到这里,送往不知名的港岸。

万籁俱寂,没有一丝声响,唯有多情的月光,从花格窗外探进头来。

她起身走到窗前向外观望,月光像水一样淹没了虎丘山,千人石,有如　湾泛白的波浪,子龙的影像,倏然在她眼前一晃,她立即推开窗,却只有苍白的月光,无声地卧躺在石上。

一阵微风吹来,她打了个寒噤,连忙拉上窗扉。

回到床上,无边的寂寞又浸没了她。她想立即去找牧斋,答应跟他回去,做他的小星,从此结束飘零。可是,她却动弹不得,往事像幻景一样,回闪到眼前。她睡在床上,周府的大大人把阿根骗进她房里,关上门;她被莫须有的罪名绑了手脚,坠上石头要沉湖;子龙的夫人凶狠的目光,对她的最后通牒……她不自觉地叫了起来:"不!我不……"

这声呼叫,惊醒了阿娟,急问道:"你怎么啦?"

她半晌才回答说:"我做了个噩梦。"

"你呀,快睡吧!身子有病,自己也不好好当心。"阿娟一边怨嗔着,一边又躺了下去。不一会,就传来了均匀的鼾声。

半月后,他们到了鸳湖。

鸳湖即南湖的别称,河东君曾借住吴来之的勺园别墅养病,她喜欢南湖的烟雨、湖桥、岸柳和菱藕,谙熟这儿的名胜,遍处留有她的足迹。这里又是她的故乡,她永远忘不了血印寺和妙蒂和尚悲壮动人的故事。她熟悉这儿的水路,要去西湖,就得从这里转棹。可她突然犹豫起来。

她还没有最后决定嫁给牧斋,如陪他去了西湖,消息很快就会被哄传开来,那就不好收拾了。牧斋在那里的朋友多,他们必定极力撺掇。待她恩重如山的然明,也是很想促成这桩婚事的。她不愿顶着面叫他难堪。要回避这些尴尬的难事,她想,唯一的办法是改变原定计划,不陪他去西湖。她还有一桩未了心愿,她要去还愿。怎么对他说呢?还是把她的决定寄寓在诗中。

> 梦里招招画舫催,
> 鸳湖鸳翼若为开。
> 此时对月虚琴水,
> 何处看云过钓台。
> 惜别已同莺久驻,

衔书应有燕重来。

只怜不得因风去，

飘拂征衫比落梅。①

　　谦益领悟了她的诗意，他们相处已久，她不能再陪伴他了。感谢他知遇之恩，将来再来与他相会。同时，她也流露出己身像落梅飘拂那样的感怀。

　　他反复地读着这首诗，他怎么也没想到河东君会改变伴他去西湖的许诺。太突然了，他为之一震。三个月的相处，他更加认识到河东君是旷代难逢的奇女子。就此别去，也许再也见不到她了！他觉得心里空荡荡的，湖水失去了色彩，阳光也显得苍白，他突然间苍老了，无力地坐到桌前，沉默着。良久，他才问："你将去哪里？"

　　"回松江去，那里还有我的亲人。"

　　他的心不禁收缩了！她是去探望她的旧相知的。但子龙不是已去了绍兴推官任上吗？他困惑地看着她。

　　河东君便将她与船伯父子相依为命的事告诉了他。并说："想早回去将阿娟和阿贵的婚事办了，只因卧子还在家乡，回去不方便，才拖到现在。再不办就要误了阿娟的嫁期了。"

　　谦益很受感动，他以深情的目光看着河东君，很想说："你就不怕误了自己的嫁期吗？"可他说出来的却是"难得你这样的侠胆义肠"。说着，他就从钱袋内取出一百两纹银，递给河东君，说："给阿娟办点嫁奁吧！"

　　"恭敬不如从命，柳是代阿娟谢谢了！"她一反常规，收下了牧斋的馈赠，攥着他的手说："明日，我先去拜望吴来之先生，就买棹东去了！"

---

① 见钱牧斋《初学集·东山酬和集一》。

他伸出双臂，拢住她的肩，河东君的体温慢慢渗向了他，他突然感到一种战栗的温暖，他惶然无主了，那种难以言表的依恋像湖水拥着画舫那样裹挟了他。他把她的肩搂得更紧了，多想时间就停止在这里啊！没有湖浪，只有波光轻荡。一只像被风吹弯了的小帆似的新月，在湖水里摇晃，压弯了，拉长了，揉碎了。他近乎耳语似的说："不能陪我去游西湖，使我无限遗憾。可是，你不忘患难之交，我无权阻拦。去吧，我会来接你的！"

河东君任他搂着，她那易感的心被他的依依惜别之情浸润了，拦在他们之间的那堵墙，倏然间消失了。多日相处，他的细心照顾，无微不至的关怀，瞬间化作了一股情涛，涌向了她。她慢慢偎依到他的怀里，微微仰起头，无限深情地说："后会有期！"

河东君反棹回了松江，她先找李待问，请他帮忙找一僻静住处。

待问仍然像过去那样热忱待她，怕她住在城里触景伤情，也会引起麻烦，便将她安置在他家的横山别墅里。那儿偏僻而安静，对她养病有好处。

待问是个不忘旧的友人，在河东君不辞而别后，他对船伯和阿贵仍然一如既往，留用在园中，还不时把打听到的河东君的消息告诉他们。

河东君向他道谢，他回答说："他们很勤快，园子收拾得既整齐清洁，花草又茂盛。"

提到园子，河东君的心就往下沉，那里的一景一物，都系着她一部荡气回肠的故事。可是，这一切都一去不复返了。

河东君告诉他打算给阿娟和阿贵办婚事。待问表示理解，说："你就放心好了。"

船伯听到河东君她们回来了的消息，高兴得不得了，连夜赶到横山别墅。老人见到河东君的第一句话就说："孩子，你为何骗我……"

说着就老泪纵横地坐到一张矮几上,呜呜地哭了起来,"我……我还以为你不要我们了……"

河东君叫了一声"大伯",泪水也潸潸流下。

阿贵站在门口觑着阿娟,满肚子话不知从何说起。

阿娟一阵风似的迎到他面前,似喜似怒地说:"你怎么啦? 不愿见我们?"

阿贵耸了下鼻子,像蚊子嗡嗡地说:"是人家想甩掉我们啰! 走到哪里也不哼一声。"

阿娟嗔怪地说:"你真是个傻小子,你懂得什么……"

河东君很快就镇静下来了,她抹了下泪水,招呼阿娟说:"你去沏点茶来。"又向阿贵一招手:"你也进来坐下,我有话跟你们说。"

阿贵低着头,坐到他父亲身边。

河东君说:"大伯,我这次是专程为阿贵和阿娟的事来的,我想把他们的婚事办了,李相公答应帮忙。"

船伯父子眼睛瞪得大大地望着河东君,几乎是同声地问:"什么?"

河东君又把刚才的话重复了一遍。阿贵羞涩地低下了头。

大伯却连连摇头说:"孩子,你的一片好心我知道,可是,这不行!"

河东君说:"大伯,为何不行? 你们不喜欢阿娟,还是她配不上阿贵? 她聪明伶俐,是个好姑娘呀!"

老人又连连摇手说:"不是这话,不是这话! 阿娟是百里挑一的好姑娘。可是……"

河东君又追问着:"那又为什么呢? 嫌我们到处飘流了一圈,名声不好听?"

老人急了,连连摆手说:"你想到哪儿去了?"

"那么,到底为何呢?"河东君困惑地望着老人。

"那……那还用明说? 你还没出嫁,哪能先嫁阿娟呢! 孩子,这个不行!"老人坚决地说。

河东君急了:"大伯,你说什么? 若是我一生不嫁,难道也要他们陪着我一生不成。"说着,拿出谦益送的那包银子,递给老人:"这是钱牧斋老爷送给阿娟的嫁礼,你先拿去办一些必需的东西。"

老人身子往后退着,嘴里不住地说:"不行,不行! 你不择到人,这事万万办不得,你若心疼他们,你就……"

阿娟从门外冲了进来,她放下茶壶,就往河东君面前一跪,趴在她膝上哭着说:"不! 我不!"

河东君攥着阿娟的两臂,想把她拉起来:"你这是干什么? 快起来!"

阿娟抬起满是泪水的脸说:"我都听到了! 我……我不走! 我走了你要苦死闷死的! 我要跟你在一起!"

"尽说瞎话,我怎能误了你的终身大事呢! 我不能只为自己呀! 好阿娟,你就听我的吧!"河东君搂住阿娟说。

阿贵也跪倒在她的面前,乞求说:"阿爱姐,你别逼我们吧! 我们等着你。"说着捂住脸像狮子般吼哭着。

阿娟的婚事就这么搁置下来。可是,它却像块石头压着河东君的心,她每时每刻都为对不起他们而深感内疚,这逼得她不得不重新考虑自己的归宿问题。

正在这时,汪汝谦来了。他不仅带来了谦益寄给她的诗稿,还说:"像牧翁这样识才、爱才、真正知你的能有几人! 机不可失,时不再来,切勿错过良机。"

河东君无言以对,只有叹息。

汝谦继续劝说:"你应该想想,你的那个条件不太苛刻吗?"

他怕伤了她的自尊心,没有把要说的都明说出来。他知道,她并非不懂得那些道理,她不过不愿向命运低头罢了! 他劝她"要实际一点"。她报以感激的一笑。

二十五 彩舫花烛夜

钱谦益带着怏怏和寂寞的心情,一人从杭州去到新安,访程嘉燧于长翰山居不遇,又独自上了黄山。但是,他对河东君的思恋之情却随着旅途的孤寂日烈日浓,想得到河东君的心情也更为迫切。他再次把他的心迹寄托于诗句,希望得到她的回应。

送走了汝谦,河东君又堕入矛盾的浪谷波峰,然明的话无疑都是对的。在男人主宰世界的当今,哪儿去找既没有正妻又志同道合还不嫌弃她卑微出身的真正君子呢？自己曾经那么酷爱的人,连将她娶回家做侍妾的勇气都没有,到哪儿去寻找理想的偶像呢？自己心高命薄,也让和她相依为命的阿娟终身大事无着落。自己飘零,那倒算不了什么,但她怎能忍心阿娟为她误了青春,终老在江湖上呢？正当她彷徨无定,收到了谦益寄自黄山的诗篇——《五日浴黄山汤池,留题四绝,遥寄河东君》。

他在诗中表示了愿以嫡妻待她,她在他的家中,将享受主母的地位。

河东君读后,彻夜难眠,她的心湖被深深地搅乱了！她将子龙、微舆和谦益比较,他们对待爱情的勇气远远不及他,他不愧为一个勇敢的男子汉,敢于为自己所钟爱的女人做出越出礼法的牺牲。在她飘泊江湖的十个春秋里,也就遇到他这么一个。

她还有什么犹疑的呢? 为报知己,为报阿娟,她决然地提笔写道:

奉和黄山汤池留题遥寄之作

…………

> 旃心白水是前因,
> 觐浴何曾许别人?
> 煎得兰汤三百斛,
> 与君携手袯征尘。①

在杭州,钱谦益得知他的政敌周延儒再度入相的消息,他的心倏然冷了半截。

他们的私怨由来已久,可追溯至崇祯二年(1629)。那时他与他们同在礼部共事,温体仁为尚书,周延儒为右侍郎,他为左侍郎。作为东林党幸存下来有声望的党魁,他被推出来争夺相位,这遭到他们的妒恨,温、周两人联合,翻出他天启二年(1622)主持浙江乡试被人指控受贿的一笔糊涂老账,参了一本。结果使他拜相不成,还被革职归田。第二年温体仁入相,他们俩长期把持朝政,从不放松对他的监视和压制,不让他有复起的机会。三年前,他迫使温体仁罢了相,他再次有了复起的希望,可是,周延儒又复起了,他的复起希望再次成了泡影。他不由得归咎于命运,颓丧了! 他在然明的西溪别墅,一连数天狂饮。突然然明给他送来了河东君心许的和章。他立刻从政治的失利中跳

---

① 见钱牧斋《初学集·东山酬和集一》。

了出来,有所失必有所得,能得到河东君这样的女才人为伴侣,失去复起之机又何妨!既不为官职所累,也就不惧触犯礼法。他转怒为喜了,决定以匹嫡之大礼迎娶河东君。当即就启程回常熟,筹备合卺大礼。

崇祯十四年(1641)六月初,钱谦益迎娶河东君的彩舫,来到了松江。

这时,明朝面临的两个威胁也更为严重了。被称作"流寇"的农民起义军,势力越来越壮大,严重动摇着明王朝的统治;被称为"索虏"的建州军队不仅威胁着山海关外广大的地区,还蔓延到宣化、大同,随时都有进关的可能。他们不时冲破长城,威胁京城,向南到畿南、山东、济南、德州一带骚扰掳掠。明思宗崇祯皇帝虽然想国家强盛,但刚愎自用,用人唯以迎合自己意愿为准。把巩固国家统治的希望寄托于锦衣卫,使忧国忧民的大臣受到残酷的迫害,肝胆酬国的志士得不到重用,国家陷入了困境。《邸报》经常载些报喜不报忧的假消息,远离京城的江南大多数官民、士大夫阶层,并不了解国家民族危难的真实情况,他们仍然做着各自的荣升、发财的美梦。

钱谦益根本就不相信《邸报》,他知道国家的形势要比《邸报》描写的严重得多。可是,他一介在野庶民,能奈何得了? 索性为弥补政治上的失意而做情场上的孤注一掷,冒天下之大不韪。

舟发尚湖时,他想到此行的终点松江还有他的族侄加门生钱横。到他的辖地,要不要去看望他? 倘若告诉他,他娶的就是他一再要驱逐之人,会令他尴尬的。但不跟他打个招呼,也不合适。思之再三,决定下船后让仆人送一个帖给他,说明此行只为迎娶新妇,行程匆匆,恕不能登门探望。他隐去了新妇河东君的姓名。这样,既给了他的面子,又免去了他们相互见面的尴尬。

彩舫停棹在横云山下的河面上。

谦益见到河东君，先就一揖到地说："阿弥陀佛，如我愿也！多谢你！"

阿娟听到他的声音，从隔壁奔过来叫道："钱老爷！"

河东君对谦益说："不要谢我，谢阿娟吧！是她逼着我应承的。"

谦益有些诧异地问："此话当真？"

河东君便将阿娟、船伯他们不愿在她之先办婚事一事复述了一遍，后又说："当然，牧翁……"她停住话头，向他妩媚地一笑："只有以情能动情，只有以心才能赢得心！"

他感动地望着河东君说："叫老夫如何才能答谢他们？"

"他们不要你答谢，可是，你得应承我一件事。"河东君的眼睛突然湿了，"他们虽然不是我的直系亲属，但这些年的生活已将我们结成了情同骨肉的亲人。他们和我一样地位卑微，他们心地却无比善良。我若没有他们的爱和保护，也早就不在人世了！我不能扔下他们，一个人跟你走。我要带他们去你家，要求你像待家人样待他们。"

谦益不敢有半点犹疑，立即回答说："理所当然之事，你就放心吧！合卺大礼，老夫已选定后天六月初七，吉日良辰。万事齐备，就等东风了！"

河东君微微一笑，欣然地点头应承了。

钱横接到谦益的短简，眉头皱起像两座小山。他早已对这位在野十数年的族伯失去了兴趣。当年，他是文坛祭酒，拜在他们下，不过冲他的名声而已。现时再与他继续交往，不仅没有丝毫好处，倘被周相国得知了，岂不要受累倒霉！此老也太不自量，为何不悄悄来去，还要递什么信札！

可是，他再一想，如果不予理睬，不明显地让他和仍追随他的人看出自己的势利吗？不，不能！势利是君子所不齿的，倘若他与别的门

　　　　　　　　　　　　　　　　寒柳：柳如是传

生谈及，自己岂不要被骂为小人，有损清名！

他在书房里转了几个圈，突然，他站住了。他还是决定去看他，不过，这得着意安排一下，不要让同僚知道。

太阳落到横云山那面去了，地面仍然蒸腾着暑热，钱横换了套真丝便服，带着一个心腹的家仆，坐着一乘肩舆，悄悄地往横云山边的溪河去了。老远，他就看到河中停泊着一艘悬灯结彩的两层大画舫。那排场令人咋舌。他不屑地"哼"了一声。

下了轿，就看见有人持着书有"钱"字的灯笼从舱内出来，原来是谦益和河东君。谦益没有料及钱横会来，真是冤家路窄，与河东君抵面而遇，回避已来不及了。谦益一时没了主意，只得装作根本就不知他们有什么瓜葛，迎上去说："贤契太多礼了！天黑路滑，何劳专程前来！快请进舱。"他说着就转身对河东君引见："认识一下，松江府的父母官……"

四目相对，都很尴尬。但河东君的尴尬瞬间就被一种胜利者居高临下的优越感取代了。既然他是牧斋的族侄门生，她当仁不让地以长者姿态落落大方地接受他行礼，也不失尊严地回了礼。她打断了谦益的话微笑说："不用介绍，我们早就打过交道了。是吧？钱大人！"

使钱横惊讶的是，老头儿大张旗鼓要迎娶的新妇，竟是他恨得牙痒痒、又无可奈何的刁妇！早知是她，他宁可背势利小人之名，也不会来的。他领教过她的厉害，现在一定不能惹怒她，不然，她会当着老头儿的面把什么都捅出来。他敷衍地含糊回答着："是，我们见过面的。"

他们认识，谦益并不感到惊讶。她长时间生活在云间，会有许多机会见面。她曾提起过险险被他驱逐之事，这段积怨至今并未完全消除，还是少让他们说话为妙。便忙招呼着："快进舱坐！快进舱坐！"

客舱里，几个仆人正在摆置香案，锦缎的桌围上，放着未燃的大红蜡烛。

钱横示意他的仆人捧上一个礼盒,上面放着朱红礼单。他对谦益说:"恭贺族伯寻得绝代佳人,一点薄礼,不成敬意!"

河东君却走上前来说:"知府大人,我们这个门不当、户不对的婚姻,能得到知府大人允许,那就感恩不尽了,怎敢还受此重礼。"她将手一扬,阻止了钱府仆人去接礼盒。又向钱横做了个请的手势,说:"你请坐。"

钱横的仆人捧着礼盒像根柱子似的立在客舱中,上前不得,退后不得。钱横坐也不是,站也不是,十分尴尬。

谦益深知河东君的脾气,不知如何平息由他的失误可能要引起的风波。他向后舱喊了一声:"沏茶!"就一边将钱横捺到椅上坐下,一边亲手接过钱横的礼物,放到桌子上,再转向河东君说:"你今日也累了,到后舱歇息去吧!"他想尽快支走她。

"制怒,制怒! 小不忍则乱大谋!"这是钱横用以制约自己的座右铭。此时他又以此暗暗告诫自己。君子报仇,十年不晚! 今日她是老头儿的新妇,不看僧面看佛面,就忍了被她挖苦这口气,他日他会找她加倍索还的! 他是蜚声远近的名宦,何必因些小意气,让她坏了他清正的声名,岂不是得不偿失!

谦益支走了河东君,钱横舒了口气。刚端起茶杯呷了一口茶,河东君又从后舱出来了,手里还攥着一个卷轴。

她竟自走到钱横面前,笑容可掬地解开卷轴上的捆带说:"知府大人是知名的藏家,又是独具慧眼的鉴赏家,我这里有轴书,想请知府大人鉴别。"说着就把它展开在钱横面前。

谦益心里敲起了小鼓,他猜不透她此举的玄妙。

钱横的心仿佛被无形的手提拎了起来,李待问之书,与他藏的那张一模一样。他暗自想,到底哪张是真品呢? 他还不敢断言。这个女人诡计多端,此刻要他鉴别,不知壶里又卖的是什么药呢! 他只好回答说:"李存我之书。"

"千真万确!"河东君称赞着说,"为了保住它,我可是动了心计呢!"她将发生在澄湖上的事说了一遍,又嘲笑地说:"我摹的那书,也许还被那位附庸风雅的饭囊视作珍宝呢!"

谦益虽不知事情的原委,但他已悟到河东君骂的是钱横,连忙赔着笑脸打岔说:"愿意藏柳河东君之书者,才真正是别具慧眼之藏家!今后柳书将为老夫所独拥也!贤契,你说对吗?哈哈哈……"

钱横忐忑不安了,他最害怕的是中秋之夜的事也被她宣泄出来,只得解嘲地笑起来:"对对对,那位藏家,才是独具慧眼之藏家!"说着,赶紧起身告辞。他坐进轿内,狠狠地冷笑了一声,那一声意味深长,内含愤怒,颇有此仇不报誓不为人的决心。

六月初七,骄阳似火,牧斋吉服新装,乘坐新轿,在盛大的仪仗簇拥下,带着迎娶新娘的花轿和贽礼,来到李待问的别墅。贽礼中有一对白鹅,这就是古代的"奠雁",取雁坚贞,预祝新夫妇永不分离的含义。因为雁颇难得到,便以鹅相代。

头一日,待问就请了熟悉婚礼的人来帮助河东君按照江南迎亲礼节做了准备。

船伯和阿娟将新郎迎进客厅,款待"三道茶",飨以莲子羹、粉团等甜美食品。按照礼仪,新郎应先回去,新娘则要在下午由娘家用仪仗送去。河东君没有娘家,就免了这个仪式,由新郎亲自迎去。可是,河东君触景伤情,迟迟不肯上轿,谦益献了四首催妆诗后,船伯以舅爷的身份,才扶她上了轿,阿贵、阿娟和船伯,相跟着仪仗,一同到河边,上了船。

客舱里,红烛高照,河东君与谦益同拜天地,行合卺大礼。

交拜后,人们就将红绿牵锦让他们各执一端,新郎牵着新娘踏着不断向前传递的青布袋,进了布置成洞房的后舱。

洞房的床上铺着锦被,布置得富丽堂皇,谦益还置备了许多喜果,招待走上船来的客人。

河东君感激谦益完全按照嫡配大礼迎娶她,她执意追求的并非是一个正室的头衔,要争的是个平等的人格,她决意要试试把规定她只能做小老婆的大明礼法踩在脚下。她要证明,她这个地位卑下的女人也能跟大家出身的闺秀、朝廷命妇平起平坐,在家庭里享有同等地位和权利。她感到了一种欣慰,能够嫁给一个敢为自己去对抗礼法的丈夫,也没枉她苦苦漂流十年!

她透过覆盖头上方巾的网孔,看到拥来观看婚礼的人越集越多,河岸站满了。忽然,人群骚乱起来,一批绅士和家童模样的人不断分开众人往前挤。文友们毕竟没有遗忘她,他们来给她送行来了。欢乐像一阵河风闪进河东君的心田,她偷偷掀开方巾的一角,凝神地搜寻着她熟悉的身影……人头攒动,她分辨不清。突然,鼓乐声停歇了,石块、瓦片一齐向她船上飞来。

谦益怡然自得,能娶到天下第一佳人,是他此生最大的快事,他连作了五首催妆诗。眼前这一切好像早在他的意料之中。仆人和管事都吓慌了,惊恐地奔向窗牖。他却对他们说:"不用怕,让他们砸吧!砸发砸发,鼓乐再奏起来!"

仆人送上一张纸条说:"这是绑在石头上扔上船来的。"

河东君一把掀掉了方巾,抢先把纸条拿到手里读起来:"礼部侍郎不知礼,匹配大礼娶流妓,叛道离经悖礼法,岂容玷污士大夫! 砸砸砸! 叫尔满船载瓦砾!"河东君的手颤抖着,五个指头紧紧地攥住了纸条,仿佛要把它和写它的人一起捏碎似的。她对谦益说:"我去见他们!"说着就往前舱走。

谦益拦住她说:"你不能出去! 他们要砸你的!"

河东君拨开他的手说:"你别担心,就是砸死了,也值得!"说着就挣脱了他的手,走出去了。

盛妆的河东君,迎着瓦矢石雨,走出船舱,立在船头甲板上。奇怪,瓦雨石雹却突然停止了倾泻。她向岸上的人群微笑着施了一礼说:"诸位父母、兄弟、文友词朋,在云间我有过一段难忘的日月,给过我帮助的老师和友人,我永远铭记他们。在这临别之际,又受到诸位如此盛情的欢送,送给我如此珍贵的礼物,我将把它们带回去,作为永久的纪念。"

人群中发出一阵笑声,也有人在高声咒骂:"嗨嗨,挨了砸,还说起俏皮话来了!"

"哼,伤风败俗,违背大明礼法,还好意思站出来,真不要面皮了!"

"身为文坛祭酒,为了一个女人,竟做出有伤我等国士尊严的丑行!"

随着,又一阵石雨落到河东君身边。

阿娟和船伯担心河东君被砸伤,上前去要把她拉进舱来,河东君轻轻地拨开他们的手,又走上前一步说:"你这位相公,看你衣冠楚楚,口称国士,柳是想请教于你。边关吃紧,强敌入侵,生灵涂炭,你作为一个国士,应有义不容辞的保卫国土的责任。可你只是对一个向往自由的弱小女子的婚礼宣泄出如此怒不可遏的义愤。"河东君叹息着摇了下头:"真可惜! 这些瓦石不是投向侵犯疆土的仇敌,在一个弱女子面前逞强横行,就算得是国士吗?"

意外的言辞突然镇住了人们,岸上鸦雀无声了。但仅仅一瞬,就响起了挨骂的人更为愤怒的回击声:"还敢骂人! 砸,砸死这个臭娼妇!"

又是一阵像雨点样瓦片石块向船上飞来。

河东君毫无惧色,站在船头,纹丝不动。船伯和阿娟慌了,急忙跑上船头，排立在河东君前面，挡住飞来的瓦片石头。

河东君拉开大伯和阿娟说："你们俩让开。我还要把话说完。"

岸上不少人应和着说："对，让人家把话说完嘛！"

"看她还有什么好说的。说！"

河东君见停止了扔石块，反而流出了泪水，她带着浓烈的感情说："诸位乡邻！谁不爱这绿茵茵的湖水？谁不爱那葱郁郁的青山？谁不羡慕自由自在任意飞翔，像这山水之间的鸟儿？我柳是爱！我柳是想！我柳是羡慕！我柳是只不愿再看人家的白眼，不愿再受他人的欺凌。想做个人，一个和别人一样的人，一个能保住自己尊严的人。我才要求钱学士以嫡配大礼来迎娶我。这也是为着像我一样被欺凌的姐妹争脸争气！"河东君说着说着就愤慨起来，"不知我这点可怜的要求侵犯了谁的利益？伤了谁的尊严？要遭到如此的对待？一个出身卑下的人，他的人格未必卑下；出身显贵的人，他的人格未必就高尚！我不愿为人姬妾有什么可指责的？如果说这有伤他人的尊严，有损别人的利益，我愿意在正义的砖石下被砸死！"

岸上，有的人悄悄往后退去，后来的那群气势汹汹的士子们，也转过了身。河东君站在船头，目送着他们慢慢散去。不远处，一株柳树下，有个人将握在手里的石块悄悄扔进了身边的水沟里。河东君全身不由得一阵紧缩，那个转身扔物的姿态，是那么眼熟！她看清了，是他，是宋辕文，她曾狂热地爱过的那个人！他，竟也加入了这个砸她的队伍！她的心酸了，泪水无声地从眼里滚落出来，滴落在新装上。

二十六　结束半生飘泊

盛夏六月的常熟，暑热蒸腾。钱氏宅邸，笼罩在紧张和不安的气氛之中。这是由老爷去松江迎娶新妇而引起的。

谦益开始筹备启程，朱姨娘就装疯卖傻，忽哭忽笑，还传扬出疯话，老爷若娶回那个"柳树精"，她就不想活了，她就要和儿子，钱府唯一的少爷孙爱一条绳子吊了。她的威胁，触怒了谦益。他当即派轿请来了正室，把少爷交她领去抚养。

朱姨娘寻死觅活，谦益也不理会。她知大势已去，挡不住丈夫迎娶新妇，只得把一线希望寄托在陈夫人身上，希望她能跟自己共同对待即将来家的新妇。她每日往老宅请安，对陈氏百般殷勤。孙爱又被她带回了身边。母凭子贵，她不甘心就此失败。

陈夫人每天都睡得很晚，更鼓敲了两下，她打了个哈欠。侍婢像是听到了号令那样，即刻走进她的卧室，把凉席扇了又扇后，出来扶她去休息。

她刚刚想起身，女管事急急匆匆走进来，双手托着一只拜匣，躬身立在她们面前说："门上才收到的。"

拜匣内躺着一封书札，陈夫人没有伸手去拿，眼睛仍然半阖着，毫无表情地问:"哪来的?"

"松江。"女管事回答说。

陈夫人仍然默默不语,肯定是丈夫来的。她既想很快知道他在信中说些什么,但积郁在心里的那股酸溜溜的东西,又使她不想立即去拆。

女管事很善于察言观色,立即补充说:"门上说是钱知府钱大人差人送来的。"

陈夫人眼皮微微抬了一下,眼仁慢慢地转向了拜匣,伸手拿起书札。

女管事退下去了,侍婢立即拨亮灯,帮她拆了书封,抽出一纸长书展开在她的面前。

陈夫人的眉峰收紧了,嘴唇颤颤抖索着,眼里汪满了泪水。字迹模糊了,眼前仿佛旋转着火烛红光,飞溅着石箭瓦矢。她又闭上了眼睛,记起了丈夫从黄山回来时同她的一次长谈。

她问他:"你怎地舍得送她走了?"

他回答说:"她自己要走的。"遂将河东君写的《春日我闻室呈牧翁》诗拿给她看了。当时,她心里有股说不出来的滋味。他还向她叙述了她的不幸身世,称赞她宁可流浪漂泊,也不愿为人姬妾。他很尊重河东君的独立精神,更爱她的容貌和才华,以及她那特有的魅力。他的话,在夫人心里搅起了波澜。

她出身上层名门大家,从来不知道为生存和饥饿担忧,更不会有流浪漂泊的生活体验。但她能够想象出,一个年轻美貌而又有才华的单身女子漂泊的艰难,倘若没有坚强的心志和谋略,是不能生存下来的。作为一个女性,她也有女性那种向往平等自由的本能。顿然间,她和她似乎心有灵犀一点通了,她对柳河东君这种身份的女人好像也有了些许的理解,对她的遭际有了怜悯和同情,对她那种奇特的追求

　　　　　　　　　　　　寒柳:柳如是传

产生了一种钦佩之情。她宽容地看了丈夫一眼，叹息着说："可怜的女人！"

丈夫又把柳河东君在他家所作的诗，一一给她看，解释哪些用典如何贴切，哪些主意如何深刻，哪些情感如何真切。最后又说："谁能得到她，胜如得到了无价之宝！"

她的心不由得一阵紧缩，她的丈夫并没有放弃娶柳氏的打算，他这是在开导她。她从小就接受出嫁从夫的古训，想丈夫所想，爱丈夫所爱，这才是一个有教养的大家闺秀所应遵从的妇道。既然丈夫如此爱那柳姓女子，她只得说："你就按你所想的去做吧！"

丈夫受了感动，温存地搂了一下她的肩膀说："她进门之后，我决不会有负于你！"

陈夫人万万没有想到丈夫这次如此认真，竟然以嫡礼去迎娶她，以致引起风波。

她将信札放在一旁，一种不快萦绕着她。过去牧斋娶妾，她从未有过如此的感受。钱横信里告诉她，柳氏欲夺嫡位，难道这是真的？夺嫡？一个博古通今、熟知大明礼法的丈夫，怎会知法犯法，做出此种事来？他将要把她这个嫡配置于何地呢？告他？不，不！她在心里说着。他是她的丈夫，是她的依靠，家里的大梁。把大梁拆了，还有这进士第吗？不能，不能去告他！他既没有说要休掉她，也没有要遣她回陈家的迹象。她是他的结发妻，她不能听信族侄钱横的片面之词。但她又吞不下这口气，她尚健在，又以嫡匹之礼娶柳氏，这不明明是对她这个主母的蔑视吗？她怎地甘心！

她默默地忍受着内心的伤痛，在仆人面前，不能失去主母的威严。她扶着侍儿，走进卧室，示意侍儿带好门出去，她这才扑倒凉席上，无声地哭起来，泪水和着汗水，湿透了枕席。她虽然是这钱府的主母，主宰着姬妾仆婢的命运，可是，她却不能违悖丈夫的意旨，她的命运掌握在丈夫的手中。丈夫竟敢蔑视朝廷的礼制，也不顾士大夫的舆论，她又怎能去劝阻呢？除非同归于尽！她突然止住了泪，用手堵住了嘴。这不能，这不能！太可怕了！孙爱虽然出自朱姨娘，可她才是他的真正母亲，她不能不考虑她儿子的前程，还有她贤淑的声誉！她已不是气盛的少妇，而是早就看破红尘、皈依佛门的信徒。

可是，她是女人哪！

她卧下爬起，爬起卧下，反反复复重读族侄那封戳心的信，像一只受伤的猫，无所适从，最后只好蜷缩在床上抽泣。

一夜不成眠，第二天天一亮，她就把女管事叫来，吩咐把她住的正室腾出来，重新粉刷，按新房样铺陈起来，床上要锦被芙蓉帐，墙上挂家藏珍品历代名人书画。自己搬进侧房。管家惊异地问："夫人，这是……"

她没有回答。她有她的筹划，合卺大礼，一定要在老宅祖宗灵位前举行。那时，她会漂漂亮亮地宣布出她的决定。

她又派人去请朱姨娘，派去的轿子还未出门，朱姨娘的轿子就进了门。她一下轿，就直奔夫人住处。

陈夫人听到通报，立刻迎了出来。

朱姨娘就在廊沿下向她跪了下去说："婢子给夫人请安！"

陈夫人连忙伸双手去扶她，说："家无常礼，快起来。"

她抬起头，仰视着陈夫人说："婢子有话回夫人。"

"有话起来慢慢说。"陈夫人硬是拽起了她。把她引进了东厢房的起坐间。陈夫人自己在一把椅子上坐了，朱姨娘就坐在一只矮几上。这是规矩，小妾是不能跟正室平起平坐的。

"夫人，你……"朱姨娘欲言又止。

"快直说吧，何事？"

"半野堂都闹翻了呢！听说迎娶柳氏的彩舫明日就到，吕大管家忙得像只猴子，哼，跳进跳出。我闻室装修一新，张灯结彩，八抬大轿系上了用整匹缎子扎的大彩球，据说比你当年进府还风光。"她突然放低声音，转换成神秘的语气，"上上下下都在哄传，要夺你的正位呢！"她的目光直往陈夫人脸上扫，看她的脸色还是那么平静，又说："夫人，你就这么毫不在乎？"

陈夫人微微一笑："我正派人去请你，想跟你……"

朱姨娘不等她说完，就愤慨地打断了她的话："夺正位，真是天下奇闻！礼法不容，家族不容，舆论不容，连我也看不下这等怪事！夫人，上上下下都在为你打抱不平呢！"

陈夫人的手，不经意地哆嗦了一下，但她很快镇静下来，微笑着说："不要瞎哄了。我还未得到老爷的准信儿，如果老爷真要这么做，也一定是有他的道理。我叫你来，是跟你打个招呼，新人进家，取个吉利，别瞎闹！不然，又要惹老爷生气了！"

朱姨娘的目光，一直没有离开陈夫人，连她的手轻微抖了一下也没逃过她的眼睛。她侧过头，噘起嘴说："我反正是做小的命，倒没什么。"她又看了陈夫人一眼，见她那副逆来顺受的表情，心里说不出的气愤，真想扇她一耳刮子，好叫她清醒清醒。当然这不过想想而已，她哪里敢呢！她一把攥住陈夫人的手，感情激动地摇着说："你是正室，明媒正娶的受过诰封的夫人，你为何要这样忍气吞声，受这种下贱女人的气？她进门你就给她个下马威，叫她也知道知道礼法、家风，认识认识你正室的厉害。"

"夺我的正室，你为何如此生气？"陈夫人不想跟她多言，说着慢慢阖上了眼睛，口中念念有词，她在诵一段经文。良久，她才抬起松弛了的眼皮，看着朱姨娘说："家不和，外人欺。老爷是有声望的人，不能因小失大！"

"夫人，你太善了，你忍得下这口气，我可忍不住！"朱姨娘还不甘心。

陈夫人扬了她一眼,威严地说:"你懂得什么?回去,不准闹!"

朱姨娘看看说不动陈夫人,窝着一肚子的气,起身告辞。来到院中,见许多仆妇在进进出出搬家什,就拦住一个老妈子问:"这是做什么?"

老妈子诡谲地一笑,悄悄对她说:"你说怪不怪,夫人突然要搬进西厢房,把正室空出来,明日有好戏唱啊!"

好戏?朱姨娘突然意识到什么,心里不由得一阵欢快,夫人是有心计的,她怎会便宜那女人!她希望明日闹起来,闹得越凶越解气。

钱府空气愈来愈紧张,上上下下的仆妇,都在暗地里猜测、议论,有的说"夫人要闹婚";有的说"夫人要给老爷难堪";有人说,"做事得当心,到时气会撒在下人身上";还有人悲叹"钱府要出事了"。

迎亲的彩舟已停靠在尚湖边了,陈夫人叫来了管家吕文思,吩咐在老宅堂中设置了红烛、香案。筹备了筵席,通知了亲朋故旧。她在做这一切时,是带着庄重的微笑的。待一切准备停当,她乘着四人大轿,带着鼓乐笙箫和吕管家早就备好的八抬大彩轿,亲自迎到尚湖边。

谦益一见这架势,以为夫人要闹婚。连忙迎到她面前说:"夫人,你……"

"我来迎接柳夫人进城哪!"陈夫人回答说。

"迎进老宅?"谦益的心仿佛就要蹦出来。

"当然!"

谦益摆了下头,说:"不,我已同她说好,还住在我闻室,俟后再造新居。"

"我已做好了一切迎娶准备哪!"

时值炎夏,谦益却有种九九寒天掉进了冰窟窿之感,他所担心的事发生了。她要闹婚，要将河东君接进老宅，压她行主仆之礼。这怎地是好！河东君是不能够忍受的。她的漂泊，她的追求为了什么，河东君是不会接受的。现在唯一的办法是赶在河东君尚未发现她的意图之先，把她劝回去，一切都留在以后他去解决。他回头向船上窥视了一眼，轻声地说："夫人快请回。算是我求你了！"

陈夫人微愠地望了丈夫一眼说："我已从正房搬进了侧室，新房也已布置就绪，只等着迎进新人呢！你让我上船去亲自对她说吧！"

谦益横在她的前头，拦住说："夫人怎地想得出来？快回去吧！"

"妾是真心诚意让贤！"陈夫人说着就要拨开丈夫的手，往驳岸上去，表现出她从未有过的勇敢。

谦益的脸色阴了下来，说："夫人向以贤德著称，今日为何？"他的声音低了下来："一切都和过去一样，你搬回正房，我和她住半野堂别墅。"

陈夫人仍然坚持着说："我主意已定，请成全我的心愿。她有才学，可以辅佐你……"说着就跪了下来："我说的都是真心话。"

谦益双手拉起陈氏说："夫人，因为她不是一个平庸的女子，老夫才不忍以小星目之。既然夫人深知我心，通情达理，就请允许我同称你们夫人，如何？"

陈夫人的心直往下沉，果然要夫人相称。但她话已出口，又能说什么呢！她怔怔地望着丈夫的眼睛。

谦益仍然忐忑不安，他再次对陈夫人说："还是请你先回去吧！"

河东君早就听到了鼓乐声，又从窗口窥见了仪仗，当然是来迎接她的。轿子停下后，从前轿内走出一位年逾五十的雍容华贵的女人。她已猜到那就是久闻其名的陈夫人了。接着，只见谦益慌忙迎上前去，她暗自思忖，也许就要有一场风暴来临了！她倚着花窗，注视着眼前发生的一切。牧翁以匹嫡大礼迎娶她，必然要在他的家中引起轩然大波。嫡配陈夫人一定要吵个你死我活，天翻地覆。她心里准备好了迎击，她决不会在蔑视她的人面前屈服的！她也是人，和她是同样的人。为何要称妾称婢，跪拜在她面前呢！牧翁已经在婚礼上当众说过，称她作柳夫人，享有和她陈氏同等地位和权利。后来，他们的对话，断续地传进她耳中，她那颗玩世不恭的心受了惊动，陈夫人扑通跪地之声震颤了她的心灵，她没有把自己看作至高无上的正室夫人，也没有把她视作低人一等的小妾，而是以等同之礼来待她，还要将她的正位让给她。这种礼遇之情，抚慰了她那紧紧裹着的、害怕受到伤害的自尊心。这一跪，改变了她对陈夫人的看法。她偕着阿娟，悄没声响地走出了船舱。

仪仗的鼓乐声，早就引来了观众，湖边、田埂和山道上，散落地站着观看热闹的人群。

河东君主仆突然出现，牧斋为之一震。他苦心孤诣的安排，为的是不让她们在短时间内见面，她们见面应该待到他认为可以相见的适当时机。他已领教过河东君的脾性，就是不愿身居下位，见到正嫡，她也不会谦让的。没想到的事情接二连三发生了，他心乱如麻，不知如何来处理这种尴尬的局面，他的面肌抽搐着，对河东君说："外面太热，你……"他想叫她进船舱去。

河东君却早已走到了他与陈夫人之间，说："夫人，柳是拜见姐姐！"说着跪了下去。

河东君从舱内走出来时，陈夫人就被她的大家风度和容貌惊呆了，直到河东君跪下叫了她一声"姐姐"，她才清醒过来，慌忙跪下回礼说："柳夫人，这可当不起。老爷说过了，在钱家，我俩同称夫人。我想请你住进老宅，我已让出了上房。"

河东君立即拉起她一同站起来说："夫人如此看重我，足以熨帖我受伤的心，柳是感激姐姐见容之恩，何谈让出正屋呢！我决不会接受

　　　　　　　　　　　　　　　　　　寒柳：柳如是传

的。"她说着就以眼向阿娟示意，阿娟立即转身从船上捧来一只描金礼盒。河东君接在手里，掀开盖，红丝绒的衬底上，放着一卷玉版宣抄写的《金刚经》。她说："姐姐！我的一点心意，你若赏脸，就请收下。"

谦益立即从旁插言："在船上，柳夫人宵旰兼程，薰香沐浴赶抄了这卷经书。夫人，你看这情意……"

陈夫人本来还处在茫然状态下的心，仿佛突然朗然了。半年多来的忧虑、感伤、气愤、苦闷，都在这瞬间消除了。柳夫人并不像他们传说的那样浅薄，也不像她所想象推测的那样骄横。她不再是她心中的情敌了，她的眼睛湿了，接过礼盒，紧紧抱在怀里。良久，她突然一躬身，向河东君行了个佛教礼说："阿弥陀佛，佛爷保佑！多谢。"就把礼盒交给了丫头，并从她手里端过另一只礼盒，双手递到河东君面前说："留个纪念。"掀开盖，礼盒里是一对黄澄澄的龙凤呈祥的金镯子。

河东君说："姐姐，这礼太重了，妹妹不敢领受！"

陈夫人双手握住河东君的手说："是姐姐的一点心意，若不收下，就是看不起我了。你年轻，有才学，希望你辅佐夫君，协理家业。住到老宅来，我们也好朝夕说个话儿。

河东君微笑着看着谦益。

谦益被这瞬间的大变化震惊了。他欣喜地看着两位夫人，对陈夫人笑了笑说："夫人盛情可感，我已拟就要建筑一幢冠盖江左的藏书楼，柳夫人是藏书楼主人，助我校勘著作。在船上已行过合卺大礼，也不用回老宅拜祖宗了。"说着，就把她们俩拥上了轿。

从此，钱府便有了两个夫人。陈夫人仍居老宅，河东君和谦益居半野堂。至于钱氏家族的哗然舆论，钱谦益也不去理睬，就他的威望，他们也不敢公开对他怎样，也许事过境迁，那种不满情绪也就自消自灭了。

河东君初访半野堂，认识的第一个丫环就是阿秀。她迁延进我闻室，谦益又派阿秀来侍候过她。现在她是八抬大轿堂堂正正抬进钱府的夫人，两天快过去了，却不见阿秀来打个照面。她有些奇怪地问阿娟："见到过阿秀没有？"

阿娟摇头。

拨来侍候她的小丫环阿灵小声地咕哝了一声："朱姨娘不让她出门。"

阿秀是个情感笃诚的姑娘，是因她而受到了责难吗？河东君有些不安了。她知道朱姨娘粗俗无知，大可不必去同这种人计较。她拣出两件衣料和一盒特产鲈鱼干，叫阿灵陪着阿娟给朱姨娘送去，顺便看看阿秀。

她们俩轻轻推开了西小院虚掩的角门，刚刚跨进院子，就惊呆了。阿秀正顶着一块足有十斤重的石头，跪在火热的太阳底下，汗水渍湿了她的鬓发和衣衫。她又黑又瘦，两眼黯淡无神。阿娟缓过神来，几步奔到她跟前。

阿秀木然地垂着眼帘，不敢相认。

阿娟要拿下她头上的石头，她两手却紧紧护住。

阿娟硬是夺下了它，往地上掷去。说："你犯了何罪，要受如此的重罚？太阳这样毒，不要把你烤死吗！"

"谁在外面说话呀！"朱姨娘摇着一把绢绸纨扇，掀开竹帘，来到门口。

阿娟、阿灵连忙上前行礼，把礼物递上去说："柳夫人的一点心意，请姨娘笑纳。"

朱姨娘斜睨了她们俩一眼，就别过脸，扬起头，冷笑着说："笑纳？我只会骂不会笑哪！我也只知道钱府有个陈夫人，不知道还有个什么柳夫人！"她既不叫她们俩起来，也不叫丫环接礼物，就骂开了阿秀："小贱人，你敢不受老娘的罚，吃了豹子胆不成？谁让你把石头拿下来的！顶上去！太阳不下山，休想起来！"

阿秀周身发抖，豆大的汗珠沿着脸腮直往下流，两条细细的胳膊哆嗦着搬那石块，怎么使劲也举不上头。

"春兰！"一个十四五岁的丫头应声从屋里走了出来，垂首侍立在朱姨娘面前。"把石头给小贱人顶上去！"

春兰再次把石头放到阿秀头上。阿秀受不住了，随同石头一道倒在地上。

阿娟实在忍受不了朱姨娘的骄横，更看不下去她那样折磨阿秀，霍地站起来，一把抱起阿秀，连声唤道："阿秀，阿秀！你醒醒！"

朱姨娘冷笑着一步步向她们俩逼近去，厉声地说："我管教我的丫头，关你们何事！"她从阿娟怀里拽过阿秀，对春兰吼着："还不快把板子拿来，今日老娘要叫小贱人知道厉害，看谁还敢吃里扒外！"

阿娟从未见过如此虐待下人的主子，也从未受过这样的侮辱。她气极了，从春兰手里夺过板子，扔得老远。

这下可捅了马蜂窝。朱姨娘指手画脚地大骂起来："你算什么东西？狗仗人势！外来的野雉倒会收买人心，你主子心痛小贱人，老娘就偏要把她往死里打！"说着就抡起巴掌，左右开弓地扇着刚微微睁眼的阿秀的脸腮。"去回你那主子，看你那个夫人能把老娘的脚后跟咬去！"她发泄了一通，就进屋去了。

春兰诚惶诚恐地跟在她后面。

阿娟气得真想撵上去也扇她几下，可她不愿给爱娘惹麻烦，只得拉起阿秀，小声地安慰她说："柳夫人想见见你，你晚上悄悄来。"说完就同阿灵一道回半野堂，她叮咛阿灵，不要对柳夫人说这件事。她准备找个机会禀告老爷，让他教训教训那泼妇，把阿秀要过来。

晚饭后，河东君问："见到阿秀没有？朱姨娘说了些什么？"

阿娟见不说不行了，就回答说："见到了，正受朱姨娘的罚呢！"

"犯了何错？"

"那就不知道了！"

河东君闷闷不乐，直等牧斋进了房，她才起身和他相依靠在藤躺椅上。阿灵执扇在旁，轻轻地给他们扇着。

湖蓝色纱灯散出柔和的光，给河东君的卧室增加了些凉爽气氛。室内的一切陈设，仿佛都置身在清凉的月光中。这是一种梦幻似的色调。他们手攥着手，微阖着眼睛，默默地荡漾在新婚的欢乐里。

突然，阿娟房里传来抽泣声，河东君叫阿灵去看看谁在哭。

阿灵回来说是阿秀。

"快去叫她到这儿来！"河东君说着从丈夫手里抽回了手。

阿秀双膝跪在她面前："婢子给柳夫人请安！"说着就嘤嘤地哭起来，十分伤心。

河东君扶起了她，问道："听说你今日受了罚，为了何事？"

阿秀越发伤心了，只知哭，就是不说话。

躺在椅上的钱谦益见她老哭，有些不耐烦，说："别哭了，夫人问你话呢！"

阿秀抽抽搭搭地说："婢子不敢说。"

"老爷，你就别逼阿秀了，我回你。"阿娟倚着门框气鼓鼓地说。"朱姨娘叫人扎了好些稻草人，上面贴着写了柳夫人名姓的纸条，见天晚上要阿秀跪在地上用刀剁，还要她咒骂，阿秀不肯，朱姨娘就罚她顶石头跪着晒太阳，打她，说是背主的奴才要处死呢！"

谦益吃惊地站了起来，逼视着阿秀问："这都是真的？"

"奴婢不敢撒谎。"阿秀连忙跪下说。

"今日夫人让我和阿灵给朱姨娘送礼时，亲眼得见！"阿娟一五一十和盘托出。

"这个泼妇！"谦益抬步就要往外走，"看我惩治她！"

河东君虽然也恼朱姨娘，但她却撵上去拽住了他，说："相公，息怒！"硬是把他拉回到躺椅上，嗔怪着阿娟："你怎么如此不懂事，让老爷生这么大的气。气坏了身子怎么办？还不快出去！"她又拉起阿秀，轻声地说："你也回去吧，若让朱姨娘知道上我闻室来了，又要受罚的。"

阿娟带着阿秀出去了。河东君坐回到丈夫身边，紧握住他的手。

月色样的灯光，洒在谦益气得黑紫的脸上，仿佛是在青石上面镀了层灰白的光，非常难看。

河东君吩咐阿灵去取酸梅莲子汤。她又轻抚着他的膝头，近似耳语似的说，"都怪我没有管教好阿娟，让你生气了！"

他感动了，侧过身，面对着河东君，抚摸着她那两条裸露在短衫外雪花藕似的胳膊，说："你也别生气，别跟那愚妇一般见识。"

河东君朝他动情地一笑，娇嗔地说："你把我看成什么人了？能那么没度量吗？我倒认为，有人骂才说明我柳是有他人所不及之处！一个人生在世间，如果不被任何人妒忌，那世间有他无他又有什么两样!"过一会,她又说:"我不在乎有人在背地里咒我。我所虑的是阿秀,多好的一个丫头,怎么受得了那样的折磨!"她娇憨地看着丈夫:"就要给阿娟完婚了,不能叫她日夜守在我身边了,你再给我买个丫头,给朱姨娘,把阿秀给我换过来。这样,我有人服侍,又救了阿秀,也不致使朱姨娘见了阿秀就有气,岂不三全其美?"

谦益的一腔怒气,在河东君的温存中早就云消雾散。他伸手把她揽到怀里说:"明日就叫阿秀过来。"

"你可得买个丫头给朱姨娘送去呀!"

他亲了她一下,说:"你是菩萨心肠,宝贝!"

阿灵端来了两盏井水镇的酸梅莲子汤,两人饮后,又纳了会凉,才上床睡下。

第二天正午,太阳像一盆炽烈的炭火。阿秀又被罚跪在青石板上,头上改顶着一碗水。谦益在半野堂同一个门生用过午饭,来到朱姨娘住的西小院。一见阿秀被罚顶水,他的火气就上来了。暗自骂了一声,狠毒的蠢妇,果然会这么折磨人。他走过去,拿下那碗水说:"你起来!"

阿秀向他叩头谢恩。

朱姨娘听到春兰通报说老爷来了,心里一阵说不出的高兴,连忙去到镜前,整理了下鬓发,就迎出来:"老爷……"她惊呆了,舌头突然停住不敢动弹了。

谦益端着那碗水,两只眼睛像两颗火球,怒视着她说:"泼妇! 你过来!"

朱姨娘慌了手脚,胆怯怯地向他挪过步去。

"跪下! 你也来顶顶这碗水给我看看!"他命令着,把碗递给她,"也不准泼洒出来!"

朱姨娘愣了会神,突然醒悟过来,一把夺过那碗水,向阿秀砸过去,骂道:"小刁妇,这么小就会勾引老爷!看我不把你撕了!"说着就扑向瑟瑟发抖、满头汗雨的阿秀。

谦益一把拽住她的胳膊,吼道:"蠢货!你还想发什么泼!"又对阿秀说:"你去把东西收拾一下,去我闻室侍候柳夫人,不用再来这里了。"

阿秀喜出望外地给老爷叩了个头,就向自己的房间走去。

"好哇!老头儿!为拍骚狐狸精的马屁,把老娘的丫头拿去送她!不行,我宁可打死这个小贱人,也不会遂你们的愿!"朱姨娘跳脚骂起来,"狐狸精!臭娼妇!夺了人的男人,还要夺人的……"

谦益忍无可忍举起手,朝着她的嘴连掌两记,吼道:"你再骂人,我就把你的舌头割下来!"把她往前一搡,朱姨娘跌坐在地上。

她就地一滚,又哭又骂:"我就要骂!我非要骂!黑了心的,狗吃了良心的!老娘侍候你这些年,给你生儿传后,现在你一心只想讨狐媚子欢心,就来作践我!"她滚了几滚,又一骨碌站起来,跑进室内,拿出一个写了"柳树精"的稻草人和砧板,抢起菜刀,发疯似的乱砍乱剁起来,嘴里咒骂着:"砍死你个狐狸精,咒死你个没得好死的娼妇!娼妇,立死!柳树精,立……"

谦益气得嘴唇哆嗦,声音也失去了控制,颤抖地骂道:"好个泼妇!你听着,我令你三天内滚出钱家门,回到你朱家去!"

朱姨娘像被打了一闷棍,突然停止了砍剁、哭骂,瘫痪在地上。

阿秀挟着包袱从她身边走过,像没有看到她似的。

朱姨娘要被休逐的事,不到一个时辰,就传遍了钱府上下,议论纷纭,许多人都以为是河东君不能见容,舆论多同情朱姨娘。

"才进门,就夺走别人的丫头,又要把人赶走!也做得太绝了!"

"不看僧面还得看佛面哪!朱姨娘好歹也是钱府唯一少爷的亲

娘呢!"

"人家是夫人啦!"

"哼!夫人?夫人在老宅。"

尽管朱姨娘骄横跋扈,得罪过不少人,但她进府毕竟有十数年,叶不茂根还深呢!河东君刚刚进府,她的蔑视礼法、反世俗常规的种种做派,早为一些人所不满,尽管老爷宠着她,但一些人私下还是不服气的。围绕着要休逐朱姨娘,府里形成了两派,亲眷、旧人,有地位的管事、仆妇,几乎都站在朱氏一边,赞成谦益主张的除了他的学生,家里人只占少数。陈夫人表面不闻不问,吃斋念佛,其实心里也不以为然。这件霎时间轰动全府的大事,唯有河东君和阿娟蒙在鼓里。阿灵听到一点风声,但她不敢说。阿秀拎着包袱来时,只说是老爷吩咐她来的。

河东君午睡起来得很晚,还未梳妆,阿灵通报说:"少爷求见夫人。"

她吩咐请孙爱进来。

他们早就见过几面。第一次见到他是在迁延进我闻室时,她一眼就认出他是钱谦益的儿子。锦衣玉食使这个孩子身子单单薄薄,一阵风都可吹倒,但两只眼睛却很精神。

她坐在梳妆台前,让阿娟替她梳妆。

孙爱探头探脑地站在门口。

她从镜子里看到了他,便说:"你进来坐吧!"

他向她跪了下来,说:"孩儿给柳夫人请安。"

她只向他抬了下手说:"别多礼,起来坐吧!"

他却跪着不动,说:"孩儿求柳夫人一件事,你不答应孩儿,孩儿就不起来!"

河东君一愣,转向他,诧异地问:"何事?快说吧!"

"求你别要爹爹赶走我娘。"孙爱哭丧着脸,可怜巴巴地望着她说,

"孩儿求你了!"

河东君和阿娟几乎是同声反诘道:"你瞎说些什么呀?"

孙爱老老实实把事情的原委说了一遍后,又乞求着:"柳夫人,你就看在孩儿的面上饶了我娘吧! 我也不喜欢她,可她是我娘啊!"他伏在地上,又叩了个响头。

河东君愕然了,昨日荡漾在心里的那种安然感,倏然飘逝了。这是怎么回事呢? 孩子的话再明白不过了,他们把此事归咎到她身上。牧翁中午离去一直未回,她还不知此事,归罪于她,公平吗? 她们同是女人,她尝过姬妾的痛苦,她怎么会同这种女人争宠呢,又怎么会撺掇丈夫赶走她呢? 昨天她不是还劝阻丈夫不要生朱姨娘的气吗! 她感到委屈,她真想发作! 可是,一见这孩子直愣愣地巴望着她,她的心骤然软了,多大的委屈,也不能朝孩子发泄呀! 她伸出双手扶起孙爱:"去把你爹请来,说我有事找他。"

孙爱走了,河东君黯然了,她毫无表情地看着镜里的自己,任随阿娟愤愤不平,任随她摆弄她的头发,"人家说侯门深似海,这钱府不是海,是火坑! 爱娘,跟他们斗一斗!"

河东君凄然一笑,问道:"跟谁斗呀!"

"朱姨娘啊!"

河东君摇摇头说:"一个可怜的蠢女人,同她斗,值得吗? 可恨的是那些跟着起哄,想借故压倒我的人。哼,我会有法制住他们的!"

谦益从西小院出来,气得脸都变了颜色。阿园想把他送回我闻室,他却说:"去书房。"

他不愿他的心情被河东君看出。如果追问出来,她岂能忍受这样的侮辱! 若是她也闹起来,将如何收拾?

整整一下午,他就躺在摇椅里。阿园站在一边小心翼翼地服侍着,又是打扇,又是递凉茶,还让厨房特制了他最爱吃的绿豆酥。

他却食不甘味。"国必自伐,然后人伐之。人必自侮,然后人侮之。"这句古语就像水缸里的葫芦瓢,按下了又泛上心头。不赶走这个泼妇,家无宁日。由此又联想起他的政敌对他的威胁,心里越发火冒三丈,恨不能立即就驱赶走她。直到孙爱怯生生垂着头立在他面前说,柳夫人着他来请他,他还想不到天已黄昏,应回我闻室陪柳夫人进晚餐。

河东君只吃了一小碗绿豆粥,就放下碗筷,她装着根本就不知道今日发生的事,只等他先开口。

谦益放下碗,又在阿秀端来的口杯里漱了漱口,他默默无语地坐着,好久好久,他才深深地叹了口气说:"老夫已决定赶走那个泼妇!"

果然没有讹传。河东君从果盘内拿起一个徽白梨,亲手削去那薄如纸的皮,递到他手里,说:"相公,你这个决断差矣!"

"不赶走泼妇,不足解我之恨!"

"牧翁,以我之见,此乃失策之举。其理有三:其一,我刚进府,你就决定驱逐朱姨娘,舆论会于我柳是不利,以为我不容人,撺掇你赶走朱姨娘。今后我在府上,将如何为人,又怎能取信于人?你就是为了我,也应取消这个成命。"她移坐到他身旁,为他摇着扇,"其二,相公岂能长此领袖山林?驱走朱姨娘,会招致物议,于相公之再起不利,不值得因小失大。"她望了他一眼,接着说,"这三么,朱姨娘虽然粗俗可憎,可她妒恨我,正说明她有情于你。况且,她侍候了你多年,又为钱氏生子传代,看在孙爱孩儿之面,说她几句也就是了,何必如此绝情。你就饶了她吧,我求相公了!"

谦益长吁一声,说:"这次看在你的面上,饶了她。"

紫薇谢了,金桂放香了,转眼间河东君进府三个月了。这期间,她办了几件事,初步巩固了她在钱府夫人的地位,她揽过了钱府财务大权；为阿娟、阿贵完了婚。

一日，谦益找大管家吕文思计议兴建藏书楼的预算，这才了解到府里财务空虚，账目漏洞百出，竟连建一座藏书楼都无以筹到款项。他恨豪奴的愚弄，也怪自己长期不理财务，致使心怀叵测的人有隙可乘。回到我闻室，他忧心忡忡，闷闷不乐，河东君再三追问，他才说出原因，感叹自己精力不济，孙爱年幼无知，无人可以依赖。

河东君却笑着说："相公，你忘了一个可信之人，她可以帮你重振家业！"

他立即明白了她所指为谁，握住她的手说："我的宝贝，你是说你可以助我管理财务？"

河东君认真地点着头，说："柳是毛遂自荐，三个月内可叫府里收支账目进出相当！"

谦益高兴得连连拍打自己脑袋，笑着说："只知你有文才，老夫怎么就没想到你还能理财！"说着起身向她作了个揖："老夫拜托夫人了！谦益亦可安心潜心学问。"

河东君借鉴魏征上唐太宗的十疏，来治理钱府。首先从调整管事人员入手，把一些有办事能力又乖觉的中下层仆妇，提到管事的位子上，明定他们执事的责权和奖罚条款，撤换了办事不力、仗着某个主子支持，胡作非为的恶仆，个别人给予了严惩，杀鸡吓猴。那些被她重用的执事人员，感激她的识人知遇之恩，都成为她的心腹，帮助她去监视上、下层的管家，执事人。阿娟提为女管事，协助她管理内务。她又亲自清查账务，制订出一整套理财条款，严明开支手续，一切重要的支出，需得她核准。削减可有可无的开支，从我闻室做起。她又亲自督管出海兴贩，各艘船上都安插着她的亲信。仅两个月，空虚的财务开始转亏为盈。混乱的账目清清爽爽，一心想挖钱府财库墙脚以肥私囊之徒，也不敢冒险了。

建筑藏书楼的款项也有出处了。那些趋炎附势之人又转过来巴结她了，她也不记前怨。就连朱姨娘得知丈夫之所以取消休逐她的决定是由于河东君求情，也改变了对河东君的敌视情绪。当朱姨娘参与的几起受贿私分案子被揭发出来后，她以为河东君得理不让人，会重重整治她一下，没想到她却给她遮掩过去。朱姨娘感恩戴德，去趋承她。谦益满心欢喜，越发器重她。

　　一日饭后，河东君让阿秀沏上两杯云雾茶，想和谦益谈谈积存已久的心里话。她先同他说了她对即将建筑的藏书楼的规模设想和预算，并拿出了她自己画的草图，征求他的意见。两人商定请一位有名的建筑师来根据他们的设想设计施工。谦益又为未来的藏书楼起了个别致的名字。他取真诰"绛云仙姑下降"之意，联系到河东君的旧名"云"，将河东君比作仙子下降，起名为"绛云楼"。

　　河东君亲手为他的茶兑上陈年雪水，感激地朝他一笑。睁着细长的凤眼，久久看着他，说："相公，你是否因为有了我这个管家婆而踌躇满志了？"

　　谦益往藤椅背上舒舒服服一靠，左手食指捻转着胡须，得意地微笑着："美人美酒为人生之所欲，我愿足矣！"

　　河东君冷冷一笑，目光直逼着他的眼睛说："牧翁，你愿永远困守山林？"

　　谦益仍然自得其乐，"老夫有天下第一之佳人为闺中知己，即将又有冠诸江左庋藏之绛云楼，即使终生困守山林，亦乃山林之雄也！乐不思蜀，有何不可？"

　　河东君不以为然地一笑，说："牧翁所见差矣！当今国家多事，正需匡济之才去扶助社稷，君乃众望所瞩，理应忧国忘家，柳是之所以毛遂自荐，肩起家务重担，只为解相公后顾之忧，好让相公一心为报国家计，君怎可从此一蹶不振，自甘退守呢？"

　　　　　　　　　　　　　　　　　　　　　　　　　　寒柳：柳如是传

河东君一席话，说得他低下头，良久，他长叹一声说："夫人不知老夫苦衷！唉，不谈不谈！"

河东君笑了起来，说："牧翁，你不必如此垂头丧气，不就是个周延儒吗？有何可惧！你既然可以叫温体仁罢相，也有可能把他赶下台！顾玉书不是你的门生吗？他正在周延儒身边得到信任；还有曹化淳，他曾经不是帮助过相公吗？相公门生遍朝野，在儒林中有很高声望，你的再起仍是有希望的。家中之事，你尽可不必操心，只要你一心一意去筹划复起大事，柳是就是累死，亦心甘情愿！"

谦益的眼睛湿了，他紧紧握住河东君的手说："夫人之见，胜过须眉，教老夫羞愧汗颜。夫人不愧为巾帼之雄，人中豪杰！老夫即刻委人去京探察活动。"

书林学海

二十八

谦益派去京都探察的人从周延儒身边带回一则消息：阮大铖送给周延儒一万两银子，以求再起。因阮氏声名狼藉，周延儒不敢贸然行事。暗示谦益的学生，如果谦益能利用他在东林复社中的声望、影响，促使复社宽宥阮胡子，周延儒就可以为他之再起给予方便。这是一个非常苛刻的交换条件，谦益对此咬牙愤恨。

阮大铖字集之，号圆海，别号石巢，又号柏子山樵，万历进士，天启时为吏部给事中。他拜在魏阉名下，参与迫害过反对阉党专政、主张开明政治的东林党人。崇祯即位，惩治了阉党，阮大铖名列逆案，被革职回老家怀宁。怀宁灾民暴动，吓得他逃往南京，在库司坊买土建筑了一座精致幽雅庭院，名曰石巢园。他颇有些才气，擅长词曲，写了《双金榜》《牟尼合》《桃花笑》诸多曲本，家里养了个训练有素的戏班，经常在家歌舞筵宾客。他还组织了个"中江社"，说剑谈兵，欲趁当今乱世之机，谋求再起，掌管兵权。他的嚣张气焰，激怒了原本东林党人的子弟，复社中坚。三年前，陈贞慧、顾杲、黄宗羲他们和吴应箕一起联合一百四十人起草了《南都防乱公揭》，列举阮氏罪状，张贴布市，群起而攻之，迫使阮胡子逃到牛首山的祖堂寺躲起来。但他仍不甘心，在门上写了一副对联,曰"有官万事足,无子一身轻"。东林、复社和他有不共戴天之仇,怎能宽宥他?"老夫宁可困守山林,也不能冒千古骂名,为此种人当说客!"谦益愤愤地对柳夫人说。

河东君曾经在盛泽见过阮大铖一面,他的长相颇有特点:普通身材,略显肥胖。八字眉,嘴大、耳大、鼻翼宽,一双眼睛很明亮,闪射出狡黠的光。一部蓬松的大胡子,叫人见了一眼就不易忘。谦益提到此公,河东君不屑地说:"阮圆海人品可鄙,可说是不齿于人的狗屎堆!"她又冷笑一声说:"周延儒这条狡诈的狼想利用相公,以我之见,相公亦可利用他。为了办成大事,有时亦不得不违背一下心志,去迁就某些小人。相公如能因此而复起,能谋得左右形势之权位,实现相公匡济社稷之抱负,即使做些违背心志之事,亦应坦然!何妨利用这一机会,在复社公子中做些疏导工作,他日相公有了权位,还可以反过来清除小人,实现君子之清明吏治的主张。此不过暂时的互为利用,而且又是为忧国计。相公还犹豫什么?"她略停了一刻,注视谦益的表情,又说:"张溥去世了,下月复社不是要在虎丘召开盛会,推举新盟主吗?我愿陪同相公苏州一行。"

谦益复起之欲是相当强烈的,只是形势不利,不得不蛰居山林。河东君这席话说到他的心眼里了,当然跃跃欲试。

河东君懊恼自己错误地估计了复社的形势,苏州之行弄巧成拙。谦益虽然没有直接出面,仍然被人识破为宽宥阮大铖的幕后指挥,舆论哗然。他们只得怏怏不乐地回到家中。

河东君感到爱莫能助。她现在是钱谦益的夫人,不便抛头露面出去为他活动。

那日,黄宗羲到徐氏拙政园来看望他们,刚刚寒暄几句,谦益来了客人,就去见客了,剩下她和宗羲。他们都为国忧,很能谈得来。

宗羲给她讲了国家局势的最新消息:朝廷派去解锦州之围的蓟辽总督洪承畴,所率的八总兵步马十三万,被"索虏"大败于松山——查山一线,只剩下万余残部退守松山城内,被围困三月之久,松山危在旦夕。松山一失,锦州这个山海关的门户就难保,流寇更为猖獗,剿寇屡屡失利,李自成连陷许州、禹州十数座城池,锐不可当,开封告急。

河东君为此深感不安。国家如果不起用有用之才辅佐朝政,国势将越发不可收拾。像太仲这种身在江湖心忧国的志士却不得以展才。如果期待朝廷有朝一日突然想起他们,看来那只是妄想。这更促使她想用全力乃至不择手段地支持谦益再起了。她很想说服太仲消除党争,宽恕了阮胡子。可一听他说:"世界之大,无奇不有。社友中竟有人散播宽宥乱臣贼子之意,不知柳夫人有所闻否?"河东君也就不敢启齿了,只邀请他方便之时来绛云楼读书。她想,胜败乃兵家常事,不能一次失败,就甘愿退却。即使拼得头破血流,她也不会就此罢休!牧翁还有实力,他在儒林中仍有他人无可比肩的威望,还有相当的号召力,仍是山林领袖,不能因些小失利就丧失信心。只要继续派人出去活动,结交一些掌管军权的实力人物,疏通道路:一面广泛联络儒林,针对不利于他的舆论,做些解说,复起仍然有望。绛云楼即将落成,可借此招揽更多的天下文士学者来虞山,她自信可以笼络四方游学士子。她将她的见解一一分析给谦益听,并给他鼓劲说:"相公苦心孤诣谋社稷之安,天日可表,即使一时被人误会,也大可不必耿耿于怀。"

谦益凉了半截的心,又被她的一席话温热了。

"绛云楼"三字为柳河东君所书,凡人见之,无不称颂笔意清奇。这座楼结构精巧宏丽,重檐飞翚,房栊窈窕,坐北朝南,光线明亮。谦益将他收藏的金石文字,宋刻书籍数万卷,三代秦汉尊彝,晋元以来的书法名画,官哥、定州、宣城的瓷器,大理鹦泗的玉石,宣德永景的铜炉，剔江果园厂的漆器，环壁嵌列。

河东君运用她的特殊聪慧，将书籍或按时代，或按类别，或以它们内部属性的联系，分门别类陈列，校注上名谓、性属产地和年代，以至评价。

绛云楼规模宏大和管理精当有条，冠居江左，实现了牧斋平生一愿。河东君又自撰一联悬挂壁间。上联曰：

沧海日、赤城霞、峨眉雪、巫峡云、洞庭月、彭蠡烟、潇湘雨、武彝峰、庐山瀑布。诸宇宙奇观，奔来眼底。

下联曰：

少陵诗、摩诘画、左传文、马迁史、薛涛笺、右军帖、南华经、相如赋、屈子离骚。众古今绝艺，注入心头。

这副长联，气势恢宏，有气壮山河之魄。加之河东君精湛的书法艺术，更使满室增辉，见者无不称道。

绛云楼中，河东君与谦益朝夕晤对。她专事校雠和检书工作。谦益要寻找证据时，河东君便上楼去翻阅。书山帖海，河东君能准确无误地在某书某卷，不费事地抽检出来，几乎是百无一失。谦益却不能，常常有误，因此对河东君也就更生敬意。

检书之余，他们俩也常常品茗下棋，临书作画，吟诗咏句，互相唱和。每当谦益得到佳句，便让小丫环阿秀传给河东君。击钵之间，河东君的和诗就成了。在诗词唱和中，河东君毫不相让，总要尽其深思压倒对方。谦益不得不叹道："自言才艺是天真，不服丈夫胜妇人！"

河东君整日沉湎在绛云楼的书林中，每当她独自欣赏着他们冠盖江左的庋藏,心头就会蓦然闪现出另一座藏书楼,一缕心酸和悲楚就会油然而升。

那是她见到的第一座藏书楼。那时,她才十四岁,被一个幼稚的梦诱惑着,她很想读书。她天真地想,只要能博古通今,有了满腹的学问,她就可以女扮男装逃出周府去考状元,摆脱被奴役的可悲命运。她像一个幻想发财的穷汉向往着富人的金库那样,迷着周府的书楼和那里面的藏书。她第一次闯到它的门口,是由她房里墙上那帧顾虎头绘的《洛神赋图》引发的。她被《洛神赋图》所描绘的故事吸引着,急切地想读到曹植的那篇《洛神赋》。

夏日正午的太阳,直照着女院的天井,晒得菊叶发软,皮耷耷地挂在枝干上。饱食终日的女眷也感到身子软软酥酥,拉上帘幔,躺进罗帐,进入梦乡,女院静寂下来。

丫环玉兰服侍相爷躺下后,端条小矮凳坐在门口迎凉风。不多会,室内传来了均匀的鼾声。她从里屋悄悄走出来,轻轻碰了下玉兰的手臂,彼此默契地对看了一眼,她就溜进了通向书楼的弄堂。

她立在书楼门口,心脏怦然加快了跳动,待镇定下来后,她才掏出从相爷身上偷来的钥匙。门未上锁,她轻轻地推了推,是从里面插死了。她迟疑了下,就鼓起勇气在门上轻轻叩了两下。门在她面前拉开了道缝,探出一张稚气未脱的少年的脸。他的目光惊诧而羞怯,不敢直视她。

她暗自一喜,门里的少年竟是侍弄花草的阿根。她做出一副认真神情,一本正经地说:"相爷要取一本曹子建的书,在《汉魏六朝百三名家集》中。"

阿根犹疑了下,说:"请稍候一会。"反身掩上门,走进书楼,很快就把书递到她手上问:"是这本吗?"

她掠了一眼题签,不由得一阵兴奋,可她硬是压下了心里的激动,做出一种淡然的表情，点点头，转身下了楼梯。待听到阿根关上了门，就慌忙将书放进怀中，装出一种慵懒的情态，走了回来。她见着玉兰，彼此会心地笑了笑，就溜进了里面的套间。

她急忙翻开了书，找到了《洛神赋》，迫不及待地读起来。

这是一泓甘冽的泉水，一滴一滴把喂养生命的甘霖滴进了她枯萎的心田，抚慰着那因干旱而龟裂的伤痕。原来，几回梦中寻觅的就是它。

她激动地背起来："于是洛灵感焉，徒倚彷徨……"仿佛她也化作了洛神，一个隐约的人儿伫立水边，化作了重情的曹子建。这个人儿在哪里呢？她恍若走进了一个神思恍惚的虚幻之境……

"云姨娘！"

丫环轻声一喊，她猛然醒悟过来，这是相爷醒了的暗号。她慌忙将书藏进梳妆台内。

相爷刚一迈出她的房间，她就立刻插上套间的门闩，重新拿出《陈思王集》，读着读着，从中感受到一种激奋，这种情愫是她过去所没接触过和体验过的。他的诗文与她在佛娘那儿学的词曲迥然不同，戏文词曲多系表达儿女之情，或离情别绪，她过去所听到的传说和故事，也多描述悲欢离合，它们也曾叫她为之落泪，却没有曹子建诗文所给予的这种激越、振奋之情。他虽说也是借诗文抒发忧愤，可那不是专一的个人苦闷，而是思求施展才华、报效国家、建立功名业绩的急切之情。从他的集子里，她似乎模糊地触摸到另外一个开阔的天地，她被这个新天地震撼了。她的心情久久停立在亢奋中。她背熟了《薤露篇》《白马篇》和那些感人至深的《杂诗》。她久久沉迷在"愿得展功勤，输力于明君，怀此王佐才，慨叹独不群"，"羽檄从北来，厉马登高堤，长驱蹈匈奴，左顾凌鲜卑"，"捐躯赴国难，视死忽如归……"的诗句中。诗人渴望为国立功，不惜壮烈牺牲的爱国之情，使她钦佩不已，可她又为诗人的壮志不酬深感不平和悲哀。曹植的诗文艺术和他渴望为国效力的精神，在她的心中烙下了深深的印记，几乎影响着她未来整整一生。

每当相爷和女院都进入了深沉的梦乡，她还要默诵一遍，那些令她神往的诗句，常常背着背着就使她激动起来，她幻想着自己也变作男子，策马疆场，为国捐躯。

又一个中午，她将《陈思王集》换来了《嵇中散集》。这位竹林名士的《答向子期难养生论》有如一个轰顶的霹雳惊雷，把她炸得惶惶然。嵇公在文中说后代君主都是"割天下以自私，以富贵而崇高，心欲之而不已……"他竟攻讦至高无上的人主！她吓得掩住了眼睛，可嵇名士的论说却在她心里引起了强烈的共鸣。他所抨击的岂止是人主，相爷和朝廷命官、地主、富豪，谁个不是如此！这些话就像是针对相爷说的，她把它改了下"割民女以自娱"！她钦服嵇公的率直和勇敢，说出了他人不敢说的话，道出了世人不敢承认的道理，还敢将人间的不平写在纸上，以教后人。她读着读着，当她从张西铭的题序中得知他因此触怒了司马氏，而招致杀害，她就愤懑起来，因而更加崇敬他的刚肠疾恶，不屈身求仕的气节。

又一天中午，她又以《嵇中散集》换来了《阮步兵集》，她像一只遨游在江海中的小船，满怀激情地迎接着扑向她的一簇紧跟着一簇的浪花。阮公的《咏怀》诗赞颂了一系列为国建立不朽功业的英雄形象，使她热泪肆淋。

她终于在提心吊胆中读完了张夫子汇辑的包罗了汉魏六朝名篇佳什的大书，通脱的文风、自然洒脱的语言、坦率不羁的个性开阔了她的艺术视野，也加深了她对社会人生的理解认识。

书读得多了，她反而深感自己知识的不足和浅薄，有如井底之蛙跳到了井口，发现了井外无垠的天地，她热切地想读到更多的书，学到更多的知识。可她不知道相府的藏书书目，又不敢贸然探听。此刻比任何时候都更为向往书楼。书楼之于她，就像富藏的金矿眩惑着淘金者，热恋中的情侣期盼着恋人那样，希冀窥上它一眼。多少次，她做梦变成了一只书虫，潜进了书海，吞下了整楼的书。梦给予了她启迪，她决意冒险闯一次书楼。她把她的设想告诉了玉兰，她答应帮助她。没多久，就来了个机运。

那日，相爷一起床，就对她说，要出远门拜客，晚上不一定能赶回来。

相爷的画舫刚开出，她就偕玉兰去到书楼门首。

玉兰轻叩了两下门。

阿根一见是她们俩，就愣怔住了。自从她第一次声称代相爷提书，他心里就犯了疑惑，又不好违悖于她。相府虽规定不准女人取书、上楼，如果相爷高兴，也不是不可为宠妾破例的。他把书提给了她。事后他有些害怕，又不敢向相爷探问。他怕万一如他所料，是假传旨意，他也就逃脱不了责难，她也会因此受到家法处置。他一直提拎着惊恐不安的心，待她一册一册把《百三名家集》提过一遍，阿根以为她读完了这部书，就不会再来找他的麻烦了。谁知她又来了，还带上丫环玉兰。他不敢再惹火烧身了，慌忙中就想将门关上。

玉兰眼疾手快，用力抵住了门，不让他关上，还愠着脸色说："阿根兄弟，在云姨娘面前，怎能如此无礼！就是你母亲炳嫂在这儿，也不会不给一个面子吧！"

阿根耷拉着头，把门缝又拉大了一点，尴尬地说："云姨娘，真对不起，相爷吩咐奴才今日清理书，你要……"

她做出一副毫不在意的样子，向他做了个不用解释的手势，说："知道，相爷今朝出门拜客去了！"

玉兰插上话说："云姨娘是相爷请来帮你整理书的呢！"

阿根明知这纯系谎言，但他又不愿揭穿它，诚惶诚恐地说："这可不敢当！"说着，又想把门关上。

她不动声色地对阿根说："兄弟，明人不做暗事，直话直说了吧，我是想利用相爷出门拜客之机，上书楼看看书。请行个方便！"

阿根更为惶然了，说："云姨娘，这可使不得，要提什么书，奴才找给你就是了！"

她摇了下头："不，不用你费心，我要自己去找！"

阿根近似乞求地说："若是让相爷知道了，奴才可吃罪不起呀！"

玉兰瞪了阿根一眼，逼视着他问："你多次私自借书给云姨娘，就不怕吃罪不起？"

"不，不。云姨娘！"阿根红着脸分辩着，"你可说的是相爷的吩咐呀！"

"要是我要证明云姨娘没有这么说，是你讨好主动借给她呢！"玉兰不容反驳地又噼噼啪啪说开了，"你想读书，就上了书楼，凭的什么？还不是凭你妈是夫人的陪房！我去回相爷，说你……"

阿根有口难辩地望着云姨娘。

"玉兰，别瞎说了！"她拦住了玉兰，"阿根想读书有什么不好呢！"她转向阿根："我们早就被一根绳子串在一起了，阿根兄弟，是吧？你帮我取书，我很感激你，你就好人做到底吧！只要我们三人都不说出去，谁也不会知道的。"

阿根抵门的手松开了，玉兰扑哧一笑，匆忙从他面前溜了进去。她跟着也走了进来，吩咐阿根道："你在楼梯口看着，有人来就敲三下门，我们就藏起来。"

阿根也只好点头应承。

"诗书四壁"已不能用来形容相府书楼的富藏了，只有用书林书海才比较确切。排排书架上陈列着整齐的书箱，按经、史、子、集四部分类排列,雅洁安静。多好的读书之处啊！她心里慨叹着,她的眼睛不由得放出了异彩,心里漾满了对书的崇拜和敬仰。倏忽之间,她感觉自己化作了一滴水,一粒微尘,溶进了波澜壮阔、浑厚深沉的海水之中,无法找回自己了,她仿佛已不复存在了,只有缕缕轻纱似的爱,一派心灵的虔诚,一种热切的向往,希冀得到深邃博大之海的恩宠。

她在书海里遨游了两个时辰。当她捧着一册《汉乐府》读得忘情忘我时,门上突然响起了三下轻轻的叩击声。玉兰吓得直哆嗦,拉着她就往东墙根一只大书橱奔过去。一拉门,里面装满了字画。门外响起了相爷的声音:"小奴才,为何立在门外?"

玉兰往地上一伏,想钻进橱底下,可橱下空当太低,怎么也钻不进去。

"为何愣着不动? 还不快快去开门!"

相爷的声音,使她猛然镇定下来,既然逃不脱,藏不了,还不如趁早把门开开。

门从里面开了,相爷甩开阿根搀扶的手,怒气冲冲地走进了门。阿根胆战心惊地尾随在后。

相爷一见她们俩站在房中,立时火冒三丈,怒不可遏,他对着阿根和玉兰吼道:"胆大奴才,如此目无家法! 你们自己说,做何处置?"他没有去看她,说完就往太师椅上一坐,仿佛房间里根本没她阿云这个人似的。

阿根委屈地跪下了,玉兰也跪下了。

相爷怒视着阿根,申斥着:"不经主子许可,为何擅自开门?"

玉兰抢着回答:"回相爷,这不关阿根的事,是奴婢假传相爷的话,骗他开门的!"

相爷一跺脚,冷笑了一声说:"好哇,胆子不小啊!"

"相爷息怒,这事与他们两人无关,是小妾思求读书,假借相爷之命,叫阿根开门的。若要治罪,求你就处治小妾。"她甜甜地叫了一声"相爷",就跪倒在他脚前,娇憨地说,"是你教妾读诗书的呀!"

相爷怒气未减,任其匍伏在地。

虽然这已成为遥远的过去,那样的屈辱已不复再来,可每当那段生活悄然潜来的时候,即使是一闪而过,她仍然不寒而栗。两膝也隐隐感到麻胀,手就会情不自禁伸到膝头,仿佛她刚刚跪过才从地上站起来。她更加珍爱她心坎上的绛云楼了!它是她的寄望所在。她比过去任何时候更加勤勉,无书不读,无史不研,她读书已不再是为了那个幼稚而缥缈的女状元的梦,而是出于爱,出于对谦益知遇之恩的感激,她要借此扩大丈夫在朝野的影响,辅佐他东山再起。

二十九　群子荟萃绛云楼

人们仰慕绛云楼，海内学者共宗之，纷纷而至。有挟著请教的，有来探讨学术的，谦益应接不暇，常熟的旅馆都住满了来拜访他们的人。谦益让河东君出来接待应酬宾客。他介绍说："这是柳儒士。"河东君有时貂冠锦靴，有时羽衣霞帔，出现在客厅里，会见四方名士、学者。她雄辩滔滔，应对自如，宾客无不为之倾倒。谦益有时请她外出代他答访赴约、唱和，河东君与宾客在客栈盘桓终日，他也毫不介意。

谦益有个远在泉州的门生，派遣仆人携带着礼品和书信，专程求教。原来门生在信中列举了古书数十条僻典，请求老师为他释惑解疑。

老仆钱五弓身走了进来，他捧着一只拜匣，举过头顶说："老爷，又有客人求见。"自他自作主张挡了河东君的驾后，他就再也不敢擅自赶走客人。

谦益正在逐条回答那个泉州门生的提问，被一条僻典"惜惜盐"卡了壳。他没去接拜帖，也没去看钱五，心不在焉地问："何人？"

"回老爷，"钱五看了看他和柳夫人，见他们都在埋头潜心学问，放低了声音回答说,"闽地南安来的一位游学士子。"

谦益仍然没有抬头,他的视线还在那条"惜惜盐"上,他向河东君书案方向抬了下左手,说:"请柳夫人代见一下。"

钱五把拜帖又捧到河东君面前。她伸手拿过拜帖,掠了一眼署名:郑成功?这是谁呀?好陌生的姓名。她没有多想,反正是仰慕绛云楼的学子!便说:"五爹,请客人到东小客厅待茶,我即刻就到。"

她不愿叫客人久候,没有去更换服装,就起身下楼,阿秀、阿灵相跟在后。

她们匆匆穿过曲廊,走进了过去半野堂书楼改建而成的小客厅。

厅内的一应陈设,全系紫檀木镂花、大理石镶嵌的桌椅、台、几。条几上两只画瓶插着几枝红杏,宣德铜炉中散放出淡淡的异木芳香,两个童仆在侍候客人。

阿秀打起帘子,河东君出现在门口,她微笑着对客人说:"郑公子,让你久候了。"

客人微微一怔,心里闪过一丝不快。他是仰慕钱虞山来的,为何让一个妇人来见他。可就在这刹那间,他心头不禁为之一亮,蓦然想到了久闻其名的绛云楼女主人,刚刚萌生的不悦,倏然涤荡无存了。他慌乱地立起身,不知如何称谓为好,犹豫地不敢冒昧上前。

河东君向他拱拱手说:"请郑公子见谅,拙夫有事外出未归,不能来迎见公子,深感遗憾!"

果然是闻名遐迩的河东君夫人,郑成功立刻迎上前,还礼说:"学生久闻夫人江南才女大名,今能拜见,学生万分荣幸!"

河东君略微打量了下客人,做了个优雅的请坐手势,自己就在主位上坐了下来。

她端丽的容貌,大家的风度,给了客人不同寻常的好感,他自我介绍说:"学生祖居福建南安,自幼随家父闯荡水上。旧名郑森,成功乃学生现名。学生出身戎武,可深感只有武韬而无文略,不仅不能执掌好将士,更谈不上好好报国效力。学生久慕钱学士文名,专程拜谒,欲求收在门下,朝夕聆教。"他说到这儿,又详述了他的家世,以及他如何从南都太学赶来。最后,他说,"请夫人向牧公转达学生之愿望,祈求恩准。"

进门时的第一眼,客人就给了河东君一个很好的印象,他微黝的脸膛,正正方方,宽阔的天庭,微向前倾,透着股英气,眼深眉浓,嘴唇线条棱角分明。瘦高的个条,儒服方巾,显得洒脱大方。一个有为的少年!经他自己介绍后,她才知道他就是海盗出身的将领郑芝龙的二十一岁的公子。

她微微一笑,回答说:"郑君戎武世家,有武韬,又欲求文略,思求济民匡国,千里迢迢来到虞山,柳是极为钦佩。"她端起香茶,呷了一小口。"播扬学问,以儒学教化天下,乃牧翁凤愿,郑君如此旷达贤才,愿列于牧公门墙,牧公绝不会拒之于门外的。"她朗然一笑,"请郑君放心!"

成功起身拜谢说:"谢谢夫人!"

他们的谈锋又转向国家的形势,成功说了一些有关"索虏""流寇"的传闻,河东君又询问了一些海上军中生活,谈得十分投机。他们年龄相近,又同有一腔关心国事的热血,一见如故,相见恨晚。他们谈了很久,河东君才吩咐下人就在半野堂书斋为成功主仆安排好宿食,这才起身道别。

河东君一回到绛云楼就对谦益说:"牧翁,柳儒士又为钱学士收了一名高足,学士将如何谢我?""高足? 何来的高足?"

谦益还在苦思冥想着"惜惜盐"。刚才,他亲自上楼查书,寻找它的出处依据,还是一无所得。一听河东君如此说,便放下正苦恼着他的"惜惜盐",不解地望着她。

河东君朝他神秘地一笑说:"郑芝龙将军的公子郑成功!"并将成功给她的印象以及他们的谈话全部内容告知了他,又补充说:"是一个很有前程的有为少年!"

谦益很是得意,他早就知道海盗出身的将领郑芝龙兵力雄厚,富可敌国。武将也仰慕他的文名,将儿子送到他的门下,这说明他在朝野的声望。他思绪的一端瞬间飞落到他的复起上。他正在调动一切力量和关系,四下活动,包括联络有实权的军中将领。不曾想到郑芝龙在这时送来了他的公子,真乃炎夏送风,锦上添花,他抑制不住内心的高兴,忙问:"郑生现在何处?"

河东君把她的安排告诉了他。

"我现在就去见他!"说着就放下了泉州门生的僻典。

河东君却摇了下头,阻止了他:"让他先歇息一会,午后再请他到这儿来相见也不迟。"

他立刻领悟了她的意思,虽然她没有明说,刚才你不愿见人家,现在又急着去见,人家不会说你势利吗? 一缕微窘,在他脸上化作了一抹不易觉察的微红,他向夫人感激地一笑说:"老夫遵柳儒士雅旨。"他又记起了"惜惜盐",佯装着突然忘了似的说:"今日不知为何如此健忘,怎么也记不起'惜惜盐'的出处了!"

河东君暗自笑了,她明白了他的意思,回答说:"太史公腹中之书也有告穷的时候了?"她向他微微一笑:"'惜惜盐'出自古乐府,是一种歌行体,盐,读行,大概是因为方音沿讹之故吧!"

谦益早想问河东君,但又不愿服输,此时笑了笑掩饰自己的尴尬,说:"老夫老了,记性差了,若在你这个年纪,决不会要你提示于我。"

河东君微笑着。她佩服牧斋作学问的恒心毅力和刻苦勤勉的精神。他无书不读,所作诗文,体博用宏,祖唐称宋,一洗迂腐剽窃积习。可是,学海无边,学无止境,哪能全知? 她笑的是谦益不谦,以全知者自居。

谦益将泉州门生提问的数十条僻典的答案交给河东君,要她用小楷誊抄清,交给等着回复的那位门生的仆人。

中午,他略休息了一会,就早早地到客厅等待着郑成功。

果如河东君所述,郑生器宇轩昂,谈吐不凡,一见就令人产生了好感。成功呈上拜师礼单和一对从南都定制的特大红烛,亲手点燃,就在客厅的孔圣先师像前向钱学士行了拜师大礼。

他让成功坐在他的身边,喜爱地看着他,详细地询问了他的学习状况,和他所读过的书,又为他拟了个读书计划和他亲授的时间。接下去又问及了他父亲郑芝龙将军的近况和海上的军中生活。他认为成功将来定会是国家栋梁之材。知他还未有字,就为他取字大木,取"一木之大厦"之意,对他寄予殷切的期望。

郑成功非常高兴,再次跪拜谢师。

谦益派人请来了他的另一些门生,介绍他们相见,并备了筵宴,为成功洗尘。

数日后一个丽日,河东君邀了谦益的友人、门生瞿式耜,他们一道陪着郑成功,游览虞山胜景。

他们先去观赏了桃花涧,看到溪水里漂满了桃花的落瓣,随着涧水奔涌而下,有如一条粉红色的瀑布自天而降。美感激发了成功的诗情,他即兴吟出了两首《桃源》。河东君赞道:"曲折写来,如入图画,恢宏清绝,大木君绝才也!"

五十六岁的瞿式耜接着评说:"瞻属极高,大木兄他日必为伟器!"他转向钱谦益,"祝贺我师又得人才!"

谦益微笑着捋着胡须,一脸得意之色。

他们自桃花涧去到剑门。

剑门两峰对峙,悬崖陡壁,仿佛是剑劈就的,其间豁然如门中开。

河东君兴致勃勃向成功介绍说:"相传此门内藏有财宝,启门钥匙藏在尚湖之中,要想得到它,必须舀干尚湖之水!此处不仅是虞山一景,也是兵家必争之地。"

成功很感兴趣,他回头看着他的业师钱谦益,问:"牧公,难道古今就无人敢于一试?"

"尚湖恢宏博大,谁能有舀干湖水之力?"他摇头叹息。

"假如尚湖就是'索虏''流寇',也无人敢去舀干它吗?"河东君像是问自己,又像是问他们。

郑成功意气风发地说:"自会有人敢去舀的!只要举国勠力同心,就会有舀干它的一日!"

河东君见谦益有些尴尬,就扭转话题,以亲切的口吻,唤着郑成功说:"大木君,你看这剑门的气势如何?"

成功登上一高石说:"名实相副。此乃自然之鬼斧神工也!"

河东君脱口吟出一联:

>   远近青山画里看,
>   浅深绿水琴中听。

成功诗兴盎然,迎风诵道:

>   西山何其峻,巉岩暨穹苍。
>   …………

晚照收拢了覆盖着虞山的橙红羽翼,他们往回走,到了山脚,成功补吟道:

兴尽方下山，归鸟宿池旁。

他吟完突然伫立不动，回首山上说："我辈一定要保住这好山好水，不遭'索虏''流寇'之践踏！"

黄宗羲在虎丘大会后，因几位社友结伴进京，一来想准备应试，二来想到京里看看虚实。

自从三月松山失守，洪承畴叛国，人心惶惶，各种传说都有。他穿街走市一看，京里的市面并不像哄传的那样冷落萧条和混乱。"索虏"暂时停止了对山海关的进逼。那时，他还充满了希望，到处宣扬他改革朝政的主张。可是，一住下来，走访了在朝为官的一些世交故旧，官宦之门，仍然灯红酒绿，宝马香车，明争暗斗，人们反而讥嘲他的救国主张。他心灰意冷，怅怅离开京都，回到江南，决意埋头读书，潜心研究学问，著述以教世人。

他记着河东君的邀请，如约来到绛云楼。

河东君见到他，异常高兴。谈到京都新闻和边关局势，他们空叹了一番。河东君陪他参观绛云楼，希望他这次能住在半野堂，在与郑成功为邻的书斋读书。可他却说他住惯了拂水山庄的耦耕堂，那儿清静。

随着绛云楼名声的播扬，钱谦益的压力和苦恼也增加了，求见的、求学的、探讨问题的，车水马龙，络绎不绝。人家慕名老远赶来，欲求一夕长谈，能让人家快快而去吗？欲求列于门墙，能不提携晚辈吗？宗羲既是他的学生，又是他的挚友，很理解他，若不是河东君相助，他是穷于应付的，何谈潜心著述。再者，与自己同来的如许士子，半野堂怎么也住不下的，自己一人留下，别人不感受到受了冷遇吗？故而宗羲执意要去拂水山庄。

这些宗羲虽没说出口,河东君已明白了他的心意,她感激宗羲这么为他们着想,又感到十分过意不过,但恭敬不如从命,便派管家吕文思专程送宗羲和一些门生到拂水山庄,安排好食宿和书房。

　　十数日后,牧斋仍抽不出时间去探望他们,河东君只好前去。

　　河东君身着男装,潇洒俊逸,骑匹白马到了拂水山庄。黄宗羲正在山楼上给儒生们讲述他进京的见闻,忽然听到一阵嘚嘚嘚的马蹄声,他们把目光齐刷刷投向院门。只见一匹白云似的骏骥,伫立门前。他们几乎是异口同声地欢呼:"牧公来了!"拥下山堂,奔向门口去迎接他们仰慕的文坛北斗。

　　他们目瞪口呆了,脚也不由自主地停在了原地。出现在他们面前的不是皓发老翁,而是位偶傥青年。宗羲认出了她,迎上去施礼说:"不知柳夫人大驾光临,有失远迎。"

　　儒生们这才悟过来,原来她就是久闻大名的柳河东君!齐声附和着:"不知柳夫人光临,恕失远迎。"

　　河东君一洗闺阁脂粉之气,大大方方地走到他们面前,拱手致意说:"诸位学兄是我们的客人,今日就请称小弟作柳儒士吧!都属男子,谈话岂不更随便些。"

　　宗羲一脸憨诚地说:"行,行!以夫人之才识,是当之无愧的柳学士!"

　　河东君爽朗地笑了起来。

　　文士们从未见过这样大胆的女人,他们跟在她和黄宗羲后面,互相交换着惊诧的目光,走进了耦耕堂。

　　宾主落座后,河东君令阿秀献上特地为他们准备的茶点:玫瑰糕、青团子、海棠酥、芙蓉酥、松子糖,色彩斑斓,香味四溢。

　　河东君说:"牧翁正为一个史证在呕心沥血,抽不出时间来拜望诸君,实感抱歉,特派遣弟来做他的代表,诸位不会介意吧?"

　　　　　　　　　　　　　　　　　　　　　　　　寒柳:柳如是传

虎丘大会上传出的宽宥阮大铖的动议来自钱牧斋，黄宗羲也有风闻。他是个正直的书生，一向不轻信，对牧翁仍然充满了崇敬之情。他立即代众人回答说："不会，不会的。大家都是读书之人，深知作学问之艰难。"接着又说："昨日学生拜会了稼轩兄，方知钱、瞿两家义结秦晋，宗羲未能前去恭贺，请恕罪。"

稼轩是瞿式耜的字，他是钱谦益早年的学生。谦益任吏部右侍郎时，他任户部给事中，一同被温体仁排挤罢官回乡，后温体仁买通浪人张汉儒攻讦谦益，也把他一同告了，两人同时锒铛入狱，可谓难兄难弟，患难之交。现又把他的孙女儿许配给谦益的儿子，算是常熟县城和谦益交谊最深的一位。他为人正派，刚正不阿，对河东君亦极为恭敬，在他们两家结亲时，给钱府的回礼中，河东君的那份和陈夫人的相同，这是河东君引为安慰的。据河东君所知，黄宗羲自他父亲遇难后，家境不裕，为了继承父志，寻求救国道理，他很少把精力投注到世俗礼仪上，今日为何要说此事？她微笑着回答说："太仲兄，些许小事，何足挂齿，那时你还在京都呢！"她转换话题，向着文士们说："诸位远道来到虞山，接待不周，牧翁又不能抽很多时间陪诸君研讨学问，他深感愧疚，特令我来滥竽充数，向诸君求教。"

宗羲一向敬重河东君，连忙说："哪里话！夫人乃当今女中豪杰，巾帼才人。能与夫人讨论学问，亦是我辈之幸！"他说着转身对着文友们说："弟认为诸君亦有同感。"

大家不约而同地击掌表示赞同。

河东君为了解除大家的拘谨，带头夹起一块芙蓉酥说："诸位不要客气，请随便用些茶点吧！还望诸君能视我为学友，爱谈什么则谈什么，爱吃什么则吃什么，无拘无束，岂不更好！诸君请勿见笑，说实话，我是做梦都想做个儒士啊！"

有人轻声地笑了，室内的空气顿时活跃起来。一个操着浙南口音的青年说："学生常研究闺阁诸名家诗作，得出一个结论，夫人之作乃闺秀之领袖。花非花，雾非雾，不足为夫人诗之轻盈；玉佩来，美人去，弦弹绿漪，不足为夫人诗之和丽；秋菊有佳色，兰香自然香，不足为夫人诗之芳韵；楚江巫峡半云雨，枕笔疏帘看弈棋，不足为夫人诗之清远；无情有恨何人见，月白霜轻欲坠时，不足为夫人诗之幽怨惆怅也！"他越说越激动，竟站了起来，"夫人之诗闲情淡致，风度翩然，尽洗铅华，独树素质，遗众独立，令粉黛无色也！"

河东君微微一笑，摇了摇头。"仁兄所见差矣！柳是之为诗，并非以冠诸闺阁为满足，而是想与士子争一雌雄。我不信妇人非得不如男子！"她莞尔一笑，"诸位心里定在骂弟是个女狂徒吧？在诸君面前，我欲再为女人进行一点辩护：闺阁无才，并非天成，乃时势所使然，此应归罪于男子，是他们剥夺了女子学习和发挥才干的机运。我记得诸葛孔明在《诫子书》中的一句话，'才须学也，非学无以广才，非志无以成学'。此乃获才之真理。倘若给女人和男人同等教育和阅历，巾帼中定会出现许多叫须眉汗颜之才人！"

文士中有的暗自偷笑，有人点首表示赞同。黄宗羲则非常认真地听着。

河东君呷了一口茶，又说："男人为了怕女人超过自己，便想出一个'女子无才便是德'的紧箍咒，强加在女人身上。你有才么，一定是无德的。我们的一些姐妹，一听到'无德'二字，吓得立即退避三舍，宁可远离才，也不能让人指控无德。其实德、才并不矛盾，完全可以融于一体。既然它能同时给予男子，为何不能同时付予女人？无才便是德之论，是专门用以禁锢妇人才华之咒语。对否？诸君。"

宗羲是倾向河东君的看法的，他笑着回答说："夫人之见也对也不对！"

"哦，此话怎讲？愿闻其详。"河东君不无惊讶地说。

"夫人之高见,学生颇有同感。不过,并非天下男子都不重才、爱才!学生就很钦佩夫人的才气胆识。夫人的几联诗,很难叫人忘记。"宗羲说到这儿,就吟唱起来:

下杜昔为走马地,阿童今作斗鸡游。

小苑有香皆冉冉,新花无梦不蒙蒙。

月幌歌阑寻尘尾,风床书乱觅搔头。

洗罢新松看沁雪,行残旧药写来禽。①

苏南口音的文士率先击掌赞道:"真乃如陈思所云:神光离合,乍阴乍阳也!"

一嘉兴儒生接着说:"夫人之拟古有如台馆易嵯峨,珠玉会萧瑟,读之尤令人悲悚!"

"夫人尺牍含咀英华,有六朝江鲍遗风!"

"'初月不明庭户暗,流云重叠吐残星。'②此联得获唐诗之神韵也!"

他们对河东君的诗文赞不绝口。

宗羲说:"在座的均是男子,对夫人的才华一致交口称赞。由此可见,并非所有男子都承认'女子无才便是德'之说,牧翁更不必说了,他曾私下对学生说过,他正在编的《初学集》中的《东山酬和集》里,夫人的一些诗作多是压倒群芳,独占鳌头的压卷之作!若开女科,夫人也

---

① 均见柳如是《湖上草》《戊寅草》。

② 见《湖上草》。

会金榜题名。"

"哈哈哈……"河东君笑起来,"别恭维我了。不过,真的开了女科,我是敢去与你们男人争夺鳌头的!"她长叹一声摇了下头说:"真是异想天开!反正我这一世是见不到的。"说到这儿,突然凄苦地一笑,"我也相信,你们男子中的一些才智之士,是不反对妇人有才华,我也权当诸君的溢美之词不是恭维话。那么,假如我去开馆讲学,你们男人谁敢冲破固有的罗网来听我讲学,谁愿列我门墙为学生?我想,是不会有的!在座诸君视我为学友,也都是冲着钱学士的名望来的呀!"

宗羲摆了下头说:"并非如此,就宗羲所知,牧公答复解惑释疑的函件,多半出自夫人之手。"他以目环视了下诸生:"我等并未因此以为受了怠慢。反之,对夫人更增添了几分敬意。"

"牧翁委实忙不过来,乞诸君见谅。"河东君慌忙解释着,"还望为之保密,不要外扬。诸君,见笑了。"

河东君的话匣一打开,那些在他们听来是奇谈怪论的话语像山洪似的汹涌而下,她越说越激动,双颊兴奋得有似朝霞,她说:"在学问面前,应该男女平等!应该承认,男人有超过妇人之处;也应该承认妇人也有胜过男人一等的地方。可是,世间的许多人,对某方面有所建树的妇人,就要责难,毁谤中伤,无所不用其极。更可恨的是妇人攻击妇人!我们的某些姐妹,自甘平庸,逆来顺受,还自诩贤德。柳是常想,妇人要让男人尊重,就得有叫男人钦服之处。这就只有靠自己去奋争了!我若只是个以貌悦人的平庸女子,牧翁也不会为我孤注一掷。哈哈哈,诸君,柳是放肆了!"

河东君的高谈阔论,举座瞠目结舌。有佩服的,也有倒抽了一口冷气的。他们被这些从未听说过的奇谈怪论迷惑了。有人暗自在心的深处琢磨,若自己的妻室像她,可以共同切磋学问,谈古论今,是好事呢,还是坏事?

寒柳:柳如是传

宗羲笃诚地说:"夫人宏论,别具真知灼见,使宗羲受益不浅。"

河东君笑着连连摇着头说:"此非太仲兄由衷之言!"

"夫人高见,学生极为钦服。听说夫人每日检书校雠至深夜,阅尽古今奇书,就是在病中,也手不释卷,夫人才赢得了学士的赏识。有幸亲聆高论,真乃胜读十年书也!"浙南口音的文士由衷地说,"夫人之高论,在书里是读不到的。"

"狂言谬语,聊博一笑。时候不早,柳是告辞了!"河东君起来向众人拱拱手又说,"明日是中秋佳节,常熟地方有到湖上串月的风俗,数百年沿袭不衰,牧翁邀请诸君一同到尚湖串月。"

串月?这名称多美呀! 一定很有意思。诸文士雀跃起来:"夫人,请问何谓串月?"

河东君笑而不答,往外走去,走到门外回头招呼说:"明天见!"

三十 尚湖串月

崇祯十六年八月十五日,中秋。秋阳灿灿。

河东君向有早起习惯,这日她起得更早。她要为过个快乐的中秋节和晚上的串月做好准备。她吩咐阿秀去请阿娟。

近来,她常感到精力不济。接待宾客、回拜、回请,在人前,她精神抖擞,神采奕奕;殊不知,她一回到卧房,就突感浑身像散了架,疲劳之至。昨日她刚从拂水山庄回来,正在宽衣,就听到有人叫她,回过头,见阿园的身影在竹帘外躲躲闪闪,知道他有事要回她,就叫他进来。

阿园什么也没说,把一个包卷得很严实的纸卷递给她。

她拆开包封,两本散放出墨香味的新书出现在她眼前,上面一本题签曰《湖上草》,签下是小楷写的"柳隐如是著"。一眼就可以认出那娟秀的书体出自林天素之手。她又取出下面那册,签题《柳如是尺牍》,掀开扉页,就是林天素作的序。她默默地念道:

> ……今复出怀中一瓣香,以柳如是尺牍寄余索叙,琅琅数千言,艳过六朝,情深班蔡,人多奇之。……

河东君感佩交集。然明于她恩重如山，情深似海，至此仍不忘他们的友情，收集了她浪迹湖上的诗稿和寄他的三十一通尺牍，编辑整理，慷慨付梓。此为她多年浪迹湖上的印记，记录着她的心迹。

她把书紧紧贴在胸前，仿佛拥抱她自己的心、她的追求、她的酸楚。诸般的甜酸苦辣，汹涌至心头，历历往事，犹在昨日。

她翻到尺牍最末一页，念着：

此公气谊，诚如来教。……

此札系她初访半野堂寄自我闻室，为答复然明劝说她，莫失良机，速与谦益结褵的信。现在她已归了谦益，他这位月老还不曾谢得。今复读此信，能不感慨万千？不知然明遣何人送来的，应同谦益商议，派人速去杭州，送去他们的谢礼。她问阿园："何人送来的？"

阿园垂首侍立，回答说："一位过路客人捎来放到门房里，留下一封给老爷的书子就走了。"

"啊！"河东君颇感遗憾，没能当面答谢寄书人，问："书子呢？"

"在老爷那里。"

"去请老爷来。"

阿园迟疑着，突然跪了下来，说："夫人，此书是奴才偷偷藏起，留给夫人的，夫人千万别让老爷知道，不然，奴才要……"

阿园抖抖索索，话说得没头没脑。河东君错愕了，难道牧翁看到然明为她刻了诗文集不高兴吗？这是为何呢？"你起来，发生了何事，快对我说。"

阿园将上午发生在书房里的事告诉了她。

门上送进一捆书和一封信，说是杭州汪老爷托人捎来的。老爷一看刻的是夫人的书，脸就铁青，发了疯似的乱撕乱扯，令他拿到外面烧毁。还说要写信去骂汪老爷，要他立即毁版烧书。

河东君简直不相信自己的耳朵，难道这是谦益所为？当初她访半野堂，说她心里仍然想着子龙，谦益表现了少有的宽怀大度，说此正是令人仰慕之处。对她浪迹湖上，也寄予满怀同情。他们的结合，然明从中起了很大作用。按说他应感谢然明，也应该理解然明此举的良苦用心，他是以此作为送给他们美满婚姻的礼物。他为何就看不到然明的用心呢？难道他以为然明的此举别有企图，损了他的尊严吗？当初，他为了得到她，称赞她"折柳章台也自雄"，现在她已是他钱牧斋的夫人，大概就要有相应的身份吧？嗯，难道他也是个心口不一的伪善之人？毁掉书版就能抹掉她过去的辛酸、坎坷的生活吗？

"夫人，我走了，等会儿老爷找不到我又要生气的。"

阿园的话把她从深沉的思索中拉了回来，她突然从懊恼的情感羁缚里挣扎而出，还是宽宥他吧！如果她为此同他闹起来，传扬出去，不仅叫外人笑话，让钱横、谢玉春之流拍手称快，也会让府里一些不满意她的人趁机掀波逐浪。再者，谦益的门生、友好正在为他的复起继续努力，她的集子流传开去，虽系过去的作品，可是，随着它们的流传，外界会谈论起她的种种旖旎的故事，这对他的复起是不利的。她惶然了。她爱自己的诗文，早就盼望着它们能结集流传。毁版，阻止流传，这有如剜心割肉呀！但如果因为此事影响她抱负的实现，岂不因小失大！不，不能！她苦心孤诣谋求的大事业，决不能毁于此事！不过，谦益写信要然明毁版，他就能言听计从吗？然明才不受他人的制挟呢！反会促使他多印广传。解铃还须系铃人，只有她来写信劝阻，她的谢词和请求才能为他所接受。

"阿园，你等等。"她坐到书案前，给汝谦写了封信，递给阿园说："交给老爷，派人送往杭州。"

"这……"阿园胆怯。

　　　　　　　　　　　　　　　寒柳：柳如是传

她说："不会有你的事，有我呢！"还赏给了他一两银子。

阿园快快地走了。河东君把两本书用一块锦帕包好，掀开她的首饰箱，目光落在子龙为她刻的《戊寅草》上。

她小心翼翼地捧起了它，贴在胸前，忽然间，她的心乱了，神魂一下又飘逸到天马山下。

李氏别墅寂阒幽静，唯有蝉声惊颤枝头。她执着一柄绢纱纨扇，倚着荷池的回廊，看着水底云影的移动。几枝莲蓬早就熟透了，一只翠鸟落在上面，惊头惊脑地望着她。牧斋迎娶她的彩舫不日就要到达松江，她就要告别这一切了。她心里燃着一堆火，也汪着一湾泪。这儿是她的系情之地，有她昔日的情人，有她的师友，她在这儿真正爱过，在这儿的文场、情场上拼搏过，这一切就将要成为缥缈的过去了，她就要去迎接一种她渴望已久的新生活了。她有些激动不安。上午存我遣童仆送来一封短笺，说下午来看望她，并要为一故人转交给她一份礼物。他没说这位故人是谁，也没说转交何种礼物。但她有种预感，仿佛这与卧子有关，心里老晃动着他的影子。她很想在去虞山之前，能最后见他一面，可她知道，这是不可能的。他不在松江，在绍兴推官任上。一旦他知道她就要归钱牧斋，他将作何想？他们纯洁的爱仍能留存心底吗？

"爱娘，李相公来了！"阿娟轻轻走向她，像是怕惊扰了她的梦似的。

她没有即刻起身，她想让刚刚翻起的微澜平复了，再走进客厅。

行过宾主之礼后，待问吩咐仆从抬进一只红木的书箱。

她惊诧地看着它。她那惊人的敏捷，使她立刻想到子龙的许诺，是他送给她的礼物——为她编刻的诗集《戊寅草》。她的心怦然一动。

待问掀开箱盖，一股墨香倏然弥漫了室内："卧子兄让我代他转交给你的。"

她的心热乎乎，取出一册，掀开封面，一眼就看到了子龙亲作的序。读着读着，她的眼睛湿了，她再也抑制不住自己了，泪水在睫毛上颤动着，它把她带回到了那个生离的痛苦时刻。不堪回首，又是那么诱她回首。"月有阴晴圆缺，人有悲欢离合，此事古难全"。她只能如此安慰自己，她的心里又响起了那首诗"……别时余香在君袖，香若有情尚依旧。但令君心识故人，绮窗何必长相守。"此刻见到他为她编刻的诗集，这心里就像打翻了五味瓶，那滋味是无法说清的啊！她离去后，他写过许多思念她的诗词给她，这些真情凝成的诗句，深深镌刻在她的心头，她是永不会忘怀的。她从画箱中拿出一只金笺扇面，上面是她仿倪云林作的树石。她提起笔来，将他那日从天马山回去后寄给她的满庭芳词题于扇面左上方：

> 紫燕翻风，青梅带雨，共寻芳草啼痕。明知此会，不得久殷勤。约略别离时候，绿杨外，多少消魂。重提起，泪盈翠袖，未说两三分。
>
> 纷纷。从去后，瘦憎玉镜，宽损罗裙。念飘零何处，烟水相闻。欲梦故人憔悴，依稀只隔楚山云。无非是，怨花伤柳，一样怕黄昏。
>
> 调寄满庭芳，留别云间师友。①

写好后，盖上了一枚"如是"朱文小印，默默地把扇面递给待问。

待问完全理解她的心情，默默地收下了留别礼物，他明白，此物既是回报卧子，也是留别他的。

---

① 见《陈忠裕全集》。

这箱《戊寅草》，后来成为她妆奁的一部分，运上了来迎娶她的彩舫。牧斋没有不悦，他还以"江南才女"这份特殊妆奁为荣耀呢！

她久久凝视着自己的著作，怎么也猜不透谦益为何对然明编刻的《湖上草》和《尺牍》如此反感。也许就是她虑及的原因吧！

她把它和子龙赠寄的诗稿放在一起。两串泪水滚落下来，"人生长恨水常东"，她无力地躺到床上。

谦益很晚才回到她房里，河东君早就睡了。他举灯照了下她，拿来一方帕子，轻轻为她拭去泪痕，就悄悄地在她身旁躺了下来。他知道她并没有睡着，他却不说话，心照不宣，谁也没提起今日发生的事，像什么也没有发生过那样。

"爱娘！"阿娟突然出现在她面前，打断了她的沉思，没人在跟前时，她总改不了旧时的称呼，她觉得亲切顺口，她把准备好的菜肴和茶点果品的单子递上说："你看看这些行吗？"

叫花鸡　桂花鳜鱼　松子溜松花蛋　栗子炖肉　木须十字……

河东君能不信赖阿娟？她掠了一眼单子，就交回给她，吩咐她下午派人送往拂水山庄。他们要和郑成功一道，去跟住在拂水山庄的客人一道过节。

晚宴很丰盛，河东君不停地向客人劝食敬酒。可学子们对酒食的兴味却不太浓，他们惦记着"串月"，不敢过量饮酒，犹恐失去这一难逢的机会。

画舫和各种小艇也早准备好,停靠在驳岸边,画舫的几桌上摆上了石榴、栗子、花生仁、松子,还有芋头、青豆、月饼和未开封的整坛的花雕。就等着月亮起山。

　　可是,月儿却像一个故作骄矜的少女,仿佛是有意要激发情人等待的急迫情绪似的,迟迟不肯赴会。诸门生来到湖边,急不可耐地翘首东方天际。

　　天空开始由乳白色逐渐转为月蓝,月蓝又在漫不经意中加深加暗,变成了黛蓝。月亮就在天空色彩的交替中,移动着细碎的舞步,姗姗地开始了它漫游碧海的旅程。

　　刹那间,尚湖变成了浩瀚的银色海洋,明晃晃,白亮亮。早就等待在岸边的画舫、游艇、渔舟,向银海竞发,百舸争游。

　　谦益夫妇在众门生簇拥下来到驳岸,上了大画舫。画舫的窗牖早就敞开,帘幔高悬,舱顶一盏淡青色纱灯与月光融为一色,分不清它们的光辉。大家围坐在摆满了中秋果品和美酒的长几边。童仆为每人斟了酒。"昨天诸君问我,何谓串月?顾名思义,就是月下游湖,这可说是文人雅士一个乐事,带点诗情画意,大概初创者也是文人吧! 与文人分不开的东西,不外乎诗酒歌赋。牧翁今日偷闲来与诸君欢度中秋,诸君不用拘束,今日串月的节目由参加者大家出,可以不分长幼,"河东君微笑着说,她又向谦益看了一眼,"尽情游乐,诸君看怎么个乐法?"

　　举座顿时雀跃起来,七嘴八舌,众说纷纭。有的说吟诗比酒,有的说投壶,有的说猜谜,有的说掷骰子,有的说……

　　谦益一直没有言语,他斜靠在藤椅背上,微阖眼帘,捻着口须。突然,他轻咳一声,舱内纷然之声戛然而止。众门生不知座师大人要发表何种宏论,一个个洗耳恭听。

　　他的目光在舱内环巡一周。"今夕中秋,难得群子聚会尚湖;不知明年今夕,云散何方! 肩起匡世济国重任,我辈人人有责。如此相聚,恐不复再得,良辰千金,诚如柳子言,应尽情游乐。"他的声音不高不低,不快不慢,渗浸着一种感伤和惜别情绪。突然,他提高音调,近乎慷慨激昂了,"我巍巍华夏,风流俊杰,灿若星辰,光华宇内。老夫提议,何不借此良辰,诸君各献一则古今俊杰、爱国志士的故事,共赏皓月。"

河东君激动地说:"牧翁此议妙极,我举两手拥戴!"

黄宗羲带头击起掌来:"吾师这个倡导,将为尚湖添一段佳话,皓月也增光辉。"

童仆给大家一一斟满酒。画舫的掌声引起很多游舟的注意。

"谁先讲?"成功巡视了众人一眼。问了一声。

河东君回答说:"我开头吧!"

　　我的故乡嘉兴,有座闻名遐迩的血印寺,在鸳湖边的三塔湾。 寺前有三座塔,原名三塔寺。 我寄迹南湖的时候,几次专门去拜谒过。

　　寺内院中有座普通石碑,上有血印人像,记录着一个悲壮动人的故事。

　　万历年间,倭寇侵扰我东南沿海城池,抢我财物,掠我妇孺。 他们将抢掠来的百十名姐妹关押在三塔寺内,供他们蹂躏践踏。 寺内有一和尚,法名妙蒂,他不忍姐妹受凌辱,趁倭寇外出抢劫之机,放走了所有姐妹。 倭寇回来后,将妙蒂和尚捆绑在石碑上,以乱箭射死,再用烈火焚烧。 妙蒂和尚化作了灰烬,他的身影却永远留在石碑上。 那影像逼真,连肋骨都历历可见。 乡民为了纪念他,遂将三塔寺更名血印寺。

画舫内突然静阒下来,唯有那欸乃的桨声漫不经意地拨拉着湖水,河东君举起酒,立起身,走到船舷边,遥望着东南天际说:"这杯酒,献给妙蒂法师!"遂把酒倾倒湖中。

举座随之效法,默默地把酒倾倒湖里。

黄宗羲激动的吟诵声,打破了静寂的湖空。

　　千锤万凿出深山,
　　烈火焚烧若等闲;
　　粉骨碎身浑不怕,
　　要留清白在人间。

"众所周知,这是于忠肃公十九岁时的作品。他借咏石灰抒发了他不畏艰险、敢于献身的坦荡胸怀。他是如此写的,也是如此做的!"接着,宗羲讲述了他临危受命的故事。

　　英宗年间,宦官王振专权,朝政腐败。蒙古瓦剌来犯,大明五十万精锐部队在土木堡全军覆没。英宗被俘,举国上下,惊慌失措。于忠肃公临危受命,被任命为兵部尚书。他坚决反对迁都南逃。并响亮地提出"社稷为重,君为轻"的口号,亲自指挥将士作战,挫败了瓦剌的锐气,粉碎了瓦剌欲挟英宗入北京的阴谋,保卫了大明江山。

为了不致使在座诸君陷入悲愤之中,宗羲略去了英宗复位后,于谦被诬致死的结局。

他的话音刚落,诸子齐诵《石灰吟》。琅琅诵诗声,久久回响在湖空中,尚湖银波,仿佛突然也化作了一泓圣洁玉液。

郑成功从座位上站了起来,踱到窗口,眺望着十里虞山,突然,他转过身,面朝着众人说:"我要讲的是诸君熟知的范成大使金的故事。"他略停了一下,声音洪亮地说,"金以强凌弱,以死胁迫石湖居士跪见金王,石湖坚决不从,面无惧色,据理力争,'两国交兵,不斩来使,吾宁死也不跪!'石湖居士的浩然正气压倒了金王的骄焰,维护了大宋的尊严。"

霍去病、岳飞、韩世忠、梁红玉、李纲……有如一队星辰从历史的长廊中浩浩荡荡走来……

有如一颗火星,落进了滚沸的油中,群子激情满怀。

突然,谦益吟起了文天祥的《过零丁洋》。他讲了文丞相的生平和他过零丁洋的故事。"南宋祥兴二年,元军都元帅、汉奸张弘范挟文山公随船同往攻击崖山。张弘范强迫文山公招降坚守崖山的张世杰,《过零丁洋》就是他写给张世杰的诗。"牧斋激动得从座位上站了起来,"文山公乃我华夏万世师表,谦益最最崇尚之人!"他端起一杯酒,泼进湖水中,声音呜咽地说:"文山公,'人生自古谁无死,留取丹心照汗青',学生敬公一杯。以表寸心。"

门生们颗颗忧民爱国之心,仿佛被浇上了火油,在他们沸腾的心中猎猎燃烧了,牧翁在他们心中的身影,变得更为高大、光耀。他完全成了他们心目中崇拜的偶像,一代师表,他们对他钦敬无比,一齐站了起来,效法座师的行动,把酒也献给文山公。

讲俊杰志士故事收到了非凡的教化效果,可画舫内的气氛庄严、悲愤,失去了节日的欢乐。河东君击了击掌,笑着对大家说:"我看牧翁这道节目可以结束了,今天是中秋佳节,来点轻松愉快的乐题如何?"

宗羲说:"依我之见,下面的乐题不能离开月。"

成功响应道:"好,我赞成!我有个提议,以长几两边为对垒,右边从座师始,依座次顺序读出一联唐贤含'月'字诗句;左边从夫人始,依次读出宋贤长短句中一句含'月'字句子。左右轮番,衔接要快,以阿秀姑娘的鼓声为号,略有迟疑者,罚酒一杯。诸君赞同吗?"

一阵掌声代替了回答。

河东君提议举座先饮一杯,待童仆将各人的酒杯斟满,阿秀鼓声一停,牧斋立刻摇头吟出:"明月出深山,苍茫云海间。"

河东君立即接上:"恨君不是江楼月,南北东西。"

"海上生明月,天涯共此时。"

"晚来风定钓丝闲,上下是新月。"

咚咚咚……

浙南门生心里早就做好了准备,听到鼓声,一时紧张得接不上去,大家一齐叫了起来:"罚罚罚……"

他搔搔头,说:"我早想好了!"

"不行,不行,过时罚酒!"

他只得端起酒喝下了。

画舫在蓝天似的水上滑行,追赶着水底的月亮。

击鼓声不断,咚咚咚……

欢声笑语,吸引了很多游艇向他们围拢过来,观赏他们别具兴味的玩乐。

"更深月色半人家,北斗阑干南斗斜。"

"……"

鼓声越来越紧,有人接不上来了,围观的串月者也助兴地鼓噪起来,一片欢腾给尚湖输送了生机和活力。

如此轮了两周,宗羲站起来说:"座师和夫人博览群书,满腹经纶。我出个题目,座师和夫人轮番从宋贤词中读出一句既含'月'又含'柳'的句子。以我的鼓点为号,谁接不上,就罚酒。诸位之见如何?"

　　　　　　　　　　　　　　寒柳:柳如是传

舟内舟外一片喝彩之声。

谦益笑对宗羲说:"贤契知我不善长短句,欲让老夫出丑乎?"

河东君抢着代宗羲回答说:"学士乃书成学府,怎地说出如此泄气之言。是担心柳是败在学士之手而醉倒乎!"

谦益笑了:"老夫认输,行吗?"拿起面前的酒杯一饮而尽。

河东君站起来说:"哪有不战而降之理!"这时宗羲的鼓声咚咚响了。

谦益捻着灰白的须髯说:"好,有了:舞低杨柳楼心月,歌尽桃花扇底风。"

河东君立即接上:"杨柳岸,晓风残月。"

咚咚咚……鼓声又起。

谦益一时接不上,只好无可奈何地笑着说:"你们欺老夫年迈!"

"哈哈……"又是一阵欢快的笑声。

宗羲举起杯说:"我们陪座师共饮一杯吧!诸位!"

河东君放下酒杯说:"酒饮得差不多了,现在我们来竞相追月如何?看谁先回到原地!"

围观的船只开始散开,他们两人一艇,开始竞渡了。

他们追呀追,可是,怎么也追不上水底之月。被桨棹搅起的涟漪,晃醒了的月轮,它的脸子忽儿拉长了,忽儿揉碎了,他们只能看到前船船尾留下的一条碎银似的素练。

他们追呀赶呀,你追我,我追月,月轮不停地变换着脸形。他们和它的距离仍然不即不离。光明在水底晃荡着,他们竭尽全力地追,一直追到皓月中天。

三十一　灵岩朝觐

河东君劳累过度，故疾复发了，双颊潮红，不时咳嗽，人也消瘦下去。起初，她还坚持核校《列朝诗选》的闺秀集，打起精神同谦益的门生们唱和诗词，与黄宗羲、郑成功探讨时局，他们谈"索虏"进犯，谈饥荒，谈百姓的苦难，谈朝政的腐败，谈宦官专权，谈朝廷用人不当，谈国势危难，谈官兵对无辜饥民的残酷镇压。河东君的心情越来越沉重，从四方来游学的士子口中，陆续得知"流寇"再度陷开封，继襄王、福王死难后，唐王也于南阳殉国。李自成部已从河南直指河北，锦州被"索虏"铁桶似的围住，指日可破，山海关危在旦夕。大明江山有如沙丘上之阁楼，摇摇欲坠。她为此悲愤激动，郁郁终日。病情由此日益恶化，已开始咯血了，也不能起床活动，整日云里雾里似的恍惚，总感到浑身无力，倦累不堪。只要一阖上眼，就恍如变成了一片柳叶，飘泊在水上，终日漂呀浮的，去了好多地方，会见了她往昔的手帕姐妹，故友旧朋。这日，她恍恍惚惚仿佛回到了她和子龙同居的南园小红楼，她无声地走上了楼梯，客厅里一片喧哗，那些声音好熟呀，那么慷慨激昂，她一句也没听清，好像在议论边事和内患。有个人背对着她，她认出了那是子龙，又有些不像，她正想近前看个明白，啊，面前的景象,怎么变作了垂虹酒家呢?那人面对着湖天,在悲愤呼号:"巍巍中华,为何落到如此境地!社友呀,中兴大任落在我辈肩上……""卧子,卧子!"她想呼叫着扑过去,可她的口怎么也张不开,脚怎么也移不动,手怎么也抬不起来。她无声地哭了,再看时,什么也没有了,又似乎听到了子龙的歌声:"……别时余香在君袖,香若有情尚依旧。但令君心识故人,绮……"她又觉得自己是立在一片飘忽的云上,举目四眺,歌声没有了,也见不到他的影子。突然,一柄拂尘拂到她的眼前,她认得那是悟尘的东西,忙扑上去抓,却扑了个空,拂尘随着一团杏黄色的云飞远了,她追上去呼喊着:"悟尘仙长——悟——"

"爱娘,爱娘!你醒醒。"自从她病重后,阿娟就没有离开她左右,听她梦呓,慌忙呼唤着她。

她仍然在混濛中,喃喃自语:"等等,我想……"

阿娟摇了摇她,附在她耳边问:"爱娘,你想什么?"

她睁开眼,握住阿娟的手说:"妹妹,我是活不久了,我很想再见……"她不好意思说出他的名字,她多么希望能最后看他一眼啊!卧子,她心上唯一的恋人,可是,不行哪!泪水漾出她的眼眶。"我还有个心愿,想去趟苏州。"

阿娟不忍看她这副凄婉模样,俯下身,紧贴脸,哽咽着说:"我的亲姐姐,你别瞎想了,你很快就会好起来的。"她知道河东君想再见什么,可她现在的身份,他们再见是万万不可能的!她只好安慰说:"你现在这个样子,怎么好去苏州呢!等你病好了,我陪你去。"

"我怕是好不了哟!"泪水又涌了出来,她悲切地说,"尚湖之水舀不干,我们都要被淹死的啰!"说着就悲声地哭了起来。

"爱娘,爱娘!你这是怎么的了!"阿娟听不懂她说的什么尚湖水淹死人的话,呼她,摇她,她也不理。阿娟急得满头大汗,连忙吩咐阿秀,"快去请老爷,夫人说胡话了!"

河东君还想去苏州实现她久有的愿望，拜谒她心里崇敬的偶像——安国夫人梁红玉的墓。她们有着同样的身世，她非常希望自己能像梁红玉那样，击鼓败"索虏"，力挽狂澜，拯救国家。梁红玉在她心目中就是那个能够带领万众舀干尚湖之水，寻得打开剑门宝库钥匙的英雄。可是，她没有她那样的机运。牧斋虽有救国济世之心，可一介学者，无展才之机；她虽有一颗忧国之心，一个女人，现又身染重病，只能空怀一腔遗恨死去。现在，她心里只希望死在苏州，埋到灵岩，与她崇慕的安国夫人朝夕为伴。

　　谦益慌慌张张地来到她的病榻前，坐到床边，摸了摸她的脉搏，对阿秀说："夫人脉象微弱，快喂参汤！"

　　河东君却向他转过了头，悒悒地说："我想去凭吊安国夫人。"

　　谦益看看她的脸庞，它好像是被烈日过多地蒸发了水分的花朵那样，蔫奄奄，憔悴无力。他攥着她苍白纤细的手指，沉吟不语，他担心她去了会回不来的。她哀求着说："我早有此愿，也许，这是我最后一次……"

　　谦益的心一阵紧缩，虽然河东君心里一直还不能忘掉另一个人，但她仍不失为他的知己，她在他心里占着一席重要地位，他不能失去她，他捂住了她的嘴，不要她说下去。

　　她就势伏在丈夫的腿上。

　　"你不要胡乱想了，你会好起来的！"他用手梳抚着她散乱的头发，轻声地安慰着她。

　　他们沉默下来，谁也没有说话。

　　良久，河东君仰起头，眼里闪动着乞怜和哀怨的光亮，说："相公，你陪我去吧！到外面吸吸新鲜空气，散散心，也许我的健康还真能恢复呢！"

　　谦益看着她，眼中荡漾着爱和慈祥，他迟缓地点了下头。

　　　　　　　　　　　　　　　　　　　　寒柳：柳如是传

他们一行又下榻在徐氏拙政园。打算歇息一晚,明日一早动身去灵岩。他们刚刚安排停当,就报有人来访。钱谦益只得将脱下的直裰又穿上,到客厅迎接客人。

两三来者都是他的旧友,革职回来的寓公。他们一见到他,就高声道贺:"恭喜!恭喜!"

谦益愣了,不知喜从何来。长了只鹰钩鼻子的友人给他点了题:"此次皇上召唤仁兄,兄可一展宏图了啊!"

谦益以为他们是有意作弄他,脸阴沉下来,说:"弟早已皈心田园,潜心学问,无此妄想。此次姑苏之行,只为病妇欲谒灵岩,明日即返琴川。"

"鹰钩鼻"仰面呵呵大笑起来,说:"老兄还想瞒住我等吗?诏书已送往常熟,此地早就传开了!"

"真有此事吗?弟确实不知!"

这消息来得太突然了,钱谦益抑制不住内心的喜悦,连忙呼唤阿园摆酒上菜。十五年了,皇天不负苦心人,皇上终于想起了他。他一面和友人饮酒,一边闲聊,很想知道此次同时起用的还有谁。但他又怕触动了在座的隐痛,只好转弯抹角地说:"皇上为何突然想起了老朽?"

几杯酒下肚,"鹰钩鼻"的话儿就像开了闸的水,一发不可收:"仁兄,你听我说,京里的友人写信来说,今年大年初一,京都漫天风沙,卷得天昏地暗。仙师观天预言,是暴兵至,城破,臣民遭殃的征兆。"他带点幸灾乐祸的语气,呷了口酒,看着谦益渐渐平静下去的脸色,又说:"洪承畴叛国,孙传庭战死,大明将才寥寥,内阁大臣都是些庸儒,只会迎合上意,对日益严重的局势束手无策。内监都派到城上当监军,他们终日在城上饮酒自娱。可笑不可笑?"他伸出拇指,向上扬了扬,"圣上已信不过任何一个大臣哪!哼,这才恍然自己是真正的孤家寡人!

昔往臣子们迎合他,恭维他,不过是敬畏他掌管的神器。国难当头之际,出卖的出卖,叛变的叛变,没有人愿为保卫京城尽心竭力,亡国灭种之灾临头,这才想起我们江南的贤人!"

谦益刚刚被喜悦点燃的心,仿佛突然间淋上了一场冷雨,朝廷的这些事,他比他们知道得多,体会得更深,可是,此时出自他们之口中,听来却不是滋味,他木然地应着:"是这样吗?还有谁?"他趁机问出来了。

"瞿式耜,陈子龙。"

"啊,是这样!"谦益的心一热一冷,此时转换为温了,皇上毕竟承认他们是江南贤人。患难见忠贞,皇上此时召唤他们,是把他们当作拯救国家的障北长城。他久求为国效力,现在机会来了,就是迎着刀山火海也要去的。

友人们走后,他匆匆赶到河东君的病榻边,把他和稼轩、子龙复起的消息告诉她。

河东君仿佛突然喝下了一碗提神的参汤,竟一骨碌坐了起来,祝贺他复起。她心里也在为另一个人默默祝贺着,祝贺英雄有了报国之机。当即她就对谦益说:"相公应该连夜赶回家去迎接诏书,不要陪我上灵岩了。"

谦益也接旨心切,但他又有些放心不下她,回答说:"明朝去灵岩,后日我们一道回去也不迟。"

河东君握住他的手说:"有这么多人侍候我,相公尽管放心。皮之不存,毛将焉附,局势已到了燃眉之急,相公当以国事为重,快快准备上路吧!"

钱谦益连夜启程返回常熟。

河东君一行在灵岩山下的河边上了岸。也许因为她意识到自己最后一个愿望就要伴随着她生命的消逝而实现,生命的奇迹有时也会在这突然间放出异彩；也许由于谦益和子龙起用的消息，她容光焕发，仿佛是一个从病魔手里解放出来的自由天使，她轻捷地走在通向梁红玉、韩世忠墓地的山道上。

谦益留下顾苓照看她，他请她坐肩舆上去。河东君笑着回答说："不用，我徒步上去，为了表示对安国夫人的虔诚。"

顾苓是钱谦益的得意门生，也是河东君的好友，他深知她的个性，一经决定了的事，她是不会更改的，他的劝阻，也只能是徒劳，只得依着她，一步一步地慢慢向山上走去。

不管她心里燃烧着怎样热烈的虔诚之火，她毕竟是从病榻上刚起来的人。久病虚弱的身体，力不从心。才上了几级石阶，她就心力不济，气喘吁吁，背心渗出了冷汗，脸色也由绯红转成了灰白。随行的人都为她捏着一把汗，阿娟拉住她劝着说："还是坐肩舆上去！我的脚都走痛了，还有顾相公，都坐轿上去不好吗！"

河东君一连喘了几口气，她感到心里舒服多了，回答说："不行！我是来朝觐的。你们是来陪伴的，可以自便。"说着看了大家一眼，微微一笑。"走了几步，倒给了我走上去的信心。你们坐轿上去等我。"

阿娟无可奈何地摇了下头，只得又跟在她后面走。

河东君上两三级石阶，歇一会，吸几口新鲜空气，喝点水，又往上攀登。他们与韩、梁墓地的距离在逐渐缩短中。河东君的内衣早被汗水渗透了，面色由灰白变成了青灰，她终于无力抬步，倒卧在山道上。

阿秀、阿娟一齐来扶她，顾苓站在一旁束手无策，他自愧有负老师的委托。河东君朝他们摆了下手，示意他们不必焦急，让她歇息一会。她慢慢阖上双目。

初春的灵岩山，还未完全从寒冷里走出来，还没有完全恢复因严冬夺去的固有秀色，还有些苍莽清凄。高大的落叶乔木，早被去冬凛冽的北风剥得赤身裸体，像失去了自尊的奴隶，屈辱地任随料峭的寒风鞭挞，瑟缩在坡地上；野草也被冰剑霜刀斩断了血脉，可怜巴巴地蜷曲着身子躺在路边、树下，唯有冬青、海桐、松柏、广玉兰仍然郁郁苍苍，干挺枝密，向着寒风舒展着绿叶，装点着这闻名遐迩的名山。河东君微抬起头，钦佩地注视着灵岩不屈的精灵。

仿佛有个声音，在她耳边响起："天下兴亡，匹夫有责，匹妇亦有责！"

这是谁的声音？又稔熟，又陌生，仿佛就响在她耳边，发自她的心中；又像是那么缥缈遥远，仿佛来自远古、天边。时远时近，时有时无，最后只有一个单句："匹妇有责！""匹妇有责！"重重复重重，胀满了她的心胸。在她的肌体中产生了一种神奇的力量，使她的灵与肉处于一种亢奋之中，她走进了一种幻境。

她一身戎装，足蹬皂色齐膝马靴，骑着一匹雪白的骏骥，飞驰在万马军中，挥舞着宝剑，长风鼓起她那血清色锦缎斗篷，像一团飞渡的云，向敌军冲杀过去……

"夫人，你……"阿娟见她趴在石级上许久不动，慌得蹲了下去，摇撼着她的肩膀急切地问，"你怎么啦？"

她像从睡梦中刚刚醒来那样，看了阿娟一眼，见她那副惊慌失措的神色，微微一笑，又阖上双目。

虽然离墓地越来越近了，她那副衰竭的样子，是无法实现她的目的的。阿娟和顾苓再次恳求她说："夫人，听我们这一回吧！坐肩舆上去！"

她向他们摆了下手，意思是请他们放心。她还想回到刚才的幻境中去，可怎么也不能进入刚才那样的境界，她完全回到了现实中，伸手抚摸着变得干枯了的野草，她突然想起了钱横和谢玉春他们。他们曾把她喻为路边小草，扬言他们脚跟一拐，就要踩死她。她的神经倏然绷紧了，怒火像一簇箭弩在心里穿戳。她真的就像一棵柔弱的小草，无声无息地枯死在路边么？他们将会快活地拿她的逝去为笑料，幸灾乐祸地嘲讽她命薄！想到这儿,仿佛有种无形的力的气体在她体内钻窜。不能让他们得意！她要活,要活下去！她抬头望了一眼枝壮叶茂的常绿乔木,再次抚摸着枯草,不觉发现,隆冬虽然刚刚离去,小草的根部已生出像米粒似的淡黄苞芽,要不了几天,它们就要从枯叶间伸出头来。野草会返青,她也能康复！她要争取活下来。谦益就要进京勤王,她还要跟他进京,像安国夫人那样,辅佐丈夫,一展平生之志。让那些想踩掉她的小人咬牙切齿去恨吧!

她缓过气来,回首向山下望去,被她抛在后面的是一条长长的山路,她毕竟走了那么多了,她兴奋得脸颊奇迹般地出现了一丝不易觉察的红晕。她轻声地说:"你们就成全一下我的心愿吧！不要让我的赤诚蒙上半途而废的耻辱。我就是爬,也要爬上去!"

他们无言以对,只得由着她。她稍微歇息了一会,就在阿娟、阿秀的扶持下,继续一步一步地往上走着。每迈上一级石阶,她的信心也增加了一分,上到最后的十几级,她居然能不要他人扶持,自己独自一步步往上走了。安国夫人墓冢的石碑,巍然地出现在她的面前,她终于实现了多年的愿望。

她亲手摆上奠祭品,点燃了香烛、纸钱和鞭炮,一壶水酒全部倾注在碑前。接着便跪伏在地,祈祷安国夫人在天之灵,保国祐民,击退"索虏"。她把心里的那个秘密默默诉诸她,祈求她显圣,她若命该寿尽,求她赐她速死,她想依灵岩之胜,归葬在她的近旁;倘若她的阳寿未尽,求她保佑她早日康复,她要随丈夫北去。把她的报国之志,付诸实施。而且,她还有闺秀一集的校勘没有完成。

不知是安国夫人在冥冥之中有着无边的法力,答酬河东君一片诚心;还是谦益就要出山的喜悦冲撞着她,她竟平平安安地下了山,返回舟中。

三十二 南都梦

河东君的身体奇迹般康复了,钱谦益和瞿式耜准备结伴北上,她也准备随谦益到任上,正在整顿行装。突然,晴天一个霹雳,把他们一下打懵过去了。顾苓连夜从苏州赶回,带给他们一个可怕的消息:"三月十九日北京城破,思宗吊死煤山,王公大臣纷纷弃家南逃。"

他们目瞪口呆了！惊骇之余,抱头痛哭,两家在堂前设灵祭奠思宗,供诏书于神位之上。

郑成功也被震撼了,决定尽快离开虞山。他向谦益告辞说:"国家兴亡,匹夫有责,学生想即刻返回父亲军中,投笔从戎,为国效力。老师也不要过于悲伤,我辈决不会让大明江山就此完结。感谢教授之恩,请受学生一拜！"

郑成功长跪别去。可作为已被召而无处上任的可悲臣子,将如何为拯救国家残局出力呢？谦益、式耜为此苦苦思索。式耜认为:"国不能一日无君,当务之急,是拥立新主,保住半壁江山,以图再复。"

"太亲公所见极是！"河东君长叹一声,悲戚地说,"国家虽已病入膏肓,只要朝野臣民万众一心,同心同德,不仅可以保住半壁江山,挥师北伐，收复中原，也不是没有可能的。"

谦益也信心勃勃地说："问题是要拥立贤能之主，恢复就有希望。南宋不是还保持了一百五十年的江山吗！"

式耜催促谦益即刻启程去南京，以他东林巨子、复社前辈、当今李杜和他在仕林中的声望，与常驻南都六部旧人和南逃的诸大臣一道商议继承大事，推拥贤能人主。

河东君对谦益此次白下之行，深感忧虑。她清楚当前局势，还属于明朝的军事力量，除了远在武汉的左良玉的西军，就只有两支军队：兵部尚书史可法的三千军卒；另一支就是凤阳总督马士英。这个新主的拥立，势必要伴着一场明争暗斗、你死我活的斗争。在此亡国在即的乱世，拥有兵权才是强者，谦益虽有济国宏略和声望，却无一兵一卒，他的主见很难如愿。但她还是力主他出山，希望他能成为拯救明室的中流砥柱。

没有南都的拥立讯息，也没收到谦益报平安的信。黄宗羲与郑成功同时离去后，门人们也一个个赴国难去了，河东君整日在焦虑的等待中。为转移忧思，也为了了却心愿，唯一可做的事，就是校注《闺秀集》了。

"爱娘，老爷回来了。"阿娟急匆匆走进书房对她说。

河东君不觉一怔，怎么这样快就回来了？她有些不相信："你说什么？老爷回来了？"

阿娟点点头，见她如此神色，惊诧地问："你怎么啦？"

河东君放下笔，站起来问："老爷现在何处？"就要往外走。

这时，谦益已跨进了书房的门槛。

河东君迎上去握住他的手，打量了下他的神色，急切地问："相公，一切顺利吗？"

他没有直接回答，只对她做了个苦笑，摇了下头，一脸的倦容。

她将他扶到太师椅上，阿娟给他端来了一碗百合汤。

谦益到南都，立即展开了拥立新主的活动。当时逃到淮安避难的只有两位亲王：一是潞王常淓，他是个信佛的好好先生，一向与东林复社友善；另一位是福王朱由崧。老福王是"红丸""梃击"、移宫三案的对立面，立了福王，福王势必要推翻先帝崇祯已做了论定的三案。谦益利用他在东林中的地位和他的社会影响，串联了朝野一些实力人物和东林复社的中坚，主张拥立潞王常淓。他的主张得到了兵部侍郎吕大器、右都御史张慎言、詹事姜曰广的拥护。史可法也赞成他的主张。

可是，拥有兵力的马士英坚持要立福王。一面去信说服史可法，一面带领大队军马，从凤阳、合肥到淮安拥戴福王至江上。

史可法在大势所趋面前，也不得不承了福王。其他诸大臣也只得认了福王。由于太子慈烺下落不明，福王暂时称监国。

谦益只好留下顾苓在南都探测动态，怅怅回到了常熟。

如此结果，河东君倒也不意外，但她认为谦益不应该在此时如此急切地赶回虞山，这会让人抓住把柄，说他反对拥立福王，得罪新主。且"翁乃众望所归，更不应该在国家危难之时，自甘退守"，她说。

谦益见她不高兴，就告诉他另一个消息，陈子龙也在南都。"我离开南都时，卧子和存我还赶来送行，他们安慰我说：'江南贤人希望老宗师出来执掌中枢，只有你的声望才足以召唤朝野勠力同心，共同御敌！'"他们将向当权者施加影响，敦促圣上尽快召唤他出山。请他耐心等待。

河东君似乎得到了一点慰藉，她长吁一声说："但愿如此！"

顾苓很快派人送回来了南都的消息，形势发展对清流有利，汇聚在南都的东林复社中人士，大声疾呼要求起用钱谦益，预计诏书指日可下。顾苓正为迎接他们去南都做准备呢。

果不出消息所言，诏书很快就到了，任命牧斋为礼部尚书，补原礼部尚书顾锡畴的缺。

尽管礼部尚书之位不甚理想，不能使他的匡济之才尽其用，但他窥觊礼部尚书之位已久，现在毕竟得到了，而且是临危受命。

为了尽快赶往南都，河东君一边夜以继日指挥仆妇整理行装，一边妥善安排好家务。

她先找来了大管家吕文思，向他一一安排，又跟阿娟细细交代，委托内务。

行装虽说是尽量从简，但一个尚书府第决不能让人感到寒酸，还是装了数十箱。他们乘坐三艘大舫，浩浩荡荡从尚湖出发了。

舟近京口，河东君就开始梳妆。

她坐在妆镜前，吩咐阿灵为她梳头，吩咐阿秀找出按她朝灵岩幻觉中的装束特制的行装和谦益的礼服，自己穿戴停当后，就让阿灵去请谦益。

她立在舷窗前，凝神远眺。头冠上长长的雉羽微微颤动，血清色的斗篷，有如朝暾下紫雾袅袅的瀑布，从她削俏的肩头倾泻而下，挎在腰间的那柄宝剑，在斗篷的一侧兀然隆起。那姿影、那仪容、那风度、那神韵，其美绝伦。谦益被她的美震惊了，看呆了，如此装束显示的风韵，他还是第一次见到，俨如万马军中一位运筹帷幄的巾帼将军。他久久凝视着她的背影，唯恐这个画面从他眼前逝去。

自谦益走近舱门，河东君就已从那股熟悉的气息中知道他来了。她没有回身，好让他尽情欣赏她身着戎装的风姿。良久，她才转过身，向他嫣然一笑，似乎在问他："美吗?"

谦益深邃而带点旅途倦怠的目光，此时是那么熠熠生辉，他有些近似讨好地说："夫人，不仅你的文采艳过六朝，情深班蔡，你的无与伦比的美,也将压倒南都姝丽!"

河东君报以微微一笑,亲手捧起礼服,递到他面前说:"请相公更装。"

谦益困惑地望着她,机械地接过礼服。

河东君的声音是那么甜美,她带点娇憨地问他:"相公,你知道舟行何处了吗?"

谦益朝窗前走近一步,透过迷蒙的江面,向南岸眺望了一眼,回身对她说:"京口将到,金、焦二山在望。"

河东君娇嗔地对他说:"你还不快快更装,陪我去凭吊韩、梁击鼓败金的古战场呀!相公难道不知道,这是我多年的愿望吗!"

她说着背转身去,倚着窗口,眺望着似乎隐在一片迷雾后面的若隐若现的金、焦二山,自言自语地说:"今相公临危受命,去力挽狂澜,收复河山;柳是能很快恢复健康,伴相公出山,乃安国夫人和韩蕲王暗中相助也。今舟过京口,天赐良机,助我凭吊之愿!"

金、焦二山的轮廓愈来愈清晰,河东君久久凝望着它们,脚下是万顷波涛,滚滚长江,涛声裂岸,浩荡东去,倏然间,她仿佛走进了历史的幻境,仿佛置身在万马军中。万头攒动,如潮如涌,马啸金鸣,旌旗挥动,震天动地。一位巾帼女将,傲立于战马之上,手执捶棒,擂鼓助战,激昂的鼓声一阵接一阵轰鸣着滚过长空,士气猛然大振,千军万马迎着箭矢炮雨,冲向敌群。宛若间,她仿佛觉得这咚咚咚雷鸣般的鼓声,就发自她的手下,她周身热得汗津津了。

谦益不敢扫她的兴,他靠在她身旁,轻声地说:"夫人,行程紧迫,不能弃舟登岸了!"

河东君仍然沉迷在幻境中,她在使劲擂鼓。满脸汗光点点了。

谦益以为她没有如愿生气了,有意不理睬他,便伸出右臂,挽着她的肩头,改口说:"我们在江边略停片刻,不上焦山祭奠,好吗?"

河东君从幻境中惊悟过来,她忙解释说:"不会耽误舟船的行程!既不用弃舟上岸,也不用停舟奠祭,就在这江上遥望金、焦二山,聊表心意就行了!"她朝后舱唤了一声阿秀:"拿祭礼来。"又对谦益说:"江上遥祭,更见虔诚!"

河东君携着谦益,立于船头,遥望着韩梁古战场。她亲手将水酒洒入江中,默默祈求韩蕲王、安国夫人助大明一臂之力,助谦益担当起障北长城重任。

正在此时,一骑自江岸沿江堤而下,飞奔而来,立在岸上,凝望着船头悬挂的"钱"字纱灯,遂高声向船头喊话:"请问可是常熟钱大人的舟船?"

来者是福王遣来下第二道诏书的黄衫使者。谦益慌忙令舟靠岸,上岸接旨。福王催他火速进京受命。

谦益只得临时决定与河东君弃舟换马,改变路线,只带贴身仆婢,跟着黄衫使者,火速去南都,觐戴福王。行装和其他随从仍由水路北上。

河东君没有来得及更装,就穿着那身独特的戎装骑着匹白色骏马,像一团雾,一团飞驰的云,远远飞驰在谦益那匹褐红色马的前头。虽然赤日炎炎,他们心里却因这第二道旨的到来,产生了一种豪情,那是一种被理解、被器重,一种非我莫属的自豪;一种有超人力量的自信。春风得意马蹄疾,不到半日,他们就赶到了南都。

在南都为他们料理、安排事务的顾苓,把他们接到了为他们准备的新居——礼部尚书宅邸。

顾苓让他的业师略事休息了会,就向他禀报南都的形势。

顾苓说,福王已由监国正式登基,改号弘光。为了稳定混乱动荡的局势,朝廷采取了以东林、复社清流为主体,团结各派势力的政策,任命了马士英、史可法、高弘图、王铎、姜日广为大学士,原右都御史张慎言改任吏部尚书,马士英执掌兵部,刘宗周起为左都御史。现在已将史阁部派去督师四镇,驻扎扬州去了,南京城的兵力握在马阁部手中。马士英已经奏请起用阮大铖为兵部右侍郎,引起了朝野清流的激愤。

顾苓后面的几句话,像一瓢凉水泼到了谦益火热的心上,他立即意识到了南都正处于山雨欲来的前夕,他是经历过宦海沉浮的人物,他从内阁人选的安排中就悟出了弘光朝廷的真谛,虽然从表面看,清流占了很大比例,这无疑是一种收买之策,也是权宜之策,一旦马士英立稳了脚跟,羽翼丰满了,就要向清流开刀的。这不已迈出了第一步,将史阁部赶出了南京,南都实权实则已握在马士英的手里了!庆幸的是,他已看清了这个形势和策略。他得特别当心!他更换了朝服去宫中,翊戴弘光。

谦益走后,河东君请进顾苓,又详细地询问了些情况。顾苓说:"朝野清流一致抗议起用阉党阮大铖。太仲兄在太学演讲,历数阮大铖罪状,慷慨陈词,声泪俱下。广大清流翘首巴望座师早日到任,唯有座师的声望能够阻止马、阮联手,操纵朝政。"

河东君虽然早就有所准备,明白南都是个名利场,是你死我活的搏斗场,要中兴,要挥师北伐,就会有人出于某种企图,设障阻挡;但她没有想到的是,南都会如此之快就变成了一只将要从内部爆炸的火药桶。当年虎丘大会,欲宽宥阮胡子,那是为了有利谦益出山,现今皇上起用了他,朝野清流又拥护他,已不是周延儒专权的那个时候了,谦益应该利用手里的权力、声望和影响,去阻止马士英这个阴谋得逞。他能不负众望吗?大乱当前,能以他的才智消除党争,起中流砥柱的作用吗?从接到第二道诏书后心里产生的那团豪情,此刻突然化作了一团迷茫的雾,她感到前路有些茫茫了!不过,她要竭尽全力去帮助他,去挽救国家危难,这是矢志不移的。她很想打听子龙的情况,问:"南都还有哪些故人?"

顾苓立刻明白了她的意思,回答说:"除了太仲、孙武功,还有云间陈卧子、李存我诸君。卧子兄起用为兵部给事中。他连续给皇上上了好几道疏,他的《自强之策疏》太仲兄评价极高,说是篇很有价值的文字,可以与贾谊的《治安疏》、诸葛孔明的《隆中对》比肩。"

河东君仿佛得到了某种慰藉,袅绕在心里的迷雾又转换成了豪情。但她很为卧子抱不平,叹了口气,说:"可惜他只是个给事中,怎能一展雄才!"说后又自觉有些失态,忙转话题说:"云美兄,这些时来,辛苦你了,真不知该如何谢你呢!"云美是顾苓的字。

顾苓一笑,说:"夫人何出此言,承座师厚爱,夫人器重,视作知己友人,老师临危受命,众望所归;夫人同赴国忧,学生就是赴汤蹈火,也理应在所不辞。"

"夫人,我们的行装到了。船就靠在花园后面的驳岸。"阿秀前来兴奋地告诉她说。

河东君朝她点了下头,说:"先搬进后院吧!"说着就想站起身。

"夫人,"顾苓说,"你很累了,歇会儿,这事我去料理。"说完就转身向后院去了。

书房蓦然寂静下来,旅途的疲惫,乘虚而入,有如潮水涌向沙滩样向她漫涌过来,顷间淹没了她。她顿感四肢无力,斜倚在藤榻上,不觉就眯合了眼睛。她做了个梦,梦到自己拿着一只巨型长勺,舀干了尚湖之水,寻到了启开剑门的钥匙。

三十三　为伊消得人憔悴

半边残月，在厚厚薄薄的云层中沉浮，混浊而带暗红色的光，从云的裂隙处射出来，有似碰溅出的血污，若深若浅，投映在南都礼部尚书钱谦益官邸后园的荷池中，给钱府增添了种可怖而惶悚的气氛。尽管云层在不停地涌动，池里的云天在变幻着色彩和形态，可那血红却像永远凝冻了似的。

河东君向来怕看水底变幻不定的天，更怕看血污似的水面。在去周相府的船上，她曾被夕阳染红的血海似的水面，吓得捂住了眼睛。今夜的心情已有别于那时，她没有捂住眼睛，也没想到要回避它。她坐在水榭的吴王靠上，定睛看着水面，她认为这是一种不祥的预兆。

不到一年的南都生活，无日不在惊涛骇浪中度过，惶惶悚悚，提防着暗箭明枪；惊惊恐恐，关注着时局变化。

她是怀着一腔拯救社稷、恢复中原的热血豪情跟随谦益来到南都的。为了助丈夫成为不负众望的障北长城，她使出了全部气力。

在这儿，她是礼部尚书府的女主人，又有江南才女和女中清流的美誉。她除了要料理好府内一应家务，还要活动在交际场中。不仅要迎送络绎不绝来访的高官显贵、名媛贵妇，还要回访，礼节应酬。为了扩大谦益的声名和影响,她忙得像只旋转不停的陀螺。她的客厅,是南都最时髦、最高雅、最能吸引宾客的客厅,竟日是高朋满座,胜流如云,就连一些豪门的老妇人也愿意到她的客厅做客,喜欢与娇艳可人的河东君交往。

她绝力敦促谦益,以他仅存东林党魁的资历,文坛祭酒的声望,清流拥戴的影响去阻止起用阮大铖。她认为,这不同于当年虎丘大会时,现在是国难当头,掀起党争,势必不利于对付大敌。她已从来访的清流中深感此事至关重要,它能导致火药桶引爆。

谦益翊戴过弘光后,她就力促他马不停蹄地去拜访了朝中诸大臣,以试探的语气,道出了对此事的关注。"国必自伐,然后人伐之",历史已证明了这一点。他虽然说得婉转,似乎有些模棱两可,但他还是从张慎言、高弘图、姜日广诸同僚处,受到了鼓舞。他信心百倍地再次去了鸡鹅巷马相府。他在那整整待了一天,结果他没说服马士英,反而对马士英做了让步。她至今仍不明白,马士英使用什么办法击败了他,他只向她解释说:"此议皇上已定,不好更改,大敌当前,理应维护主上圣威。"这个解释似乎也不无道理,但河东君很担忧。

阮大铖被起用为兵部右侍郎,弘光朝的大权操纵在握有兵权的马士英和他手里了,福王只是个傀儡。马、阮勾结一气,以声色犬马娱福王;阮大铖窃取女儿阮丽珍写的《燕子笺》初稿,润色加工令家班排练,请福王观赏;又请书家用吴绫做朱丝栏,小楷抄写,献给福王,很得福王的赏识。

阮大铖大权在握了,就开始向清流开刀报复了。他制造了个妖僧大悲案,十八罗汉、五十三参,借此兴大狱,欲将东林、复社一网打尽。谦益也牵连在此中,他们上疏分辩。广大士大夫一片抗议之声,这才不了了之。

正在这时,瞿式耜被任命为广西巡抚。不知是该忧还是该喜,河东君亲自备宴,为他饯行。

坏消息不断涌进她的客厅:

"多尔衮侮辱了派去议和的使者,豫亲王多铎率领四十万军南下。"

"宁南王左良玉以清君侧为名,带兵东下,刚到九江,郁郁而死。"

"重臣一个个隐退,高弘图、吕大器、张慎言、刘宗周……"

河东君不敢听下去了,但又无法挥去这些。

数日前,顾苓见她一人独在书房,站在帘外叫了她一声"夫人"。

她连忙请他进来就座。

"你听说了吗?陈卧子兄上了《请假葬亲疏》,回松江去了!"

"回松江去了?"她情不由己地反问了一句,她突然有种失落感,一种炙痛感。他们相别已有八年了,她以为能在南都再次见到他,可他却一次也没来她家。她几次都准备要去探望他,她知道谦益是不会公开干涉她,她一向也不在乎他人的议论,但为了救国大业,还是不要让个人的情感引起物议为好。她终于没去看他。每当思及卧子,想与他一叙别后之情时,她就默念"……绮窗何必长相守"那首诗来安慰自己。只要他还在南都,在同一座城池里,即使不能相见,她心里也感到有种安慰。现在他走了,不和她生活在同一座城里了,她突然感到一种悲凉和孤独,她竟克制不住当着云美的面,滴下了两颗晶莹的泪珠,喃喃自语:"走了,走了,都走了!"

顾苓很理解她的心情,有些自悔地说:"夫人,真不该告诉你这个消息。"

她抬头感激地看了他一眼说:"谢谢你!"见他似乎还有话要说,便问道:"云美兄,还听到什么了?尽管对我说好了。"

"刚才听到军报,'索虏'已逼近维扬,左良玉子左梦庚叛国投敌。"

他们谁也没有说话,都沉默了。

就在这一天，他们得到嘉燧老人在嘉定谢世的消息，谦益跟河东君同样地难过，因局势紧张，不能前去吊唁，就在后花园插了炷香，遥望东方一奠，寄托哀思。

形势越来越坏。昨天，又传来"索虏"占领泗洲，史阁部被迫撤回扬州的消息。这仿佛是个响雷炸裂在她心中，她的心焦虑得都要碎了。扬州是南都的门户，扬州一失，南都就难保。当即，她就催促谦益快去敦请马、阮出兵增援。

谦益很快就回来了，靠在虎皮椅上久久不语，一脸阴云，怏怏不乐。经她再三追问，他才回答说："他们无暇顾及，正忙于为皇上选妃！"

这回答，激起河东君一腔愤怒，她忍不住反嘲她丈夫说："难道尚书公没有苦苦陈情，就这么白跑趟腿？"

"河东君，你不能如此逼我！别人误解我，难道你也不知我的处境和难处？该说的我都说了，你知道马士英怎么回答我？他皮笑肉不笑地说，'礼部大人，知道了！长江天堑，南都尽管处之泰然，史阁部决不负朝廷重望'。他就差没有当面嘲讽我，'礼部大人，此乃兵部之事，与你礼部无关'！"

她无言以对。

今晚他们都已睡下，突然通报说有客求见。半夜来访，必定有大事。谦益慌忙更衣往客厅去了，久久没有回来。她惶然不安，在房里待不下去了，只得到园里来疏散一下惶惑不安的心神，偏偏却看到了荷池里血红的怪影，她更惴惴不宁了。她打发阿秀去把阿园唤来。

"谁人半夜求见？"

"李相公、孙相公、黄相公，还有部里几位大人和几位不怎么面熟的将军。"阿园小声禀告着。

可以肯定是前线出了不寻常的大事，她急切地问着："他们说些什么?"

阿园看看她,低下了头,吞吞吐吐地说:"我没听清,好像……好像说史阁部大人殉国了!"

"啊!"果然出了大事,她被震惊了,像截木头似的愣愣戳在吴王靠上,仿佛魂魄已离她而去,失去了知觉。半晌,她才回过神来,难道这是真的?她不愿相信。她突然往起一站,对他们说:"走,前面看看去!"扶着阿秀就往前走去。

阿秀走了几步,就停住说:"夫人,夜很深了,还是回房歇息去吧!"

她明白阿秀是心疼她,担心她受刺激影响健康,但她急于想知道扬州情况,也没去理会阿秀的婉言相劝,说:"阿园,前面带路。"

他们穿过长廊,在客厅后面套间的落地花窗下站住了,透过花窗,可以清晰地看到客厅的活动,清楚地听到说话声。

"叛逆许定国引'索虏'追至扬州城下,史阁部决定死守。知府任育民和已起任广西县县令的上海人何刚,决定和史阁部一起共同坚守扬州这座江上孤城,与之共存亡!"说话的是位风尘仆仆的将军。他略微顿了下继续说,"四月二十五日扬州城破。史阁部自刎未死,令副将史得威用刀杀死他。得威下不了手,仰天痛哭,同参将一道,拥史阁部出东门。敌兵赶至,史阁部大呼:'史可法在此!'何刚毅然扯下弓弦,自缢而死;任育民身着知府红袍玉带,端坐府台大堂,静候敌人处死。"

泪水模糊了河东君的眼睛,她仿佛看到了他们的死节场景。鲜血浸湿了史阁部的甲胄,他像一尊染血的石雕,挺立在敌军中,面对着诱降敌人,大声疾呼:"天朝大臣,岂肯偷生做万世罪人!"一种悲壮之情浸漫了河东君,扬州和她有着深厚的情缘,那里留有她童年的辛酸泪水;那里埋有她父母的尸骨;寂静的小客栈,善良的店主夫妇,仁慈的旅客,法静寺悟尘小尼的友谊;光耀千古的文化遗迹。这一切都浸在血泊里了!河水红了,泥土红了,弥漫着人血的腥气!她仿佛感觉到自己的血也在这瞬间流干了。

再也没有说话声了，客厅内外只有一片呜咽，悲哀淹没了所有的人。

沉重的悲哀，使她感到憋闷和窒息。难道生着的人只会哭泣吗？哭泣能雪国耻，收回城池？哭泣能击败敌人？难道大家只会束手等待做亡国奴吗？难道大明就只有这一条路可走吗？她想走进客厅，向大人将军们大喝一声！可是，来南都后谦益曾多次婉言以示，别忘了贵夫人的容止。可这嘤嘤之声，实在蚀人心肺，嚼人灵魂，她难以忍受，国家兴亡，不也有她匹妇的一分责任吗！什么时候了？国都要亡了，还端什么尚书的架子，还讲什么贵夫人的礼仪！救国才是当务之急。她一抬手就掀开了客厅的门帘，走到掩面垂泪的谦益面前，大叫一声："尚书公！"

谦益吃了一惊，睁眼看着她，轻声地说："你进来做什么？"她装作没有听到，转向客人，绕圈施了一礼说："各位大人、将军、相公！如此时刻，谁不悲痛？可哭又有何用！假如史阁部地下有灵，他是不希望只看到诸位的泪水。当务之急是勠力同心，一致抗击'索虏'，把顽敌阻挡在长江北岸，保住半壁江山，再图恢复！"

哭泣之声倏然停止了，举座抬头看着她。

她的声音哀婉动人："在座诸君都是尚书公的友人，我也无须隐讳遮羞。我虽不曾尝过亡之苦，可我有个为奴的体验，我想这亡国奴比之家奴的命运更为可悲！大明的臣民怎能受'索虏'铁蹄的践踏呢！"她在客厅中跪了下来："诸位大人、将军、相公，救救百姓子民吧！"

尽管在她走进客厅对客人刚说话时，有人很反感，认为有失体统。可她这一番慷慨陈词，这一跪，使举座皆惊，自感丈夫不如妇人。众人不约而同地起身离座，抱拳请求说："夫人，快请起！"

李待问趋到她面前施礼说："待问决不辜负夫人厚望！"

黄宗羲也说:"夫人快请起,我等夤夜造访,就是要同老师计议救国之方,请夫人放心!"

谦益认为河东君给他出了难题,又不好当众言明,不得不走向她,扶起她说:"休息去吧,正商议呢!"

河东君被阿秀扶回了后房。

四更天时,谦益才拖着沉重而疲惫的步子回到卧房。河东君没有睡,立刻把炖在火炉上的参汤端到他手里说:"尚书公,有何锦囊妙方?"

谦益没有回答她,也不接参汤,靠在虎皮摇椅上,阖上眼睛。河东君坐在床沿上静静地等待着。好久之后,河东君才说:"你为何不说话?"

谦益仍然闭目不语。

河东君很气恼,她尽力压制着对他的不满情绪,又端起那碗参汤,递到他面前说:"快喝,要凉了!"

牧斋这才接住,呷了一口,睁眼看着她。"你要我说什么呢?"他又喝了一口,"我手无一兵一卒,又有何妙方!"

这样的回答,使她大失所望。没好气地说:"难道就只有等死不成? 列位大人都束手无策吗?"

谦益无可奈何地苦笑了。

讨论了半夜,太仲、存我和复社诸君表示以卧子为榜样,回家组织义军抗敌。至于如何保卫南都,大家除了骂马士英、阮大铖不认真抵抗,都一筹莫展,最后还是把难题推给了他,要求他运用威望上疏当道,加强防御,鼓励军卒,以史阁部为榜样,与国土共存亡。他作为朝廷大臣,向皇上上疏,献计献策,理所当然。可是,皇上是个无能昏君,一切听从马、阮,卧子上过那么有价值的疏,也如同一张废纸一般,他钱谦益就是有回天妙计,福王也不会采纳,还要引起马、阮炉恨。加之在拥立新主事上的分歧,旧怨加新隙,阮胡子恨不能借妖僧大悲之口,陷他于死地。他又能去影响谁呢?他又能发挥什么作用?而且清流重臣一个个离他而去,甚至以为他和马、阮沆瀣一气。他向河东君倾诉了他的苦衷后,长叹了一声说:"老夫怕要有负众望和夫人的苦心啊!"他又阖上了眼睛。

万籁无声,尚书府死一样静阒,偶尔从窗外洒进来一抹月光,更增惨淡。河东君依然倚着红木雕花床墙,陷入了痛苦的沉思之中。她恨自己不似安国夫人,不能在国家危急之际有所贡献。但她不相信大明的路就此绝了!阮胡子虽然是广大清流所不齿的误国奸臣,他陷害谦益、子龙和广大清流诸君,可他毕竟还没投降"索虏",现在正握着弘光朝廷的兵权。在此国难当前的时刻,为何不能捐弃前怨,与之改善关系,影响他、利用他手中的兵权,联合一致,抗击强敌。"尚书公,"她叫了一声谦益,"南都危在旦夕,应该利用一切力量来保住南国疆土。古人云'国必自伐,然后人伐之',个人的恩恩怨怨、党社的争端,在国难当头的时候,都可置之一旁。以我之见,阮胡子的力量,亦可利用。"

虎丘大会失利,和在阮大铖起用上,谦益失去了部分清流的拥戴。可拥立新主和妖僧大悲案,又让他恢复了失去的声望,现在他之所以还能在礼部尚书的位上,主要赖以清流的支持,因而虽有过近马、阮之意,但又惧怕陷入两面受夹的境地。现在时势正在发生变化,他还拿不准!他陷入了沉思。

"尚书公,柳是知你心。以我之见,为抗击'索虏',共扶社稷,暂时与之交好,利用下不耻之人,心地有何不光明磊落?他日清流诸君亦会见谅的。"

阮大铖起用后,多次称道谦益得到当今第一佳人的艳福。大悲案使他心有余悸,犹恐再次罹罪。曾想请阮胡子来府赴宴,让河东君出来作陪,因见河东君对阮胡子陷害清流卑劣行径深恶痛绝,就放弃了此想。今见河东君作如是说，这个念头又泛了上来，仿似一个急要渡河的人突然发现了船只，立刻紧紧抓住，说："夫人言之有理，老夫听从你。不过，得借助夫人一臂之力。"

河东君不觉一愣："借我之力？我有何力？"

他嗯了一声，移坐到她身边，拉过她的一只手，放到掌心上边轻轻抚摸边说："我思之再三，只有这步棋了！"遂把他的筹谋对她说了："夫人深明大义，此乃为保卫南都不得已而为之，只好委屈夫人这一回了！"

要她去取悦阮胡子，这比杀她一刀还难受，一种说不出的悲哀和委屈顿时涌上心头，她想说："亏你还是尚书公，真想得出！"可什么也没说出来，她的手在他的掌心里哆嗦了一下，滑落下来。

他的手也不由得抖了一下，复又攥起了她的手，轻声地说："在此危难时刻……"

她痛苦地叹息了一声。她能责怪他吗？利用阮胡子力量之想出自她，但即使无奈，他也不该出此下策。这就不考虑贵夫人身份了？太伤她了。她知道他下面还要说什么，不由凄苦地一笑，打断了他："尚书公，不用说了。去筹措吧！"

此时天已微明，谦益上床休息。可河东君却怎么也安静不下来。想到真要她去趋承她所不耻的人，心里就像吞下了苍蝇那样恶心。阮大铖在先帝时拜在魏阉门下称干儿子，参与迫害先贤。在此国难之时，他身为兵部侍郎，不思力挽国难，还陷害与之对立的党社，实属无耻之尤！可是，他握有兵权，南都臣民生命握在他手中，大明半壁生死存亡取决于他。如果他能听她的劝谏，为救亡做出努力，也可算是她对南都奉献了一瓣心香。为此，她奏歌侑觞、称奴称仆又何妨？若是大家都做了亡国之奴，又有何夫人的体面？她只能做如此想，既然自己不能像梁红玉那样击鼓败金，也应竭尽绵薄之力呀！她想到这儿，心才稍微安了一些。她要好好想想，怎样去影响他，说动他。

谦益准备了一桌精致的酒席，请阮大铖来他家中做客。

阮大铖一见河东君出来作陪，顿时来了精神。他们的话题从秦淮旧院谈到南曲。河东君着意把话题引向阮家戏班正在演出的《燕子笺》上。

谦益连忙说："阮大人学兼文武，工书史，更擅词曲！"

河东君接上说："柳是从小习曲，极爱阮大人所撰的《燕子笺》，特别是二十三出所写的离乱惨象，令人触目惊心！"她轻声地唱了起来：

〔四边静〕胡雏高鼻如蜂拥，边笳蹋天哄；尖哨过潼关，长安任飞鞚。皂鹏翅耸，苍鹰韝纵，一位老哥舒，靠他有何用！

〔前腔〕咸阳烽火兼天动，铁骑起腾猛，荆棘长铜驼，马嵬断香梦。羊羔连瓮，琵琶调弄，拍手卯儿姑，把如花向帐前奉。

〔金钱花〕蓦然杀气雷轰，雷轰；街厢烧得通红，通红。蓬松短鬓瘦鞋弓，顾不得抛老面，露芳容。娘和女，紧相从。

〔前腔〕军声四起汹汹，汹汹；教人何处潜踪，潜踪？我蜂腰细，你背驼峰，戒软怯，戒龙钟，狭路上，恰相逢。

〔前腔〕奔腾万马呼风，呼风；居民逃窜西东，西东。如鹰扑兔网粘蜂：脱得去，谢天公，拏住了，一场空。

〔前腔〕弓刀耀日如虹，如虹；羽林那个当锋，当锋。神号鬼哭满城中：金和宝，抢教空，拿得去，献头功。①

阮大铖摇着羽扇，得意忘形地击节伴奏，待河东君刚一停住，就使

---

① 见《燕子笺》二十三出。

劲击掌叫起好来："河东夫人果然曲绝南中！大铖今日得闻夫人仙音歌余拙作，可谓受宠若惊。"他回过头，朝立在他身后的侍卫扬了下手，他立即退去，另一个人捧上一只闪光的礼盒。大铖亲掀盒盖，一顶价值千金的珠冠在紫红的缎盒中夺目辉煌。他看着河东君，得意地捻着大嘴巴旁的胡须说："夫人如此厚爱拙作，老夫万分荣幸，为答曲中知音，些许小礼物，聊表谢忱，请夫人赏脸。"

河东君虽然自感作呕，又暗自得计，几段小曲，就已收到如此效果。她似是个被推上舞台的小丑，不管心里如何反感自己所扮演的角色，但戏要演下去，让看客快活。可她真想指着奸人贼子的鼻子痛痛快快地发泄发泄。突然间，她又忆起了故乡血印寺妙蒂和尚的悲壮动人故事。妙蒂为拯救被倭寇掠去的一百多位姐妹，被敌人绑在石碑上，乱箭射死，又被焚尸。他的血印至今仍留在石碑上，永励后人。自己不过做了件委屈自己的事，又何必斤斤计较！

她离席站起来，做出受宠若惊之态，向阮大铖施礼道谢。又亲自将酒杯斟满，捧起来说："阮大人曲坛泰斗，柳是不学无术，且久不习曲，怎敢与大人知音相论？是大人妙笔传真，《燕子笺》所述虽属唐朝故事，大人所抒的却是今日'索虏'肆虐、'流寇'横行、百姓生灵涂炭、流离失所之情。我被大人所抒离乱之苦所动，重习旧课，学唱了几段，有污大人清听。不虞大人如此褒奖，又送我如此贵重礼物，真叫我受之有愧！"她尽量把话题引向主旨，把酒捧到阮大铖面前："大人借词曲抒发忧国恤民之情，柳是深为钦佩，我敬大人美酒一杯！"

阮大铖连忙起身接过河东君递上的酒，胡须高兴得抖索索地翘了起来，说："此乃老夫雕虫小技，愧受夫人称道。"

河东君意味深长地叹一口气，说："安史之乱终于平息，有情人得以团聚。唉，不知当今之离乱何时才能终结！"她看了阮大铖一眼："结束今日离乱者，乃救世之英雄也，后人也会歌以咏颂。大人，众望所归者谁?"

"哈哈……夫人之言极妙!"阮大铖踌躇满志。突然,他想起了什么似的,把身子倾向谦益。"钱大人,河东君德才兼备,为何不给夫人请诰封?"不等回答,他又把身子转向河东君,脸上漾起近似谄媚的笑纹,"老夫今日回朝,就面奏圣上,诰封柳夫人为一品夫人。"

河东君妩媚地一笑,说:"多谢大人厚爱。当今局势朝夕变幻,扬州失守,史阁部殉难,'索虏'屠城,扬州在血泊中,柳是不敢在此国难当头之际,领受皇恩。请大人谅我苦衷,待到国土收复,百姓安居乐业,那时,柳是再领受皇恩。"

阮大铖不无尴尬地笑了起来:"哈哈哈,'闺房病妇思忧国',钱大人此语果然逼真! 夫人身在闺房,心忧天下大事,可敬可敬!"

"大人过奖了,柳是空有忧国之心,怎奈手无缚鸡之力,常为生作妇人不能驰骋沙场杀敌而苦痛。"她说到此处,暗暗咬了咬牙。为说服阮胡子,即使被人指责为出卖色相,风流不检,即使为千古唾骂,又算得了什么? 她看了看阮胡子那扫帚眉下滴溜溜乱转的贼眼,言不由衷地说,"大人乃当今障北长城,大明江山安危系于大人一身,救大明者,大人也!"

阮大铖被她奉承得飘飘然。他那对闪着狡黠目光的眼睛,眯成了一线,"障北长城",如此高的评语,出自以骄傲清流闻名的美丽动人的女人之口,实在教人醉醺醺的了! 可瞬间,他就清醒了,此为阿谀之词,她之所以阿谀他,因他握有兵权。他这样精明的人还能看不出这点吗? 他了解自己所握有的兵力,称不起"障北长城",也无法与多铎四十万大军对垒。多铎曾遣暗使与他通气,只要他放弃抵抗,保荐他官居原职,他既没有回绝,也没一口应承,他还在观望局势的发展,南都如果势必不保,他留下这条退路。可是,听这个小女人的口气,他如果不做出坚决抵抗的样子,就会受到舆论谴责,那伙清流将群起而攻之。"障北长城"就要换作"误国小人"了！他眼珠一转，就来了主意。要试探他夫妻是真忧国，还是假惺惺。如果她不允，他不仅握住了主动权，还可借用这个口实去堵上他们的嘴；假如他们应承下来，对他有百利也无一害。南都能守住，他是当之无愧的"障北长城"；守不住，他可以从中获得与多铎谈判讨价的资本。他暗自得意，却故作颓丧地说："夫人过誉了。老夫虽握有兵权，可大明兵力大部耗损，剩下的不过区区之数，以此微薄兵力，去对抗强大于我数十倍来敌，如以卵击石。"

"大人，请恕柳是谬言，古之战争，以少胜多者不乏先例，重要的是将士同仇敌忾。'索虏'乃关外愚鲁野蛮之邦，远道入侵，人乏马困，又如盗者入他人室，心虚气短；大明乃文明古国，此属正义之战，心正气壮，据有以少胜多的优势。再者长江天堑，只要防守严密，飞鸟难过，万无一失。重要的在于将士之士气。"

阮大铖暗自一惊，这个小女人果然不凡，言之凿凿！他故作叹息说："夫人所见，无懈可击，现在老夫所忧，正是将士的士气低沉耳！"他话题一转："老夫倒有一鼓舞士气的锦囊，不过，夫人得助我一臂之力，不知夫人肯否？"

河东君也暗自一惊，这个狡猾的老狐狸想干什么？不难看出，他在将矛头步步引向她，但她已下了决心，不怕！她镇静地淡淡一笑说："大人，柳是如能为鼓舞士气效绵薄之力，即使赴汤蹈火，决不迟疑！"

"好，一言为定！"阮大铖没有想到，这么快她就咬钩了！他看看钱谦益，见他面肌抽搐，他越发得意了，端起劝杯，递到河东君面前，说："夫人，请饮此杯！"

谦益的心更虚了，不知阮胡子囊中卖的什么药，怕上他的当。他伸过手来，接过阮胡子手里的酒杯，说："夫人已饮过量，此杯小弟代饮，请阮大人明示。"

"哈哈哈……"阮胡子笑得那么开心,"钱大人,你可没有尊夫人的气魄呀!些许小事,我意请夫人去军中走走,士气不鼓也会高起来的!"

"犒军?"牧斋与河东君几乎是不约而同地反问着。

阮大铖小眼睛一眨,暗自高兴,略施小计就镇住了他们。他微微一笑说:"正是!老夫盛服相陪,将士见夫人如此忧国忧民,关爱将士,势必士气大振。"

这是谦益所没料及的一着!让他的夫人抛头露面于军中,此举分明是出他钱谦益的丑,让他招致物议,贻笑大方吗?他递了个眼色给河东君,让她拒绝。

河东君立即明白了谦益的意思,朝他会心地一笑。梁红玉击鼓抗金,令她顶礼膜拜,她为何不能去犒军呢!这不正是她久待的报效国家的机会吗?她可以借此机会在将士中宣扬她的抗战主张,鼓励他们学习史阁部为保卫大明每一寸国土,决一死战的精神。即使她为此牺牲,也是值得的呀!又何惧飞短流长!

她从谦益手里夺过那杯酒,一饮而尽。

三十四 死谏

秦淮旧院,仍像往昔那样,笙歌妙舞,灯红酒绿。自有那班公子王孙、有钱的主儿到那里追欢逐乐。虽然过去的八艳,大多有了归宿,但旧院艳业不衰。近日那里正风靡地传扬着两件新闻。

八艳之一的顾眉嫁给合肥人尚书龚孝升后,得宠异常。前日在隐园中林堂,张灯结彩,举办盛筵给眉娘祝寿,宾客百十余人。老梨园郭长春演剧,酒客多人串演王母瑶池祝寿,顾夫人垂珠帘,和旧日曲中同侪饮宴。尚书门人楚某正赴浙监司任上,在帘前称贱子,长跪给眉娘上寿,宾客皆都离席伏地。荣耀非凡。同侪们艳羡不已,津津乐道眉娘运气。

第二件是关于河东君临江师犒军之事,议论纷纭,毁誉不一。一位狎客在李大娘豪华的客厅里,绘声绘色地叙述当时场景:"阮圆海锦衣素蟒,柳如是身着昭君出塞戎装,头插野雉长羽,临师江上。那分气派,那分仪容,那个风度,旧院无人能与比肩。她亲为将士举杯祝酒,又和将士比剑。轰动了江师。将士们举剑向她欢呼。呼声震天动地,招来了无数的观者,好不威风!"

“一个趋炎附势、喜攀高枝的小娘儿!”一个月前就来到南都寻找进身门路的谢玉春,这时正流连在旧院中,听到有人谈论河东君,就咬牙切齿地发狠,欲一泄己愤,“哼,挑来拣去,择上了钱老头儿,老头儿做了礼部尚书,还欲壑不满,现今又拍上了阮胡子的马屁,风头出足!”他正搂着一个叫兰娘的姐妹。

兰娘扭着身,用那蓄得长长指甲的食指娇嗔地戳了下他的额说:“相公吃醋了?”

“哈哈……”谢玉春干笑着,自我解嘲地说,“一个可怕的女人!叫你爱得发疯,又恨得淌血!”

“她为何要陪阮胡子去江师呢?”兰娘不解地问着。

另一个狎客做出一副权威的气派,说:“现今朝廷大权握在马、阮之手,想保住钱老头儿尚书的乌纱吗!”

“也不一定,她一向喜欢标新立异,尽干些叫人不敢想的事。正如谢公所言,为出风头嘛!”那个描叙河东君犒军场景的狎客讨好着谢玉春。

“钱老头儿明日要为李存我、黄太仲和复社回乡诸子饯行,也送了本相公个帖儿,让我作陪。”谢玉春诡谲地笑着说,“她陪阮胡子饮酒,看她出不出来陪本相公。哼,不出来,本相公可要……哈哈……”他得意地笑了起来。

李大娘微愠地说:“诸位如此议论河东君夫人,奴家可要不高兴了!昨日云间李相公还在这儿感慨万千地讲,她当着满堂大人、将军跪下,求他们救救江山子民。她去江师,决不为趋奉阮胡子!”她噘起嘴,斜睨了谢玉春一眼:“人家好心地宴请你,你却不怀好意!”“兰娘,别那么宝贝他,给他一棍子打出去!”说着又嘻嘻地笑了。

“哈哈哈……”

议论在旧院继续着。

宴请太仲和存我，也是河东君提出来的。外间对她犒军和宴请阮大铖的议论，她也略有所闻。虽然事前就已料及，为社稷，不管个人荣辱，可这些议论，仍然像一把麦芒横在心里，她感到委屈和悲伤。这不仅是不被世人理解的苦痛，还有自我虐待的哀伤。她最担心的还是怕被友人误解。太仲、存我怎么看，子龙听到传闻后又做何想？筵宴之先，她有些惶然。

　　她伫立在宴会厅的窗后，借着帘幕的遮掩，窥视着厅内的活动。

　　客人们陆续到了，他们中许多是她旧日的友人，几社社友。存我来了，太仲也来了。突然，她看到了谢玉春。她不知牧斋为何要请这种人。也许有他的道理吧！且不去管他。她是非常希望能单独会会存我，同他谈谈松江，谈谈故旧，谈谈卧子，打听下他在何处练水师。可是，现今她是尚书夫人，受着礼仪的制约。今日谦益做东，请的全是男宾，未让夫人出席。她只能偷偷地看看存我，回忆下他们往昔的友情，不便与他单独会见。存我不时拿眼睛观望客厅的内门，他一定也很希望再见到她。其实，他们相距很近，只一窗之隔，他的席位就在窗前，她既能看到他，又能听清他讲话。

　　谦益捧着酒杯，依次给江左贤人敬酒。厅内洋溢着壮士一去兮不复还的那种悲壮气氛。她深深地受了感动。突然，她愣怔住了，谢玉春带着揶揄的神情，踱到存我桌边，皮笑肉不笑地说："存我兄，你不希望见到一个人吗？"

　　待问错愕地侧过头，看着他说："三长兄，你……"

　　谢玉春毫无礼貌地打断了待问的问话说："久闻柳夫人和仁兄交谊笃厚，怎地不见夫人出来为兄敬酒钱行？难道你们的交谊还比不上她和阮大人的交情？"

　　待问面如泼血。谢玉春此举是有意羞辱他和河东君，他怎能忍受？抓起酒杯，就要朝他脸上砸去。

待问抬起的手，被河东君按下了。她仪态大方地向他施了一礼说："柳是久候多时，等着为兄饯行。"她从请来递酒的乐妓手里拿过酒壶，满斟一杯说："坦荡君子，不计小人。"她把酒递给待问："祝兄万事如意，柳是专候捷报佳音。请满饮此杯！"

待问一饮而尽。一场争闹被她巧妙地制止了。

她依次给宾客敬酒，把谢玉春晾在一边，就像根本没有此人存在似的。她又吩咐阿秀取出琴来，安放在厅中央。她向宾客施礼说："诸位大人、相公，今日老尚书为诸君饯行，柳是别无所奉，弹琴一阕，送别诸君。"她坐到琴边，从容地套上银甲，取下拨子，试拨了几个音，凝神坐定，轻舒双臂，弹了过门。《满江红》昂愤悲壮的旋律，顿时回荡了大厅。气氛倏然庄严起来，她合着琴声，唱着：

> 怒发冲冠，凭阑处，潇潇雨歇。抬望眼，仰天长啸，壮怀激烈。三十功名尘与土，八千里路云和月。莫等闲、白了少年头，空悲切。

大厅里响起了雄浑的和声。

> 靖康耻，犹未雪。臣子恨，何时灭？驾长车、踏破贺兰山缺。壮志饥餐胡虏肉，笑谈渴饮匈奴血。待从头、收拾旧山河，朝天阙。

岳武穆这首词，待问听人弹唱过多次，从来没有此次在他心里引起如此强烈的共鸣。他真正感受了它的悲壮、沉重和它把无数颗心聚结一起的神奇力量。听众的心仿佛已融为了一体，正在一起承担着国家兴亡的重任。

琴声停歇了，大厅出现了少有的宁静。突然，待问控制不住内心情感的沸涌，振臂呼喊起来："国家兴亡，匹夫有责，李待问誓与松江共存亡！"

"誓与国土共存亡！"

"……"

一片响应之声。

河东君泪水盈盈。她回头向谢玉春席位上掠了一眼，他不知何时溜走了。

送走了故旧宾客，河东君回到了自己的书房，默默坐下。她的神情似乎还停留在适才的气氛中，眼角还挂着星星泪痕。

"夫人！"顾苓站在帘外说，"能见你吗？"

她慌忙用绢帕揩了揩眼角，回答说："快请进！"

阿灵打起帘子，顾苓走了进来。她也站起身，请他入座。

他仍站着说："夫人，我是来向你辞行的。"

顾苓重风谊，尚气节，他敬重她，她亦视他为知己。他要回去保卫故土，她既高兴，又有点怅然，她轻声地问："几时启程？"

"即刻动身！"

她吩咐阿灵去取酒。"那就来不及设宴专为兄饯行了！"她亲手斟满一杯酒，递给他，"只有借一杯薄酒聊表祝愿了！"

顾苓端起酒杯一口饮尽。说："夫人，保重！"说完，就大步跨出了门。

形势一日比一日紧张，河东君一筹莫展。昨日又传来京口危急的消息，南都人心浮动。她没有想到南京小朝廷竟像一堆沙土，经不住微浪的冲击，就要化为乌有了！她的努力、她的牺牲，都毫无价值了！

她伏在书桌上悲泣起来。

"夫人,不好了!"阿秀慌慌张张推开了书房的门,大声地对河东君说,"皇帝被北兵捉走了!……"

河东君惊愕地抬起头,盯视着阿秀问:"你说什么?"

"皇帝他……他被北兵捉走了!"阿秀重复着,她恨不能将听来的许多话化作一句说出来。可是,心里越急越说不清。

河东君见状,把她拉到身边,轻声地说:"你怎么知道的? 慢慢说。"

"刚才正给老爷捶腿,一听阮大人求见,我就退到帘后面,只听他劝说老爷起草求降书呢!"

河东君紧攥住阿秀的手,急切地问:"老爷答应了没有? 快说下去!"

阿秀向河东君简述了客厅的情况:

老爷没有应声,在客厅内走来走去。阮大人紧盯着他又说:"皇帝被执,马阁老扶太后出逃了,静国侯黄得功也死了。北兵渡江,京口失守,南京已成为一座孤城,危在旦夕,不求降,难道还能求战不成?"

"阮大人!"老爷很为难地回答说,"请别为难我,这求降书我是不能写的!"他说着就坐回椅子上,微闭上眼睛,显得很难过。

阮大人又说:"就改作求和书如何?"

老爷叹了口气,仍未吱声。

阮大人走到老爷身边说:"国朝气数已尽,以阮某之见,已到了改朝换代的时候。我等要识大势、应天时而动!"他拍拍老爷的肩说:"礼部大人难道还不知'识时务者为俊杰'吗? 留得青山在,不怕没柴烧,小弟的人生格言是'无子一身轻,有官万事足'。请老兄三思。钱大人乃书城学府,当今李杜,难道还不思爱惜,想以血肉之躯去填刀刃之壑?"后来,他又附在老爷耳边说了一些话,阿秀没有听清。

河东君霍地从椅子上站起来问:"阮胡子走了没有?"

阿秀回答说:"刚离开。"

"老爷呢?"

"还闭着眼靠在客厅的椅子上呢!"

"快去请老爷来,我有话同他说。"

钱谦益心情沉重地来到河东君的书房,默默地坐下。阿秀沏上茶来,河东君就示意她出去。室内寂然无声,他们俩默默地相视着。

钱谦益突然哭了起来,涕泗滂沱地说:"南都的末日来临了!北兵已破了瓜州,皇上被执,大明臣民都成了无主之弃儿了!"

河东君伸手揭开他面前茶杯的盖子,将那杯热气腾腾的碧螺春递到他手上,问道:"阮圆海跟你说了些什么?"

谦益没有喝茶,他将茶杯放回几上,含糊地搪塞说:"商量怎么对付局势的变化。"

河东君心情沉重地说:"尚书公,国家大事,虽不属我妇人,可我还得向你进一言。难道你忘了尚湖串月盛会?那日在你的倡议下,宗羲讲了于肃公临危受命的故事,举座为之动容。现今形势与之相同,但比那时更为严重,公身为国朝重臣,应以保卫社稷为重。以我之见,公应振臂一呼,领袖臣民百姓,与'索虏'决一死战!即使城破人亡,也算尽了臣子之忠,才有脸见先帝和列祖列宗于地下!尚书公,那求和求降之书,是万万写不得的呀!"

谦益长长地叹了一口气说:"河东君,你还不了解当前的局势呀!南京城已被层层包围,守城兵力不堪一击,又都在阮大铖手里,他已暗与敌将通了消息。我手无一兵一卒,叫我如何抗击哪!那岂不是让手无寸铁的百姓去白白送死?"他作难地摇摇头,困惑地盯着地板缝,好像想从那里寻到一条生路。

　　　　　　　　　　　　　　　寒柳:柳如是传

"尚书公所见差矣! 古语云,'皮之不存,毛将焉附'。没有了社稷,哪有臣民? 只有先保住城池、国土,才有臣民的依持呀! 不战而降,是臣民的耻辱! 史阁部和扬州官民,那才是我们国朝的骄傲!"

谦益的头垂得更低了,痛苦像大山样沉重压着他。

河东君等待许久,仍不见他回答。她攥住他的手,柔肠百折地说:"牧翁,你不会忘记我柳是卑微的出身吧! 为了独立,不愿为奴,我漂泊江湖,阅尽英雄觅知己;我吃尽了人世间的苦头,寻找到了你! 你以匹嫡大礼娶我,称为夫人,目我以国士才人,称我儒士,我得到了独立的人格,但我没有一刻忘记身为奴婢的屈辱。尚书公,我感激你的知遇之恩,我才不愿你的声誉被尘土玷污! 既然抗战不可能,后事就无须再计议了。主辱臣死,国亡臣殉,宜取义全大节,以副盛名!"

谦益不敢回答河东君。为国尽忠,他不是没有考虑过。他想过同敌军决一死战,又苦于手里无一兵一卒;他也试想过组织义军起来护城,抗节而死。可是,一想到扬州的血,他就胆怯了,犹疑了。抗击失败,敌人势必屠城,满城生灵就要遭涂炭。他不是倒在血泊中,就是被执、受辱、遭杀害。他所拥有的一切,都将化作乌有,娇妻美妾,万贯家财,尚书职位,显赫文名,令人羡慕的冠诸江左的庋藏,一切的一切都没有了。他想到了求和,历史上倒也有过,也都发生在敌强我弱的形势下,等缓过一口气来后,再行反击,不仅可以保住百姓的生命财产,还可保住自己……阮大铖暗示过他,只要他出来起草求和,保证他的现有爵位。有了现在的官阶,一切属于他的东西仍然还属于他。他动心了,求和并非他首创,也许不能算是什么奇耻大辱,他担心的是强大的敌人能否接受? 他想把这些心里话告诉河东君,但他不敢说,彷徨在十字路口上,不知如何是好,只好低头不语。

河东君见他毫无反应,正色地对他说:"老尚书,你文章满天下,名望倾朝野,可是,你想过没有,没有盖棺,就能这样论定吗?"河东君痴痴地望着他,眼里流射出哀求和期望之光:"公该爱惜自己的声望,决不可让青史留污迹!"

谦益仍不作答。

河东君茫然了。

这一夜,她仿佛度日如年。她扶着阿秀来到后园中,倚着水榭的吴王靠,苦苦地沉思着。摆在谦益面前的路,只有两条,变节投降和舍生取义。难道他这样一个博古通今的文坛泰斗,还不明白名节重若生命吗?史阁部面对着诱降的敌人大声呼叫:"天朝大臣,岂肯偷生做万世罪人!"他为何就没有如此气节?难道他就不怕遭万世唾骂?

也许他贪恋荣华富贵,美酒佳肴?

不,不会的!她至今还不忘怀她初访半野堂时他的那席谈话,使她感触到他的以扶社稷为己任的忠义之心,天日可表!他如今为何变得贪生怕死了呢?她失望之极!

她的目光转向了池水,几茎稀疏的荷叶,几枝刚刚抽箭的白莲,凄然地立在水里,淡淡的月光洒在上面,像抹上了一层薄霜,水里有几缕白云,像被风撕碎了的棉絮,漂浮在水里,下弦月儿变幻着脸子,忽而变作一条玉柱,忽而像张弯曲的小弓,她摸不准它的轮廓。她的目光跟逐着池水的流向,连接它的是条溪渠,溪渠的另一端通向后湖①。据说后湖曾是宋孝武帝训练水师的地方。千古兴亡事,多少英雄为折腰啊!

她的思绪又转了回来。谦益为何不肯答应自决呢?

后湖、溪渠、荷池,一水相连,仿佛谁也离不开谁。河东君仿佛突然受到了它的启迪,为何她就不能想到这一层呢?还说什么闺中知己!她并没有完全理解他,谦益是不忍舍她而去,不忍她腹中的孩子

---

① 后湖即现在的玄武湖。

成为遗孤！牧公，你想过没有，做如此之想，岂不污了你的清白名节！

她望着池中亭亭玉立的荷箭，做出了抉择，她要成全他的名节，让他死而无虑！

第二天，河东君一早起来，就坐到梳妆台前，精心梳妆，她看着镜中的自己，仍然那么美丽，淡而韵，庄而雅，盈盈冉冉，有如云出岫，如珠在盘。梳妆好后，把铜镜紧紧揾在两手之中，久久地抚摸着，暗暗向卧子告别，默默祝愿他的水师胜利。她做了一切准备，就叫家人安排好自家的画舫，请谦益同游后湖。

谦益也一夜未眠。昨晚，阮大铖又亲自来了，强拖硬拽，把他抬到他的宅邸石巢园。谦益走进他的客厅时，那里已稀稀落落地坐着几个还未逃走的南明重臣。

他一进去，他们哗地一齐站了起来，众口同声地要求他率领文官迎降。他们早就商议好了应变之策，就等着钱谦益落进为他准备好的陷阱。他被他们包围了，他感到受了愚弄，但他又觉得他们说的也不无道理，还有那个诱人的宰相梦，他在死和荣禄的选择中惶惑了，彷徨了。很晚才怅惘地回到家中，就安歇在书房中。一早催命鬼阮大铖又来了。他刚刚送走了他，阿秀就来请他了。

谦益颇感突然。昨日，她还慷慨激昂地劝他自决；今天，她突然明妆艳抹，要去游湖。形势如此紧张，哪还有这份闲情逸致！但他不愿扫她的兴，还是应允了。

画舫行到湖中，河东君亲手摆上酒菜和他饮酒。

湖上清冷异常，没有游船，也不见红男绿女的游人。谦益忐忑不安，猜不出河东君此举的真谛。他垂着头，只顾喝着闷酒。

酒酣，河东君起身眺望着湖水。她幻想在天水相接处，找出后湖和长江相吻的地方。突然，她仿佛看到了满湖的帆影。她眨了眨眼睛,又什么都没有了。湖水宛若没经酿制的水酒,混沌而浑厚。她举起酒杯面对着湖水说:"啊,洋洋乎,美丽的神州,你被浊浪吞没了! 血水渗进了你的肌肤,多少人为你尽了忠节! 大江也为之呜咽! 我听到了你的哭声! 后湖,你明净的目光混浊了,有谁能让你重新变得澄澈?"她转过身,将酒杯高高举在谦益面前说:"尚书,此水将因得到你而清波千古!"

钱谦益的心加快了跳动,一种负疚和羞愧感像一条虫子乘机钻进了他的心中,在咬噬着那因缺血苦闷的心。他也想过效法屈子,沉入湖水,留得清白,保住名节。可是……他为之奋斗的一切,就要灰飞烟灭。那个诱惑着他一生的梦——宰相梦,也许真能在这乱世得以实现。他不敢抬头去看河东君的眼睛,还是默默不语。

河东君望着湖水,沉迷在往事的怀念中,她的声音变得更为柔美平静,像是在讲一个令人欣慰的故事。"牧翁,记得前年中秋,我们和群子在尚湖串月,湖水是那么清,月儿是那么圆。诸子讲了那么多古今俊杰浩气长存的故事。你高吟文丞相的《过零丁洋》,你是那么豪情满怀,气贯尚湖,你的吟诵之声迄今仍回荡在我心中。'人生自古谁无死,留取丹心照汗青。'你还说'文山公乃我华夏万世师表,谦益最最崇尚之人'。你端起酒杯,把酒洒进湖水,声音都呜咽了,你说'文山公,学生敬你一杯,以表谦益寸心'。我们都被感动了,你的门人个个激情满怀,目你为今日文山公。尚书公言犹在耳,岂能忘怀! 柳是以为既不能战死疆场,就应自决以明志!"

谦益的脸色霎时变得惨白了,他的心在经历生与死、荣与枯的搏击,他痛苦地抬起头,一言不发地望着河东君。

河东君回视着他,良久,长叹一声,语重心长地问他:"你踌躇再三,为了什么? 莫非是儿女之情不能割舍? 尚书,昨晚我已想好,为了成全你的名节,我愿生死相随。牧公,牧公! 望自珍重!"说着,就要往湖里跳。

谦益一把拽住了她,死死拉着不放。

河东君涕泪交加地说:"尚书,你太使我失望了！我原以为你因不忍舍我而彷徨,现在我欲先死,你又为何不让？牧公,名节千古事,你为何至今还不醒悟？"

绝望和痛苦折磨着河东君,她心如喷吐欲出的火山,脸色难受得煞白,激愤驱使她举起了那只未被攥住的右手,颤抖地向着他的面颊,狠狠地搂了两记。

谦益抽出一只手来护脸,河东君趁势挣脱开身,哈哈地笑了起来说:"想当年,我仰钱虞山,泰山北斗,没想到你却是个怕死的懦夫！只恨我生非丈夫,不能扫除仇敌,遗恨千秋！"

谦益又奔上去使劲攥住她的手说:"夫人,听我说,你不能这样！"他跪倒在她的面前,仰起变得发灰的脸,胡须颤抖着说:"我不敢求你为了我,我只求你为我们的骨血,你腹中的孩子想想……"

河东君的心在抽泣,两腿不由得哆嗦着,她还没有做过母亲,她多么想看到自己的孩子！晕眩袭击着她,她倚在身后的船板上。刹那间,两串泪水往下直滚落,湿了大片衣衫。

沉默,像死神样威胁着谦益,他仍然拉着她的手,跪在地上不起来。

河东君盯视着他灰暗的眼睛说:"面临国破家亡,还谈什么骨血？恨只恨我俗眼凡晴,不辨真金与黄铜。你不愿殉国求苟且,我可不忍我的孩子苟且偷生做亡国奴！"她用力要挣出他拉着的手。

谦益见站在旁边吓得直流泪的阿秀说:"阿秀,你还不快跪下求求夫人！"

阿秀往河东君面前一跪,仰起痛苦的脸,悲怆地望着河东君。河东君紧闭了下眼睛,对谦益说:"我只有一个心愿,求你把阿秀送回常熟交给阿娟,求你好好待她们!"话犹未了,她突然用力一抽手,谦益往后跌坐下去,她毅然地跳进了湖水。

阿秀号啕一声:"夫人——我跟你去!"也跳进了水里。

谦益望着河东君落水的地方,悲恸地高声呼喊着:"救人哪!救人——"

湖上没有游船,岸上也没行人,他的喊声被一阵风吹碎了。

河东君落水处,湖水溅起了很高的水柱,溅散着洁白的水花,继之是一个向外扩散涌荡开去的漩涡。谦益突然想起船上的船夫,他向他们吼叫起来:"奴才,你们听到没有?怎么见死不救?"

船夫们低着头,年轻的钱回小声地反驳道:"夫人是想大人去救她呢!"

谦益像一头受伤的野兽,也顾不了他尚书的体面,奔到船夫面前,抓住他们的前襟,怒目横睁,仿佛船夫就是死神,就是破坏了他平静生活的罪魁,就是搅乱了他美梦的恶魔,他大吼大叫着:"奴才! 快去把夫人救上来!"

钱回鄙视地看了他一眼,大声回答说:"夫人要尽忠尽节,我们有何颜面要她偷生,去做鞑子的顺民。大人要救,自己去救好了!"他推开谦益的手:"我给夫人撑船去!"说着,也纵身跳进了湖水中。

湖水呜咽了,悲愤的浪头扑向画舫,溅起阵阵泪雨。这时,在湖与天接壤的地方,出现了一个黑点。

三十五　后湖留恨何时了

那个黑点越来越清晰，它不是湖礁，不是大舫，是一条小渔舟。从连接长江的河道向湖心驶来。

人生何处不相逢，巧遇往往就发生在有意无意之间。渔船的主人阿根夫妇碰到了这样的机会。

自从扬州被困，他们这些以打鱼为生的渔夫，不得不离开世世代代的谋生地，往江南的湖河流徙。阿根夫妇漂泊到了长白荡。在那里，他遇上了义军招募水师，许多渔民带船参加，同仇敌忾，保卫江南的国土。阿根也就参加了。

义军的首领是吴江人吴易，字日生，崇祯十六年进士。史阁部督师扬州时，授予他职方主事、留守扬州监军，他奉调外出征饷，未来得及返回扬州，扬州就被层层包围了。他和举人孙兆奎一道揭竿起义，屯兵长白荡，出没于太湖、三泖间，和南下的清军作战。陈子龙在松江起义，他们经常秘密往还，共同商讨抗敌之策，一起在太湖练水师。因为阿根也是吴江人，在周相府曾和吴易、子龙有过一面缘，他们的关系自然比较别的将士亲近。清军渡江前夕，子龙又来与吴易共商保卫南都之事。可是，坏消息接踵而至，他们接到急报，说福王已被北军捉去了。与此同时，又有消息传来，阮胡子与敌将豫亲王多铎暗中有勾结，欲将南都拱手奉送给多铎。他们非常关注南都的命运，就想到了礼部尚书钱谦益在朝野的声望，他们希望他能在国难当头的时刻，利用他的影响，起来发挥作用，牵制阮胡子的叛国行为，保住江南半壁江山。他们商讨的结果，决定派一可靠人去南都见钱谦益。吴易向子龙推荐了阿根。子龙见到阿根后，便问他："你在周府时可认识一个叫阿云的？"

阿根一愣，随即就点头说："她还救过我母亲，只是不知她现在何处？"他隐去他从周府出逃的因由和在湖上与她的不同寻常的相遇。

子龙告诉他说："阿云就是钱礼部的柳夫人。只要你能见到她，南都就有望！"他又告诉阿根，如何寻找尚书宅邸："从长江进入后湖，再从一条小水道，就可直达尚书宅邸后园。你只要说是找柳夫人的，就有人带你去见她。"

谁能预料得到呢？他们的船刚刚过了京口，就传来了京口失陷的消息，清军已像蝗虫那样围向南都，把他们圈了进去。他们俩使劲地日夜摇橹，才得以到了后湖。

他们循着子龙指点的方向划去。后湖已没有人迹，清冷异常，想找个人打听一下形势也不能。

突然，他们听到隐约的呼救声，立即放弃了靠岸打听消息的念头，向着呼救的方向全力划去。他们望到了艘画舫，正艰难地向着秦淮河方向浮去，一会儿就消逝了。眼前是没有边际的汪洋水面，白茫茫一片，他们不知往何处驶去。突然，阿根发现水里有个黑乎乎的影子，一会儿浮上水面，一会儿沉进波澜，很像一条大鱼，又像一个会游泳的人，随着起伏的波涛沉浮。

他们使劲摇着橹，向着那个若隐若现的黑影追上去。

一个溺水的男人。

阿根向菱妹子招呼了一声，就纵身跃进蓝灰色的波涛中。

不一会，他从水底钻出来，托起一个二十来岁的健壮男子。阿根抹着脸上的水说："这人会水，鼻中还有一丝气。"

菱妹子连忙伸手协助他，把落水者拖进船舱，平放在舱底，进行抢救。

被救的落水者吐出了一摊浊水，灰白的脸色中显出了一丝活人的气色，他慢慢地睁开了眼睛，吃力地支撑起身体，惊惧地看了看阿根夫妇，问道："你们……这是在哪里？你们……"

阿根连忙蹲到他身边，弯腰扶着他说："好了一点吗？刚才我们还为你担心呢！"

这句话，仿佛是剂清凉剂，使落水者浑蒙的思绪突然清醒了，惊悟了。小船上的打鱼用具和面前这对夫妇的打扮，他完全明白了。这是条渔舟，他被他们救上了船又救活了。他一把攥住渔夫阿根的手说："阿哥不该救我呀，应该去救另一个人！"

渔人夫妇惊诧地问："是谁，你快说！"

"我们府主母！她……"

阿根夫妇打断了他的叙述说："老弟，你好好躺着！"夫妇俩甩下外衣，一齐跳进了湖水里。

被阿根夫妇救活过来的人就是钱府船夫钱回。

他仰卧在阿根的渔舟上。天空阴沉的云翳，海涛般翻滚着，低低地仿佛要捂盖起整个大地。他憋闷得慌，惦记着主母和阿秀不知被浊浪卷到了何方。

他很小年纪就被卖进了钱府，取名钱回。一直都在船上，后又跟着二管家游仁远出海兴贩。一次遇了海风，他那条船翻了。伙伴们都死了，唯独他命大，爬上了另一条船。游管家在老爷面前一口咬定是他没有及时解下船帆，导致了船翻。老爷心痛他的一船货物，听了面之词,也不问青红皂白,把他打得皮开肉绽,锁在下房里。他有口难辩,只有等死。河东君在整顿财务时,发现下房关着一个快要死的船夫,向她喊冤。她叫他别怕,有冤诉冤。钱回把二管家和船老大合伙偷卖了他那条船上的数十担白胡椒,被他几个伙计发现了,二管家怕他们告发他,设计把船弄翻。钱回没死,二管家就诬陷他。河东君查清了这件事,为他申了冤,严惩了游仁远和船老大,还请先生为他治好了伤,让他还管船。他感激主母的救命之恩,视她为再生之母。

今天河东君劝老爷尽忠自决,那些话,字字句句都打动了他,可是,却没能打动她那身居高位的丈夫。她是在愤恨绝望时跳湖以身殉国的。她虽然是个妇人,却是以一个国士来要求自己,不愿在城破之后受辱,做亡国之奴。面对着老爷贪生怕死的丑态,他突然冲动起一种义愤,没有她,就没有他钱回!他想以死去殉主母,以死来抗议老爷的偷生,所以在河东君和阿秀跳湖后,他也跳进了湖水。现时,主母已没有了踪影,他却没有能死掉。他感到这死亡也不公平,她那娇弱的体质,怎能经受得了冷水的浸泡和灌呛呢?她,也许沉到了水底,早就没有命了!还有阿秀,虽然会水,但她是诚心诚意去殉主母的,她就是能够活下来,也不会从水里抬起头来的!

他很想趁他们不在,再跳进水里,一死了之。但他深谙江湖上的一条规矩,被救上了岸的人,再跳进水中,那是对救命之恩的亵渎和不敬。

他难受极了,趴在船边,沉重的躯体把小渔船压得倾斜了,他只要往下一滑,就成全了他的心愿,但他没有这样做。他有着驾船的绝技,只要他不存心翻下去,小船在他身下就像驯顺的小马,它是翻不了的。可是,他不能静等着,他也要做点什么。他用手推着船帮,跟在阿根他们后面接应。

他的目光紧紧追踪着渔人夫妇搅起的浪迹。他们冒出水面了,他不由得一阵惊喜；可是，他们吸了口气又沉下去了，他又是一阵失望。

他的头一阵晕眩，依稀之间，好像有人在呼唤他。他惊醒了，抬起头来，巡视着湖面。渔人夫妇不见踪影，不远处有件女人的衣衫，随着波浪起伏着。他认定那不是主母就是阿秀，精神为之一振，他滑进了水中，向目标游去。

他心里只有一个念头，跟着那团彩雾，游过去，救起她。

他使劲调动着胳膊腿，搏击着灰绿色的波浪，那团随着湖水起伏的彩雾越来越近，他的臂力却渐渐有些支持不住了。

他随着湖浪沉浮。

他浮游了一会，换过了一口气，就在这一瞬间，他追逐的那团彩雾突然从他的视野中消失了，他也无力地沉了下去。

一口冷水灌进了鼻腔，他陡地有了意识，不能放弃目标，他用力掐了下自己的人中，撕扯着头发，冲上了水面，发狂地击起水来。他又看到了那个目标，就在他的身边。

他兴奋得浑身都是劲，全力奔向了她。

阿秀，是阿秀！他拉住了她，一手把她托举出水面，一手划着，终于把她托上了船。他自己却怎么也爬不上船去。他两手紧紧抓住船帮，任水漂流。

不知过了多少时间，他感到有人在摇晃他，他立时醒了过来。他仍躺在舱里，就在阿秀的身边。阿秀那边，是主母。

他陡地坐了起来，和渔人夫妇　同抢救她俩。

菱妹子沉着而麻利地支配着两个男人。她让丈夫抱来唯一的一床被子，卷成圆筒，枕着河东君和阿秀的腹部，又命钱回去烧热水，再叫阿根把船摇到一棵大柳树下系稳。

阿秀喝的水少，很快就吐出了水，开始有点活气了。

菱妹子又令钱回给阿秀喂点淡盐水。她全力抢救河东君。

河东君面色灰白，双目紧闭，任她搓揉，没有一点反应。菱妹子只得把自己的嘴对着河东君煞白的嘴唇，使劲地吸气吹气。但仍然不见复苏的征象，只是心头还有点微温。

热水送来了，菱妹子叫两个男人背过身去。她开始用热手巾把为河东君热敷、按摩。似是虔诚也能感动死神，终于河东君吐出了喝进去的过量湖水，有了脉搏的清晰跳动，呼吸也渐趋均匀。

阿秀也恢复了神志。

一看他们三人都得救了，菱妹子却哭了起来。她含着泪花，拿出了自己仅有的两套破旧衣服给河东君和阿秀换上了，又叫丈夫烧来姜汤，强灌进河东君嘴里。还让钱回、阿秀每人喝了一大碗。

河东君的视线还很混沌，只无力地掀动了下眼皮，立刻又阖上了。在那目光瞬息的接触中，她的神经受了很大的震动，有如电击！这是在梦中还是在游艇上？俯射向她的目光中，有一道熟悉而又陌生，它曾在漆黑的澄湖上出现过。她怀疑自己的意识是否清醒，也许是幻觉，阿根怎地会出现在这里呢？

她用力地撑起干涩的眼皮，没有错，是他！难道这是命运特意安排下的吗？他们有过那段遭际，后来，她救过他母亲，现在他又救了她。这不会是真的！世间哪有如此巧合的事？她思索着，恍恍惚惚，仿佛是一片飘荡的落叶，浮沉在缥缈溟蒙之中。

"夫人，你可醒过来了！"

她辨出了，是他救起了她吗？她看着钱回说："为何不让我死掉，要把我救起来？你不觉得当亡国奴是耻辱吗？"她挣扎着要爬向船边。

菱妹子拉住了她。

她哀伤地看着菱妹子说："求你们把我扔回水中！"

菱妹子把她又捺回被上躺下说："夫人，你别说瞎话了！鞑子不要我们活，我们自己可得想办法活下去！他们能从很远的地方打过来，只要我们齐心协力,也能把他们赶回去!千万不能光想到绝处呀!"

阿根坐在船头,这时,他帮助妻子劝慰河东君:"人家想灭我们的种,亡我们的族,我们就偏要活下去!留得青山在,不怕没柴烧。只要大家都能像夫人这样不怕死,就一定能赶走他们。"

河东君的心又怦怦地跳了起来。这声音证实了她记忆的正确性。毫无疑问,是阿根!她问道:"你是阿根?"

阿根点点头,回答说:"你还能认出我?太好了!"他蹲到她身边,指着妻子介绍说:"她叫菱妹子,我老婆!"又说,"我们是受命来寻找你的。没想到……"

河东君心里不觉一阵紧缩,吃了一惊。他们是受谁之命?阿根曾经在湖上做过强人,他现在以什么为生?是有人想通过他来恐吓、讹诈她吗?她想到了她的敌人。她要试一下他的真实身份。问道:"你阿妈好吗?"

阿根没有回答。

菱妹子已从船板缝里取出了一根簪子,递到河东君面前说:"阿妈去世了。她临终前,拉着我们的手说,要我们一定要找到你,把这簪子还给你,请你宽恕她!她想到接受周夫人要求那件事,临死心里也不安宁。"

不知是受了感动,还是悲伤,河东君自语地说:"她也是个可怜人,我不会记恨她的!"

"听说周家那个夫人也得到报应,相爷死了,老夫人也死了,家产都被她宠的那个管家占去了,现在周家树倒猢狲散,就剩她一个孤老婆子,眼睛也气瞎了……"

阿根拽了菱妹子一下,让她别说下去。

河东君微微闭上了眼睛,十三年前的事,就好像刚刚发生在昨天。

她被两个婆姨从床上拎了起来,剥去了昨晚未脱的棉衣,一条麻绳把她捆了个结实。

女厅里弥漫着不同寻常的气氛,全体姬妾仆妇婢女早被夫人召在了那里。两个婆姨把她往众人面前一扔。她的耳中传来了夫人的声音:"请相爷发落!"

她没有睁眼,但她能感受到女厅像沉寂的墓冢样可怕,紧张的空气压迫得她像死过去了那样窒息。

"贱人,你还有什么话说?"这是相爷恶狠狠的声音。

她很想大声申辩,她没有跟仆人私通,这是阴谋,这是冤枉,可她心里突然涌起了一股恶毒想法,她用力掀了下眼皮,以蔑视和愤懑的目光扫了他一眼,嘴唇颤抖着,她想回答他说,是的,千真万确,你戴绿头巾了!

夫人已觉察到了她想说话,唯恐她揭露了她的阴谋,抢在她张嘴之前说:"众位妹妹都亲眼所见,炳嫂母子连夜潜逃,人证、物证俱全,还有什么问的。把她的嘴堵起来!"

相爷霍地站起身来,说:"将小贱妇坠上石块,沉入湖底!"

他宣判了她的死刑。她很想大笑,我大不了一死,可你周道敦,你周相爷可要永远顶着那顶绿头巾啊!我并没有输给你们。我再不用受苦受难!让沉冤连同我的躯体,一道沉入湖底,叫湖水清洗我的耻垢吧!在这个人世间,我已没有什么可以留恋的了。在湖底,在另一个天地,也许还能和父母相见,那里也许还有温暖。

夫人咬牙切齿地命令那两个捆她的婆姨立即去执行相爷的命令。一个婆姨吓得像筛糠似的周身颤抖着往后退缩;另一个面无人色,连连向夫人磕头求饶:"夫人,夫人……饶了奴才,饶了奴才……"

忽然,老夫人拄着拐杖,在众丫环的扶持下走进了女厅。

夫人连忙迎上去,把老夫人扶到太师椅上坐了。

　　　　　　　　　　　　　　　寒柳:柳如是传

相爷对母亲禀告："家门不幸，出此伤风败俗丑事，只好按家规惩处。"

老夫人满脸秋霜地顿了下拐杖："哼，都是你宠的结果！要在我身边，就不会有这等事的。阿云才多大点，你就硬是要了去。我是来为她求情的，看在她侍候我一场，对我有孝心上，留她一条命吧！"

她那已经死得冰冷的心，仿佛流进了一丝暖气，泪水潸然而下。

"这……"

"这什么，周家府上从老祖宗在世起，都是积德行善，哪有把人沉到湖里的事！把她卖了，留她一条命。"老夫人又顿了下拐杖，好像要把心中的愤怒都泄到拐杖上似的。

夫人感到事情不妙，一反常态与老夫人唱了反调："老夫人，你的菩萨心肠是好的，可是，像这种败坏家风的贱人，不严加处置，怕是……"

老夫人瞪了她一眼，以一种不容辩驳的语气说："我说过了，留她一条命！"说着就站起身："送我回后院。"

夫人仍不甘心地拦住了她，说："老夫人，若不……"

"别啰唆了，按我的话去办！"

河东君突然拉住菱妹子的手。"你们不该救我！"她的声音因激动颤抖起来，"我饱尝过为奴为仆的滋味。个人或许还可以通过自己的拼死搏斗，说不定还能争个好日子；可国亡了，除了死，就只有受辱，那就是苦海无边了！"说着，她闭上了眼睛。两行泪水从眼角流进了散乱的鬓发，留下了两条蜿蜒的泪辙。

阿根趁机劝慰着她说："你别灰心丧气，我们大明朝还是有前途的。不少地方组织了义军，起来保卫城池，还有义军要来保卫这南京城呢！"

河东君心田上仿佛感受到了一缕淡淡的阳光,可是,那缕光很快就暗淡下来。他们离别有十多年,彼此太不了解了,不能轻信于他。她反诘道:"保卫南京城?"

　　"嗯,"阿根重重地点了下头说,"我就是为此事专程来找夫人你的。"他将陈子龙、吴易的谋划一五一十地对她说了。最后,他郑重其事地强调说:"夫人,陈、吴两位大人将南都的希望寄托在钱大人身上呀! 陈大人说,只有夫人才能促进钱大人的决心。"

　　阿根的话,句句犹似挠钩匕首抓戳着河东君受伤的心,她深深地叹息着说:"晚了,朽木不可雕! 南都恐怕就要完了!"

　　大家都沉默地望着湖水,除了浪花互相撞击的声音,什么声响也没有了。天色又随之暗了下来,夜色像魔鬼的羽翼开始覆盖湖山大地。

　　阿根打破了沉寂,他又对河东君说:"夫人,我们能否再做一次努力? 把这个消息传递给钱大人?"

　　河东君思索有顷说:"我不愿再见到他! 我看是不会有什么希望的。在荣华富贵,高官厚禄面前,有些人是不要灵魂和人格的。"

　　阿根焦虑不安了。他喃喃地自语说:"怎么办? 我们连形势都摸不清楚。"

　　"只有一个办法,让阿回晚上潜回府去,打听一下消息。"河东君说着转对钱回说,"你千万不要透露吴、陈大人的计划和我们现在的情况。"

　　钱回领命去了。

　　夜色越来越浓,后湖笼罩在黑暗和恐怖中。突然,阿根叫了起来:"火!"

　　河东君的心陡地一阵紧缩,立刻扶着菱妹子站了起来,仰望着火光映红的夜空。北边的天烧着,南边的天也烧着了,伴之还有像海啸样的声浪。莫非"索虏"进城了？正在烧杀掳掠？为何这熊熊的大火只烧在城南和城北呢？她突然联想起阮大铖的住宅石巢园和马士英的相府鸡鹅巷，它们刚好一个城北，一个城南。她凝望着那两片冲天的火光，似乎有一种预感，这南京城是座缄默得太久的火山，许是百姓再也无法控制久积心底的愤怒岩浆了，他们在这就要亡国灭种的时候喷发了，放火烧了马士英、阮大铖的住宅。她感到一种报仇雪恨的兴奋。烧吧！把那些祸国殃民的奸臣贼子，把他们贪得无厌搜刮来的民脂民膏，统统烧个精光，化作灰烬，那才大快人心呢！她急待着这种预感能得到证实，盼望钱回早些回来。

三更天时，钱回才回到船上。河东君就急不可待地问："城里的情况如何？'索虏'进城没有？"

"北兵还没进城，可城里已乱成了一锅粥。逃的逃，抢的抢，人心惶惶。"

"那火是怎么回事？"

钱回喜笑颜开地说："老百姓放火烧了阮胡子和马大人的宅子！"

她的预感证实了，脱口而出："恶有恶报！"

钱回把带来的衣服包和一些食品交给阿秀说："这是阿灵交我带来的。听说老爷在回去的船上就叮嘱了船上人，不准说夫人跳湖的事，只说是不慎失足落了水，阿秀和我去救未救上来。"

河东君凄苦地摇着头说："我也猜到他不敢说出去。"说到这儿她又突然问："你见到他了？"

钱回摇了下头说："阿灵说老爷一回家就让阮大人拽走了！说是北兵明天要进城。家里正在准备礼物迎降，把什么计开鎏金壶、珐琅银杯、玉杯、鹿犀杯、龙犀杯、珐琅杯和各式各样的宝扇都装了礼盒呢。"

河东君无声地痛哭了，悲呼："国破家亡，毋宁死，毋宁死！"船上的人也都垂头饮泣。

阿根猛一昂首，说："夫人，我记得你曾劝过我，要我寻找一条新路走下去。我已找到了那条新路。我相信夫人也会找到一条新路走下去的。你想过没有，倘若我们举国臣民百姓，只为尽节都去死掉，亡国灭种，我们的国土不就要永远落在鞑子手中？陈大人说，我们应该起来抗击，把失去的国土从敌人手里夺回来。大明朝是不会亡的！"

她默默地听着，枯死在心田里的希望，仿佛感受到了一点湿意，萌动了一线生机。她借助着大火映红的天，倒映在水面的反光，向阿根看了一眼，面前的人仿佛不是阿根，而是一位有见解的爱国志士。他能说出这么深刻的道理，她真不敢相信！真乃士别三日，须刮目相看呀！可是，不死又怎么办呢？难道能回去和谦益重归于好，看着他跪在敌将面前称仆称臣？她怎能忍受得了这些呢？她决不能回到他身边。可新路又在哪里？

她想到子龙，想到义军，但她能给他和义军什么帮助呢？

菱妹子见她沉默不语，眉头一动，给大伙儿讲了个故事。

她的故乡有个余姓大户，家财万贯，仇家妒恨他的富有，给他放了一把火。老爷烧死了，家财化作了灰烬。因烧掉了契约，田产也被仇家诈去。大少爷灰心丧气，看破了红尘，出家当了和尚；大少奶奶投了井。唯有小少爷夫妇在仇家冷眼下，忍气吞声，先在烧毁了的屋基上搭了个草棚安身，种菜度日，苦苦挣扎了十年，又发了，仇家却因骄横自傲，一天天败下去，田产又被余家小少爷一亩一亩地买回来了。"夫人，"菱妹子讲完后说，"我们不要只看到现时鞑子神气活现，只要我们忍得一时之气，慢慢跟他斗，今日杀他一个，明日杀他一双，总有一日能把他杀光的！"

阿根感激地看了妻子一眼，附和着说："君子报仇，十年不晚。但要能忍受委屈，日后慢慢收复失地，大明一定会光复的！"

这些道理竟出自渔夫渔妇之口，而她这个博览群书的以国士自居的贵妇人，竟然还要他们来开导，她深感羞愧。社稷怎会就这么完了呢？即使完了，国人也不会就此罢休的呀！当然要夺回来！对，要经受得起委屈，像余家小少爷恢复家业那样来光复大明！她突然想到她为何不能利用降臣家属的身份来做掩护，为广大复国志士做些事。一想到她还能为复国出力，她的心情也好多了，她回答阿根说："请送我们回常熟吧！"

阿根高兴起来说："我正想劝你这样做呢！我和菱妹子也好以'救命恩人'的身份，常去看你呢！"

三十六　红泪年年属旧人

南京决定投降。

河东君一行很顺利地出了城。日隐夜行，好不容易穿过了蛛网似的无数河汉，半个月后，才得以到达尚湖。

船未靠岸，河东君就邀请阿根夫妇在半野堂过几日。

菱妹子连忙推辞说："我们在水上荡惯了，再说还要回去复差呢，不打扰了！"

河东君执意不肯。不说他们过去的共同遭际，不说他们的救命之恩，就说千里迢迢送她回来，岂有不请他们进家门之理？"不愿住在城里，也不强求你们，一定得去认认门，你们不是说要常来看我吗？"

阿根说："今日你刚回家，也要休息。我们就住船上！"

河东君领会了阿根的意思，她离开常熟快一年了，半野堂还不知成了何等模样。而且，她已"失足落水"了，若猝然出现，家中不知会怎么样呢。她想了想，说："你们看！"她指着虞山西南麓山下的拂水山庄说："那里是钱府的坟庄，船可以直接摇进去，住在那里，不会有人打扰你们的。好吗？"

阿根夫妇不好再推辞了。

钱回摇起橹，小船刚驶至水门外，就听到了哀乐和诵经之声。

河东君木然了，是谁归了西天，在这儿超度亡魂？水上一个月，世上也许已千年了吧！

她让钱回将船快快撑进去。到了曲桥边，她跟阿回说："我先上丙舍看看。"又放低声音吩咐道："好好款待他们，拣最好的房子给他们住下，招呼厨下做最好的菜。"转对阿根夫妇说："我先收拾收拾，等会就来看你们。"

河东君偕着阿秀向丙舍走去。

愈走近，哀乐之声愈强烈，她悄没声响地出现在丙舍门口。阿秀惊诧得张大了嘴。

原来这里正在给河东君做道场，超度她的亡魂！灵位上写着："柳夫人河东君之灵位"。灵前摆着三牲，道场主跪在居中的位置上，闭着眼敲打着木鱼，口诵经文，两厢依次坐着演奏哀乐的和尚。谦益的独养子孙爱麻衣孝帽，手扶哭丧棒，匍伏在地。阿贵、阿娟带着幼子也都重孝裹身，陪跪在孙爱后面。

河东君的眼睛蓦然蒙上了一层雾霭，她失去血色的嘴唇抽搐着，心里翻滚起甜酸苦辣的波澜。原来他们都以为她已死了！

最先发现她的是一个只见过她几面的小仆人。他惊恐地瞪大了眼睛，尖声叫了起来："柳……柳夫人的……的魂来……来啦！"他双手捂住眼睛，往后退着，一下撞倒了打钹的和尚，钹"啳——"的一声掉在地上。

几个小和尚吓得连滚带爬抱头鼠窜，道场主持紧闭着双目，嘴里念念有词，孙爱伏在地上哆嗦着，不敢抬头。有如一股阴风，席卷着灵堂。

只有阿娟一点不怕夫人显灵，她日思夜想的就是夫人。她向小和尚所示方向一望，略微怔了下，就跳起来，向着柳夫人的"幽灵"扑了过去。她一把抱住了她，连声叫着："夫人，夫人！"当她发现抱着的夫人是个实体，又面对河东君仔细地观察着。突然，她惊喜地叫了起来："夫人回来了！不用怕，夫人没有死，她回来了！"她说着一把拉起孙爱说："少爷，柳夫人真的回来了，快请起来。"

孙爱迟疑地站了起来，愣愣地看了河东君半晌，忽地跪下说："母亲大人平安回来，真乃阖家之福！孩儿给母亲大人请安。"

河东君克制着心底的波澜，说："难得公子一片孝心！家里人都好吗？"

"自从接到父亲大人的信，阖家伤怀，母亲大人就准备做道场。"

河东君黯然了，她说："谢谢你母亲的厚意。你回去对她说，我被渔人救起来了，请她放心。明天，我就去拜见她。"

主持道场的老和尚，也已清楚是怎么回事了，双手合十说："我佛慈悲，救夫人于大难！让夫人平安归来了，阿弥陀佛！"

刚才逃出灵堂的人，也相继回来了，仆人们也一齐涌进来，争睹这幕起死回生的人间奇迹。他们听到老和尚说的话，也都欢快地笑了起来。

阿娟将道场的后事交咐阿贵处理，自己就陪着河东君到花信楼更装休息。

河东君把南都发生的事变简略地告诉了阿娟，阿娟也黯然了，她们面对面静坐良久，默默地用目光安慰着对方。突然，河东君对阿娟说："你知道是谁救了我们吗？是阿根夫妇！"

"阿根？"阿娟一时间蒙了，又立刻想起来了，"天下真有这等巧事！我去看看他们！"

河东君点首赞同着说："这儿有阿秀，你先去帮我照看一下，要特别热情些呀！我稍事歇息，就去陪他们用餐。"

晚餐后，菱妹子说："夫人，我们明天就要走了。"

河东君挽留着："你们无论如何也得在这住几天！这些日子,你们昼夜为我们的安危提心吊胆,操尽了心,不休息两天,我是不肯放你们走的。我还没来得及答谢你们呢！"

"夫人,你这话就见外了！你们救过我婆婆,要说谢,还得我们先谢你呢！"菱妹子笑着说,"山不转路转,我们以后一定还有很多见面机会呢！"

阿根接上说："你有话要带给陈、吴两位大人吗?"

河东君叹了口气说："你们真的不愿再留一两天?"

阿根心急如焚,他本应该早就回去复命,但他又不能见死不救丢下河东君他们不管。好在义军现在还没有明确的军纪,回去讲清情况,大概也会谅解的。现在他最担心的是,找不到吴大人和义军。北军长驱直入,局势变化莫测,他们不知转移到了何处！他没有把心里的忧虑告诉河东君,只说："不能再耽误了,我要去寻两位大人复命。"

河东君看看室内没有外人,又走到门口张望了下,随手关上了门说："见到吴、陈两位大人,请转告他们,如果有用得着我柳如是之处,尽管打个招呼,我将尽力为之！"说着起身告辞："明早我来送你们。"

河东君回到花信楼,就同阿娟商量准备送他们一些什么礼物。可是,这儿是别墅,他们以往也不常来住,没有什么可送。想来想去,也没想到合适的礼物,只好决定凑点银两,给作盘缠。

阿娟、阿秀到隔壁去了,河东君一个人躺在床上。往事像流水似的从心头滚过。卧子的影像在她的脑屏上忽隐忽现。一会儿,他为她挽马,徜徉在白龙潭凄冷的湖岸上;一会儿,他们携手南园,寻诗觅句;一会儿,就着一盏如豆的灯夜读……随着他影像的幻现,他为她写的那些颤震心弦的诗句又一齐涌上心头。唉,还去想这些做什么? 这都是过去了的事。为着这无望的爱,她几乎耗尽了青春。欣慰的是,卧子有骨气,在国家危亡的时刻,为保卫国土家园,挺身而出了。他的报国之心没有变,他的酬国之志在血的洗礼中更为坚强了,他不愧为中华的好男儿! 可是,他还信任她吗? 降臣之妻,会叫人误解是贪图荣华富贵的妇人! 他还能理解她吗? 也许已有一堵墙隔着他们的心了。

她痛苦地呻吟着,真想把心剖开来给人们看看,她的心仍然属于故国,她的热血愿为故国倾洒! 只因她是女人,无从奉献。

她安静不下心神,感到委屈、耻辱! 她要让子龙了解她"甘心赴国忧"的心没有变。她的抱负也没有更改!

她点亮灯,坐到案前,挥笔写下:

寄故人

灯昏月底更伤神,

马埒随风夜拂尘。

……

……

青骢点点余新迹,

红泪年年属旧人。

……①

写好以后,她将它卷成一个小筒,放进一个笔套里。抒发了情怀,她才感觉心里好受了一点。

第二天一早,她给他们送行。她把笔套亲手交给阿根:"请将它和我昨天说的话一齐带给陈大人。我等待着你们再来!"

阿根夫妇走了,河东君的心好像也跟着他们去到了抗清的疆场,复国大业牵系着她每一根神经。

---

① 见柳如是诗集《湖上草·西泠七律之二》。

南京失败了，马士英挟持太后到了杭州，文武百官和宗室争先恐后向南退却。人们都希望潞王常涝出来领导抗清，可这个软弱孱懦的人却领头投降了敌人。不甘屈服的人士，渡过钱塘江退往福建。黄道周等拥唐王朱聿键在福州即位，改号隆武元年。

在这样的形势下，江南人民的抗清活动风起云涌，人们自动组织起来，抗击侵略。继陈子龙起兵后，李待问和几社社友募兵数千人，死守松江；知府钱横却灰溜溜逃了出去，投降了敌人。吴淞总兵官吴志葵自海上入江，在三泖之间集义；总兵官黄蜚，拥兵船千艘，自无锡来与吴志葵连营；参将侯承祖守金山。

八月，北兵进逼江南，吴志葵、黄蜚败走。

八月三日，松江城破，李待问被杀害。

清兵进逼金山，侯承祖固守，身中四十箭，俘获后被杀。陈子龙虎口逃脱，下落不明。

不幸的消息像狂风刮下的落叶，向河东君席卷而来，她悲伤之极，愤怒之极。听到待问捐躯的消息时，她刚刚生下女儿不到三天。她找出他赠给她的书条，叫阿娟挂在卧室的中墙上。她净了手，亲自点上香，长跪在地，哭祭待问。

在缭绕的香烟中，她似乎看到了存我，他伏案疾书，他在给她的习作题跋……"存我兄！"她悲怆地叫着，她的心在泣血。

天哪，存我牺牲了！许多优秀人物也都壮烈牺牲了！我也曾自诩为国士，为国又做了些什么呢？坐视故国破裂，友人被害，却还为降臣生子。存我兄，我的哭祭不会亵渎你的英灵吗？

悲愤和愧疚壅满了她的心。她晕厥过去了。

河东君在绛云楼中度日如年。

"夫人，顾相公来了。"阿秀一阵风走进她的书房，她相信河东君听到这个消息一定很高兴。

"你是说云美?"河东君惊喜得霍地站了起来,"他现在何处?"

"在下面小客厅等候夫人。"

回到常熟一年多来,她已完全变了个人。不断传来的噩耗,像箭镞样戳戮着她的心。阿根没有再来,听不到义军的真实讯息。人人自危,谈义军色变,不是知己,谁也不敢涉及。旧时知音已皆赴国难去了,她深感自己像个被抛掷在深渊里与世隔绝的孤魂,她只得深深掩上心扉缄默不语。顾苓来访,说明她并没有被世人完全抛弃。她来不及更衣整容,就匆匆下了楼。

顾苓向她施礼说:"夫人,别来可好?"

她想对他笑笑,却笑不出来。"云美兄,难得你来看我!"她的心,不由地一阵酸楚,眼睛也湿了,"亡国之人,虽生犹死,有何好的!"

顾苓心情沉郁地说:"学生愧为男子,无能救国难,学生一向钦敬夫人。"他长叹一声,放低声音问:"不知座师……"

河东君皱起了眉头,她不愿听人提起谦益,她深深地叹了口气打断了他说:"我如井底之蛙,不知外面世界。云美兄,谈谈外面的事吧!"

顾苓理解她的心情。问:"嘉定屠城你听说过吗?"

河东君的头沉重地摆了下。

"去年七月初四日,叛将李成栋下令屠城。一时刀声霍霍,响彻远近,被杀者不计其数。悬梁的、投井的、断肢的、血面的,狼藉路旁,处处皆是。三日后,自西关至葛隆镇,浮尸满河,不下数千人,行船几乎无下篙之处。大家闺秀及民间妇女有姿色者,白昼被当众奸淫,惨死者无数……初六日,李成栋还兵太仓,拘集民船,装载锦帛子女及牛马豕等三百余船而去。城内外死者约凡两万人。"

这则消息,犹似烧红了的铁钎,刺炙着河东君。她曾去嘉定拜访

　　　　　　　　　　　　寒柳:柳如是传

四先生,与他们唱酬,共论诗书画,同游林园名胜。留给了她终生难忘的记忆。可是现在,翠羽明珰和飞絮落花同尽,怎地不叫她心惊！她已没有泪,只有恨！稍感安慰者,诸老早已陆续谢世,免遭这场劫难。

顾苓接下去又讲述了江阴屠城的情况。

去年六月初一日,江阴人民反对剃发,倡议守城。初六日清军攻江阴,典史阎应元率领城内人民固守,打败敌军亲王。敌军都督大怒,下令发动三万人猛攻,又打死敌军两个都督。敌军贝勒、降将刘良佐多次招降,受到城内严词拒绝。还击毙了敌军小王。八月十五日,江阴守城人民登城赏月,作五更转曲,军中高唱:"宜兴人一把枪,无锡人团团一股香……江阴人打仗八十多天,宁死不投降！"后敌军从各地运来大炮二百多座,向城猛攻。阎应元守城计八十一天。城陷,不屈遇害。八月二十二日,敌军贝勒下令屠城。到二十三日,城内死者九万一千多人,城外死者七万五千余人,贝勒才下令封刀。出榜安民时,全城只残存五十三人！

仇和恨烧炙着他们的心,他们谁也没有说话,好久好久,顾苓才开始谈起他专程从苏州赶来虞山的目的。

他从南都回到故乡后,就秘密参与了陈子龙水师的活动。水师败后,他仍不甘做顺民,四处寻找复国机会,他以探亲访友为名,去过许多地方,想和义军接上头。数天前,他刚从杭州回去,突然他家门上来了个化缘和尚。

"和尚?"河东君的心怦然一动,不知为何她猛然联想到了龙。

"你道是谁?"他放低声音告诉他,"陈卧子！"

河东君的心猛跳起来,真个是心灵感应。她急切地问:"他做和尚了?"

"水师失败后,他突围出来,逃到嘉善水月庵里,做了和尚。"

"逃禅?"河东君的心往下一沉,仿佛有些不相信似的反问了句。

顾苓摆了下头,把声音放得更低了:"他已接受隆武帝兵部左侍郎左都御史衔,鲁监国也授予他兵部尚书节制七省漕务。"

　　"披着袈裟联络复国力量?"河东君心里又突然涌起一股兴奋。"他怎么不来找……"她自知失言,不敢说下去,谁能相信降臣的眷属?她突然感到一种无可言表的委屈和悲哀。虽然她有"年年红泪属旧人"的诗句寄他,可他已失去了对她的信赖,这比捅了她一刀还可怕。

　　顾苓从她的神色突变中意识到她误解了子龙,忙说:"我只听说座师北上了,却不知夫人效法屈子,又已回到绛云楼。夫人的情况,都是卧子兄告诉学生的。他要学生来看望你,向夫人致意,请夫人善自保重!"顾苓小心翼翼地避开钱谦益事新朝的事。

　　河东君眼前突然浮起了她和子龙在小红楼生活的场景,他们常常对酒吟诗,指点江山,针砭时政。每每谈到激动处,子龙拍案而起,怒目横睁,恨不能一拳砸出个清明吏治之世。他没变,他还在搏斗;他没变,还记得故人!河东君凄苦的心灵,仿佛突然闪进了一缕和暖的风。她被深深地感动了,两串泪珠滚落到地上。

　　顾苓非常理解她的心情,接着说:"卧子兄还给我们带来了另一位友人的讯息呢!"

　　"谁?"

　　"一位隆武帝非常倚重的人,一位力挽狂澜的豪杰!"

　　河东君已猜出这个人可能就是郑成功,问道:"是大木君?"

　　"对! 夫人已知道他焚毁儒服,勒兵抗击北兵之事?"顾苓惊喜地问。

　　"我是猜的!"她眉宇间有些喜色,"我第一次与他接谈,就感到他有股以天下为己任的英雄豪气。可我没得到过南边的消息,只听说他父亲郑芝龙当初拥戴过唐王,后北兵入闽,他又率先降附。"

　　"正是这时,大木君挺身而出,力谏其父。他脱下身上儒服,当众

　　　　　　　　　　　　　　　　　　　　　寒柳:柳如是传

焚毁,以誓勒兵抗战,他的这一行动大大地鼓舞了义军,传为美谈。隆武帝把他收为义子,赐以朱姓,义军都称他为国姓爷。"顾苓的语气中有种对师弟抑制不住的崇敬。

"复国有望!"河东君精神为之一振,"卧子没有说需要我做些什么吗?"

顾苓只得如实地回答:"没有。他只叫学生来看望,把外间的情况转告夫人。"

"哦,"河东君心里又滋生起一股激动,"还有什么消息? 我真是什么都想知道。"

"马、阮都死了!"顾苓说。

"死了! 如何死的?"

"马士英扶太后到杭州后,是战死的。"

"这样的死倒给他的生增了些光彩,阮大铖呢?"

"北兵攻占仙霞岭,他自愿做前锋,想立头功,突然暴死在仙霞岭的大石上。真是报应!"

"死有余辜,奸贼!"她恨恨地骂道。

顾苓对于他一向尊敬的老师的降附,感到痛苦和惋惜。他很想问问他现在的情况,但又不敢提及他,怕河东君伤心。只听她又问起了子龙:"卧子还会去看你吗?"

他摇摇头说:"不知道。"

"他告别了你,又将去哪里?"她多么希望多知道一点他的事啊!

"我问过。他说,行踪难定!"

"是呀,来无影,去无踪。"她自语似的感叹着。

顾苓为不使她坠入对子龙思念的痛苦中,转换了话题,不经意地问:"钱横回过虞山没有?"

河东君冷笑一声说:"又成新贵了! 旧朝的名宦知府,摇身变作了新朝的提学道！哼，这种人，我早预料到了，只要有荣禄，从不要灵魂！"

"乱世能识人。那个谢玉春也中了新科进士，他投降后检举了'翻城之役'，使'六君子'被害！"

"可鄙小人！"

"真不知座师当初典试时，为何取了这种人？"顾苓本不想提及谦益，不知为什么，他又情不自禁地说到了他。

河东君本想骂一声"他们本是一丘之貉"！可她考虑到会叫顾苓尴尬。便说："你也累了，在这休息一日，明日再回吧！"

顾苓走了，但他带来的消息，在河东君心里唤起了复杂的感情，兴奋、焦虑，而又有些惴惴不安。她期待着卧子和大木不会忘记她。希望有一天，阿根能给她带来南边的信赖，她会毫不犹豫地为支持复国斗争去努力。

她终于等到了这一天。阿根神奇地出现在她面前，他拎着一条鳜鱼，渔夫打扮，河东君第一句话就问："菱妹子来了吗？"

阿根没有回答，脸色阴沉下来。河东君立即意识到菱妹子出事了。只好刹住话头转变话题说："难为你还记得我喜欢吃鳜鱼。我要亲手烹调。"说着就接过来拎回自己房间，麻利地剪开鱼肚，里面滚出一只蜡丸。她小心翼翼地剥开来，是子龙的几行字："南方金困，欲求支援。"

他们终于想起了她，仍像往昔样信赖她。她十分兴奋。销毁了蜡丸，就出来见阿根。轻声地问："陈大人现在何处？"

"手拿缘钵走四方。"

"哦。"她立即领悟了。复国需要巨额军费，她早就预计到了，她愿全力支持。可是，清廷为了阻止江南人民和士大夫阶层暗中支援海上复明活动,除采用残酷镇压手段外,又采取了"釜底抽薪"的办法。对无财的百姓"禁海""迁界",工农渔民活动只能在封锁线以内,不准"漏海";对地主豪族则采取"奏销",彻底打击有支海能力的官僚地主。同时,大量掠夺江南财富。江、浙一带的官僚,无不拥有大量田地,一旦勒令在短期内缴足积欠钱粮,立刻就能使他们倾家荡产。狱中已关满了"奏销"被累的百姓,有功名的也因欠尾数钱粮被革去功名。这场雷厉风行、谈虎色变的"奏销"案,已使钱家囊空如洗。现在她所能支配的只有谦益给她的聘礼剩余部分和她的一些首饰。她悄声地问阿根:"你能等几天吗? 变换首饰要点时间。"

阿根回答说:"我还要去别处。夫人安排好,提金另有人来。"

河东君点点头说:"请转告陈大人,我将尽死力以答蜡丸!"

三十七 一失足成千古恨

"老爷回来了，他昨日就到了老宅！"阿秀从门外跑了进来，对河东君说。

钱谦益改事清朝后，清廷授予了他秘书院学士兼礼部侍郎、明史副总裁之职，于顺治三年正月由南京去北京赴任的。

他从儿子的信中得知河东君被人救起，已平安地回到绛云楼，还生下一女。他百感交集，立即给她写信问候。河东君没有理睬。他仅在北京半年，为何突然回来了呢？拖着一条独辫子，额鬓溜光，看他如何见人！她从鼻孔中"哼"了一声，表示知道了。

阿秀又补充说："五爹说，老爷是告病回来的，不再去了！"

"不再去了？"河东君反诘一句，陷入了沉思。

钱谦益回到老宅，是趁夜色迷蒙的时候。在苏州路上遇到了一位乡里弟子，迎上他说："阁老大人，你凯旋了？不阁了？"

谦益受到这番嘲弄，心如油煎。他明白这是嘲讽他想当宰相而改事新朝，出卖了忠节，污染了灵魂，而结果还是没有得到新朝信任，没有让他当上阁老！他羞愧难当，无言以对。一回到家里，就换上了故国的宽袖长袍，把自己关在书房里，不越出门槛一步，吃饭也让人送进去。

陈夫人对丈夫反常的表现很是担心。以往他是很少住到老宅的，柳夫人死里逃生后，他们还没见过面，而且又生了一个小姐，他不仅不上别墅去住，怎么也没去看看呢？她几次想试探一下这是为何，只见他双眉紧锁，唉声叹气的样子，话到嘴边又咽了回去。等到第三天，她再也忍不住了，轻轻推开他书房的门，亲自为他捧去一碗莲子羹，坐到他的对面，静静地注视着他。

他的须发更白了，往日黑红的脸膛变成了灰黑色，像一个患了大病的人那样没有一点气色。他没去理会夫人，连眼皮都没抬一下，仍然只盯着面前的《楞严经》。陈夫人怜悯之情油然而生。她爱怜地看着丈夫说："你吃点吧！"

他仍然没有抬头，也没回答。

她又关切地问道："你病了吗？"

"嗯，我是告病回来的。"

"有病就应请郎中来看看，闭门不治，只会越来越厉害的。"

他抬起头来没好气地大声嚷道："死了才好呢！"接着就像着了魔似的捶打着那圈剃得泛着青光的头皮，骂着："为何不早死呀？早就该死啦！"折腾了自己一顿之后，又伤心地趴在书桌上低声抽泣起来。

"你这是为何呀？"陈夫人急得手足无措，在他身边趔来趔去，安慰他说，"有病不用急，只要请郎中先生治治也就好了，你为何要这样折磨自己，说这种不吉利的话？"

"治、治、治！我这病是再也治不好的呀！不如一死了此残生！"谦益站起来，大声地发泄着说。

"你尽说些什么呀？哪有治不好的病！我这就去请郎中！"陈夫人说着就往门口走去。

他追上去说："什么药也无法医治好我这心头之病！难道她回来

没有对你讲吗?"

陈夫人丈二和尚摸不着头脑,她诧异地望着丈夫问:"你说柳夫人? 她什么也没说呀,只说你要去京城赴任哪!"

谦益拉着陈夫人的手,悲戚地说:"我无颜再见河东君,她也永远不会原谅我了! 就是一死,她也不会原谅的。"他悲怆地摇着头,"唉,真乃一失足成千古恨哪! 我叫她伤心了,她再也不会看得起我了!"

陈夫人被他这席没头没脑的话搅得更糊涂了,她轻声地说:"你在说些什么呀?"

他只得将南都事变,河东君如何劝他尽节的情况以及他经不住阮大铖的威吓利诱失节的事都说了。

陈夫人出身大家,从小就接受出嫁从夫的古训。自从嫁到钱家,她的生命就属于丈夫,以钱氏的利益为她的最高利益,以丈夫之喜为喜,以丈夫之忧为忧,丈夫之所欲就是她的追求,一切听从家主的。既然丈夫改事新朝,自会有他的道理,她从不敢去干涉丈夫的行动。可是,当她了解到丈夫的社会声望和人格因此受到影响,又遭到了柳夫人和社会的唾弃,才感到事情的严重了。她理解丈夫,他现在最大的痛苦就是得不到柳夫人的谅解。丈夫是她的依持,他若长此这样闷闷不乐下去,就会要真病倒的啊! 他一倒,钱家也就完了,儿子还不能自主,她将如何生存下去? 依靠谁呢? 她不能失去他,他的儿子也不能失去他! 陈夫人默默地坐了一会,思索怎样才能帮助丈夫。

她想柳夫人很尊重她,回虞山第二天就来看望她,也没在她的面前谴责丈夫。她生小姐时,她也亲自到绛云楼关照过她。如果她去代丈夫求求情,也许她能给个面子。她想到这儿,又叹了口气,说:"既然你认识到错了,就去向柳夫人认个错,我陪你一道去。"

他连连摇头,说:"不,不! 她会把你同我一道挡在门外的! 她不会原谅我的!"

　　　　　　　　寒柳:柳如是传

"唉!"陈夫人叹息着出去了。

一顶小轿停歇在半野堂别墅的大院里。

阿秀走进河东君的卧室,附在她耳边轻声地说:"陈夫人来了!"

这是河东君所没料及的。陈夫人很少出门。谦益已回来三天了,他不敢来,她却来了。这是为什么呢?她心里打起了小鼓。为了给义军筹措经费,她已悄悄把自己的首饰让阿贵带出去卖了,是不是这件事让她知道了呢,还是阿根来访引起了闲言杂议?阿贵办事最可靠,她绝不会泄露是钱家之物。为了不被暴露,她忍痛贬价出售,买主得到很多好处,也不会张扬出去的。至于阿根来访,救命之恩,名正言顺。至于钱回、阿秀绝对可信,他们也知道此事关系到身家性命,不会乱说的。她在楼下客厅里热情地迎着陈夫人,观察她的神情。

陈夫人扬起眼,向河东君微笑着说:"今天我可不是为想着你而来的,我是来求情的呀!"

河东君在心里暗自思索开了,难道她听到了什么危及钱氏家族的风言风语,来制止她继续与海上复明力量联系?她装着若无其事的样子,也报以同样的微笑,道:"哦?姐姐求我?"

"嗯。求你!求你给我一个面子!"

"姐姐,你是在跟我开玩笑吧!妹妹可一点也不明白你的意思。"河东君采取步步设防的战略。

陈夫人注视着她眼睛,朝她意味深长地一笑说:"老爷回来已二天,妹妹不知道?"

河东君沉默了会,才冷冷地说:"我是不想知道。"

陈夫人端起茶杯,眼看着茶杯上精细的花纹,心想着如何去打动河东君的心。良久,她说:"他已吃后悔药了,他把什么都对我说了呀!"

"哦,吃后悔药了? 这么快吗?"河东君冷笑了一声。

轮到陈夫人沉默了,有顷,她说:"他不愿出门,整天唉声叹气,他说活着不如死了好! 我……"

河东君打断了陈夫人的话说:"遗憾的是,这已经晚了,死有重如泰山,也有轻如鸿毛。他不死在乙丑之变,而死在今天,太晚了!"

陈夫人低下了头,她心里很难过。她能怪河东君吗? 爱之深,恨之切,哪个女人不希望丈夫受到世人的敬仰呢? 她理解她恨铁不成钢的心情。但她们都是女人,对于丈夫的过错应该容忍,只要他有悔改之意。她长长地叹了口气说:"你说的也在理上,可是,他总是我们的家主,我们总不能看着他……"泪水呛哑了她的喉头,她说不下去了。

时正酷夏,太阳像一只烧红的炭炉那样烘烤着大地,窗外的花木纹丝不动,室内沉闷的气氛使人更为难受。陈夫人突然抬起泪眼说:"古语云,人非圣贤,谁能无过。过而能改,善莫大焉。他也悔恨了,你就不能原谅他吗?"她说着猛地往河东君面前一跪:"我求妹妹了!"

陈夫人这一跪,震撼了河东君。她像一尊木雕,从椅子上霍地竖了起来,又像一截木桩,跪倒在陈夫人面前。她什么也没说,只是抱紧了她。

谦益当天黄昏就来到了半野堂。

他的腿像灌满铅水,艰难地迈向他们过去共同生活、朝夕晤对的绛云楼。

陈夫人去后,河东君心里像倒了五味瓶,非常难受,便早早地上了床。

阿秀见老爷推门进来,就悄没声响地带上河东君卧室的门,溜回自己的房间。

谦益垂头坐到河东君卧榻旁边。

河东君像根本没有看见他似的，一声不吭地躺着。好久好久，空气像铅水一样凝固了！

"哇，哇哇……"隔壁传来了幼儿的啼哭声，河东君的身躯情不自禁地抽动了一下。

谦益观察到这细微的反应，明白这是女儿的哭声牵动了母爱之心，他找到话题了。轻声地说："我已见到我们的女儿了。"

河东君突然坐起身来，恨不能把心中的愤懑一口喷泻出来。她大声地说："你还有脸说女儿，她会因有你这样的二臣父亲终身感到耻辱！"

"夫人！你爱怎么骂，怎么鄙视我都行。可是，你得让我把心里的话都说出来。要不我会憋死的！"

委屈和羞辱在钱谦益脸上织成了深厚的痛苦面纹。他悔恨交加地说："当时，我只考虑到敌强我弱的形势，认为战必败。担心全城臣民百姓要遭涂炭，想以求和缓和一下敌对情绪，不致遭戮，保存了力量，还可以图再复。谁知阮大铖早与对方达成了默契，他瞒着我将求和书改成了求降书，我无可奈何，只得虚与委蛇！我真恨哪！"他垂下了头。

河东君冷笑一声说："你恨的恐怕是没有做成新朝宰相吧？"

谦益像挨了一锥，抬起头来说："夫人，你的话太刺伤我了。我承认，做过宰相梦，与温体仁争过，失败了。那是在先朝。我可以把心剖开来给你看，乙丑之难，我没有非分之想。难道我那么愚蠢？不能识别他们的权宜之计？我很清楚，现在的高官厚禄诱饵，只不过是为了达到分化瓦解，削弱对抗力量的收买之策。他们是不会信任我们的！一旦他们立稳了足跟，就要先拿降臣开刀。我清楚他们的所为，才决定告病假归来。"他的头又垂了下去。

"我问你，福王预选的两位妃子哪里去了呢？"

他的头垂得更低了。

"你无颜答我,我代你说了吧!为了承欢你们新的主子,你们这群降臣丧尽天良,竟把故国的嫔妃送给敌人的亲王,可怜的两个女孩子,成了你们晋谒的礼品……"

"夫人!"钱谦益的嘴唇哆嗦着求饶地说,"夫人,我不想解释这件事情上我该负多大责任,我承认我也是有罪过的……这大半年的日子,我无时不在痛悔!悔不该没有听从你的忠告,以致声名狼藉,进退维谷。我常想不如一死了之!可是,这死将更叫世人不耻。我辜负了先帝的恩遇。夫人!你应该相信我说的都是心里话。"他老泪纵横地跪倒在床前:"我的心仍然是属于故国的!"

河东君见此,一个翻身,跳到地上,把他拉了起来,说:"男儿膝下有黄金。再说,我喜欢站起来挺直腰杆说话的人!"她说着坐回床沿上,又说:"你说你已感到了耻辱,说你悔恨不已,说你当初是虚与委蛇,以图再复。你讲一千说一万,也只是空话连篇,它对恢复故国没有一丝一厘的价值。你要让我相信你是真的痛悔,那是不可能的。"

谦益两手在胸前抓撕着说:"你要我用什么来证明我的心呢?"他悲怆地叫着:"夫人!你叫我怎么办呢?我就是把心剖出来你也不会相信我呀!天哪,我这是自己酿造苦酒自己喝呀!"说完他双手掩面呜咽着。

谦益的忏悔和恸哭,打动了河东君,她希望他是真诚的悔悟。那么,他的财产和降臣身份对支持复明活动是个不小的力量。她走到他的面前,抓住他的双手,肃然地说:"相公若是真心想复国,现在有个悔过自新的良机,不过,这需要有毁家灭族的决心!"她压低了声音,几乎是附在他耳边说:"我与海上有了秘密联络,海上正急待内援,需巨额经费,无国哪有家,就看相公有没有这个胆量和骨气!"

谦益一惊,没有立即回答。"奏销"案规定的钱粮巨额还未缴清,只因看在他是降臣的面上，延了期限。现在他已弃官归家了，到期交不出，就要身陷囹圄。哪里还能筹措到巨额经费呢！但他不敢犹豫，他还有田产，还有田庄，他愿舍弃一切来挽回他的声誉，洗去可耻的尘垢，得到河东君的宽宥。他回答说："我宁愿倾家荡产，以复故国，赎我的罪孽。只要你认为可以拿去变卖的，我都愿意割舍！"

河东君睁大眼睛看着他，认真地说："我要再说一遍，我想你比我更清楚，支海是非同小可的事。一旦暴露，就要引来灭门之灾，满门抄斩，株连三代！你不怕……"

谦益再次双膝跪倒在地说："我可以对天盟誓……"

河东君忙与他面对面跪下，再次抓住他的双手，像往昔那样捧于唇边，低头亲吻着。两行热泪，滴落在四只手上。

人生的路啊，关键的就那么几步！他在最要紧的一步中失足了！悔恨有什么用，只有洗净在泥坑中沾到脚上的污垢，再回头来重新走过。可是，即使刮掉脚上那层皮，削掉脚上的那层肉，也许还不能换回失足的影响啊！谦益悲哀地自语着："天哪，你可知道我这个教训的沉痛！"

三十八　典尽钗环犒义师

公元一六四七年，顺治四年，永历元年。南明的抗战复国根据地，仍然是东南沿海和广西两地。广西，桂王由榔即位，年号永历，瞿式耜为永历帝的吏、兵两部尚书，留守桂林；福建，隆武帝失败遇难后，他的义子郑成功在厦门树起义旗，继续抗战，接受桂王的领导；鲁王以海在舟山监国，定西侯张名振，荡北侯阮进等辅佐。大学士张煌言聚兵平冈，江浙各地起义失败的义军将士，投奔到海上，与东南抗战力量联合。从江阴突围出来的义军首领黄毓祺，在郑成功的支持下，在舟山群岛招募船只、兵丁，联络了常熟、苏州、无锡、江阴、松江等地不甘受侵略者蹂躏的臣民，准备同时起义，收复江南国土。河东君为支持这次大规模统一行动，应承了黄毓祺部姚神武装备五百兵士的费用。为了筹措这笔巨额经费，他们夫妇绞尽了脑汁。

谦益除了田产，就只剩下了他常引以为荣和乐的古籍、碑帖、字画、金石玩器了。那是他毕生心血的收藏。一个奏销钱粮案，已使他囊空如洗，为不再身陷囹圄，他已秘密地卖出了一些古玩。要在年底前秘密筹齐这笔款子，唯一的指望，就是绛云楼的庋藏了。他们已派阿贵陆续地把绛云楼的藏品带了一些去苏州，犹恐被人发现，不敢卖给爱好者,不得不卖给一个贪婪的古董商。

这个古董商,很有鉴赏力,一眼就能识别真赝,又从来不打听卖主的姓氏,也不询及所卖物品的来历。可是,在他这里是卖不到合理的价钱的。

绛云楼的珍藏在慢慢地减少,可是,还远远不够装备五百兵士所需。现在唯一能卖到大价钱的就是古籍善本了! 不少人都知道,绛云楼藏有海内孤本薛涛所书《美女篇》原迹手卷,上有历代才媛吴彩鸾、朱淑贞、管仲姬和柳如是自己的题跋。宋刻《汉书》《史记》《常建诗集》《白香山诗集》《曹子建集》……许多书后,都有河东君的亲笔题识或跋语。它们是河东君和钱谦益视如生命的爱物,多少藏家都想得到它们,他们说:“就是给座金山,也别想换走绛云楼的无价宝!”钱横早就垂涎于它了。在钱粮奏销案中,曾主动上门,表示愿意相助,借钱给他们。谦益当时感激涕零说:“到底是我的门生,在我危难之时伸出救援之手。”河东君一眼就看穿了他的阴谋,坚决阻止谦益向他借贷。为的是怕失去他们的珍藏。现在,他们不得不考虑要卖掉它们了!

他们让阿贵把这个意思透露给那个古董商。古董商表面不露声色,心里恨不得立即得到几件稀世孤本,连夜乘船跟随阿贵秘密来到虞山,他想先看一下货,再行议价。

阿贵让商人等在尚湖舟中,便来禀告谦益。他带着书来到舟中,小心翼翼地抽出牙签,展开书衣。商人混浊的目光突然放射出异彩,拿在手里,就不肯放。连声地说:“真正的宋刻,真正的宋刻!”

谦益的心犹似看到别人当着他的面搂抱他的爱妾那么难受,情不自禁地一把从商人手里夺回来说:“我不卖了!”

商人一下吓呆了,两眼鼓得像死鱼眼似的凝视着卖主说:“我出五千金!”

谦益的心不由得一抖。他冷静下来,他是来卖书的,刚才的举动,纯系出于不忍割爱,并非拿俏要高价。在这种形势下,有人能出五千金的价来购取它,已是个好价了! 他没有讨价,说:"何时交款?"

商人不假思索地回答说:"后天这个时候,这个地方,一边交银,一边交货!"

他们就这样说定了。

书也算身外之物,割爱却是非常痛苦,特别是读书人。自从下访半野堂那天开始,河东君就结识了它们。后来,绛云楼建成后,牧斋又把他的藏宝,一齐交她管理,她朝夕与之相处,她能区别它们每一个面孔,夜里即或不点灯,她也能准确无误地认出它们,知道它们哪一卷哪一页上有哪些钤印,知道它们的流徙过程,熟知它们纸张的产地和刻工,和它们结下了生死情缘。她每次翻阅校检,总怀着圣洁的心情,先洗净手,恭恭敬敬地双手平捧着,小心翼翼地放在垫有锦缎台布的书案上,唯恐有所亵渎和玷污。它们是宋代灿烂文化留下的瑰宝,是中华文明的碑石,她无比地珍爱它,常常以拥有它而自豪和欣慰,它们在她心里的位置也不亚于它们在谦益心中的地位。

这天是最后一天了,她一清早就把自己反锁在书楼里。

她把准备出卖的书一函一函地从散放出云草香味的木箱里捧出来,轻轻地放到书案上。又逐函地抽下牙签,铺上锦毯,像托着刚刚出生的宝宝那样,一册一册地捧起,轻轻地放到锦毯上。翻开封面,逐页寻找她校注时留下的圈圈点点和眉批。她久久注视着它们,像端详就要离她远嫁异国他乡再也见不着的心爱女儿那样。再将防虫用的云香草,夹放其间。希望它们就像希望远嫁的女儿永远保持出嫁时的健康美丽样永远完美无损。又逐次顺着卷码和编号,一函一函装好,习惯地用羽绒掸子轻轻掸了掸书套,就像为女儿化最后一次妆,梳最后一次头那样,柔情似水。她是以极大的抑制力来完成这一切的。她不敢哭,不敢流泪,只能偷偷地抚摸着它们,偷偷地倾诉着离情,只能把对它们的依恋深埋心底,在心底无声地呜咽,滴泪,她怕她的离情别绪会影响谦益的情绪,动摇了他的决心。她不能,不能……

当她把它们重新整理好,一函一函顺次码在书案上的时候,她再也无法抑制感情,也管不了护书的规则,一下就扑到书案上,紧紧搂住它们,任随泪水滂沱。

吃午饭的时候,她告诉谦益,书已准备好。

一整个下午,谦益都在楼上,她没去打扰他,她知道他在做什么。

夜色像一只硕大无朋的蝙蝠翅翼,慢慢地扯满了天空,黑暗有似深沉的海水,把绛云楼整个地浸泡了。河东君默默地坐在卧室里,等待着与它们最后道别。

夜色还在加浓,变得像砚台里墨汁样漆黑。仍然未听到牧斋下楼的脚步声。难道他动摇了,反悔了?她点起一只灯笼,悄悄上楼了。

她轻轻地推开虚掩的门,室内没有点灯,也没见响动,难道他早就带着书和阿贵一道走了,怕她难舍而不忍招呼她吗?

河东君猜测着,持灯继续往前走去。南边窗下有张书桌,他们检书时经常在那儿落座,她感觉到他就坐在那里。她的步子缓了下来,越向前去,她的腿脚越觉沉重,借着手里灯笼的烛光,她发现谦益抚着书坐在黑暗里,就像她不忍离舍它们那样地不忍离舍它们。书楼寂静无声,她似乎感受到他的心在呜咽,那无声的悲鸣,就像银甲拨弄琴弦那样,震颤着她的心弦。她缓步走到他的跟前,亲切地用南明旧称叫了声:"尚书!"

谦益仿佛刚从噩梦中醒来,带着憬然的神情问道:"到时辰了么,老夫这就走!"

河东君没有挪步,低着头说:"我理解,这等于摘了你的心。说句心里话,我也不好受。要么就少卖一两种吧,你在茸城送我作为聘礼的金凤钗和佩玉,也还能……"

他连忙打断了她的话："那是我送给你的定情之物，也是你唯一的一点私蓄，我还没有穷困到要你出卖定情信物的时候！"他起身抚着她的肩膀说："我曾向你发过誓，雪耻洗辱，为夺回失去的国土，我什么都舍得！"他抽开锦缎裱装的书匣上的象牙签子，翻开封面："我已挖去了绛云楼藏书钤印。"

河东君转过身，面对着他又轻轻唤了一声："尚书！"就把头伏在他的胸前。这是自南都出事来她第一次给他的温存，她感到发间有种细流在蠕动。

款筹齐了，如何才能把它安全地送到舟山呢？河东君陷入了苦苦沉思，谦益也为此焦虑不安。他们以割股救母的虔诚，费尽周折，筹集到的这笔巨款，是他们献给故国的一瓣心香，是他们对收复国土的寄望。把它托交给任何人送去他们都不放心。谦益不能去，他是请病假回来的，目标大，万一败露，通海的罪名不仅要毁家灭族，还要危及复国大业。河东君想来想去，认为谁去都不合适。就跟谦益商量说："为安全起见，我亲自送去。"

谦益连连摇头说："不行不行，这太危险了！"

河东君心里十分清楚，能否顺利到达舟山，能否生还绛云楼，都是不能料及的，很可能此行就是她同虞山、同她年幼的独养女儿和谦益的诀别。可她必须这样做。她说："牧翁，我想好了，只有我去最合适。"她列举了"最合适去"的理由。首先，她长期的水上漂泊，使她谙熟江浙河汊的水道；其二，她具备应付事变的机警；其三，万不得已时，她的剑术能防身；再者，她早想去看看海上义士，这对他们也是个鼓舞。她请谦益谅解，她已私下把全部首饰都变卖了，她要用这笔钱去犒劳他们。

谦益听她如是说，不作声了。

河东君只收拾了简单行装，特地带上了孙临夫妇送给她的那口青锋宝剑。她抱着女儿亲手交到阿娟手里说："我把小姐托付予你！若是我回不来了，你……"想到年幼的女儿就要失去母亲，她从此再也看不到女儿，心就像被滚油煎熬。不觉间，她又把女儿紧紧搂进怀中，在她那粉嘟嘟的脸上亲着。女儿"嗯妈、嗯妈"地咿呀着，河东君的心碎了，鼻一酸，泪水就要奔涌出来。她强制着不让泪水流出，冷峻地再次把女儿递给阿娟说："阿娟，你就把她当作自己的女儿抚养吧……"

阿娟没伸手去抱小姐，扑通一声跪倒在她的脚前，抱住她的腿说："夫人，小姐有老爷和奶妈照看，我要跟你一道去！我不放心你。"

河东君一手抱着孩子，一手去拉阿娟说："你尽说傻话，小姐不能没有你，你的小阿贵也不能没有你！我有阿贵、阿秀他们跟随，你有什么不放心的？快起来！"

阿娟仰起脸，泪水汪汪地说："夫人，我们不是早就说过，死也要死在一起吗？我一定要跟你去。"她一骨碌爬起来，"我这就去收拾行装。"

河东君着急地说："阿娟，我的好妹妹，为了孩子，我求你了！倘若我有个三长两短，你就是她的母亲！好妹妹，看在我们生死同舟的分上，答应我吧！"

"夫人！"阿娟哽咽着抱过小姐，说不出话来。

站在一边的谦益，早已老泪纵横，他对河东君说："夫人放心地走吧，家中事还有我呢！"

河东君抬起泪眼，望着他，半晌才说："尚书，请多保重！"又转向阿娟说："你也不用牵挂阿贵，我们一定能回来的！"

河东君凭着她的机智和应对本领，顺利地从浙南到了舟山。

她的到来，受到了海师将士热诚的欢迎。他们让出最好的营房，给她下榻；派最好的女兵，给她做侍卫，还赠给她一套戎装。要她先好好休息，再到军中去看看。

河东君下榻处是搭在海湾边的小木屋，立在低矮的窗前，就能望到义士出没风浪，拉弓搭箭的身影，也能听到他们刀剑撞击的声音。这是一种多么新奇令人奋进的生活啊！驰骋沙场，挥剑杀敌，她向往这种为国效力的生活。为了保卫南都，她曾冒着千古骂名，陪着阮大铖去江师犒军，结果不堪回想。现在她来到真正的忠义之师中，怎么也抑制不住兴奋和激动。她不顾旅途劳累，就走到了户外。

她立在一块岩石上，眺望着大海。如果把风平浪静的尚湖比作一位温柔的少女，那么大海就像一个剽悍的骑士。展现在面前的海湾，湛蓝湛蓝，无边无际，波浪绵延至天的深处，海天难分。三两义士从海滩走过，海浪把他们的衣衫"咬"得披披挂挂，海风把他们的肌肤，撕裂得像老柳树皮。她不由得一阵心酸，在心底慨叹了一声："这就是我们的义士，肩负着复国重任的义士！"她向一群击剑的兵士走去。刚刚走了几步，身后就传来一个熟悉的声音："柳夫人，请等等。"

河东君回头望去，阿根带着一个陌生的义士向她走来。

河东君暗自一愣，停步等在路边。

阿根给她介绍说："这位是趾麟兄，得知夫人来了，一定要我陪他来拜望夫人。"趾麟是钱云的字。

听到这个名字，河东君心里不觉滚过一股暖流，脑屏上闪现出一个笃厚的面容。他的父亲钱横改事新朝，由刑部主事，历员外郎，升任广东提学道。近来又把女儿嫁给了平南王，正踌躇满志，势侵朝野呢，而钱云却参加了海上的斗争！她激动地说："能在这儿看到族少爷，真是高兴。"

钱云抱拳致意说："学生不敢忘记夫人的勉励。"他从怀中取出那把白米折扇，展开念道："'大丈夫以国事为重，好男儿以家食为羞！'夫人,请看! 我一直把它带在身边呢。"

河东君心里翻涌着波澜,她感动得不知说什么好,声音也有些颤抖了,连声说:"谢谢,谢谢!"突然,她想起了天马山的际遇,问道:"族少爷,你的师傅孙武功相公现在何处?"

钱云的脸色黯淡下去,沉痛和愤慨把它扭歪了。他低声地回答说:"仙霞岭失败后,大师遇难了。我突围到了这里。"他将折扇收拢,狠狠地说:"有仇不报非君子! 钱云发誓要雪这杀师之恨!"

侍卫见河东君表情异常,怕她经受不了这样的刺激,便说:"柳夫人,这儿风太大,要受凉的,进屋再叙吧!"

他们便一道跟着侍卫走进了她的下榻处。军中也不顾什么礼节,随便坐下。河东君又向钱云打听葛嫩娘的情况。

"她也遇难了!"

"她也遇难了?"河东君喃喃地重复着。

"她死得悲壮!"不待河东君继续询问,钱云就将葛嫩娘被害的经过说了出来。

敌军攻占了仙霞岭,孙临和葛嫩娘同时被执。敌将见葛嫩娘貌美,想调戏她。嫩娘咬碎舌头,喷吐到敌将脸上。敌将恼羞成怒,当场杀了嫩娘。孙临也继而被杀。

河东君含泪静听着。

海风呜咽了,海浪愤怒地撞击着岩岸,义士的舟楫躁动了!

河东君起身从行装中取出一柄剑,紧紧握在手中,她的意念返回到十年前的天马山,孙临、葛嫩娘正在教她和悟尘击剑,她双手捧过了他的赠予——一柄他自炼的青锋宝剑。想到此,她高高捧起剑,两眼含着泪水,双膝跪倒在地,对天高喊着:"师父,嫩娘! 柳是要为你们报仇!"

侍卫和阿秀忙上前扶起她,钱云也忙上前劝慰着:"柳夫人,不必太悲伤,国难当头,死亡总是难免的。"

河东君仍然双目凝视着手里的剑,泪珠滚滚。

河东君彻夜难眠。闪过木屋的海风有如先烈们的呼号;扑通、扑通拍打着海岸的浪啸,就像嫩娘的叮咛:"河东! 河东! 复仇! 复仇!"她决定要留在海上,参加义军。

第二天一早,她就换上了义军赠予的戎装,腰挂宝剑,请侍卫去通报张将军,她有事求见。

张将军就是张煌言,自宁波起兵来到海上。她敬佩他的文名,更崇敬他的忠义。他很快就亲自来到河东君的下榻处。河东君恳切地提出了参加义军的要求。

他笑着回答说:"夫人欲留在海师,煌言求之不得,不过……"他没说完就转过话题:"今天还有位将军要来见夫人。煌言现在陪夫人去看看将士,看看夫人出资装备的五百义士,如何?"

"请问张将军,那位将军是谁?"

他笑而不答,对她的要求也没再做解释。她是个绝顶聪明的人,也不好再问。

河东君携着变卖首饰的银两,随着张将军和一群亲兵,乘坐一艘大舟,从海师的这个营寨驶到那个营地。每到一处,她就把银两分赠给义军。

最后,他们来到黄毓祺部驻地。在他的陪同下去看望她装备的五百义士和首领姚神武。

她受到了热烈欢迎,她激动地说:"义军壮士,柳是感谢诸君,江东的父母兄弟姐妹、诸君的亲人都在等待着你们打回去! 赶走鞑子,复我大明!"她越说越昂奋,眼睛都湿润了:"义军壮士兄弟们,唯有你们是恢复社稷的希望! 我这个在异族奴役下的妇人拜求你们了!"她说着朝着面前的兵士跪了下来。

士兵们受到鼓舞，不约而同地高呼："我们一定要打回去，收复国土！"

"我们一定能打回去，收复国土！"

河东君再次向他们致谢说："谢谢诸位义士了！"

"柳夫人！"

谁唤她？惊回首，她欣喜异常。他在闽地，怎么来到了这里？她迎着他走过去。

郑成功远远地向她一揖到地说："听到夫人来海师犒军的讯息，学生喜不自禁，迎候来迟，请恕罪！"

海疆遇故人，河东君说不出的激动，她忆起了不久前关于他力谏其父，勒兵抗敌和他按照日本风俗剖腹涤肠葬其母的传闻，眼前又倏地浮现起他们上虞山观剑门的情景。果然是一代天骄！她叫了声"延平王"，就要跪拜于地。

成功立即上前拦住她说："夫人，快别如此，学生敬仰夫人，还叫旧时称谓吧！"

延平王，不就是威镇四海的国姓爷吗？他特地来看望装备他们又来慰劳他们的柳夫人，还口称学生，兵士们惊讶不已，这妇人真胜须眉！

成功觉察到了兵士们的惊奇，又从她的戎装联想到她的剑技，就向整整齐齐立在面前的兵士们介绍着说："柳夫人不仅是江左著名才女，还从名师习过剑术。哪位将士敢与柳夫人比试剑技！"

军士们面面相觑，不知这位奇女子的剑法如何厉害。无人敢出队应战。

河东君立即领悟了成功做如此提议的意图，也明白将士不敢应战的顾虑，她抱拳向众人一揖，说："诸位将军、义士，国姓爷所言，有些言过其实，我虽从过名师学剑，但久不练习，早已荒疏。不过，我愿与哪位一比,以娱大家。"说着就从腰间拔出青锋剑来。

黄毓祺见状,暗向五百义士的统领姚神武示意。

姚神武立刻出队走到河东君面前,抱拳一揖说:"小将愿向夫人领教。"

将士们顿然来了兴致,气氛活跃起来,鼓起了掌。

俩人拉开了架势。刹那间,只见两个人影忽跃忽蹲,有如银龙狂舞,有如鹰击长空,如鱼翔水底,如白鹤亮翅,两剑相碰,声如裂帛,刺、劈、撩、崩、挑、截、削,各不相让。

他们的精彩剑技,引起阵阵雷鸣般掌声。

河东君那娇小的身影,一会腾空跃起,一会伏虎歇蹲,但她哪是血气方刚的青年将军的对手呢?数九寒冬,额上已是汗星点点,眼见渐渐不支。

突然,成功仰天大笑起来。

姚神武一惊,倏然意识到要"剑下留情"。和柳夫人比剑,不是为了胜负,而是为了激励众人。他连忙往后倒退一步,抱剑向河东君一揖说:"请夫人收剑,小将要歇息一会。"

河东君朗然地笑了起来说:"哈哈……眼见我就要惨败在姚将军手下,国姓爷一笑给我解围了!"蓦然,她心里闪出一个念头。她双手捧起剑,面对五百义士说:"我虽败给了姚将军,可我这剑是一口好剑,是我的师父孙武功监军早年送给我的。他为何要送我这口剑?是想叫它保护我去争得我想得到的独立、自主。现在他们夫妇已肝胆酬国了,为保卫仙霞岭,死得十分惨烈。我想到他们,心里就十分难受,深感愧对于这柄剑。"她的声音渐渐低沉下去,停了一会,才恢复了先前的昂奋:"我不配使用这么好的剑,我想把它献给诸位的首领!"她走到姚神武面前,将剑举过头顶,往地上一跪说:"只有义军将士配使用它,请姚将军收下!"

姚神武愣了一瞬,但他被此举深深感动了,他庄严而虔诚地接过剑,高举过顶,跪下说:"多谢夫人,神武决不辜负夫人厚望!"说着解下自己的佩剑,双手捧给河东君说,"请夫人留作纪念吧!此剑虽不出自名山,但染过敌血!"

河东君欣然接过,说:"多谢将军!"

不知什么时候,海滩上空回荡起《满江红》的乐曲了,那声浪由弱到强,渐渐汇成了雄浑的大合唱,仿佛大海的和声。义士们举臂高呼:"打回去!收复国土,复我大明!""为死难先烈复仇!"喊声响彻海空,震天动地。

河东君潸然泪下。

"柳夫人。"

河东君抬起了泪眼,张将军站在她身边:"歇会去吧!延平王还有重要的事跟夫人商量呢!"

她抱拳告别了五百义士和黄、姚两将军,随着张煌言、郑成功几位将军走进了一间营帐。大家坐下后,成功就开门见山对她说:"夫人,你的要求,张将军对我说了,你现在不能留在海师。"

"为什么?"河东君惊讶地问。

"我们有更重要的事要委托于你!"成功说着望着河东君,"这一重任,唯有夫人能胜任。"他把目光又转向在座的诸将军,"我们已商量好了,正要遣人去虞山见夫人,正好夫人来了。"他还告诉她,他们集到舟山来,是商讨会师北伐。

将军们如此信赖她,把这么机密大事毫不隐瞒地告诉了她,她感到由衷欣慰。她暗暗地想,不管他们要交给她何种艰难的任务,她也在所不辞。她说:"国姓爷,你直说了吧,要我做什么,柳是决不说一个'难'字!"

"夫人侠胆忠心,人所共知。"成功说着,就把一张纸片递给河东君说，"这是我们海师合伙开设在苏州五大商号的地址和联络人，我们要请夫人以贵妇人的身份与商号联络，传递消息，转运物资，为迎接舟师做准备。"

河东君一口应承下来，说："我即刻启程。"她站起来向将军们一一揖别："柳是将竭尽全力以答诸将军的信任。"

三十九 示幻不妨为厉鬼

平安地回到了虞山的河东君,怀着兴奋和躁动的心情期待着复国大军打回来。

日月像流水样淌走了,仍不见义军回来的消息,他们不安了。

岁次进入了顺治五年(永历二年,1648),还不见义军打回来。河东君忐忑不安,焦虑万分,病倒了。正当河东君辗转病榻时,阿根来了。

那也是一个漆黑的夜晚,谦益照常地望着一蹿一蹿的烛光出神,河东君无语地躺在床上。阿秀通报阿根来了。谦益立即迎了出去,河东君也没顾得梳洗整装,只穿好外衣,也向客厅走去。

阿根迎着他们站了起来。

河东君一下愣住了,阿根两眼深陷,两根下颚骨把他那方方正正的国字形的脸拉斜了,额纹像刻刀雕的那样深邃,整张脸上是憔悴和悲愤。河东君刚刚还兴奋得直蹦跶的心,倏然往下一坠,好像是从悬崖上突然滚进了深渊,她的脚像被什么咬住了,站在客厅门口迈不动了。

阿秀想把她扶到椅子上,她摆了下手,倚靠在门框上。

阿根低着头,怅怅地说:"失败了!"

夜深人静,客厅的帘幔沉重地低垂着,微弱的灯光一抖一抖。阿根垂手立着,没有坐下。河东君只感到心肺在被撕裂,头顶在经受雷电的击劈,房子也上下旋转起来,黑沉沉的帘幕和恶魔毒舌似的灯火,来回在她眼前晃动。她身子一歪,顺着门框滑坐下去,口里喃喃地重复着:"失败了,失败了……"

谦益和阿根连忙向她围了过来,她有气无力地说:"请讲详细点。"

阿根给他们带来了两个不幸的消息。

黄毓祺率领的义军,共千艘船只,从舟山已行进到崇明附近,突遇台风,船只大部被狂风摧毁,黄毓祺乘坐的船只也被打成了几片。他和两个亲兵,投奔到支持复国的友人家中。友人敬佩他为国义胆忠心,留他暂住。谁知被与友人有隙的邻家发现,告了密。顷刻间,祸从天降,友人的家被抄,人被捉,黄毓祺被关押在海陵狱中。

阿根说完这件事,略微迟疑了下,又低声地说:"陈大人也因串联起义被人告密,在广富林被捉。他趁看守不备……"

河东君紧紧地抿住嘴唇,两眼逼视着阿根。

"他,他投水而死。"

她感受到她的心正在经受毒焰烧炙,卧子死了!她装备的五百兵士被大风吞没了!前途渺茫,如何是好!谦益也突然衰老下去。他们俩谁也没有再说什么,就那么无声地坐着,不幸的讯息像山一样压碎了他们。

阿根面对着这情景,暗自吃了一惊,忘了自己此行真正的任务。他是受大学士张煌言、定西侯张名振所派遣,来与内地复国志士联络的。他立刻告诉他们,被海风击散的兵士大多已回到海上,张煌言统率的大军已集结在平冈,叛将金声桓、李成栋在江西投降了桂王。复国的力量,像烧不尽的野草,又绿了山岗,比原来更壮大了。阿根劝他们不要为小小失利而悲观，胜败乃兵家常事，复国的旗帜是不会倒的，只要大家齐心协力，复国大业会有取胜的那一天。

阿根的一席话，有如一壶桦油，注入了灯盏里，灯光突然亮起来。天色欲明，阿贵才把阿根送走。

海陵县狱中，廉使正在提审黄毓祺。他开门见山地质问黄毓祺说："你的同谋还有常熟的钱谦益，人证物证俱有，你为何隐瞒不供？"

昨日，廉使的临时官邸来了一个两腮丰润、每条面纹里仿佛都流淌着媚笑、行色匆匆的人，拜见廉使。他面呈了主人致廉使的亲笔书信和一份礼单，说："提学道大人让仆当面向廉使大人致意，此事拜托了！"

廉使对他这位同年钱横，佩服得很。他佩服的是钱横从旧朝到新朝同样官运亨通，此乃是真本事！但所托之事有些棘手，若是犯人至死不招呢？沉吟有顷，廉使说："请转致钱大人，下官当勉力为之！"今日，他想从黄毓祺这里逼出供词。

黄毓祺暗自一怔，继而冷笑着说："同谋？大人难道忘了钱谦益和你一样是故国叛臣吗？他所谋事新朝佐命，我所谋为复国大计！风马牛不相及也！"

廉使冷笑起来，阴阳怪气地说："本大人奉劝你想想自家现在的处境！"他紧紧盯视着黄毓祺，又笑容可掬地说："你若如实交代出钱谦益支海谋反一事，本大人可以设法宽宥于你！"

黄毓祺蔑视地望着廉使，哈哈地大笑起来说："谢谢劝告。不过，本大人只知大丈夫以正直为本，好男儿以国事为重。本大人倒想奉劝廉使，早日反戈一击，弃暗投明。如能真的像你所说的钱谦益那样，支海复国，那倒是你们这些叛臣的唯一出路。也只有这样，才能求得国人对你的宽恕！否则……"

廉使大怒,惊堂木一拍,命令给黄毓祺施加酷刑。重刑之下,再行威逼,黄毓祺仍然不屈,只回答说:"无可奉告!"

黄毓祺被拷打得皮开肉绽,奄奄一息,拖回狱中,半夜才被冻醒过来。他自知生命没有多少时间了,挣扎着爬向墙边,在狱壁上书下了绝命词:

> 人闻忠孝本寻常,
> 墙壁为心铁石肠。
> 拟向虚空擎日月,
> 曾于梦幻历冰霜。
> 檐头百里青音吼,
> 狮子千寻白乳长。
> 示幻不妨为厉鬼,
> 云期风马昼飞扬。①

书毕,倚墙而坐。第二天,被狱卒发现时,已命断气绝。

黄毓祺宁死没有出卖钱谦益,但是,谦益并没有因此得以解脱,他仍然被株连上了。

一天深夜,半野堂的大门突然被人撞开,拥进一群差人,手提枷锁,要捉钱谦益。

河东君自从犒军回来后,一直病歪歪的。黄毓祺案发,她就担心她的活动被暴露,要延及谦益。后来听说黄毓祺在重刑下咬紧牙关,没有供出任何与义军有联系的人,不屈而死,她紧张的心情才稍稍宽松了些,谁知事起陡然!

---

① 钱肃润辑《南忠记》"贡士黄公"条。

　　　　　　　　　　　　　　　寒柳:柳如是传

河东君从病床上坐了起来。她首先想到的是,谦益是受了她的连累。若不是因为她,他是不会被牵连进这个案子中的。要说复国有罪,这个罪应由她来承担,让谦益为她受难,她于心不忍,于心不安。"要救出他!"的念头闪上心头。

她飞快地分析形势。既然黄毓祺没有供出他们支海的活动,敌人就没有掌握佐证。她又再次检查了自己的活动,也没发现露出了什么破绽。她去犒过军,除了几个首领,谁也不知道她的真实身份。至于钱趾麟,他早就跟他父亲走了两条不同的路,她是信得过他的。他们的活动没有遗落任何把柄在他人手中。要锁捕牧斋,并没有真凭实据,只不过捕风捉影,是政敌的诬陷。决不能让这件案子成立,要想尽办法辩诬! 这不仅仅是为救谦益于水火,也是为保护复国力量。万一他经受不了重刑逼供,那就不仅是钱氏满门的身家性命问题,他们这个联系点就要暴露,许多复国志士就要身陷缧绁,她为之奋斗的复国大业就要受到很大的损害,后果将不堪设想了!

河东君想,现在顶顶重要的就是要给谦益以力量,鼓励他战胜危难。她决定跟着他走。她令阿秀说:"快去把我和老爷的换洗衣服收拾好。"

阿秀困惑地问:"夫人,你的衣服?"

河东君"嗯"了一声,她正在对镜梳妆,从镜中看到阿秀仍站在原地迟疑,又催促说:"快! 我要陪老爷同去金陵!"

阿秀说:"夫人,你的病没好,走路还有些歪歪倒倒,怎么能去呢?"

"我又怎么能让老爷一个人去赴难呢! 快点去收拾。"

阿秀哭了起来,说:"你没见那些差人凶神恶煞的样儿! 我怕夫人到不了那里,就要倒在路上呀!"

"曾经沧海,我怕什么呀! 我的病已经好了不少,走走路或许还会好些呢! 时间已来不及了,快去! 听话。"

阿秀怏怏而去。

河东君梳洗过后,又取出钥匙,收拾银两和首饰。阿秀拎出两只包袱。放到几上,说:"我跟夫人一道去。也好有个照应。"

仿佛有股暖流流过河东君的心坎,她说:"好吧,你快去收拾你自己的东西。"

河东君收拾停当,就来到堂前。

谦益已披枷戴锁,银铛拖曳。河东君心里一阵酸楚,她走到丈夫面前,从容地说:"尚书,你的行程不会孤独的,我跟你一道去,陪你上金陵!"

谦益非常诧异,连声说:"夫人,这可万万使不得,你久病在床,沉疴在身,不能出门啊!"

这时,阿娟抱着河东君的女儿,焦急地拨开人群,来到河东君的而前说:"夫人,你不能去!"

小女儿也从阿娟怀里挣到地上,抱住河东君的腿,"阿妈! 阿妈!"地直叫着。

河东君弯腰把女儿抱在怀里亲了亲说:"乖乖,乖乖地跟娟姨。阿妈要出远门去!"说着就把孩子递给阿娟,孩子手舞足蹈地挣扎着嚷道:"我要阿妈! 我要阿妈嘛!"

公差吆喝起来:"好了没有! 已误了我们赶路时间了!"

河东君连忙将包好的红纸包塞给公差说:"差公公,请稍候一下,我的丫头还没来。"

谦益心里很难受,他再次对河东君说:"夫人,你的心意我领了,铭刻在心! 可你万万不能去,孩子也不能没有你!"

河东君坚决地回答说:"尚书,你真糊涂! 你这纯属冤案,正因为我们还有后代,就更不能任人诬陷。我此去是要为你喊冤,救你出水火。倘若洗不清你的冤情,我就要求代你去死。若是代死不行,我也从你而死。你打起精神上路吧!"

谦益的眼睛湿了,滚出了两颗豆大的泪珠,他深情地看了女儿一眼,抬起脚,面对着虞山,向大门外走去。

虞山的山道上,久久地回响着锁链相互碰击,发出的串串叮当、叮当之声。

四十 一炷奇香插心烧

谦益被押解到金陵，下在刑部狱中。河东君则秘密地住到备兵使梁慎可的雕陵庄。

河东君在南都时，交谊很广，但多为泛泛之交，唯独与慎可母亲的交谊笃厚。老太太非常喜爱她。这当然是她选择慎可家寄住的原因之一。但其最重要的因由，则是梁慎可和当朝权势显赫的新贵们的亲密关系。慎可曾为马国柱的宾僚，过从甚密；与洪承畴又有乡试同年之谊。河东君想通过慎可这两大关系去为谦益洗刷和开脱。

可是，谋反这可是个谈虎色变的罪名，谁愿意引火烧身呢！何况世态总是那么炎凉。慎可出于母亲的关照，只允诺在暗中疏通。经过他数日的串联和询问，得知此案系谦益往昔的得意门生、族侄、现已擢升为赫赫的浙江按察使钱横告发的。

钱横的管家钱万恭，从苏州市上得到一件古玩。钱横认出是钱牧斋家的藏品，认定是为支海而变卖的，便对刑部说了他的推断。刑部便抓住这个线索大做文章。慎可不敢出面为钱谦益开脱，只将了解到的情况告诉了河东君，并且再三叮嘱："切勿让人知道是我梁某泄露的。"

河东君不得不亲笔上书，为谦益申辩。她在上诉书中写道，为还清钱粮，确实卖过古玩。如果说此种出于无奈的割爱也要受到惩罚，也应该是惩罚于她，钱氏的财产在她手里，此事是她一手操办，与谦益无关。要死，也只有她去死。不准她替死，她就只好从死了！

河东君愿以死救夫的精神，深深打动了慎可的母亲，除在生活起居上更关心她，还叮咛儿子要尽全力营救谦益。在河东君的奔走和梁慎可暗中相助下，谦益终于被释放了。

谦益出狱后，借住在友人丁继之的秦淮河房，准备稍事休息数日，便返回常熟。

出狱后的第三天，钱横带着钱万恭，携着礼品，身着微服，出人意料地来到了丁家河房，他像往昔那样恭顺和蔼，谦益竟一时不知如何对待他好。他已听河东君说过，他之被捕，就是这位门生的告发。他真想当面痛斥他一顿，以泄心头之恨。可是，他毕竟是个胸有城府之人，虑及钱横的显赫地位，他不得不克制着心中的怒火，强颜应付着这个心地狠毒的伪君子。他痛恨自己有眼无珠，直到今日才真正看清他，真是空长了几十岁。他感到痛心和懊恼。

钱横向谦益行了礼，就亲切地说："听说老师被诬受惊，学生特地从杭州赶来。"

"请坐，请坐！"谦益只好也像以往一样起身还礼招呼着，"贤侄官居要位，公务劳顿，还亲自来看望老朽，实在不敢当。"

"老师此言见外了，一日为师，终身为父。况且学生又是老师族侄，岂能坐视老师受屈！横闻老师被捕，心中十分不安，深感有责出面营救，故而匆匆赶来。幸蒙所求之人都给了学生情面，愿意从中帮助，老师才得以出狱。今日除来慰问，也是来庆贺老师得脱缧绁之灾。"钱横说这些话时，是那么虔诚，是那么真切，不能不让饱经世故的钱谦益也佩服他的做戏本领了。

钱谦益面对自己的敌人，又不敢当面拆穿他，予以痛击，他气得直哆嗦，拳头在袖中捏得汗淌。嘴里还得违心地说着："哦，如此说来，是贤侄营救了老朽！真使老朽感到莫大安慰。"他长长地叹了口气，接着说："唉，不知何时得罪了小人，要如此加害老朽。老朽反躬自问，从未亏待过他人！"说到此处，他有点难以控制情绪了，激愤地说："善有善报，恶有恶报，不是不报，时辰未到！诬陷好人，天理不容，贤侄以为然否？"

钱横见谦益情绪突变，意识到不宜在此久留，不如敷衍几句，走为上策："老师，何必如此激动，乱世之年，何种人没有，还望今后多加注意，小心为好。学生今日就不多打扰了，等回故里，学生再行登门拜望。告辞了！"说着便拱拱手，向门外走去，刚走了一步，他又停下转过身来，说："老师，我忘了一事，嘉定谢玉春托我问候你。他已高中金榜，皇上英明，授以刑部主事！"

谦益强制着怒火上蹿，点了下头，瞪着两眼，看着钱横走出中门。他忍无可忍，将手中的茶杯向门口掷去，骂道："伪君子！"

谦益回到常熟家中，却仍然没有行动自由，要定期向地方官禀报交往动态。他只得闭门读书著述，与海上的联系也只得更为隐秘。

一天，常熟知县将他传去。知县大人没有查问他的活动，也没问及他的交往，却询问起他家的庋藏来。

"久闻绛云楼庋藏冠盖江左，很想一睹江南的书城哪！"知县像跟朋友谈心似的看着谦益的眼睛说。

"随时欢迎老父母莅临寒舍。"谦益慌忙回答着，可他心却咚咚直跳，又忙解释说，"读书人谁家没一点收藏，冠盖江左，那是言过其实。"

"本县有位身居按察使位的同年，"知县把按察使几个字说得很慢很重，"酷爱收藏，愿以重金换得绛云楼海内孤本——宋版《汉书》，不知尊意如何?"

谦益的背心上不由得渗出了冷汗,是他们觉察了他卖书的蛛丝马迹,还是真有人想趁危敲诈于他?不管知县意图如何,也不能让他觉察出他内心的慌乱。他强制镇定了下自己的情绪说:"老父母大人,宋版《汉书》,老朽视之若身家性命,恕老朽直言,实不忍割爱。"他略顿了顿,抬头看着知县试探地问道:"不知是哪位按察使大人如此宠爱于它?"

"既不肯相让,也就无须知道其名姓吧! 不过,按察使大人可是非常企望得到它呀!"

谦益回到家中,立即把河东君叫到楼上,关好门,把知县找他的事,详尽地说了。

"不好!"河东君立刻联想到谦益的案子未能完全解脱,刑部还抓住古玩事不放。也许放回谦益是为照顾新贵的面子,暗中仍在调查。在此种新旧交替、鱼龙混杂的特定历史境况中,何样的人没有,何样的事不会发生? 她说:"尚书,此事不能等闲视之! 我们卖书之事可能已被人觉察。那个愿以重金换得《汉书》之人,很可能就是你的高足钱横! 他是想借此探听虚实。"

谦益气得捶胸顿足,骂道:"无耻小人!"他心里很明白,一旦事发,不仅自己的性命难保,还要累及阖家无辜。他喃喃地自语道:"这将如何是好!"

河东君说:"好在他们事先给了这个暗号。我们得立即采取对策!"她倚着书柜默默地站着,目光轻抚着室内的普版书籍和所剩无几的古玩,她的眼前幻化出一丛烈焰,蹿起的烈火猎猎地烧着,她被火光包围了。她控制不住心的战栗,周身抖索起来,连连摆着头,好像要摆落异物那样,要把刚才出现在幻觉天地间的火光都抖落掉。可是,情急中升起的火光，是解脱困境的唯一决策。

她不敢把这个闪现在心中的办法说出来。她明白，这对谦益将是多么大的打击和多么大的牺牲！

迫在眉睫的是，假如知县要来一睹《汉书》，难道还能拒绝？不拒绝又拿什么给他们过目呢？岂不立即就证实了他们的推测、判断？牧翁现在仍未恢复自由，住在城里，在知县的眼皮下面过日子，一举一动都会有人报上去。他们与海上的联系不仅困难，而且非常危险了。从金陵回来后，他们也曾想到过谦益舅家馈赠的芙蓉山庄，若是能住到那里，就方便自由得多了！它远在三十多里外的白泖河边，直通长江，与海上往来非常便利；远离县城，也可避去许多耳目，况且，社会上对妇女的行动也不甚注意。她早就想独自搬往那里居住，和海上恢复正常的联络。只因为没有名正言顺的理由，害怕引起外界的怀疑，不敢造次行动。如果……她不就可以搬到芙蓉山庄去住吗！

一想到他们有可能更多地为复国大业工作，她的勇气就被鼓起来了，她把她的设想告诉了谦益。

"啊，烧掉？"谦益情不自禁往起一跳，奔到河东君跟前，两手使劲地攥住河东君的臂膀摇着，像是诘问，又像是要求，"把我们的绛云楼烧掉?！"

河东君轻轻地点了下头说："这是唯一能保全我们自己，又能保全我们这个联络点继续活动下去最为明智的决策，除此别无他路了！"

谦益两手无力地垂了下来，他的筋骨仿佛被人陡然抽掉了。他想起了建筑绛云楼的日日夜夜，为建筑它，他所付出的心血；他忆起了每件藏品的经历；想起了同河东君朝夕晤对校书著述的情景，比之赵明诚和李易安在归来堂有过之而无不及的愉快生活；想起了他们共同校编《列朝诗选》；还有他们的唱和……绛云楼联系着他们的生命，他们的志趣，他们的事业，他们的欢乐，他们的忧伤……

　　　　　　　　　　　　　　　　寒柳：柳如是传

他突然变得像一头被击伤的雄狮那样，霍地抓住河东君的手，睁着泪光闪闪的眼睛，盯视着她说："不！不！河东君！就没有别的路可走吗？"

"尚书……"埋藏在河东君心里的痛苦像火山样爆发了！她扑进他的怀中，无声地抽泣着，好久好久，她才抬起头来，轻声地说，"你下去休息吧！"

"我想多陪陪它们！"

"你以为我就舍得它们？"

他们再也没有说什么，就那么无语地对坐着，直到黄昏来临。

"老爷，夫人，吃夜饭了！"阿秀隔着门轻声地呼唤着他们。

河东君轻轻地应了一声，谦益却像没有听到那样，有如木头人似的呆坐着。河东君用肘碰了碰他，他也没有反应。

河东君伸手挽起他说："尚书，我们下去吧！"她凝视着丈夫的眼睛，吃了一惊，他仿佛在突然间老了十岁。他颤颤巍巍地站了起来，步履跟跄。他跟着她，向每一只书箱都投去依恋的一瞥，像是向亲人们的遗体告别那样，眼里注满了混浊的泪水。

他们走到楼梯口，谦益陡地转回身，像饿虎扑食那样，扑向一只紫檀书箱，泣不成声。

河东君立即关好门，扶住他说："尚书，别这样，会让下人看出来的。"

她劝慰着丈夫，泪水也模糊了视线，她什么也看不清，捂着脸，把头抵到箱盖上，无声地哭着。

他们的泪水在紫檀色的书箱盖上犁出了道道泪沟。

谦益伸手向她索要钥匙，河东君掏出手帕，揩干了眼泪，打开了锁。

谦益的手抖索着，把书一册册地抽出来，搂抱在怀中，又拎起袍襟,兜着,向楼梯走去。

河东君立即上去拦住他。"尚书,先放下,这会暴露……"她附在他耳边,小声地说,"待到夜深人静之时,我来检出你最急需的和最珍贵的书。"

梆声敲过了二更,仆妇们都已睡去了。河东君轻轻地摸出卧房,穿过过厅,从壁龛里取下一只纱灯,轻巧巧地上了书楼,开了锁,走进了他们的庋藏间。

她将纱灯放到书桌上,就去检书。

检了这部,又想检出那部。

书籍,向来被读书人看作食粮和生命,绛云楼里收藏的每部书,在河东君的心里,都占有着一席位置。她和它们,就像人体的血液和肌体那样,倘若没有书给予她的哺育和养分,就没有她热爱独立和自由的思想,没有她的抱负,也就没有她的现在!她也就无从明了"君为轻,社稷为重",也就不会明了她和社稷的关系,有如小草和大地那样不可分离。没有大地,小草焉存?她爱书如爱自己的生命。绛云楼是谦益耗费巨资为她建造的,庋藏着钱氏的珍贵古籍和文物。这是谦益送给她最珍贵的礼物,凝结了他们两人的理解、爱和心血,成为江左儒生们仰望的书城、文库。儒生们把走进绛云楼视为一种荣耀。绛云楼中常常是学者云集,文章满堂。在这里,她度过了她生命史上最为光辉的岁月,留下了许多值得留恋的记忆!可是,它就要在自己的手里化为灰烬!这等于是自己放干维系自己生命的血液,是自己杀死自己的骨血,儿子和女儿!

河东君被这种痛苦撞击着。她舍不得它们,恨不能把它们都转移出去,可这又是不可能的事。

她抱起一摞书,摸黑送到楼下,放到卧室的桌上,又摸回楼上。

更鼓有如夜的脉搏,无情地在黑暗里响起了。河东君两腿像灌了铅,再也爬不动楼梯了。她伏在地板上,借着纱灯射出的有似狼眼样幽森森绿光,看着排排书箱,就像一个母亲看见了自己的骨肉拉进了刑场,她吃力地向儿女们爬去。

她依次抚摸着所有的书箱。一边摸,一边同它们喃喃告别:"别怪我,饶恕我,我是不得已才舍弃你们,你们若有魂灵,我求你们都来助我大明一臂之力……"

摸到最后一排,她心力交瘁,抱住一只书箱的一角,就晕了过去。

"梆——梆——"

昏沉的黑夜在梆声中震颤着,她被四响的梆鼓惊醒了。她慢慢站了起来,走向桌边,擎起纱灯,摘下纱罩,烛体已快燃尽了,几串蜡泪滴落到灯座上,她把纱罩慢慢移向灯焰。

她的手剧烈地抖索起来,纱灯罩随着抖动,怎么也接触不到火舌。

她突然想一口吹灭闪烁不定的烛光,救下她的宝贝。

灯焰中,突然走出一个个熟悉的身影:卧子对她冷笑着;存我满脸鄙夷的神情;黄毓祺挣扎着爬到墙边咬破手指在狱墙上书写绝命词,高吟着"……示幻不妨为厉鬼……";葛嫩娘向敌将喷吐血雨;菱妹子那好看的眼睛逼视着她"只要同心协力,也能把他们赶回去"。她的手停止了颤抖,纱罩燃着了,她紧咬双唇,闭起两眼,把它扔进了废纸篓。

纸篓冒烟了,吐出了火舌,她慢慢地退到门口,把门锁上了。她胆战心惊地回到楼下的卧室中,六神无主地在室内踅来踅去,窥视着楼上的动静。

火舌像魔鬼吐出的毒焰,最先从窗口喷出来,舔蚀着重檐飞翚。

一夜未眠的谦益,怀里抱着一摞书奔出绛云楼,哀号着:"失火了,楼上失火了! 快起来呀,快救火呀……"

仆人们仓皇地从床上爬起来,有的没穿外衣,有的掉了鞋,一齐向绛云楼奔来。

河东君首先奔进女儿房间,摇醒酣睡的奶妈,从摇篮里抱起熟睡的女儿。

阿贵拎着一桶水冲上楼梯,仆妇们紧跟着,可是,火势正向楼下蔓延,火舌从板壁窗口往外蹿钻,封死了上楼的路,无法前进。他们只得退到楼下,见到什么就往外抢搬。

突然一声巨响,有如地裂山崩,主梁坠塌下来,顷刻间,火势腾空而起,吞噬着整个大楼。绛云楼化作一股冲天火焰,接着是轰的一声,主柱也倾倒下来,火光映红了半边天空,人们只得干瞪着眼,无可奈何地看着大火疯狂地肆虐!

谦益跌坐在地上,河东君痴呆地望着烈火。

绛云楼在燃烧中开始慢慢灰化。

除了这堆还在燃烧的绛云楼残骸,世界仿佛已死去了。突然,谦益哭出了声,那份凄婉有如母鹿失子的哀鸣,围在火边的人们,也禁不住呜咽,有如空谷哀鹿回音样凄冷。

河东君的目光迟钝了、模糊了。火焰中,她似乎看到了无数双熟悉的眼神,卧子的、存我的、黄毓祺的、孙临的、佛娘的、秋娘的、葛嫩娘的、悟尘的……许多许多,她认识的和不认识的许多面影,有人在向她挥手,有人在向她微笑,连着他们朦胧身影的是无边浩瀚的大海,舟楫如林,向她驶来了,面前的火炬幻化成一面铺天盖地血红色大纛。她向着绛云楼焚化的火堆,长跪在地,她是在用心里的血默默地祭奠着英灵们。这绛云楼一炬,是她奉献在他们灵前的一炷心香!

她久久爬伏在地上,像一块石头,阿娟靠着她跪下了,阿秀在她的另一边跪下了,阿贵跪下了,仆妇们也都一个个地跪下了。

木头和砖瓦燃烧的哔剥之声减弱了,启明星出现在东方的天际,半野堂上空的红晕和烟云也慢慢消散了,黎明前的黑暗像一张密网样撒开了。绛云楼的躯体就要燃尽了。

河东君这才用力支撑起被悲痛压僵硬了的身躯,望着余烬,在心里哭祈着:"我的书城,饶恕我吧!"

只有芙蓉独自芳

四十一

绛云楼在一夜之间化作了灰烬，震撼了江南，人们无不为之叹息，猜度着失火的原因。知县立即派人来查询，半野堂中人一致说，夜半起火，想是灯烛不慎所致。查询也就不了了之。久病在床的陈夫人，惊恐之下，去世了。按照预定的计划，谦益和朱姨太搬回老宅，与孙爱同住，曾跟随谦益去京的小丫头阿灵，仍留在他身边侍候他。河东君去三十里外的白泖芙蓉山庄。

芙蓉山庄是谦益舅家顾氏的产业，顾氏的远祖细二，是宋末的一个有气节的高士，他拒绝元朝廷授给的高官厚禄，来到这偏僻地方耕隐。他在庄堤上遍植芙蓉，这个庄院就有了芙蓉山庄的雅称了。后来，谦益的舅舅在园中种了两株红豆树。从此红豆就取代了芙蓉。

船伯已去世了。河东君携着女儿、阿秀、钱回、阿娟夫妇和他们的幼子阿宝，同住在此，很快就与东南沿海义师和永历小朝廷联系上了。

由于瞿式耜的保荐，永历任钱谦益为东阁大学士，遣人送来了诏书。重新受到故国主上的信任，谦益感动不已，当即挥笔写下了《庚寅人日寄内二首》让阿贵带给河东君。河东君被他的南枝越鸟之思、东京梦华之感深深触动了，立即和诗祝贺。

春风习习转江城，

人日于人倍有情。

……

新月半轮灯乍穗，

为君酹酒祝长庚。

……①

河东君在诗中借"佛日"以指永历，借"人日"以指"索虏"。喻永历为继日的明星，像半轮新月那样悬挂天空，它将驱去长夜的黑暗，"索虏"将亡，对明室的中兴满怀希望。

可是，次年（永历五年，顺治八年，1651）敌军就血洗了舟山，义军的许多将领战死，张名振、张煌言奉鲁王逃到闽海，郑成功从厦门迎接鲁王到金门。

谦益未能去成梧州。

被压迫的人民是不甘屈服的。顺治九年，郑成功命令张名振率师北进，军到金堂时，全军将士，遥望舟山，祭奠死难者，将士无不痛哭涕零，他们一鼓作气，攻下了崇明岛。

顺治十年（1653），名振，煌言向长江进军，大败敌军于崇明平沙洋。继之，张名振攻占了镇江，收复了仪征。

江南百姓，欢欣鼓舞，海上和陆上的一切复明力量，在胜利有望的形势下集结。以郑成功为首的复国大军正在筹划一次大规模的决定性的进攻，企图一举收复大江南北广阔国土。芙蓉山庄成了一个往来频繁的秘密联络点，接送着往来海上客人。

---

① 见钱牧斋《初学终·东山酬和集》。

这年秋天,霜下得早,芙蓉却开得特别欢,绕池的花朵,就像一张张孩子们欢乐的笑脸。风动池水,漾起圈圈彩浪,像是朝云落在倒映的池岸上。河东君常常徘徊在芙蓉树下,期待着海上朋友给她带来好消息。她老喜欢凝视着满枝头的芙蓉,审视着它们肤色的演变,白皙的面上轻荡起一抹粉红,色泽逐渐加深,变作殷红的胭脂色。她越来越变得相信因果和征兆了,她从芙蓉色彩的变化中得到了某种安慰和鼓舞,不觉联想到关于芙蓉的那个古老的传说。

很早很早以前,有位名唤胡勇的青年经过一个池塘边,发现一个孩子掉进了水里,他跳进水中,救出了孩子,而自己,却被塘水夺去了生命。后来,就在他跳水的岸边,长出了一丛占尽秋光的花枝。人们为了纪念他,就取他名字胡勇的谐音,把这种花取芙蓉。

河东君走出芙蓉林,来到庭院中。落叶在她脚下发出痛苦的呻吟。香枫、梧桐、红豆树的叶子,也只有少数的顽强者赖在枝头,不肯离去。唯有芙蓉,却在黄昏夕照里,灼灼醉人。苏东坡的诗流,涌上了她的心头,她默默念了两句他赞芙蓉的诗:

千林扫作一番黄,

只有芙蓉独自芳!

浮想的翅膀又伸向了远方,她想起了海上和广西用生命和鲜血为社稷而战的英雄们。又想到被清廷追捕得东逃西藏的友人黄宗羲,他在谦益处藏了数日,现又不知流亡到何处了!还有刚刚从她这里离去的白耷山人阎古古,他们,能逃脱敌人的追捕吗?她深为他们的安全忧虑。

她又走进了芙蓉林。她觉得它们跟她的心是那么贴近,一脉相通。她绕池一圈,逐棵地抚慰着,思念着远在千里之遥的同胞。

"夫人，来客了。"

阿贵不知何时来到了她的身后。

河东君转身问道："谁？在哪里？"

"顾相公。在客厅。"

河东君奇怪自己的步子变得这么轻捷，脚底像有股轻风把她向客厅方向推去。

"顾相公还带了位生客。"阿贵跟在后面补充着。

"噢，是吗？"河东君应着推开了客厅的门。

阿秀正在侍候客人用茶。

他们行过宾主之礼，顾苓就给她介绍他的同伴，"这位义士从澳南来。商号的人把他送到我家。他要亲见夫人。"

澳南？不就是广西腹地吗？难道是稼轩派来的？她又惊又喜，来不及寒暄就直截了当地问道："请问义士，那边的情势如何？瞿大人好吗？"

那人的头沉重地奔拉下去。

河东君从他的神色中意识到发生了不幸之事，她刚刚才听说桂林失陷，桂王逃往了云南昆明的消息，但稼轩如何，还不得而知，她急切地问道："请义士直言相告，我那儿媳无时不在等待她祖父的消息。"

那人仍然低垂着头，没有立即回答，伸手解开棉衣扣子，掀开大襟，撕开贴边，伸进去两个手指。

河东君和顾苓的视线紧紧跟踪着他那哆嗦得不听使唤的两个指头。

他好不容易夹出个折叠成长方形的纸块，递到河东君面前说："我是狱卒，奉命看守瞿兵部大人和张司马大人，两位大人的浩然正气令小人敬佩。我答应冒死为他们保存好诗稿，转交给钱大人。"

河东君立刻展开诗稿，《浩气吟》三个蝇头小楷，最先跳进她的眼帘,她不敢读下去,也不愿相信这会是真的,轻声问道:瞿大人殉国了?

"嗯。"那狱卒沉痛地应了一声说,"叛将孔有德攻陷桂林,瞿大人端坐署中不肯走,张同敞司马从江东特地赶来要求与他一同殉国。他们在桂王的清江殿上,痛斥了前来劝降的孔有德。孔有德恼羞成怒,张司马的手臂当即被砍去。他们俩同禁于我处,坚贞不屈,纸上写的就是他们俩唱和的《浩气吟》和《绝命词》。"

河东君肃然地默默诵着,三十八首《浩气吟》,惊鬼神,泣天地,字字作金石裂帛之声。她的眼前陡地出现了稼轩和他们唱和在绛云楼的情景,倏然间,这景象又换成了他昂首挺立在刑场上、吟诵《绝命词》的剪影,她仿佛听到了他的吟哦之声:

> 从容待死与城亡,
> 千古忠臣自主张。
> 三百年来恩泽久,
> 头丝犹带满天香。

两行清泪挂在河东君苍白的面颊上。她把诗稿递给顾苓。

稼轩遇难,顾苓同样悲痛。他们有共师之谊,顾苓一向敬重他的为人。读完他的遗诗,更被他的浩然正气所感动,当即决定要把女儿嫁给他至今无人敢与之联姻的幼子。

河东君为顾苓此举所激动,当下就表示:"我愿为你去提亲。"

"谢谢夫人!"顾苓把诗稿递回到她手里说,"为了表示我的真诚,我这就亲自去瞿府登门求亲,拟定吉日良辰,亲自送小女上门。"

"太亲公在天之灵有所慰藉!"河东君感慨地说,"我看,稼轩遇难之事,暂不能让他们知道。"

顾苓点点头说:"此事得瞒住他们。"

这时,那位义士也站起来要告辞,河东君挽留不住,送了他一些银两做盘缠。

他们走后,河东君再次展开诗稿。重读起来,她再次被他们壮怀激烈的诗篇、视死如归的浩然正气鼓舞着,激励着,她浑身都被激发得奋然了!她从如此之多甘愿以身酬国的英雄身上,看到了社稷的希望,有如此众多不怕死的臣民,大明是不会亡的,华夏是不可倾覆的!她为有稼轩这样有气节的友人和亲戚感到欣慰、自豪,今后应加倍地爱护她的儿媳妇。

她得尽一切努力,将不愿留下姓名的义士冒着生命危险保存、又跋涉万水千山送来的诗章收藏好,让它们流传播世,激励后人。

她刚刚把它送进密室,阿秀就来通报说:"阿根来了。"

阿根交给她一只蜡丸,说:"国姓爷派我送给夫人的。"他只喝了一杯茶,就站起身来:"我还要到别处去,过几天还要来的。夫人多保重!"

送走了阿根,河东君迫不及待地剥开蜡丸,国姓爷郑成功给了他们两个任务。

第二天,她遣人去接来了谦益,由于梁慎可尽力疏通、解脱,刑部已对他取消了圈禁①。河东君先给他看了瞿稼轩的诗章。谦益不忍卒读,每一个字对他来说都是一把利剑,直插在他的心中。这不仅是失去了一个得意门生、友人和太亲家的悲怆,还是对自己曾经失节的羞愧。他老泪纵横,索来纸笔,为《浩气吟》作了序。

……其人为宇宙之真元气,其诗则古今之大文章,吐词而神鬼胥惊,摇笔而星河如覆,况写流连警跸,沉痛封提,死不

---

① 圈禁:相当于现在的管制。

忘君，没而犹视，人言天荒地老，斯恨何穷！……庸表汗青，长留碧血，呜呼！八百三十纪之算，鸿朗庄严，一千一百字之章，钟鼎铭勒！……

河东君默默地随着他飞舞的笔端默念着，待他写完，说："流泪是没有用的，稼轩希望的不是泪水，他需要的是复仇，收复失去的国土。国姓爷……"她的声音小了下去，把从蜡丸里取出的纸头放到灯下。

谦益立即就着灯光看着。看完，将它伸向了灯焰，纸头卷缩了，化成了一片灰烬。他默默地靠到椅背上，苦苦思索。

大木要求他借探亲访友做掩护，去联络故旧，争取更多的人参加复国活动。他并非惧怕自身的安危，他虽未去成广西，但他已接受了永历的封任，早在为复国活动。他害怕的是故旧对他的冷漠和不信任。他是降臣，他在他们中的声望早已随着可耻的失节失去了！气节是一个人灵魂、脊梁，而他已失去了它，他在关键的时刻丧失了它，虽然现在他愿以肉体的生命去换回失去的气节，可是，能够换得回来吗？那失去了的清白名声，有如一块白练沾上了墨汁，怎么洗也洗不掉！失足后悔恨的痛苦像一条带刺的锁链，紧紧捆绑着他。一失足成千古恨，再回头已百年身！他是降臣，谁还会相信他的痛悔呢？谁会相信他的行动是接受大木的派遣呢？也许故旧还会将他视作奸细呢！

他默默地让这种痛苦咬啃着他的心。不觉中，他的视线又落到大木短简化作的灰烬上，心、眼仿佛突然感到了它的微温，大木没有鄙弃他，永历仍然信赖他，太仲谅解了他。正因为大木相信他，才委他以如此重任。他能推辞吗？不能。要取得故旧的信任，只有用自己的行动去证明。他深深地叹了口气，望着河东君说："我今天就动身去松江，你的担子比我的还重，可得特别小心哪！"

谦益所指的担子，就是国姓爷给河东君的另一任务。他指令河东君将海上需要的物资从苏州五大商号运到芙蓉山庄,再从芙蓉山庄转运到海上。河东君胸有成竹,回答说:"我们一道起程!"

岁月像条无声的河,一下就滑走了六个春秋,岁次已进入己亥(时永历十三年,顺治十六年,1659)年了。八月初旬,河东君夫妇乘船,从芙蓉山庄的白泖港出发,去崇明岛会晤郑成功。

六年哪,六年!在历史的长河中六年只是短暂的一刹那,眨眼即逝,可对于为复国斗争奔走的他们则是个漫长的岁月。

谦益以访友和游览为名,先后去过金华、崇明、松江等江浙各地,往来于南京和苏杭之间,为盼望已久的大规模反攻联络力量,组织援助。河东君则以贵妇人的身份,进出于苏州的绫罗、绸缎、湖丝、洋货等商行中,以购货为名,运走物资和银两。

六年哪,六年!他们无时不像游走在刀刃上那样提心吊胆,度日如年。

去年冬天,谦益刚从徽州回到芙蓉山庄,天空就开始飘雪了,能赶在大雪封山前赶回家来,使河东君少去了许多牵挂。她高兴地迎上他说:"是尚书会神机妙算,还是这天是我们的天?"

谦益望着灰扑扑的天空笑着说:"老天助我也!"

转瞬间大雪像鹅绒似的奔涌下来,一夜间就掩盖了村庄和田畴,有如天公织就的一张硕大无垠的洁白绒毯,覆盖着大地。唯有白泖河,像一条青龙,游戏在鹅绒毯上,河东君和谦益围在客厅的炭火旁,欣赏着雪景,商讨着下一步的活动。

绕池的芙蓉有如琼枝玉雕,倒映在池水中,别有一种情趣,两株红豆树,像两尊撑着玉伞的巨人。宇宙几乎洁白得一尘不染,河东君那历尽人间忧患和苦难的心,仿佛在倏然间让雪野浸溶了,变得像瑞雪一样纯净、洁白,她遐想着……

"夫人，"阿秀一直站在窗前，她指着越来越近的黑影对河东君说，"你看！有客人来了！"

河东君起身来到阿秀身边，向她所指方向望去，她的心咯噔了一下，认出是她不想见的人，刚才雪景在她心里所产生的净化作用，倏然消逝了。雪毯仿佛成了肮脏大地的一张虚伪的皮，掩盖了一切腐朽和污泥浊水。那个愈来愈近的人影，好像是雪毯下爬出的幽灵，窥视着他们。三十里雪路，来干什么？也许这条猎狗是来探察牧公雪天可在庄上，或者怀着别的阴险目的！这种人不会给他们带来好事的。

她转身走近谦益说："你那得意门生派他的走狗来了，可得当心点！"说着就往内室走了。

钱万恭进门就向谦益施礼说："太史公，久违了！"

谦益欠了下身，没有站起来，说："请坐，大雪封路，难得有朋自远方来访，沏茶来！"

"孝三受都御史大人所遣，来问候太史公。"

"多谢都御史大人的美意，老朽贱体还算健康。"

"太史公腿脚一向硬朗，还是酷爱奔波游览山川？"钱万恭的脸型虽然有些像一把瓦刀，可两颊却很丰腴，他眼睛一直没有离开谦益的眼睛。

谦益心里那根敏感的弦被触了一下，他觉得钱万恭话中有话，莫不是有人对他探亲访友产生了疑惑？他做出一副乐天知命的样子，捋着胡须说："所言极是，大凡人一上了年岁，感到来日无多，故而特别怀旧。对山川名胜，也有一种惜恋之情！"

"太史公，"钱万恭讨好似的说，"外间可不如此体念公之心情啰！劝公还是在家多多养息，以免引起非议。"

钱横的嘴脸，早在他从金陵狱中出来时就已看清了，他曾为自己不能辨人而痛苦过很长时间，但他又不能同钱横撕破脸皮，还得与之周旋。仅仅只和钱万恭交谈了数语，他就品出了来者的用心了。他回答说："老朽游山玩水，偷闲余生，有何非议的？君子心怀坦荡，身正何惧影斜！不过，孝三兄的美意，谦益万分感激。"

"此乃玉琳公的意思！"钱万恭嘿嘿一笑，"一日为师，终身为父，都御史大人不忘太史公教诲之恩，无时不为公的安危担心，特遣孝三来向公透露一个消息！"

谦益不停地捋着胡须，故作得意欣慰之色，扬起脸望着钱万恭问："哦，有好消息？"

"县台大人呈上去一份密件，有人检举太史公假借游山玩水图谋反叛。玉琳公正为此焦急不安，有心为太史公开脱，但又苦于不知其间原委虚实，特派我前来与公面商，该做如何处置为善？"

谦益明白这是钱横勾结知县想再次陷害于他。他愤慨地站起来大声说："探亲访友，游览名胜山川，不仅文人所好，亦是老者所求。图谋反叛，纯属凭空诬陷！"

"太史公，请息怒，我的话还没说完呢！"钱万恭的脸上闪过一抹不易觉察的得意之色，"据说知县大人手里收有公的两封书札……"

书札，谦益大半生写过无数的书札。凭他的记忆，他所写之信，用词遗句，极为谨慎。不过，莫须有的文字狱并不鲜闻，要从鸡蛋里找骨头有何不可？他想起了黄案的牵连，又想起了往昔几起牢狱之灾，忽然间，仿佛听到了刑房传出的哀号，突感有无数根烧红的钢针插进他的指头，他的脸色陡地变了，他的声音不觉也有些哆嗦了，喃喃地说："书札……书札……"

河东君掀开门帘，神态自若地走进来，把一叠书信放到谦益手里说："牧翁，是要这些书札吗？"

谦益一愣，见她拿出的都是当朝显贵给他的求文书信，猛然间明白了河东君的用意，立即回答说："正是，正是！"他把它们放到钱万恭的面前说:"我为他们回复的书札太多了,把这些也拿去转给知县大人明断吧!"

钱万恭一看,瞠目结舌了,摆在他面前的信,是当朝显贵洪承畴、梁慎可、马进宝诸公的亲笔书翰。他没有想到,钱谦益还有如此过硬的靠山,但他是一个老练狡诈的人,一个哈哈就掩饰了他的窘迫,连声说:"难得,难得,孝三大开了眼界。不想太史公还与当朝这些大老往还! 请收起,请收起!"

河东君却坚持说:"还是请带上吧! 诸名公处,让牧公致函去说明原委,请诸公今后不要再来书札,以免……"

钱万恭立即将书信恭敬地捧到河东君面前打断她的话说:"万万不可,万万不可! 太史公与诸公大老书翰往还,府、县都添光彩,怎敢阻止通讯呢! 不敢,不敢!"

河东君暗自笑了,她深知地方俗吏的可鄙心理,卑下、畏势而又贪婪,一心向往权势,钻营升擢,又很少见过大阵势,她才突然灵机一动,想到借用他同显贵交往这张虎皮来保护自己。谦益虽早已辞官在家,但他的文名仍然受到器重,当今显贵无不为装点门面,求过文章。为了生存和活动方便,谦益也不得不应酬权势,为他们寿筵喜庆奉上一篇序、赞之类。想不到在此紧急关头,倒救了自己一下!

河东君冷笑着对钱万恭说:"牧公交谊甚广,上自王公贵族,下至门生儒士,就是玉琳君不也时与牧公有书信往来吗? 还是把它带去吧,让玉琳君交给县台大人审阅一下不是更放心些吗? 这反叛罪名,我们可担当不起呀!"

钱万恭站起来,向谦益躬身致礼说:"太史公,请别介意,都御史大人遣孝三来完全是出于一片善意,太史公的交游满朝野,故旧之间还能没有鱼雁往还吗? 孝三回去禀明都御史大人,让给知县打个招呼。"他往后退去,还连声说,"太史公,告辞了!"

河东君及时上书梁慎可母亲,请求深得新朝皇上宠信的梁慎可保护,周知县很快受到参劾,削职回乡了,而钱横因为有亲王为后盾,仍官居高位,不过,他已失去了任他操纵的地头蛇、打手,也就收敛了许多。不然,他们哪敢去探望延平王呢!

这是一个没有星光的夜,水天难分,一片漆黑,唯有水声回响在天地之间。此行虽然经过周密筹划,他们的心弦仍然绷得很紧,那一次一次泼向船头的涛声,也会引起他们心的剧烈嘶鸣。若是被敌人发现,那将不可收拾。

谦益忆起三年前的往事。他接受河东君的嘱托,曾去金门见郑成功。那时,他愧恨交加,对门生给予的信赖感激涕零。当时成功安慰他说:"座师,过去之事已成为历史,朝廷君臣对此事也已表示了体谅。"他说到这儿停了一下,以同情目光看了他一眼,"座师冒着性命和家庭覆灭的危险,东奔西走,也已向世人证实了你的痛悔,老师何必过于担忧,郁郁终日!"

谦益心情沉重地长叹了一声,摆了下头说:"贤契,非老朽自寻烦恼,世人的冷眼叫我总疑惑其视我为奸细,真乃一失足成千古恨哪!此恨何时休,此恨何时了哇!"他流淌着老泪。

"学生深明座师的处境。"

现在想起这一席对话,他心里还热热的。

自那次与成功晤见后,他开始试用自己的行动来洗刷自己失节的耻辱,他记得魏耕那首《欲谒虞山钱大宗伯,途中书怀先寄柬呈览》的诗:

> 前岁纵横计不成,
> 仰天大笑还振缨。

授书恰思下邳去，

采药乃向玉山行。①

　　那诗，给了他很大的安慰和鼓舞，他并非像他所想象的那样，为遗民所不耻。魏耕在与山阴祁氏兄弟破家抗清失败后，还远道来同他商讨复兴方略。他仍受到遗民的信赖，他的心舒坦得多了！他这才有了足够的勇气利用降臣身份的方便做掩护，来往于东南各地。在河东君和黄宗羲的怂恿下，冒着很大的危险，两次去游说金华、松江提督马进宝，劝他倒戈，站到复明力量这边来。这是很要些机智和胆量的。今天，复明形势已发生了很大的变化，张煌言舟师已占据了镇江，郑成功据守崇明岛。沦陷在敌蹄下为奴的百姓，热切地盼望王师打过来。他们此行的心情是既激荡又复杂。

　　初八日的清晨，他们到达了崇明岛。太阳像只烧红的铜盘，颤颤抖抖地从东海里爬了起来，一片鱼鳞似的朝霞像一片彩帆，从天边向崇明的上空浮来。仿佛有人在召唤它们，为泊满江面的舟师助威。他们仿佛是走进了另一个天地，心田顿时就像鼓满了暖风的船帆。

　　大木将军热情地接待了他们。他在度山就读时，常与河东君讨论社稷大事，唱酬诗词，他一直很敬重河东君。南都事变后，她不顾身家性命，尽其所能，支持复兴社稷，把自己和社稷的命运紧密联结在一起，她早已从名姝、才女变成了一个意志坚定、有胆有识的复国志士了！一个从平康里走出来的女子，能有如此的气节和勇敢精神，使他敬佩不已。他慨叹地对河东君说："君乃真正的巾帼英豪！你的英雄豪气非寻常男子可比。"

　　河东君却笑了起来说："国姓爷，社稷不能独属于你们男子呀！国

----

① 　见《吴越诗选》中《雪翁诗集》。

家兴亡,匹夫有责,匹妇亦有责呀!"

郑成功肃然地说:"国土沦亡,自古皆为男子之耻辱,作为一个国士,不能保住疆土,不能保护好自己的母亲、妻子、姐妹、儿女,又有何面目称国士!"他痛苦地长叹一声:"匹妇有责,叫我等怎不汗颜哪!"他说着走向窗口,面对着汹涌的大江,心里不觉掀起了涌天的狂涛,微黑的脸颊激动得彤红,他突然转过身向着河东君和默默无语坐在一旁的谦益,说:"收复中原之后,成功再访虞山。"他留谦益夫妇在崇明逗留了两日。

他们临行前,去向成功辞行,谦益把他夜来写的一首诗,赠给他。成功默吟着:

> 水击风抟山外山,
> 前期语尽一杯间。
> ……①

郑成功很理解他的心情,他斥退左右,对老师说,事成,迎他入朝;万一事败,他将接他们到海上。他亲自把他们送上船说:"座师大人,在虞山等着学生!"

---

① 见钱牧斋《初学集》。

此物最相思

　　　　　　　　　　红豆，又名相思子。

　　　　　　　　　　自有了王维那首"红

　　　　　　　　　豆生南国，春来发几枝，

　　　　　　　　　愿君多采撷，此物最相

　　　　　　　　　思"的千古绝唱，它那红

如丹砂的艳丽色彩，更引人们神往了。人们取它相思之意，将它作为

思念的象征。芙蓉山庄的红豆树，在它间歇了十多年的花期后，奇迹

般地发花满枝了。立在树下仰观，有如无数的白色粉蝶，飞落在殷红

的嫩茎上，散发出辛冽的芳香，朝阳中，清露晨流，引人陶醉。

　　河东君按捺不下心里的激动，以为这种奇观昭示着复兴大业的辉

煌前景，曾将红豆发花一事告慰过成功，成功亦为这个好兆头兴奋。

他们告别了成功，回到芙蓉山庄的时候，红豆树的羽状叶子已经丹黄

如枫了。那串串荚实，也已由碧绿转为黄褐色了，即将咧嘴欢笑，吐出

红玛瑙似的子实。她盼望它的子实快快成熟！她有种预感，它那殷红

的子实联系着王师的胜利。

　　令人鼓舞的消息不断传来：

　　延平王郑成功攻克了镇江，直抵南京。

　　兵部侍郎张煌言率所部先驱克复芜湖。芜湖父老百姓，扶杖执

香，担酒牵羊，犒劳王师。

煌言在芜湖兵分数路：一军出溧阳、广德；一军镇池州，截长江上游；一军往和州，以固采石；一军入宁国，以图徽州。

在很短的时间内，大江南北的二十个县相率响应，庐州、凤阳也都送款支援，义军扩展到二十二万多人。

每得知大军克复一座城池，河东君就亲自采撷一颗红豆，掩好门窗，搬出那只收藏着稼轩与张司马和章、卧子诗稿、存我手书的描金漆箱，恭恭敬敬将那颗艳丽如血的相思子放进去。亲手点燃一束香，奉献在漆箱前，跪拜着把胜利的消息告慰他们，祈祷他们的英灵得以安息。喜讯几乎是每天都有，她百听不烦，心里躁动着兴奋，掩饰不住欣喜的目光，青春的活力倏然之间又来到她身上，她突然变得年轻了，期待着王师快点收复中原大地，延平王重访半野堂。她将重建绛云楼，和江南仕子重温诗酒旧梦。

可是，形势在一天之间发生了突变。煌言正准备去徽州的时候，郑成功在南京遭到了敌军的突然袭击，溃退了！清军总督郎廷佐扼住了煌言的退路，他陷入了孤立无援的境地。他不得已只好决定改变路线，率师改道江西。刚到铜陵，又遇敌将梁化凤，被他击败，魏耕邀请煌言去英、霍山区，组织力量准备再战，煌言起兵向英山进发，才到无为，敌骑追至，士卒尽散。煌言只身突围，茫茫无所归。投奔友人不遇，幸巧在江上遇到一位老人，他认出了煌言，敬佩他的忠义，请到家中，隐藏数日，又亲自送他过江到东流，指引他走建德祁门乱山中去海上。煌言拖着被疟疾折磨的沉重身躯，第二年才回到海滨召州。

随着海师进军的失败，血海之灾顷间降落到支持过海师的百姓和缙绅头上。成功遭偷袭仓皇退师，没有来得及实现接走谦益夫妇的诺言。谦益整日担惊受怕，惶恐不安。

顺治十八年（永历十五年，岁在辛丑，1661），桂王在缅甸被缅酋捕捉,引渡到云南,被杀害了。

明朝最后一个皇帝死了,这对于明代遗民来说,是个致命的打击。

谦益听到这个消息,长跪在地,呜呜哀号:"完了,完了!"

河东君虽然难受,但她没有哭,她一直在思索一个问题,大厦倾塌,大多是因为主梁自腐所致,葬送国家前途命运的就是那些无能而又贪婪的君主。她与谦益的认识不同,她赞同孟子的"君为轻,社稷为重"的观点。桂王死了还有意在,复兴社稷的百姓、遗民,复兴的力量并未完结。她安慰谦益说:"尚书公不要过于悲伤,也不要因此绝望。对于百姓臣民来说,君可以没有,但国不能没有,我们还有复国的希望!"

谦益绝望地摇着头,他那魁伟的身躯,突然间萎缩了。沉重的痛苦使他的眼睑无力地坠下来,他衰竭得变成了另一个人。他说:"一切都完了,我们留在这里还有何用! 收拾收拾,明日就搬回虞山,回老宅去住吧!"

河东君没有表示可否,她将他扶上卧榻说:"你休息吧,今日不谈此事。"

谦益拉住河东君的手不放,哭着说:"河东君,此乃天意,明朝的气数已尽,不是我等能够挽回的。"

河东君默然地抽出了手,回到自己的书房。

这一夜,她没有合眼。她又抱出那只描金漆箱,跪在它面前,奠祭了一番。难道烈士的鲜血就这样白流了,难道义士的性命就白掷了! 不,南方,国姓爷还在奋斗,张司马煌言将军还在集结力量。他们不会就此罢休的,百姓是不甘愿做亡国奴的! 暂时的失利算得了什么? 忽然间,透过闪烁的灯焰,她好像看到了一只鸟,衔着山石往海上飞去! 她全身也随之振奋起来,情不自禁地呼喊着:"精卫!"精卫,它只是一只小鸟,但有决心衔石填平东海,不愿做奴隶的人们就不能夺回失去的土地吗？不能就此认输，不能！她一生奋斗，就为的是不做奴婢，她能甘心做亡国奴吗？她又面南跪下，在心底默默地呼唤着："海师，回来呀！海师，来解救我们吧！海师，可别忘了在异族统治下的奴隶呀！"

她听到了大海的咆哮！

"不能绝望，我们还有希望，我们不能离开这儿，我要在这里等待他们，迎接他们回来！"

她站起身来，坐到书桌前，她已在心中拟就了一联，铺开洁白的宣纸，饱蘸墨汁，书出了上联："日毂行天沦左界"。接着在另一张纸上书出了下联："地机激水卷东溟"。又在上联首题上："望海楼"。

这楼，是河东君心坎上的楼，是盼望成功海师再来的楼！

第二天早晨，她将这副书联拿给谦益看，希望他从绝望中立起来，留下来，同她一道等待海师。

谦益读后，久久沉思不语。他深悉此联之意"日"为帝王象征，也代表着国家的命运，用一个"沦"字，隐隐道出了悲天悯人的沉痛呼吁。"左界"，出自谢庄《月赋》，"斜汉左界"，"左界东也"。自建州崛起，明室江山沦为左界已非一日，只恨己身不能挥戈挽日，眼看着"日毂行天"！江山虽好，非我之土也！

谦益长叹一声，深有同感。

下联，牧斋深知为望海的主旨。"地机"即是"地轴"，秋水伊人，天涯望断，望什么呢？"激水卷东溟"是也！寄殷望于成功的海师啊！

谦益垂下头，两颗老泪，滚出了深陷的眼窝，滴落在书联上。泪水漾开去，洇湿了铜钱大的一块。他深深敬佩河东君的精卫填海、屈子怀沙、义愤孤忠的精神。可是，他老了，疲倦了，对世间的一切都厌倦了，看透了。

他放下书联，久久地紧闭着双目。

河东君默默地将书联折叠起来，期待谦益能改变主意。

　　可是，他没有言语，就那么无声地坐着。好久好久，他缓缓地说：
"先帝倡导以儒治国，以佛治心。仕则行礼教，退则学佛以自修。自早
年归田后，我一直笃信佛法，今朝才得以脱离红尘，决意献身佛前。"他
睁开眼睛，向板壁上望着，继续说："夫人，派人给我备好衲衣，我将回
老宅做个不出家的佛门弟子，了此残生。"他这才把视线投向河东君：
"老夫尊重你的意愿，继续等待海师！"

　　河东君知道再劝也无用，只得成全他，派阿贵送他回了老宅。

　　岁月难熬，河东君的额上留下了它走过的深深足印，她的意志也
被磨炼得更为坚强了！可是，她所期待的海师仍然杳无音讯，再也没
有见到过阿根的影子和行色匆匆的陌生客人。她好久没有得到海上
的消息，唯有梦中的海涛声，才给她一点慰藉。她在孤寂、焦虑和期待
中过度到了康熙二年(1663)。

　　到哪儿去寻找他们呢？苏州的商号随着海师的败退关闭了；顾苓
与瞿府联姻，引起了官府的注意，他的行动已不大自由，即便来了，也
不能带给她海上讯息。突然间，她想到了秋娘。

　　犒军回来的路上，遇大风，巧遇她于尼庵。她已不再是过去的秋
娘了，而是一个身着灰色僧衣法号空尘的老尼。

　　秋娘留她歇息在她房中。河东君很想向她一倾别后之情，可她却
迟迟没有回房，河东君就出门去寻秋娘。

　　风小多了。月亮吐出了淡泊的薄光，像轻抚的一层铅粉。院内阒
寂。没有见到秋娘，却听到一个低低的男音在说话。她惊觉起来，在
这荒野古庙，什么不测的事端都会发生。她警惕地将身子贴到墙上，
慢慢向窗口移去。

窗外，有棵桂树，说话声就从那里传来。

她屏息倾听。

"这两天会有一些人来进香，师太就把这印好的签语给他们。"还是那个男声。

"还要贫尼做些什么？"那是秋娘的声音。

"柴火若还充足，就劳师太为义士炒点干粮。"

"尽管送来。"

"也许她还与海上有联系！"她心里闪现了一线希望之光。

她唤来了阿贵和钱回，对他们说："我想去青浦庵堂还愿，那次大风借宿时许的。"

阿贵面有难色，结巴地说："路上不好走，朝廷有迁界令，来往行人搜查很严。"

河东君固执地说："我们是去给佛爷还愿，要搜查就让他们搜查好了！怕什么？"

阿贵没有再说什么。阿娟备齐了香烛、纸钱，他们就出发了。

来到青浦，面目全非，他们怎么也寻不着去那座庵堂的路。还是阿秀记性好，认出了当年系船的柳树桩。

他们将船停靠在原来系船的地方，河东君带着阿秀凭记忆拎着香篮踏上了坡道。

面前的景象使她们止步了，庵堂已荡然无存，唯有碎瓦断砖，栏栅隐卧在菁蒿和野艾丛中。它毁于何年，无从得知。岁月的风雨已磨蚀了它的伤口，看不出它死于烈焰还是风暴。河东君没有眼泪，没有悲伤，这些年风云突变、生离死别的痛苦她经受得太多了！带来的香烛祭品正好奉献给秋娘。

她们在废墟前摆好祭品，点燃了香烛、纸钱。河东君向着乱石蒿丛跪拜下去，她的两手紧紧抓着草皮和泥土，亲吻着地面，仿佛她搂着的就是秋娘，像三十年前那样搂抱着她！那个情景，她终生珍爱，永志不忘！秋娘无价地给了河东君身体的自由，鼓励河东君去寻找新的生活，追求人生的独立。而她自己为了河东君，却抛弃了人间的生活，投身到佛的怀抱。此恩此德，河东君将因没有来得及酬答而抱恨终生。空尘师，我的秋娘，你是随佛升天了还是随义军去了海上？

没有找到秋娘，也没探听到海师的讯息，河东君怅惘地回到芙蓉山庄。一进家，阿娟就悄声告诉她，她走后，门上来了个化缘的和尚，任何施舍他都不要，只要求一见女施主。"你猜是谁？"阿娟顿了一下，"是汪老爷！"

"然明先生？"河东君吃了一惊，他们已十多年未通音讯，他为何突然要来见她。莫非他也是以袈裟做掩护，暗中为复国奔走的自己人，为她送来海上消息？她迫不及待地问："他说了些什么？"

"他家少爷中了新科进士，事了新朝，他一气之下就出家当了和尚。临走时他留下了一封书子！"

河东君急不可待地接过书信。这是一纸无首尾的消息："国姓爷毙于台湾，金门陷落，鲁王殉国于金门。"

噩耗像滚滚海浪淹灭了她寄予生存的希望星火，她失去了赖以生存的支柱，她的希望崩溃了！她无力地倒在卧榻上。

河东君也决定皈依佛门了。

她将自己日常的起居室改作了佛堂，请了一尊观音供奉着。

黄宗羲秘密来到虞山，给谦益带来了又一条消息："张司马移驻沙埕。"

谦益即刻将这个消息写下，夹在悼念鲁王的诗稿《后秋兴》十三首中，叫阿贵亲手交给河东君。

啊,复兴的火种并未覆灭,复兴的旗帜还在沙埕上空飘扬!深藏在河东君心里的渺茫希望又升起来了!这虽然是最后一面旗帜,但它毕竟是旗帜呀!只要旗帜在,希望就不会毁灭!在这面旗帜的引领下,她度过了萧瑟的秋天,又走进了飘雪的严冬。

芙蓉已脱去了花叶,无畏地伫立在冰雪中。红豆树以一言不发的沉默漠视着雪野。百花敛迹,万树凋零,这世界仿佛除了寒就是冷,她的心好像也凝作了一团冰。

初访半野堂的那个冬天,虽然也落了几天大雪,很快就雪霁了。新正初二,谦益陪她去拂水山庄看梅。香雪浮动,如雾如云,如霞似月。同是冬雪,她现在唯一的感觉只有世界的清冷,孤寂得瘆人。海,海啊!她多想听到你的咆哮,多想看到你那排山倒海的巨浪啊!可是,她连这样的梦也没有过,好不悲凉啊!谦益住在城里,她找不到一个可以诉说心曲的知音;她崇拜的英雄,一个个都为国奉献了生命;她的友人们,也一个个为国尽了忠;虽然海上还有个张司马,可是……太遥远了,唯有孤独和凄冷没有抛弃她,能倾吐心曲的唯有诗画。

她画了一卷墨梅,它没有主干,孤零零的,无土可依。她在右首的空白处题了一首诗:

> 色也凄凉影也孤,
> 墨痕浅晕一枝枯。
> 千秋知己何人在,
> 还赚师雄入梦无。[①]

她的生活就这样在诵经和忧愤中爬行着。

---

① 郑抡逵《虞山画志·柳隐条载》。

"嘭嘭嘭!"

她双目紧闭打坐在观音大士像前,默诵着《金刚经》,佛堂的门,被拍得山响。她被敲门声从另一个境界里唤了回来。要不是发生了非常事件,仆妇们是绝对不会打扰她做功课的。她歉意地向佛合掌请过罪,就去开门。

阿娟神色慌张地站在门外,望着她欲言又止。

河东君向她脸上看了一眼,就冷静地说:"出了何事?"

"老爷病危,请夫人快回老宅去,轿子已预备在院子里了!"

河东君好像早就知道这个消息,她一点也不慌乱,略微沉吟了下,就离开佛堂回到了卧室,阿娟紧紧相随在后。她吩咐阿娟把那只描金漆箱搬进轿子,让阿秀唤来女儿、女婿,就坐进轿里,回首招呼阿娟说:"你收拾一下,同阿贵、阿回随后进城。"

谦益从昏迷中醒过来了。他的第一句话就问："夫人回来了吗？"

河东君坐在他床边的方凳上，攥着他那失去血色、干枯得像老茄子皮样皱巴巴的手，倾身回答说："在你身边呢！"

多日来，谦益似醒非醒，似梦非梦，恍惚中，他回顾了自己人生的历程，悔恨像魔影一样，纠缠着他痛苦的灵魂，撕扯着他衰弱的心。他急于想见到河东君，要向她剖白，倾吐他的悲哀。当他的意识证明了她已来到他身边，又未语先流泪了："河东，我……"他哽咽着说不下去了。

"你会好的，牧公！"河东君安慰着他，"我已吩咐家人去苏州请名医了！"

谦益剃得溜光的头，在枕上无力地动了一下，嘴唇颤抖着说，"不用，我这个臭皮囊早该化为粪土，可却苟延到今日。我恨没有听从你的劝告，没死在乙酉南都之变，是我今生最大的悲哀、祖宗的耻辱，怎么能说是'人以苍蝇污白壁'呢！这污，是我自己涂上去的。好不悔恨哪，河东君！"

"人生在世，谁能无过？过而能改，善莫大焉。多年来，你的行动不都在洗刷你的过去吗？忘了南都那一节吧！尚书！"河东君掏出绢帕，替他拭着漾在深凹眼窝中的泪水说，"安心养息吧！我不走了，留下侍候你。"

"不用安慰我，河东君。你说过，气节如同人的生命，染在生命上的污点，永远洗刷不掉！"谦益的手在被单上摸索着说，"若是……那时，跳进了后湖，该……该多……多好啊……"他的嘴嗫嚅着，两手紧拉着被面："遗憾……终生的遗……憾！"他的手指松开了，无力地耷拉在被面上，再也不能抬起来了。

人生有许多痛苦，最大的痛苦莫过于临终前的悔恨，河东君理解。她紧紧攥住他那已经失去了知觉的手，想分担他的悲痛，可是，那手慢慢地冷却了！她没有哭，像一个木头人样坐在床边谛听着儿女和仆妇们撕肝裂肺的恸哭。

"夫人，老仆有事回你。"

河东君听出是钱五的声音，这才意识到她不能陷进深沉的悲哀中，天这么热，丧礼亟待她去料理。

钱五迎着她，把手里的玉骨白绫折扇晃了一下，就垂手侍立着说："夫人，老爷生前答应过，把它赏给小人。老爷现在再也用不着了，夫人，能将它赏给老仆吧！"

钱五是钱府的老仆人，也是河东君初访半野堂时见到钱府的第一个人。他挡过她的驾，后来对她特别恭顺，她也很关照他。谦益刚死，举宅哀伤，她以为他唤她是提醒她要振作起来办丧事，没想到他迫不及待地要遗物。河东君不由得反感。他索求它，并非为了主仆间的情分，而是因为它是唐时玉骨宋代画，珍贵、值钱。她很不高兴地从他手里夺过折扇，递到立在身后的阿秀手里，说："此是老爷的爱物，不能赏你！"转身又对另一个仆人说："去请少爷到老爷书房来，商量给老爷治丧。"丢下钱五，河东君径直向过道走去。

钱五恼怒地看着她的背影,在心里狠狠地哼了一声,恨恨地走了。

常熟士大夫家的丧礼是繁琐的。报过土地后,就填写报单,把死者的死讯报告给亲友。河东君亲笔给谦益的一些故旧填了报单,孙爱也给钱横那里送了一份。入殓时,河东君没有给谦益穿清朝的官服,那不仅违背死者的心愿,也违背生者的心志;也没有让他着明朝的官服,以免引起物议,给家人带来祸端。其他的一切仪式概循祖制。儿子媳妇、女儿女婿,皆着麻衣、草鞋,腰束草绳,头着绳制三梁冠。河东君亦罩上了件白粗布丧服。灵堂孝幔上书有"音容宛在"四个大字。灵位两边立了施幡和绸帛制的仙童仙女,灵柩将要在堂上停上七七四十九天。

钱横得到谦益的死讯,捻着胡须半天没有言语,但他还是很快就赶回了虞山家中。

钱氏在常熟是大族,很能左右地方的势力。现在,他是名正言顺的族尊了,钱谦益早就被他击败了,不仅他的收藏已跃居虞山第一,他的官位也早冠盖琴川。遗憾的是,他没能得到令他眼红的绛云楼的珍藏,那才是稀世珍宝!不然的话,他就可称冠盖江左了!他突然想起同河东君几个回合的交锋,每次都以失败告终,叫他很不甘心。他不是败在一代宗师钱谦益手里,而是败北在这个小娘们的手下!他情不自禁地连连击着几案,咬牙切齿地骂道:"可恨,可恨!这个可恶的女人!"

钱万恭对他的一言一行,有着特别的敏感,他立刻领悟了他的意思,劝慰道:"息怒息怒,都御史大人!"他把身子倾向钱横,得意地微笑着说,"现在欲收拾那个狡妇,还不如探囊取物般容易吗?往昔,太史公在堂,大人不得不虑及师生情面,犹恐引起议论;现在,她一个钱氏姬妾,能奈何得了钱氏族尊!大人要怎么处置还能由得着她吗?"

孝三说得不错,她已没有了那张虎皮做依靠了,随便找个借口,就可以杖责她,打落她夫人的威风。叫她声名扫地,无颜见人! 不,那太便宜她了,对这种女人应该……

他想了一个一个报复她的办法,都不十分满意,后来心里豁然一亮,他早就对老头儿和她的行动产生了疑惑,绛云楼的火灾;他们与郑成功、瞿式耜、陈子龙、李待问众多反叛者的关系;还有她送给他儿子那把白米扇! 可以断定他们与谋反有关系,只是苦于没有佐证,不能击败朝廷中保护他们的人,如果能得到她谋反证据,不仅可以使他报复得痛快,他还可以立一大功,从此可以不受阻挡地青云直上,他的前途将更为辉煌! 儿子死了,算得了什么,咎由自取!"有官万事足,无子一身轻",阮胡子揭示了一个人生真谛,要向更高的官位奋进,何事而不能为? 他得意地微合上眼睛,靠在椅背上,继续做美梦。

谦益二七,按照礼制,请了僧道来做道场,祭奠的、悼唁的络绎不绝。黄宗羲扮作游方道人吊唁来了。他为了躲避搜捕,举家在外颠沛多年,免去了一切喜庆吊丧的礼节往来。可他得到牧斋的死讯,却感到极度悲怆,星夜就赶来了。

河东君将他迎到书房。

宗羲坐定后,从袖中抽出一纸诗稿,放到河东君面前的茶几上说:"张司马苍水大人临难所作。"

河东君愣怔住了! 张煌言是复明运动的最后一面旗帜,他三度闽关,四入长江,两遭覆没,矢志不渝。这面深深插在她心中的旗,希望的旗,怎么会倒了呢? 她的手不住地抖索着,好容易才把诗稿拿起来。

诗稿上突然浮现了他陪她下军营的情景,悲愤顿然像铺天的海潮样扑向了她。很久很久,她的目光才从诗稿上移到窗外,虞山峻峭挺拔，松涛阵阵咆哮。耳边响着太仲的低沉诉说："他拒绝投降，终日面南而坐，不言不食，唯饮清水，慷慨就义。"

最后一颗星辰陨落了。河东君感到极度的悲哀，她满脸凄然，愣在那里。

"宗羲和家父都是张司马父亲的学生，我与他是两世雪交，怎不悲痛！柳夫人，牧公灵柩在堂，还待你照料。宗羲行踪有人窥测，不能在此多待。夫人应该忍痛节哀，善自保重！"他鞠了一躬，匆匆走了。

荣木楼旋转起来，河东君仿佛断了筋骨，绝望地扑倒在书案上。

谦益死后的第十五天头上，芙蓉山庄看门老人惊慌失措地赶到钱氏进士第，向河东君禀报说："钱万青带着一群族人，把我们的庄子封了。说是钱氏公堂派他们来的！"

河东君吃了一惊。钱氏公堂？钱氏公堂与她的芙蓉山庄有何关系？谦益尸骨未寒，何人竟敢无故查封她的家产？莫非是新族长钱横所为？他为何不自己出面，而指使一个年轻的族子钱万青出头呢？他是要抢夺她的家产，还是要借此搜寻她"谋反"的佐证？她庆幸随身带回了那只描金漆箱。如何对付这突然发生的事件呢？孙爱少爷生性懦弱，又重孝在身。她突然感到势单力孤，没有对策了。只好暂时吞下这口苦水。她对门公说："让他们封了，等丧事过后再说。你也回老宅住吧！"

门公不解地退下去，他简直不相信这话会出自一向刚强的夫人口中。

事情并没有就此罢休，钱万青封了芙蓉山庄后，又领着这班族人，闯进进士第，捉拿了阿贵、阿娟，拖到谦益灵前拷打。河东君得到消息，带着阿秀急步赶到灵堂。

阿娟被打得呼天抢地，阿贵已被杖了八十又夹了两棍，倒在地上，不能动弹。虎狼般的钱万青大声吆喝着："快快将银子拿出来，少叫皮肉受苦!"站在旁边的打手齐声附和着。

河东君大吼一声:"住手!"就朝阿娟奔过去,用劲拽住钱万青手里的棍棒,质问着:"你们为何闯进我的家中,杖打我的家人?"

"为何?"钱万青冷笑着,"要银子,讨债!"

阿娟哭诉着:"他们讲钱家的金银财宝都藏在我们手里,逼着要我交出来,还把我的阿宝捉去做抵押了!"

仗势勒索!河东君气愤难忍,她怒视着钱万青质问:"讨债?讨什么债,谁欠了你们的债?"

钱万青扬起头,斜视着河东君,俨然似个债主的架势:"还能有谁,太史公呗!"

她从未听说过谦益借过谁的银子,他们是想抢夺她的家产。封芙蓉山庄是对她的试探,见她没有反应,得寸进尺了。拷打阿贵、阿娟,绑架他们的孩子,都是为了震住她。忽然间,她想起钱万恭冒雪拜访芙蓉山庄,莫非……他们居然目无王法,敢在谦益灵前私设刑堂,其中必有更深一层的阴谋。她仿佛被人猛击一掌,从愤怒中清醒过来,跟他们顶撞,寡不敌众,也无理可讲,她不得不变换着口气说:"既然是尚书欠的账,与他们下人不相干,放了他们。"

钱万青回答说:"他们是你带来的亲信,听说钱氏的财产都叫你转到他们手里了!"

"笑话!这是哪个蠢人说的话?家有主仆长嫡,我是这里的主母,钱家的财产都由我掌管。冤有头,债有主,借债还银,一切有我承担。你们赶快放了他们,放了他们的孩子!"河东君说着说着,又控制不住自己的愤怒。

钱万青冷笑说:"哼,别端你那夫人架子了!谁承认你是主母?我们钱氏家族是决不允许一个姬妾篡夺主母地位的!你很清楚,姬妾是和奴婢等同的。回到你那原来的身份上去吧!哈哈哈……"

姬妾、奴婢！这两个词雷鸣般地在河东君耳中轮番轰击，钱氏家族宗法拥护者们的狰狞面孔在她面前盘旋着。谦益娶她时，就曾受到他们的反对，那时他们还遮遮掩掩，不敢为所欲为，现在他们可以任意羞辱她，动摇她在家中的地位，这是她最不能容忍的痛苦，她被这一霹雳击得天旋地转，头昏昏、脚轻轻，她想上前扇他几个耳光，可她刚想移步，身子就失去了平衡，晕厥在地。

阿秀不顾一切地拨开层层围住的族人，奔向河东君，跪在地上把她抱起来。

一丝不易觉察的得意微笑，从钱万青的嘴边闪过，他又大声向堂外喊道："带赵管进来！"

赵管是河东君的女婿，家在无锡，河东君不忍幼女远嫁，留在家中一道生活。

赵管满身重孝，被推到灵前。

钱万青叱斥着："姓赵的，你听着，此系钱氏家宅，岂能允许他姓长期居此！是想日后来分享钱家的家产吗？限你夫妇七日内离开，届时不走，打你们出门！"

赵管见岳母被折磨得非常衰弱，伏地哀呼："岳母！"他抬头怒视着钱万青说："你们还有王法吗？这是我的岳家，现在除有岳母外，还有舅兄孙爱、姨娘朱氏，要不要我离开这个家，与你们何干！"

钱万青被赵管这么一顶，火气更大了，他向打手们一扬手，指着赵管说："把这个姓赵的和那个丫头拖过去，狠狠地教训他们一顿！看看他们还想不想在我们姓钱的家里充人！"

愤恨给了河东君力量，她挣扎着站起，护住赵管和阿秀，对冲向他们的打手大声地吼着："住手，不准碰我的女婿和阿秀！当真就无法无天了！"

钱万青又是一声冷笑："哼，无法无天？实话对你说了，我们是为孙爱少爷说话的！他是这个家真正的主人。"

河东君感到非常诧异，孙爱虽不是己出，他们相处一直非常和谐，朱姨娘自谦益收回驱逐成命后，和她也从未发生过纠葛，她很关照她母子。难道他们会如此绝情？他父亲尸骨未寒，就迫不及待地叫来族人赶走她妹妹？这不可能！正当打手拉扯赵管和阿秀时，灵堂外传来了孙爱大呼大叫的声音："你们快让开，让我进去！"

少爷钱孙爱，被钱万青派人骗到后院厢房中，他听到灵堂闹哄哄，哭声吼声震天价响，才知道出了祸事，就不顾一切拼命地往灵堂冲来。他见河东君被一群人围住撕扯着，高声吼道，"不准难为我母亲！快快让开，不准这样无礼地对待我母亲！"他好不容易才挤进去，推开围攻的人群，转着圈子打躬作揖地说："求求各位，求求各位！我母亲身体不好！万万不可这样，万万不可这样！"

"哼！"钱万青从鼻孔里喷出这个饱浸了鄙夷的单字，斥责着，"你母亲？你母亲是大家出身的陈夫人！她登仙了。面前这个是你父亲的小姜，一个歌妓出身的姜！"

"胡说！她是我父亲明媒正娶的夫人，待我胜过亲生。她是我名正言顺的母亲！"说着上前扶住河东君，安慰着说，"母亲，不要难过，别听他们胡言乱语！"说完同赵管、阿秀三人紧紧把河东君围护在中间。

钱万青想假借孙爱的旗号来实现他们的阴谋，却被孙爱的行动不攻自破了。被他煽动跟着拥来的族人顿时气馁了，不再张牙舞爪。

钱万青一看这情景急了，深恐完不成钱横的计划，他怒气冲冲地骂道："真是没出息，你还算是个钱氏的子孙！"

孙爱转身顺着话音望去，才看清是钱万青，他惊讶地说："啊，原来是你带着人来闹事呀！万青哥，你的良心何在？难道你就忘了我父亲救你全家的情意吗？当年你父赌博输了钱，打了巡抚的少爷，被诬谋反，锒铛入狱，定为死罪，株连阖家，若不是我父亲拼力相救，还有你这个钱氏子孙吗?"

"哦,你就是钱万青? 钱受田的儿子? 我为牧公难过! 我为钱家有你这种忘恩负义,为非作歹的子孙感到伤心和羞耻! 也为我当时……"河东君难过得说不下去。

"当时,我父亲因怕担当风险,犹豫难决之时,是我这位母亲从中给父亲鼓了劲,想了许多办法,才敢出面作保救了你全家! 难道这些你的父母在死之前都没告诉过你? 没想到我的父亲刚刚去世,你却恩将仇报……"孙爱一边说着,一边走向万青。

钱万青被他逼视得面红耳赤,低头往人后退缩着。叫这么多族人知道他如此忘恩负义,今后是不好做人的。他边退边解释着:"这不是我的主意,我是受族长大人指派来的。这不是我的主意! 不是……"他连声辩解着。

孙爱气极,追逼着他说:"难道你满口伤人的话,也是族长大人……"

"也是,也……也是他……"

河东君听说是族长钱横的主意,悲愤交集,她真想去找钱横拼了! 可又怎么能去拼呢? 她一个弱女子,跟他们这群虎狼似的男人蛮拼,只能是白白送死。岂不便宜了他吗? 她要复仇只有计取,蛮拼是不会取胜的。可以肯定地认为,钱横说谦益欠了债是个借口,其中必定有其他目的。她强压下心中的怒火,以平静的语气说:"少爷,既然万青是受他人派遣,你就不要难为了他。你现在重孝在身,回后面休息去吧。欠债是一定要还的! 你父亲欠下的债,由我想办法来还。万青少爷,请你转禀族长,就说我们一定会想法还清牧公所欠的债。虽然家中没有现成银两,可从绛云楼大火中抢出来的宋版书还有千卷之数,此乃无价之宝。如果族长大人认为可以用来抵债,请他明日带上牧公借据,到荣木楼牧公书斋,我要一手交书,一手收回借据。"

河东君的一番话，正好给钱万青一个台阶下，他忙点头答应着："我一定转禀族长，我一定回去向他禀告。"说后转身欲走。

"等等！还有，赶快把阿娟的孩子送回来！"

"是，是！马上送回。"钱万青忙招呼着他带来的一帮人走了。

四十四　血溅荣木楼

窗外的天，不知什么时候全黑了下来，空气沉闷得叫人喘不过气，眼看一场雷暴雨就要来临了！

河东君想独自清静一会儿，可那些赶在雨前钻进屋里的蚊虫，不时嗡嗡着从她耳边飞过，她无心去理睬它们。她躺在床上，两手搁在胸前，目光长久地停在栗壳色的天花板上。

朦胧中一队灿若星辰似的人物向她走来。

大纛滚滚，蹄声嘚嘚，她如醉如狂地向他们跑去。啊，怎么全是她的友人？他们何时汇集在一起了呢？有人在呼唤她，她认出是太亲公瞿大人。他浑身披挂，横戈勒马；他后面紧跟着一骑是存我兄，他在抱拳向她致意！

星辰般的队伍在继续行进，旗帜上有书"史"字的，有书"黄"字的，又有人在喊她，她激动得忘了一切，高喊一声"卧子"，扑了过去："你，你们这是往哪儿去呀？"

"我们已收复了国土，凯旋回朝！"

"啊，真的？"

"这还有假！你看！"

顺着子龙所示方向,是望不见头尾的大军! 史阁部、张同敞、张煌言、张民振、国姓爷、黄毓祺……都在,都在! 都在大军中。

她兴奋得像个孩子,踩着嘚嘚蹄声,在路边舞起剑来。

哟,葛嫩娘、孙将军、钱云、阿根,都在! 她突然又发现了一个熟悉的身影,她迎上去:"秋娘! 空尘师父!"

空尘不理睬她,好像根本不认识她似的,拨开她的手。她悲怆地哀叫起来:"带上我——"

"夫人,夫人! 是叫我吗?"阿秀推门进来问道。

她睁开眼,眨了几眨,梓油灯一蹿一蹿地,驱走了室内的黑暗。她说:"没叫你,刚才我做了个好梦,听到了嘚嘚的马蹄声!"

"外面在下大雨,那是雨声吧?"

"雨声?"河东君仍然沉浸在醉人的梦境中,"你把那只箱子给我搬下来,就去叫少爷、少奶奶、小姐、姑爷来。"

阿秀把那只描金漆箱端到矮几上,就按河东君的吩咐去喊她的儿女去了。

河东君打开箱子,取出装着《浩气吟》遗稿和谦益的诗序的封套,放在桌上;又将她珍藏了几十年的子龙的诗稿拿出来,这些诗稿,谦益也见过,他算是尊重她的情感,没有干涉她保存它们。这些若叫她的后辈看到,还是很难为情的。

她把它们久久地贴在心上,默诵着它们,然后放灯上点着了它,让它焚化在香炉中,她静立片刻,看着它化作灰烬。

她取来一方原色丝帕,题上她的旧诗一联:"青骢点点余新迹,红泪年年属旧人。"再将箱中的红豆一颗颗地拣出来,放在丝帕里,系好,放在桌上。

夜雨滴滴答答,如泣如诉。

儿子偕着少奶奶进来了。

待他们坐下，河东君拿起那只封套对儿媳说："这是一件珍贵的礼物，是你祖父留给你的。"

　　儿媳迟疑地向她伸出双手，睁着惶惑的眼睛望着她，轻声地问："我祖父给我的？"自她嫁到钱家，就很少得到祖父的音信，一年前，才得知祖父遇难的消息，此时突然听说祖父还留有遗物给她，她难受得几乎都要晕过去。

　　"是的，你祖父送给你的一份重礼。也是太亲公留给后世的珍贵财富。本来早就想交给你，又怕你过于悲伤，我才一直收着。"她把它交到儿媳手中，"你应视它作生命，保存好，让它留传万世！"

　　儿媳跪倒在地，接过诗稿，紧紧按在胸前，泣不成声。

　　河东君双手把她扶了起来，说："孩子，你是双身人，不能过于悲伤。你祖父是顶天立地的好汉、英雄！"她又转身对儿子说："少爷，我来你家二十五年，从没受过气，你父以国士待我，处处都尊重我的意愿，可谓知音知己；陈夫人平等待我，朱姨太视我为姐妹，你敬我如生母。在这人世间，我遭受过别的妇人不曾有过的苦难、坎坷，也得到过别的妇人不易得到的自立、自由。可是，今日这样的侮辱，我如何能忍受？但我还是忍下了，吞下了！孩子，以后这个家的担子就落在你肩上了，你要担当起来，勇敢地挑起来……"

　　"母亲，你……"孙爱打断了她的话。

　　女儿、女婿推开了门。

　　河东君向他们招呼着："你们俩过来，给哥嫂跪下！"

　　孙爱不安地站起身，拦住他们说："不要这样。"

　　河东君再次命令着："跪下。"又转对孙爱说，"少爷，我将他们托付给你！"转对已跪在孙爱面前的女儿、女婿："你们俩视兄嫂要如同父母！"说着拿起绢帕包着的红豆，交给女儿："这是我亲手摘下的相思豆，你留着，想阿妈时，就看看这红豆。"

孩子们觉察出她的话中有话,言外有言,意识到将会有不幸的事发生,一齐跪下,哭作一团,求着:"母亲大人可不能想到绝处呀!"

"母亲,你不能丢下孩儿……"

"你们想到哪里去了?阿妈的话还没说完呢!"孩子们痛苦的情态,刺痛着河东君的心,她的心又何尝不在流泪呢?但她还得宽慰他们,"你们放心,阿妈不会走绝路。阿妈一年前就已皈依了佛门,明日了结了钱横的债务,阿妈就出家从佛,青灯黄卷,了却一切尘世烦恼,你们应独立于世了,要做个有骨气的人。"她略微顿了下,把孩子们一个个拉起来:"你们坐下,我还有一桩事放心不下,娟姨、贵叔叔都是阿妈的旧人,还有阿秀、阿回,他们跟阿妈曾经生死相共,他们待我胜过兄弟姊妹。阿妈走后,你们要像我一样待他们!你们能做得到吗?"她的目光从女婿身上逐次掠过,最后落到孙爱身上:"阿妈求你们答应我!"

孙爱扑通一声跪在她面前说:"母亲,孩儿凭灯火盟誓,一定不亏待他们,像你一样待他们!"

"这就好了,阿妈谢谢你。你起来吧,阿妈就无牵挂了。"河东君又逐个地看着他们说,"你们回各自的房里去吧!"

他们都不肯离去。

"这个贼子、强盗,太可恶了!我们上官府告他去!"赵管突然愤怒地吼了起来。

"上官府告?"河东君摇摇头,真还是个孩子,太天真了。这样的对策她根本想都没去想过,且不说官官相护,假若钱横真的握有他们复国活动的佐证,这不等于是自我暴露?再者,她更不愿意抛头露面去跪到新朝知县的面前求其"明断"!她冷峻地看了一眼女婿说,"我们故国臣民,宁可站着死,也不可去跪求新朝权贵!"

"难道我们就任他欺负?"赵管气得捶胸顿足。

"不！孩子，恶有恶报，日子未到，他自有应得的报应！你们都去歇息，明日钱横来索债，要用心接待，谦恭有礼。给族人办的酒宴，要丰盛。去吧，我要休息了。"

雨，越下越大，肆意地鞭笞着大地，抽打着窗下的芭蕉，发出擂鼓般的轰响，叫人想起千军万马的呼啸奔腾。

她突然感觉到这醉人的声响曾在梦中出现过，她移步窗口，想从雨幕中再次找到他们：卧子、存我、孙武功将军、葛嫩娘、太亲公……可是，她没能再见到他们。除了风雨的吼声，就是雨鞭在灯光下，闪射出剑刃似的寒光。

她想着等待她的明天，心里不觉升起一种凄然、遗憾、不甘，但又夹着那种隐隐的兴奋。不知在窗口伫立了多久，也不知何时睡上了床。窗口刚刚有了一点微亮，她就穿好了衣服。已没有了雨声，窗外的花木还笼罩在灰暗的雾气中，她备了谦益生前爱吃的果品，趁着灵堂清静，去做完了朝奠。回到卧室，吩咐阿秀去招呼少爷小姐两夫妇和阿贵夫妇共进早餐。

往昔他们都是分食的，今朝大家围在一起，谁个心里都像压着一块巨石样沉重，难以下咽。河东君破例地吃了块雪霁糕，还喝了一勺米粥，但他们心里都明白，她是为了宽慰他们。为了给他们鼓劲，她说："你们不用害怕，欠债还钱，一切有我担着呢！"又小声地嘱咐了他们一番钱横和族人来了如何接待。

她回到荣木楼，从描金漆箱内拿出李待问那轴书条，她紧握条幅的轴头，猛力往外一抽，露出的是一柄寒光闪闪的剑，她用手在剑上轻轻抚摸一下，又拉开架式舞了两招，然后又插进条幅中，这是姚神武将军回赠的那柄染过敌血的剑，把它暗藏在李待问先生的书条中，是别有一番含意的。为便于她外出携带护身，经过她精心制作，伪装得很巧妙，剑柄露在外面，简直和轴头没有丝毫差异，她把它带到谦益书房,放进画箱中,她又敞开所有书箱画箱,让珍本书略露峥嵘。

不一会儿,楼下就有人禀报上来:"族长大人来了!"

河东君传话下去:"请到书房就座。"

钱横急于得到谦益家珍贵收藏,又担心被他煽动来的族人碍了他的手脚,听说后堂备了酒席,就顺水推舟,让他们都跟着孙爱去饮酒,他独自跟着阿秀上了荣木楼谦益的书房。

遵照餐桌上河东君的嘱咐,阿秀把钱横引进书房后,就关上了楼梯门,下楼去了。

河东君客气地请钱横坐下,亲手上过茶,就指了下环室敞开的书画箱说:"都清理好了!"钱横的眼睛顿生异彩,恨不能立即把它们吸进眼里,吞进腹中,为他所有。他急不可待地问:"书单呢?"

"也抄写好了,借据你带来了吗?"

"那当然!"钱横抿了抿嘴唇,捋了下八字须,从袖内抽出一把白米扇和一个封套,放在桌上说,"借据在此!"

河东君一眼就认出是她送给钱云的礼物,微笑着问:"如此借据吗?"

"'大丈夫以家食为羞,好男儿志在报国',本大人养的独子受你的煽惑,白白送了性命,这还不能算作债据?"钱横将扇子往河东君面前一扔,"这个孽畜,背叛了老夫,死有余辜!本大人暂不追究此事,快拿书目来!"

河东君拿起扇子,目光沉落扇面,溅滴在上面的血浆早已干涸了,像生漆牢固地粘在字里行间,放射出永恒的光亮,她在心里说:"烈士,柳是要好好祭奠你的英灵!"她严肃地看着他:"义士的血,做不得借据!"

不知他做父亲的心可曾打过哆嗦,但钱横倒没有坚持己见,又从那只封套里抽出一张纸,摊开在桌面上。

谦益的笔迹,跃入她的眼帘,是他写给云间友人书信的副启。

"族尊大人,"河东君嘲弄地看着他说,"昔日钱万恭为此专程去过芙蓉山庄,可他一文跑腿的钱也未捞到! 今日大人就能拿它换到一座金山?"

钱横成竹在胸,没争辩,也没反驳,从封套中再抽出一纸,不慌不忙地展开来,以抑扬顿挫的音调念着:

> 瑶岛神仙谪碧空,
> 奇才屈作女英雄。
> 文成五采争娲石,
> 笔擅千秋夺卫风。
> 曾把兵符生敌忾。
> 尝持桴鼓佐军戎。
> 蛾眉剑侠非闲气,
> 闲气生成付令公。

"爱娘,此诗总能算得你谋反的佐证吧?"钱横得意地看着她,还故意叫她当年的名字。

这首诗是钦敬她的海上义士投赠给她的,他从何而得呢? 莫非是钱五抄下的? 拜帖都经他手送上的。她不想再去多想,今日她得痛痛快快复仇。她以一种不在乎的气度回答说:"族长大人,柳是对此不感兴趣,只想忠告大人一句,总想毁灭他人的人,他自己必将被人毁灭之!"

钱横的眼睛没有离开过河东君仍然苗条的身材,此时突然发射出贼亮的光。他一手捻着胡须,一手得意地击着书案,做出一副多情善感的神态,转过话锋说:"爱娘,人生何处不相逢,本大人又和你单独在一起了!"他斜睥她一眼:"这是我们第几次相聚?你也许早忘了!可本大人却记得很清楚。第一次在盛泽,你戏弄了我;第二次在府衙,你女扮男装又戏弄了我,与我订了中秋之约;第三次在白龙潭舟中,你再次戏弄了我,叫我在儿子面前威风扫地!也许是鬼差神使,叫我们俩今又相聚在荣木楼。且看今日谁败在谁手里!"他神气地往椅背上一靠,狡黠地一笑:"哈哈……先胜不为胜,后胜才为雄!"他以一种猥琐的目光在河东君身上扫来扫去。"说实在话,你真乃人间尤物,二十多年过去了,风韵犹存,这身白色的孝服似羽化而登仙,更叫人神往,倾醉!"

河东君鄙视地看了他一眼,一个恶作剧的念头油然而生,何不再次戏弄戏弄他!她嫣然一笑,说:"想不到族尊大人还是个情种!不过,族长大人难道就不虑及柳是现在是你的婶娘、师母了吗?"

"哈哈,婶娘、师母?杨爱娘在本大人的眼中只是一个美丽的妇人!"他兴奋得站了起来,看着河东君,"如何?这书斋多清静!就我们两个人!"他想着占有的痛快,想着报复的快感,不由得淫笑着向她走去。

河东君突然恣意地笑了起来。

钱横被她突然爆发的笑声惊得却步了。

河东君见状,突然停止了笑,逼视他说:"族长大人,柳是早就认识了你。银子、财宝、女人、权势、名誉、官爵你样样都想要。为了得到这些,你出卖社稷、出卖志士、出卖良心,昨日你是大明的名宦,今日你又是'索虏'的新贵。但你却永远不想要廉耻,你那红袍下藏着的是一颗卑鄙险恶的黑心!"

钱横受到突然的反击,不由得后退一步,眼睛连眨几眨,忽然又嘲讽地一笑,以一种咄咄逼人的气势说:"良心、廉耻?杨爱娘!本大人问你,你与那个打鱼的明来暗往,是何关系?绛云楼一炬,为何钱氏收

寒柳:柳如是传

藏没有尽毁？被朝廷追捕日久的黄宗羲为何扮作游方道人来见你？哼哼！"他冷笑一声："本大人所握有的把柄，足以毁灭你和你往来的同党满门身家性命和全部家产，还要戮尸、掘坟、毁宅！钱牧斋这一支就要断绝烟火！当然啰，不说你也会知道，本大人还可为朝廷立一大功！"他傲慢地在室内踱起了圈，突然转过身，以盛气凌人的口气继续说："当然也有另一种偿还办法，这就得看你杨爱娘的了！识时务者为俊杰，人称你是巾帼才人，你会不知本大人所索要的交换代价？"

阿根来往于钱府，是以救命恩人的身份出现的。除了阿贵、阿娟、阿秀、阿回，就只有钱五知道。难道这也是他提供给钱横的？但他并不明白他们的真正关系，这点，河东君心里有把握。可那首投诗呢？突然，她想起了谦益去世那日钱五索扇的事，一定是因此怀恨在心，投向了仇家！她暗自叹息了一声。她强抑着心里的愤怒，故作气馁地说："既然族长大人愿予小民一条生路，要何酬谢，请大人明示吧！"

"哈哈，"钱横眉飞色舞，"一代才女，你心里明白得很！本大人是可以看在与族伯师生一场的情分上，私了这场官司的！"

河东君做出一副无可奈何的样子说："柳是认输了，族尊大人，"她把书目递给他说，"先请过目。还要请族尊大人立个字据为证。"

"不用不用，字据只会带来口实，引起麻烦！"钱横得到了书目，自以为主动权已握到他的手中，他连声拒绝着，"李存我那轴书还在吗？"他急不可待地向画箱走去。

远处滚过一阵低沉的雷声，多次出现在她梦中的浩荡王师，仿佛又出现在她眼前。张司马慷慨将头赠了故国，插在她心上那杆生命的旗倒了，是她该以生命去殉它的时候了！义士的剑在召唤她，缄默得太久的愤恨在心中化作了冲天的怒涛，用血肉之躯去填宗法之壑，去抗击人世间的丑恶，去殉苦难的国土和为它捐躯的忠义之士，这个时刻到了！

她抢前一步,霍地从画卷中抽出那口剑,直指钱横的胸膛,怒斥着:"钱横,伪君子!祸国殃民的败类,奸诈的小人!国恨家仇,柳如是今日要跟你清算!"

　　河东君这一行动,出乎钱横的意料,他的脸色突然吓得煞白,两眼惊恐地望着河东君,后退着,声音颤抖地说:"你……你……有话好说……有话好……好说,别……"

　　"哼,好说!你想拿我和复国志士的头颅去做你擢升的台阶,以为我会像你一样贪生怕死,为了苟且活命,出卖自己的灵魂。你错了!生命于人来说诚然可贵,可像奴隶那样活着,柳是毫不稀罕!只有你这种人才甘愿像狗那样为着主子赏给你一块骨头活着!"

　　钱横见软求不行,就想以硬的来镇住她。他立住不动,突然大笑起来说:"你以为杀了我,你就可以逍遥法外?"他冷笑一声:"刑部会将你碎尸万段!如果,你放了我,本大人会既往不咎,忘记这一切。"

　　"哈哈哈……"河东君嘲讽地笑了,"你以为我会轻饶你?大明的江山都败在你们这些割天下以肥私的败类手里。我愿以生命做赌注,不会让你这个无耻之人活在世间,继续祸国殃民!"她把剑锋移近他的喉头,剑锋的微凉使钱横惊恐地往后退去,却被一只矮几绊倒了,他仰面倒在地板上,睁着死鱼般的眼睛,恐怖地盯着河东君手里的剑,哀求着:"别……我写……我写字据……"

　　河东君一声冷笑:"不用了!今日我不杀你,他日你必杀我和更多的忠义志士!今日,我要用你的血来祭奠你的儿子和死去的英烈!"她用力把剑刺进钱横的咽喉,乌黑的血立刻喷射出来。

　　河东君擦尽剑锋上的血,麻利地焚化了诗笺信稿和扇面。她提起大笔,想在墙上写下:"大好河山,无我葬土,我死悬棺葬之!"可是,她在墙前默默立了片刻,却没有举起笔来,她握笔的手松了,笔坠落到地板上。她移步来到窗前。

十里虞山,风骤雨狂,它像一个仰卧的巨人,屈辱地忍受着风雨的肆虐。河东君仰天叹息:"可恨我只能杀死一个小人钱横,不能斩尽杀绝一切祸国贼子,赶走'索房',收复我大明疆土!"泪水从她的眼眶中滚落下来,她喃喃自语着:"遗憾哪,遗憾!"她从容地举起剑放到颈上,用力一刎。

　　她斜倚在书箱上,睁着一双痛苦的眼睛眺望着虞山、尚湖、长江……洁白的孝服上,溅了点点殷红的血,她像是累了在歇息,又像是在思索……

　　大雨如注,隆隆的雷声滚过黑墨般的天空,虞山的松涛在呼天抢地! 天哭了。

　　时公元一六六四年,岁在甲辰。

后　记

　　我曾向读者许下诺言，为不见经传的巾帼才媛立传。

　　这是我自己选择的路，不管有多么曲折崎岖，不管有多么严酷险阻，我都将毫不懊悔地走下去。可在写这部传记小说时，心里多次涌起悔不该的念头，自觉选了一块难啃的骨头。我的主人公柳如是生活在明末清初的乱世，活动在东林复社上层名士之中，我不可能有那样的直接生活，只能间接去获取。由于清代多次禁书、毁版以及兵燹，散落在明清著作中关于她的记载，也随着灰飞烟灭了，尚存者也像一把沙子撒进汪洋大海之中。为了熟悉、理解那个时代，只得像大海捞针那样，在阅读中去搜寻散佚的一枝半叶。有时几十万字中也找不到有关她的只言片语。我苦苦经营了五个年头，四易其稿，仍不尽如人意，还有许多求而不得的遗憾。可我钟爱它，就像一个母亲钟爱多灾多难、先天不足的弱子那样，我希望读者能爱它，这是一个母亲的心。

　　欲让这位死了数百年的名女人立起来的心愿，发端于写作《画魂——潘玉良传》之先。由于工作之便，我读了钱谦益的《初学集》《有学集》，发现了柳如是下访半野堂时与他唱和的诗作。一下就倾倒了我。我便开始着意搜读有关她的文字。浙江省图书馆将他们庋藏的《柳如是尺牍》和她的诗集《戊寅草》《湖上草》影印问世，我又被她清丽的辞章深深感动。但我并不知她传奇色彩很浓的身世。读了著名散文作家黄裳撰写的散文《关于柳如是》和《虞初新志》上的《柳夫人传》，对她有了个模糊印象，一个站立浓雾中的缥缈影子。但还不敢有写她的奢望。《画魂——潘玉良传》出版后，在人民文学出版社编辑老师的关怀敦促下，才有了一试深浅之想。我的忘年师友金杏邨先生将他珍藏的陈寅恪教授撰写的《柳如是别传》送给我。那是陈教授历数十年研究这一人物的结晶，他不愧为柳夫人的异代知音。我反反复复读了数十遍，书都翻烂了，浓雾开始淡去，模糊的影像逐渐明晰了。继之，杭州大学周采泉先生赠寄了他撰写的《柳如是新证》一书，读后也获益匪浅。在沿着柳如是足迹的采访旅程中，又得到了苏州市文化局和常熟市文化局、文物管理处、图书馆的专家和同行的支持，他们将自己积累多年的资料、笔记无私地展示给我，这才坚定了我写柳如是传的决心。在这儿，我向无私地帮助过我、扶植过我的许多师长、友人致以诚挚的谢意！

在写作的苦役中，给我支持最多的是我的亲密伴侣丈夫程必。他不仅是第一读者、挑刺的批评者，还是出谋划策的参谋。他全力支持我钟爱的事业。在那些风雨交加的日子里，他是保护神，为我撑伞遮风挡雨，使我恶劣的心境逐复平缓；在磨难几乎要吞噬我的时候，是他给了我奋斗的勇气和力量。我每一部作品，都渗有他的心血，是我的，也是他的！

什么是人生？我常常思索这个问题。我认为，人生就是不停息地与命运搏斗！这和一艘船的诞生是为了和风浪搏斗一样。柳如是令我难忘和感动的正是她为追求独立自由与命运矢志不移的搏斗。她是生活在社会最底层的弱女子，可她凭着那颗不甘被奴役的心，临死还给封建势力一剑！她被邪恶势力吞噬了，做了封建祭坛上的牺牲品。可是，历史和文化不仅仅是胜利者们创造的，也有失败者的功绩。是败者和胜者共同创造了历史。河东君败而不输。

创作是在我心中完成的。它似河东君，又不似河东君。从始至终，我的心被一种求索独立自由的悲凉号子冲击着，她走过的路，经过我心灵的震颤和锻造，我已无法分清她和我了！它是我用生命的丝结就的茧。我写，不仅为歌颂美给人们带来欢乐，最重要的是希望揭示生活的真谛。我不能也没必要去为历史下结论，历史就是历史，真真实实镌刻在那里。我所钟爱的人物是个婉娈倚门、绸缪鼓瑟的女子，可她的三户亡秦之志，九章哀郢之辞，足以显示我民族坚强不屈、酷爱独立自由的伟大魂灵。此乃我意之所在。

一九八七年三月

《寒柳——柳如是传》是我付出心血最多的一本书。萌生在《画魂——潘玉良》之先，是我最爱的一部作品。历时五年，出产在我的人生盛年，那年我 50 岁。1988 年人民文学出版社首次出版，反响很好。安徽省广播电台录制的长篇连播，全国所有电台几乎都连播了。又在全国联播节目评选中夺得头奖。初版是铅字排版本，距今 35 年，现已成为收藏者的钟爱了。她的责编周讱宇先生也已仙去多年，我永远怀念她。

2005 年，作家出版社将其易名《一代名妓柳如是》收入他们的大型丛书《精致女人》中，亦广受读者喜爱。距今也 18 年了。

今年金秋，出版《画魂——潘玉良传》一书的江苏凤凰文艺出版社与我联系，拟出版《寒柳——柳如是传》。在茫茫书海中，她能被选中，我很激动。感谢江苏凤凰文艺出版社的慧眼,让她将有机运与新一代的读者相见,也让想念她的老读者能再见到她。读者永远是我心中的上帝,感恩你们给了她又一次与广大读者见面的机会。在此,我向你们致以诚挚的感谢!我希望广大读者一如继往地喜欢她。谢谢!

石楠

2023 年 11 月 26 日